John R. Stowe
Gay Spirit

John R. Stowe

Gay Spirit

Eine Selbstentdeckungsreise für Männer,
die Männer lieben

Deutsch von Aljoscha Schwarz
und Wolfgang Pfau

Mit einem Vorwort von
Wolfgang Joop

Verlag Hermann Bauer
Freiburg im Breisgau

Die Deutsche Bibliothek – CIP-Einheitsaufnahme

Ein Titeldatensatz für diese Publikation ist bei
Der Deutschen Bibliothek erhältlich

Die englische Originalausgabe erschien 1999 bei Findhorn Press,
Findhorn Park, Forres, Scotland, unter dem Titel
Gay Spirit Warrior. An Empowerment Workbook for Men who Love Men.
© 1999 by John R. Stowe

Lektorat: Norbert Claßen

1. Auflage 2002
ISBN 3-7626-0858-X
© für die deutsche Ausgabe 2002 by Verlag Hermann Bauer GmbH & Co. KG,
Freiburg i. Br.
www.hermann-bauer.de
Das gesamte Werk ist im Rahmen des Urheberrechtsgesetzes geschützt. Jegliche vom Verlag nicht genehmigte Verwertung ist unzulässig. Dies gilt auch für die Verbreitung durch Film, Funk, Fernsehen, fotomechanische Wiedergabe, Tonträger jeder Art, elektronische Medien sowie für auszugsweisen Nachdruck.
Umschlag: Berres-Stenzel, Freiburg i. Br., unter Verwendung eines Fotos
von Images 4 Communication B.V.
Satz: CSF · ComputerSatz GmbH, Freiburg i. Br.
Druck und Bindung: Wiener Verlag GmbH, Himberg
Printed in Austria

Inhalt

Danksagung 13
Vorwort von Wolfgang Joop 15
Vorwort von Mark Thompson 19
Einführung von Andrew Ramer 21

Teil 1   Grundlagen   23

1 Einführung 25
    Eine Einladung   25
    Visionen schwuler Spiritualität   27
    Der schwule Krieger   30
    Die Reise zur Heilung   31
    Sich selbst definieren   34
    Die Reise zur Ganzheit   36

2 Erste Schritte 40
    Lass uns anfangen   40
    Dein Tagebuch als Landkarte   42
    Übung ↠ *Dein Tagebuch*   43
    Den Kurs bestimmen   44
    Übung ↠ *Ziele setzen*   44
    Sich auf dem Weg unterstützen   45
    Übung ↠ *Sich selbst unterstützen*   47
    Das Hilfsnetzwerk   48
    Übung ↠ *Dein Hilfsnetzwerk*   50
    Sich dem inneren Weg verpflichten   50
    Übung ↠ *Aufbruch*   51

3 Alte Glaubenssätze 55
    Das Ruder in die Hand nehmen   55
    Übung ↠ *Unbewusste Negativität*   58
    Rollenmodelle   59
    Übung ↠ *Rollenmodelle*   60
    Der Innere Kritiker   60

Übung •◦ Dem Kritiker begegnen	61
Den Kritiker zum Verbündeten machen	62
Übung •◦ Die Kritiker-Ecke	64
Das eigene Drehbuch schreiben	65
Übung •◦ Affirmationen	65
Das Negative loslassen	68
Übung •◦ Loslassen als Ritual	68
•◦ Ausmisten	69
4 Die Verbindung zum Körper	**70**
Körperwissen	70
Übung •◦ In den Körper finden	73
Glaubenssätze	73
Übung •◦ Dem Körper begegnen	75
•◦ Verborgene Glaubenssätze	76
Hilf dem Körper, dann hilft er dir	78
Körpertraining	79
Erholung	80
Ernährung	81
Übung •◦ Dem Körper geben, was er braucht	82
•◦ Selbstberührungen	83
Zwiesprache mit dem Körper durch Bewegung	85
Musik	86
Übung •◦ Bewegungsmeditationen	87
Bewegung ist Leben!	89
5 Initiation	**91**
Coming Out ... die Reise des Helden	91
Übung •◦ Wie weit hast du dich hinausgetraut?	96
Coming In ... Wahlfamilie und Stamm	99
Übung •◦ Beziehungen	100
Coming Out als Lebensphilosophie	102
Übung •◦ Das Leben ausschöpfen	104
Gratulation	104

Teil 2 Archetypen und schwule Männer 105

6 Die Reise nach innen 107
- Das Reich der Archetypen — 107
- Archetypen — 108
- Übung ➛ Kulturheroen — 110
- Der Schatten — 110
- Nach innen wenden — 114
- Übung ➛ Dem Inneren Rat begegnen — 115
- Der Altar der schwulen Spiritualität — 117
- Übung ➛ Einen Altar schwuler Spiritualität errichten — 118
- Der Stamm der Männer, die Männer lieben — 119
- Übung ➛ Dem Stamm begegnen — 120

7 Der Magische Jüngling 124
- Er ist in dir! — 124
- Übung ➛ Den Jungen in dir kennen lernen — 125
- Schattenseite: Der Innere Flegel — 128
- Übung ➛ Bewältigungsstrategien — 131
- Die Wunden heilen — 132
- Übung ➛ Wunden verarzten — 134
- ➛ Loslassen und Vergeben — 136
- ➛ Zurückkehren, um dem Jungen zu helfen — 139
- Filterwechsel — 141
- Übung ➛ Spiele — 143
- Der Magische Jüngling im Alltag — 144
- Übung ➛ Verpflichtung — 145

8 Das Heilige Androgyne 146
- Das Wesen der Geschlechtlichkeit — 146
- Übung ➛ Geschlechterrollenkarte — 149
- Erforsche die Gegensätze — 150
- Übung ➛ Der Innere Mann — 154
- ➛ Die Innere Frau — 156
- Der Schatten des Sexus — 160
- Übung ➛ Der Schatten — 162
- Das Heilige Androgyne — 163
- Übung ➛ Androgynie leben — 165

9 Der Liebhaber ... 167
- Andere Männer lieben ... 167
- Übung → Glaubenssätze ... 168
- Der Traummann ... 169
- Übung → Zaubere dir deinen Liebhaber ... 170
- Sich nehmen, was man will ... 172
- Übung → Sich klar werden ... 174
- Beziehungen ehren ... 176
- Übung → Beziehungen ehren ... 178
- Der Heilige Begleiter ... 182
- Übung → Der Liebhaber ... 186

10 Der Alte Weise ... 189
- Die Schönen und die Trolle ... 189
- Übung → Der Troll und der Weise ... 192
- Die Verbindung zum Alten Weisen ... 194
- Übung → Dem Alten Weisen begegnen ... 195
- → Dein Selbst zurückgewinnen ... 199
- Die Kontinuität des Stammes ... 201
- Übung → Die Vorfahren ehren ... 202
- → Die Nachfolger ehren ... 204
- Der Alte Weise in Ausbildung ... 206
- Übung → Den Alten Weisen willkommen heißen ... 208

11 Der Schamane und Heiler ... 211
- Die Macht der Intuition ... 211
- Übung → Einstimmung ... 214
- Durchlässige Grenzen ... 215
- Übung → Energie spüren ... 216
- → Verbindungen ... 220
- Bewusstes Träumen ... 224
  - Träume erinnern ... 225
  - Träume interpretieren ... 225
  - Traum-Induktion ... 228
  - Aktive Imagination ... 228
- Übung → Bewusstes Träumen ... 230
- Die richtigen Fragen stellen ... 231
- Übung → Fragen ... 233
- Alles zusammenfügen ... 234
- Übung → Dem Schamanen und Heiler Gestalt verleihen ... 235

12 Der Krieger 241
   Gestalte dein Leben   241
   Übung ❧ Veränderungen   243
          ❧ Das Ziel eingrenzen   245
   Der Schatten: Der gefangene Krieger   246
   Übung ❧ Mit Ängsten umgehen   248
   Negative innere Personen   252
      Das Opfer   253
      Der Saboteur   255
      Der Harte Kerl   256
   Der Gewinn des Stillstandes   257
   Übung ❧ Den Krieger befreien   260
   Den Krieger in Anspruch nehmen   262
   Übung ❧ Der Krieger   262
   Effektives Handeln   266
      Besteht Klarheit? Bin ich mit meiner inneren Führung verbunden?   266
      Was sind meine Wahlmöglichkeiten?   267
      Wie sieht das gewünschte Ergebnis aus?   268
      Stimmt mein Zeitplan?   268
      Wie kann ich einen Handlungsplan entwickeln?   269
      Übernehme ich Verpflichtung?   270
   Übung ❧ Handeln   271

13 Der Forscher 273
   Leidenschaft = Leben   273
   Das Gefühl der Aufregung bergen   275
   Übung ❧ Der Magische Jüngling   275
          ❧ Die Ketten sprengen   278
   Geschichten erzählen   280
   Übung ❧ Geschichten   282
   Ein Blick in den Spiegel   283
   Übung ❧ Spiegel   284
   Folge deinem Glück   285
   Übung ❧ Der Forscher   286
   Den Forscher leben   289
   Übung ❧ Das Abenteuer als Lebensweg   291
   Der Forscher als Pfadfinder des Bewusstseins   293

Teil 3   Nimm deinen Platz ein!   297

14 Sich in der Welt behaupten 299
    Die eigene Spiritualität entdecken   300
    Deine Verbindung zur Spiritualität   302
    Übung ⇢ Spirituelle Evolution   304
    Spiritualität und Religion   304
    Übung ⇢ Seine Spiritualität beanspruchen   306
    Das Spirituelle lebt in dir   308
    Übung ⇢ Das Wissende Selbst   308
    Spirituelle Praxis   310
    Übung ⇢ Den Augenblick leben   312
    Wie man seine spirituelle Praxis wählt   313
    Körperzentrierte Übung   315
        Sitzende Meditation   315
        Meditation im Gehen   316
        Bewegungsmeditation   317
        Sport als spirituelle Übung   318
    Kreativität als spirituelle Übung   319
        Tagebuch der Freude   319
        Kreative Praxis   320
        Schreibmeditation   320
        Spiritueller Rückzug   321
    Eigene Rituale entwickeln   322
    Übung ⇢ Probier es aus!   323

15 In der Welt leben 325
    Die Rückkehr nach Hause   325
    Verbindungen   327
    Übung ⇢ Deine Verbindungen   328
    Jenseits des Ghettos – Sicherheit oder Einsamkeit   331
    Übung ⇢ Schwule und andere   333
    Teile deine Gaben   333
    Übung ⇢ Würdige deine Gaben   335
    Der Ruf der Welt   335
    Übung ⇢ Die Welt ruft dich   336
    Handeln   338
    Übung ⇢ Fang an!   339

Vorsätze in die Tat umsetzen	341
Übung ⇢ Ein Handlungsplan	342
16 Die Reise geht weiter	**343**
So weit bist du gekommen!	343
Übung ⇢ Zusammenfassung	344
Für stetige Unterstützung sorgen	347
Sich selbst unterstützen	347
Eine Selbsthilfegruppe gründen	348
Die Unterstützung des Stammes	350
Übung ⇢ Stetige Unterstützung	351
Der Tempel der Träume	351
Bestätige deine Verpflichtungen	353
Übung ⇢ Den Kurs bestimmen	354
Breite deine Flügel aus	356
Anhang	**357**

Danksagung

Tiefe Dankbarkeit und Demut erfüllen mich, wenn ich daran denke, wie viele Menschen zur Entstehung dieses Buchs beigetragen haben. Andrew Ramer, der die ersten Samen säte, trieb das Projekt mit unermüdlicher Energie voran, bis die Saat schließlich aufging. Die *Lifebridge Foundation* stellte die Mittel für Workshops, den Druck und Vertrieb des ursprünglichen Manuskripts bereit. Viele Menschen haben mich unterstützt und ermutigt, während dieses Buch entstand – Al Cotton, Gary Kaupman, Franklin Abbott, Mark Thompson, Larry Auld, King Thackston, Rob Nixon, Jonathan Lerner, Bill Bergeron, Carter Rhodes, Jay Beard, Bruce Parrish, Sarah Hall, Tom Sechest, Dominique Sire, Leon Lashner und viele andere.

Miguel Molinas zauberhafte Bewegungskunst inspirierte mich zu den Illustrationen; Gary Kaupman, Tahlia Vanabel und Mike Goettee trugen mit ihrer unschätzbaren Hilfe zu deren Verwirklichung bei. Thierry und Karin Bogliolo von Findhorn Press unterstützten mich einfühlsam und großzügig, um diese Vision in die Welt zu tragen.

Den vielen hundert liebevollen Männern, die ihre Träume und Visionen, ihre Weisheit, ihre Heilkunst und ihre Herzen im Rahmen der *Gay Spirit Visions*, in Workshops, in Briefwechseln oder auf andere Weise mit uns geteilt haben, gilt meine Hochachtung für ihre Inspiration und stetige Unterstützung. Der Pfad der Seele ist breit – und wir schulden jenen, die ihn vor uns beschritten haben, großen Dank. Während all der Jahre hatte ich das Glück, die Weisheit vieler Lehrer zu erfahren. Ihr Geist durchdringt jeden noch so kleinen Teil meiner Arbeit.

Schließlich gilt mein Dank auch meinem Lebenspartner Monty Schuth für seine Geduld während dieses Buch entstand, wie auch dem Rest meiner Familie für ihre unschätzbare Liebe und Hilfe.

Zum Schutz der Privatsphäre wurden im Buch die Namen aller beteiligten Personen geändert, die hier ihre Lebensgeschichten preisgegeben haben.

Dieses Buch ist all jenen Männern gewidmet, die auf den Pfaden schwuler Spiritualität wandern – in der Vergangenheit, der Gegenwart und insbesondere in der Zukunft.

Vorwort
von Wolfgang Joop

> Liebe Freunde!

In einer zunehmend irritierenden Wirklichkeit suchen zahllose schwule und bisexuelle Männer nach Orientierung – nach einem Platz, an dem sie sich zu Hause fühlen können, einer Identität, die ihnen Sicherheit bietet. Doch viele von denen, die ich heute beobachte, scheinen zurück zu wollen in die Zeit der 80er oder 90er Jahre. Dekaden, deren Schlagzeilen und Themen so deutlich nachklingen, dass wir sie zitieren können!

Zitieren können wir aber nur das, was uns bekannt und vertraut vorkommt. Die Themen der Neuzeit scheinen zu erschreckend, um sich ihnen zu stellen. Unfassbar die Bedrohungen, denen wir uns ausgesetzt sehen. Die Heilung der Welt, in der wir leben, scheint ausgeschlossen. Daher zieht so mancher die vertrauten Schrecken der Vergangenheit der ungewissen Zukunft vor. Doch es gibt auch einen anderen Weg – den Weg, der aus der gelebten Gegenwart zielstrebig in eine bessere Zukunft führt!

Als ich gebeten wurde, das Vorwort zu Gay Spirit zu schreiben, sagte ich spontan zu. Ich konnte mich gleich mit der Prämisse des Buches identifizieren: Spiritualität statt Konsum als Trostersatz. Viele Schwule, die den ersten, meist stillen Kampf des persönlichen Coming Outs hinter sich haben, fühlen nur noch das Bedürfnis nach Trost, Belohnung, Zärtlichkeit und geben sich Illusionen hin, die gleichzeitig Vergnügen, Schutz und Sicherheit verheißen. Dass diese mehr als trügerisch sind, ist eine Erkenntnis, die meist nicht lange auf sich warten lässt.

Sicher, an der Oberfläche hat sich einiges getan. Homo-Ehe, schwule Politiker, Schwule in TV-Soaps und mindestens ein Schwuler als Mitbringsel pro Hetero-Party versprechen einen rosaroten Himmel allgegenwärtiger Toleranz. Unter ihm bleibt jedoch das Drama der Selbstfindung, die verzweifelte Suche nach Glück und einem erfüllten Leben, eine Aufgabe, der nur die Waghalsigen und zur Selbstdisziplin Entschlossenen gewachsen sind. Der Schwule, der gelernt hat, sich an bürgerliche Normen anzupassen und damit zum friedfertigen, von der Konsumwelt gehätschelten Individuum wurde, bleibt dennoch, weil stets zur Minderheit gehörend, eine bedrohte Spezies!

So wie die Friedensbewegung heute lernen muss, sich zu aktivieren und zu rüsten, muss sich der »Gay Spirit« mit dem »Kriegergeist«, einer neuen »Gay-Awareness«-Haltung verbinden. Solidarität und politische Wachsamkeit stärken dabei jenes Herz oder jenen Geist, der sich allzu gern in Träumen und der Sehnsucht nach ewigem Verliebtsein verlieren möchte. Dem heterosexuell Heranwachsenden steht elterlicher, geschwisterlicher und gesellschaftlicher Rat zur Verfügung. Und dennoch verirren sich viele im Kampf um individuelles Glück oder Erfolg. Wie müssen da erst die Chancen derer stehen, denen kein Ratgeber, keine Vorbilder zur Seite stehen?

Dieses Buch, *Gay Spirit*, ist nicht nur bemüht, uns schwulen und bisexuellen Männern solche Vorbilder an die Hand zu geben – es weist uns den Weg nach Innen, auf dem wir mächtige Verbündete in Form von Archetypen finden, die uns Männern eigen sind. Der *Alte Weise*, der *Magische Jüngling*, der *Schamane und Heiler*, der *Forscher* und nicht zuletzt der *Krieger* sind in uns, um uns zu unterstützen. Diese Aspekte des individuellen und kollektiven Bewusstseins weisen uns den Weg von den Schrecken der Vergangenheit in eine erfüllte, selbstbestimmte Zukunft. Sie helfen uns, alte Wunden zu heilen, Muster zu durchbrechen und unsere eigenen Stärken anzuerkennen und zu nutzen.

In seinen praktischen und leicht nachvollziehbaren Anleitungen verfällt der Autor John R. Stowe nicht dem in der Gay-Community gehegten Klischee, dass Schwule automatisch begabter, sensibler, intelligenter sind oder über eine besondere Kreativität und Ästhetik verfügen. Er zeigt uns deutlich, dass diese Fähigkeiten als Waffen und Schilde antrainiert sind. Schwule lernen, sich zu beobachten – und das müssen sie auch, sie müssen sich zurechtfinden in einer Welt, in der sie eine Minderheit sind.

Eine Minderheit sollte sich das Ziel setzen, eine Avantgarde zu sein. Bedeutet das Wort doch: Armee, an vorderster Front. John R. Stowe zeigt uns eindrücklich, wie wir diesen »Kriegergeist«, den »Gay Spirit« individuell und kollektiv entwickeln können, basierend auf der antrainierten Fähigkeit der Selbstbeobachtung. Er weist uns praktische Wege zur Überwindung der Grenzen, in welche man sexuelle Orientierung wie in ein Ghetto verweist, und zeigt uns Tricks, die verkrusteten Verhaltensmuster aufzubrechen, die uns beschränken.

Wer lernt, Veränderung von sich selbst zu fordern, lernt Veränderungen nicht als Manipulation von außen zu empfinden. An die Stelle von Ohnmacht treten Handlungsfähigkeit, Vernunft und spirituelle Einsicht – und damit auch Selbstbewusstsein.

Uns erschließt sich die Welt stets nur in dem Ausschnitt, in dem wir unsere Aufmerksamkeit auf sie richten. Und nur für diesen Ausschnitt werden wir erklärende Worte finden. Formuliert diese Worte und hört anderen zu. Nach der Lektüre von Gay Spirit werdet Ihr Euch fragen: »Wer war ich, bevor ich auf diese Selbstentdeckungsreise gegangen bin?« Für ein Zurück ist es zu spät!

Euer

Wolfgang Joop

Vorwort
von Mark Thompson

Wie die meisten Dinge des 20. Jahrhunderts, ist das schwule Bewusstsein weniger in Würde gealtert als vielmehr geradezu explodiert. Während Schwulsein in den von Angst überschatteten Zeiten des Kalten Krieges eher in der Verborgenheit gelebt wurde, dauerte es nicht lange, bis dieses Lebensgefühl, das wir heute »schwul« nennen, mit überschäumender Freude ans Tageslicht trat. Nachdem sich das schwule Bewusstsein der Fesseln des Verfolgungswahns und Schamgefühls entledigt hatte, verschwendete es keine Zeit, um sich auch von den alten Vorurteilen zu befreien, die sexuelle Andersartigkeit nur in Begriffen von Sünde und Krankheit definierten.

Dreißig Jahre sind seit diesem ersten Signal vergangen, genug Zeit, sollte man meinen, um den Mantel des Stolzes und der Selbstbestimmung bequem einzutragen. Und dennoch – gibt es überhaupt jemanden, der das Unbehagen und die Beklemmung seines Schwulseins nicht unter ihm gespürt hat? Nun gut, der Mantel hat einen besseren Namen – aber kann eine Größe wirklich allen passen? Woraus besteht er? Ist das immer noch unser feiner Mantel, oder ist er vielleicht schon etwas abgetragen?

Nachdenkliche schwule Männer wie John Stowe stellen sich diese und ähnliche Fragen. Wie viele andere sucht auch er seine wahre Identität mehr in sich selbst, als im Spiegel seiner äußeren Erscheinung. Diese Suche brachte es mit sich, dass er sich aus den verschiedensten Verstrickungen befreien musste. Er hat erkannt, dass das Schwulsein ebenso wie alle anderen Dinge zu einer Verkleidung werden kann, wenn die Vision nicht immer wieder aufs Neue mit Leben erfüllt wird.

Gay Spirit ist ein Arbeitsbuch für das neue Jahrtausend, die Chance für eine Bestandsaufnahme, vielleicht sogar für das Fallenlassen aller Hüllen bis auf die nackte Haut. Diese Einladung sollte man nicht ungenutzt lassen.

Die meisten Schwulen stecken heutzutage zwischen Verlangen und Erfüllung fest – zwischen den Polen Wunsch und Bedürfnis. Was wir wollen liegt auf der Hand: Bürgerliche Rechte, Autonomie und jemanden, den wir lieben können. Das alles ist natürlich wichtig, und das schwule Bewusstsein hat sich auf dem Weg dorthin oft als nützliches Mittel erwiesen. Allmählich stellt sich soziale Gerechtigkeit ein.

Neben all diesen Wünschen existieren aber auch tiefere Bedürfnisse, die weniger greifbar und deshalb auch schwerer zu benennen sind. Diese Bedürfnisse spiegeln sich in den Fragen wider, die in diesem Buch gestellt werden: Wer sind wir schwule Männer wirklich? Was ist unser wirkliches Potenzial? Wie können wir uns ganzheitlicher begreifen, und sowohl die Wunden der Vergangenheit als auch die Probleme der Gegenwart überwinden? Warum reicht es nicht mehr aus, einfach nur schwul zu sein? Wann ist es an der Zeit, mehr zu verlangen?

John Stowe meint: Jetzt! Ein Weg, den Anfang zu wagen, liegt darin, sich den Alternativen und Antworten, die er in diesem Buch anbietet, zu öffnen. Sein Buch ist intelligent geschrieben, macht Spaß und ist hilfreich – eine sehr empfehlenswerte Investition in die eigene Zukunft. So schnell und weit wir auch vorangekommen sind – wir Schwule fangen gerade erst an zu verstehen, welcher Weg noch vor uns liegt.

Das hier gesammelte tiefgründige Wissen weist uns den richtigen Weg.

Einführung
von Andrew Ramer

In einem konventionellen Buch hätte man von mir erwartet, in der Einleitung zu verschweigen, dass John und ich uns seit 1990 kennen. Wir trafen uns auf der ersten *Gay Spirit Visions* Konferenz in North Carolina und sind seitdem Freunde. Aber dies ist kein konventionelles Buch und wir männerliebenden Männer sind auch keine konventionellen Menschen.

Konferenzen sind kopflastige Veranstaltungen und ich fühlte mich dort wie zu Hause, denn ich hatte frühzeitig gelernt, meine Kindheit zu überstehen, indem ich mich in meinen Kopf zurückzog. Aber inmitten all der Gespräche, Vorträge und Workshops fiel mir John auf, der uns daran erinnerte, uns zu bewegen, zu tanzen und unseren Körper bewusst wahrzunehmen. Seine Führung war genau die Medizin, die ich brauchte, denn ich hatte vergessen, dass alle spirituellen Erkenntnisse uns über den Körper erreichen.

Dieses Buch ist ein Gegengift gegen die 2000 Jahre alte religiöse Indoktrination, die uns weismachen will, dass unser Körper und die Welt etwas Schlechtes sind. Diese Sicht des Lebens hat uns die Atombombe, Umweltverschmutzung und Verfolgungen beschert – unsere eigene mit eingeschlossen. Aber es gibt noch eine andere Möglichkeit, auf diesem Planeten zu leben: Als menschliches Wesen und als Mann, der Männer liebt.

John gelingt es meisterhaft, durch Worte, Tanz, Erinnerungen und Träume den Körper mit der Seele zu verbinden. Über die Jahre hinweg hat er mich gelehrt, wie ich dies selbst tun kann, und während du durch dieses Buch reist, wirst auch du auf eine lebendige und spirituelle Weise lernen, wie du in deinem Körper geerdet sein kannst. Aber wir können 2000 Jahre schlechte Programmierung nicht über Nacht auslöschen, und ebenso wenig kannst du dieses Buch im Eiltempo durchgehen. Um mit John auf die Reise zu gehen, brauchst du Zeit, Zielstrebigkeit und den starken Wunsch, dich daran zu erinnern, wer du – unter dem Schutzmantel eigener Abwehr, den wir alle zum Überleben entwickeln mussten – wirklich bist.

Kapitel für Kapitel wird John dich in einer neuen, gesunden und erfüllenden Welt willkommen heißen und dir all jene Werkzeuge an die Hand geben, die du benötigst, um in dieser Welt zu wachsen und dich wohl zu fühlen. Aber der Zauber in Johns Arbeit liegt darin, dass er dir nicht einfach nur etwas gibt. Je tiefer du in das Buch einsteigst, desto mehr wirst du deine eigenen Visionen entwickeln und mit ihnen arbeiten, um für dich, deine Stammesbrüder und die ganze Menschheit eine heilsame und zutiefst kreative Lebensweise auf diesem Planeten zu schaffen. Das ist ganz und gar nichts Konventionelles. Vielmehr ist es notwendig, unvermeidlich und wunderbar zugleich.

Teil 1
Grundlagen

1 Einführung

Eine Einladung

Gay Spirit ist der überwältigenden Lebenskraft, der Fähigkeit zur Heilung, der Kreativität und Hingabe gewidmet, die Männer auszeichnet, die Männer lieben. Ich lade dich ein zu einer Entdeckungsreise zum Selbst, zu einer Transformation für Männer, die daran glauben, dass es ein Anlass zur Freude ist, andere Männer wahrhaft und von ganzem Herzen zu lieben. Dieses Buch ist für Männer geschrieben, die willens sind, sich aus den Fesseln des Konformismus und des Schubladendenkens zu befreien, die Verletzungen in Stärke und Ausgeschlossensein in Angenommensein verwandeln wollen. Es ist für Männer geschrieben, die bereit sind, Zweifel zu überwinden, die damit aufhören wollen, sich selbst zu verurteilen, und stattdessen die einzigartigen Gaben, mit denen sie geboren wurden, zu würdigen. Wenn du schwul oder bisexuell bist, und bereit, das volle Maß an Gesundheit, Kraft und individueller Erfüllung anzunehmen, das bereits in dir lebt, dann ist diese Reise dir gewidmet.

Weshalb spreche ich von einer »Selbstentdeckungsreise«? Nun, weil du eine geradezu unglaubliche Menge an Fähigkeiten besitzt, die du genießen und mit anderen teilen kannst. Die Fähigkeit, andere Männer zu lieben, ist nur die Spitze des Eisberges, der sichtbare Teil einer Lebensart, die weit über körperliche Anziehung und Sex hinausgeht. Du verfügst über eine enorme Spannbreite an Talenten, Träumen und Bedürfnissen, die dein Leben bereichern können – und es ist dein gutes Recht, sie alle auszuloten. Du hast das Recht, beglückende Beziehungen zu führen, in welcher Form auch immer. Du hast das Recht dich wohl zu fühlen, so wie du bist. Du hast das Recht eine erfüllende Arbeit auszuüben und stolz und aufrecht in der Welt aufzutreten. Du hast das Recht die volle Spannbreite deiner Gefühle zu erkunden und deiner Kreativität ohne Behinderung Ausdruck zu verleihen. Du hast das Recht deine Energie für dich in Anspruch zu nehmen, um aus deinem Leben das zu machen, was auch immer du daraus machen möchtest.

Tatsächlich sind Männer, die Männer lieben, im gesamten Spektrum menschlicher Erfahrung zu Hause. Wir sind in jedem Teil dieser Welt zuhause, in jedem Land, in jedem Ort. Wir waren schon immer hier und werden es immer sein. Wenn wir lernen, uns selbst zu akzeptieren und ohne Furcht dazu stehen können, wer wir sind, haben wir die Macht die Gesellschaft zu ändern. Oft sehen wir die Dinge anders als der durchschnittliche Mensch. Die Art zu lieben, die für uns ganz natürlich ist, ist eine kraftvolle Alternative zu der aggressiven, draufgängerischen Männlichkeit, die unserer Kultur so heilig zu sein scheint. Als Gruppe haben wir eine Bewusstseinsqualität gemeinsam, die uns zu Schöpfern, Entdeckern und Erneuerern macht. Da wir dazu neigen, die scheinbaren Polaritäten männlich/weiblich, geistig/körperlich, phantasievoll/realistisch zu überbrücken, sind wir in der Lage, einer an Einseitigkeit krankenden Gesellschaft lebensnotwendige Perspektiven zu geben. Es ist keineswegs ein Zufall, dass wir häufig in Berufen tatig sind, in denen Kunst, Mitmenschlichkeit, Spiritualität oder Lehren eine Rolle spielen. Wenn wir uns selbst nur genügend wertschätzen, um offen und aus ganzer Seele zu leben, wird dies die ganze Welt bereichern.

Viele Kulturen haben diese einzigartigen Fähigkeiten erkannt und unseren besonderen Platz innerhalb ihrer Gesellschaft gewürdigt. Unglücklicherweise haben die homophoben sozialen Traditionen unserer eigenen Kultur nicht nur dazu geführt, dass unsere Talente unerkannt blieben, sondern überdies großes Leid und tiefe Verletzungen bewirkt. Daher tragen heute die meisten schwulen oder bisexuellen Männer Ängste, Verletzungen oder falsche Vorstellungen über sich selbst und ihren Körper mit sich herum. Die meisten von uns haben gelernt, unseren natürlichen Bedürfnissen nach Berührung, Miteinander und Lust zu misstrauen. Wir haben gelernt, jeden Anteil unseres Selbst abzublocken, der nicht zu den überwiegend heterosexuellen Erwartungen unserer Umwelt passte. Schließlich verleugneten wir alles in uns, was »anders« schien oder unserem Wesenskern zu nahe kam. Indem wir das taten, gaben wir häufig unsere wertvollsten und großartigsten Talente auf. Selbst Männer, die viele Jahre lang ein offenes, freies und gesundes Leben als Schwule geführt haben, können manchmal noch von den alten, quälenden Zweifeln und Ängsten heimgesucht werden.

Es ist an der Zeit, jetzt ein für alle Mal die Verletztheit zu überwinden. **Gay Spirit** führt dich auf eine individuelle Reise, die dir helfen wird, die Teile deines Selbst wieder aufzuspüren, die du früher verleugnet hast. Auf dieser Reise wirst *du selbst* entdecken, was es für dein Leben bedeutet, andere Männer zu lieben. Du wirst Frieden mit deinem Körper schließen, deine Bedürfnisse annehmen und das volle Maß deiner Fähigkeiten, Träume und Talente erkunden. Du wirst Hilfsmittel an die Hand bekommen, um falsche Vorstellungen zu überwinden, die einst deine Gesundheit und dein

Glück einschränkten. Du wirst den Grundstein zu neuen Beziehungen legen, die auf Unterstützung und Erfüllung beruhen. Du wirst die Weisheit gewinnen, individuelle Visionen, Aufgaben und Ziele zu entwickeln, wie auch die Kraft, sie zu erfüllen und zu erreichen. Du wirst lernen, deinen Standort im Leben zu verändern und so weit kommen, dass du Aufrichtigkeit, Respekt und Erfüllung erleben kannst.

Wenn du in der Lage wärst, dein Leben so zu gestalten, wie du es dir vorstellst, wie sähe es dann aus? Tatsächlich hast du bereits diese Kraft – und es ist dein gutes Recht, von ihr Gebrauch zu machen. **Gay Spirit** ist eine Einladung an dich, jetzt den ersten Schritt zu machen und dein ganzes Sein zu entdecken. Ich lade dich ein, aufrecht, stolz und mit all deiner inneren Kraft hervorzutreten. Ich lade dich ein, dein Leben in die eigenen Hände zu nehmen und all das zu sein, was du sein kannst.

Visionen schwuler Spiritualität

Der Grundstein für **Gay Spirit** wurde im Herbst 1990 in *The Mountain*, einem Seminarzentrum im Süden North Carolinas, gelegt. Geh für einen Augenblick mit mir dorthin zurück. In 1200 Meter Höhe ist es sehr kühl und feucht. Graue neblige Wolken haben unser Camp in eine schattenhafte Insel verwandelt. Hier, direkt am Rande der Blue Ridge Mountains, blickt man aus den offenen Fenstern hinaus auf die uralten Eichen, die wie bucklige Wächter vor dem holzgetäfelten Häuschen stehen, in dem wir uns versammelt haben.

Achtzig Männer sind dem Ruf gefolgt: »Kommt zu *The Mountain*. Lasst uns gemeinsam herausfinden, was es bedeutet, ein schwuler Mann auf einem spirituellen Pfad zu sein.« Wie wir so in einem großen, unregelmäßigen »Herzkreis« beisammen sitzen, geben wir einen recht bunten Haufen ab. Obwohl ich weiß, dass wir »draußen« in der Welt Ärzte, Lehrer, Kellner, Anwälte, Gärtner, Studenten, Angestellte und Angehörige anderer Berufsgruppen sind, fallen hier im sicheren Schutz unseres Kreises alle Unterschiede weg. Wenn ich mich umsehe, fallen mir zwischen Jeans und Sweatshirts Farbtupfer und persönliche Besonderheiten auf. Mir gegenüber sitzt ein älterer Mann, dessen lange Haare und grauer Bart im krassen Gegensatz zu seinem rosa Sweatshirt stehen. Neben ihm ein kräftiger, schwarzhaariger »Bär« in engen Lederhosen und Sakko. Andere geben sich unauffälliger. Auf einer Seite des Raumes sehe ich eine leuchtend rote Weste und viele Männer tragen Federn, Leder oder Schmuck. Was jedoch allen gemeinsam ist, sind die leuchtenden, erwartungsvollen Augen.

Wir kommen aus den unterschiedlichsten Orten und folgen vielen Pfaden. Einige von uns haben schon längst ihr Coming Out hinter sich, andere sind noch sehr verschlossen. Einige haben gelernt, sich wirklich wohl in ihrer Haut zu fühlen, anderen bereitet es schon Schwierigkeiten, einem anderen Mann in die Augen zu blicken. Einige sind völlig aus dem Häuschen, weil sie mit so vielen schwulen Männern in einem Raum sind. Als es ans Erzählen geht, höre ich die Worte, mit denen wir für gewöhnlich unseren spirituellen Weg beschreiben: »Buddhist«, »Jude«, »Protestant«, »Esoteriker«, »Indianer«, »Atheist«. Einer nach dem anderen erzählen wir unsere Geschichten, von unseren Träumen, Verletzungen, Ängsten, Hoffnungen und Freuden.

Ein junger Mann mit drei Ohrringen und einer Tätowierung stellt die Frage in den Raum: »Ich spüre ständig, dass Schwulsein etwas sehr Wichtiges bedeutet, aber ich bin mir nicht sicher, was es sein könnte. Kann mir das jemand sagen?«

Zwei Liebende sitzen beieinander. Einer steht auf und sagt: »Im nächsten Monat haben wir unseren fünfzehnten Jahrestag. Wir sind hier, um mit Männern zu feiern, die es zu schätzen wissen, wie wertvoll eine Partnerschaft sein kann. Wir lieben uns immer noch und kichern immer noch genauso viel wie in unserer ersten Nacht.«

Ein anderer Mann, dessen Gesicht durch vorzeitiges Altern und violette Krankheitsflecke gezeichnet ist, erzählt uns: »Ich vermisse meine Freunde, die gestorben sind. Ich habe in den vergangenen Monaten zu viel durchgemacht, um mich mit Leuten abzugeben, die mich verarschen. Ich bin hier, um aufrichtige Freundschaften zu finden.«

Der Mann in Rosa steht auf und erzählt seine Geschichte: »Ich erinnere mich an meinen Freund Billy, wie sehr wir uns mit 16 geliebt hatten, wie viel Spaß wir daran hatten, uns zu berühren. Eines Tages sagte er mir in der Schule, dass es falsch sei, was wir taten und sprach seit dieser Zeit kein Wort mehr mit mir. Das tat weh. Es tut immer noch weh. Ich möchte die Welt zu einem Ort machen, an dem Jungs sich in aller Offenheit lieben dürfen.«

Auf der anderen Seite des Kreises vertritt jemand die gleiche Ansicht. Er stützt sich auf einen geschnitzten Holzstock und spricht langsam unter Anstrengung. »Als ich dreizehn war, fand ich das Wort ›homosexuell‹ im Wörterbuch. Jeden Tag, über Monate, schlug ich es nach, wann immer ich allein war, immer und immer wieder. Es war mein stiller Beweis, dass ich nicht der Einzige war. Auch ich möchte den Jungs von heute sagen, dass sie ihre Zeit nicht damit verschwenden dürfen, sich selbst zu hassen.«

So leise, dass wir uns anstrengen müssen ihn zu hören, erzählt uns ein etwa 35-jähriger Mann: »Das ist das erste Mal, dass ich mit anderen Schwulen zusammen bin. Ich wusste immer, dass ich so bin, konnte der Tatsache aber nie ins Auge sehen. Ich hatte Angst, meiner Frau und den Kindern zu erzählen, wo ich dieses Wochenende verbringen werde, aber ich musste einfach kommen.«

Unsere Worte schaffen eine kraftvolle Atmosphäre. Ich spüre den offensichtlichen Hunger nach Anerkennung in ihnen, nach Wertschätzung, nach jemandem, mit dem man sein Los teilen kann. Fast immer drücken sie das Gefühl aus, dass Schwulsein mehr als das ist, was unsere Kultur widerspiegelt. Viele Stimmen kritisieren nicht nur die Einschränkungen, die uns Gesellschaft und Religion auferlegen, sondern auch die Schwulengemeinde, die alle spirituellen Themen komplett zu ignorieren scheint. Alle stimmen jedoch darin überein, dass Schwulsein eine wichtige, machtvolle Gabe ist – etwas, das es gilt, liebevoll zu pflegen, zu erhalten und in seiner ganzen Fülle für sich einzufordern.

Diese Versammlung 1990 war die erste vieler *Gay Spirit Visions* Konferenzen in *The Mountain*. Es war der Anfang einer tiefen Verbindung, die mich und Hunderte andere Männer bis heute nährt und trägt. Im Rahmen dieser ersten Konferenz sprach Harry Hay, der Anfang der 50er Jahre die *Mattachine Society* gründete, über die Angst und Verfolgung, die zu jener Zeit das Leben der Homosexuellen überschattete. Andrew Ramer referierte über Stammesbewusstsein und die lange Ahnenreihe von Heilern und Weisen unter den schwulen Männern. All die Jahre waren wir immer durch das Wissen und die Inspiration vieler Älterer und Lehrer gesegnet. Wir haben eine Unzahl verschiedener Themen erkundet, vom Ledersex über tantrische Massage bis hin zu Heilung, Poesie, Tanz und Naturverbundenheit. Wir teilten unsere Tränen, Lachen, Umarmungen, Liebe, ein gehöriges Maß an Empörung und eine beständige gegenseitige Unterstützung, von der die meisten am Anfang kaum zu träumen gewagt hätten.

Rückblickend würde ich sagen, das allergrößte Geschenk, das uns *The Mountain* gab, war die Freude, an uns selbst zu beobachten, wie wir uns entfalteten, die Mauern fallen ließen und immer mehr Vertrauen zu unseren eigenen Fähigkeiten fanden. Gemeinsam konnten wir erkennen, dass die Antworten, nach denen wir suchen, in uns selbst verborgen sind. Jeder einzelne von uns hat Verständnis, Heilkraft, Humor und Wissen, um es mit den Anderen zu teilen. Indem wir teilen, steigern wir unsere Kraft. Indem wir teilen, haben wir erkannt, dass der Weg, nach dem wir suchten, nicht irgendwo außerhalb liegt, wie eine Straße ins Schlaraffenland, die darauf wartet entdeckt zu werden, sondern genau hier und jetzt, in diesem Augenblick, da wir ihn Schritt für Schritt erschaffen.

Der schwule Krieger

In unseren Gesprachen bei den *Gay Spirit Visions* tauchte immer wieder der Begriff »Krieger« auf. Anfangs störte mich das Wort jedes Mal, wenn ich es hörte. Es beschwor Bilder von Rambos in Springerstiefeln herauf, die das genaue Gegenteil jener Qualitäten verkörpern, die wir eigentlich entwickeln wollen. Ich brauchte eine ganze Weile, um zu erkennen, dass dieser Typ testosterongesteuerter Macho, der in unserer »männlichen« Welt so viele Bewunderer findet, tatsächlich nur ein Zerrbild dessen ist, was einen echten Krieger ausmacht. Der wahre Krieger ist ganz anders – ihn in uns wachsen zu lassen ist in der Tat ganz entscheidend bei unserer Selbstentdeckungsreise.

Der wahre Krieger ist eine Leitfigur, ein Träger großer Kraft innerhalb des menschlichen Bewusstseins. Der innere Krieger ist als Archetyp fest im kollektiven Bewusstsein verankert, das wir alle miteinander teilen, und kann deshalb von jedem über Mythen, Träume und Symbole erreicht werden. In Gesellschaften, in denen dieses Wissen lebendiger ist als in unserer, war der Krieger stets ein Sinnbild höchster Prinzipien, denn er ist fähig, kraftvoll und zielgerichtet zu handeln, dabei aber auch immer das rechte Maß zu finden und absolute Selbstkontrolle zu bewahren.

Archetypen wie der Krieger manifestieren sich in jedem Menschen auf individuelle Art und Weise. Männer, die Männer lieben, leben den Krieger ganz anders, als es der Rest der Gesellschaft gewöhnlich tut – daher auch der Begriff »schwuler Krieger«. Trotz aller individuellen Unterschiede zeichnet sich der innere Krieger für gewöhnlich durch sein weit ausgewogeneres Verhältnis männlicher und weiblicher Energien aus, und er ist in der Lage, während er in der Außenwelt wirkt, auch andere Ebenen wahrzunehmen.

Jeder von uns kann seinen inneren Krieger leben. Wenn du dem Weg des Kriegers bedingungslos folgst, erlaubt er dir, jeden Moment deines

Lebens kraftvoll zu leben. Das bedeutet nichts anderes als wahrhaft aufrichtiges Handeln – und das sieht für jeden individuell verschieden aus: Für Greg bedeutete es, zehn Jahre lang alkoholfrei zu bleiben. Für Sam war es sein *Coming Out* den Mitarbeitern gegenüber. Jack lernte, ehrlich zu sich selbst zu sein, während er seinen sterbenden Partner pflegte, und für Charles war es die Aufgabe, in seiner Kirche öffentlich für die Interessen der Schwulen einzutreten. An welchem Punkt deines Lebens kann dir der Krieger helfen? Es ist ein Ziel unserer gemeinsamen Reise zu lernen, ihn willkommen zu heißen.

Für schwule und bisexuelle Männer hat diese Reise zur Kraft zwei Stationen. Zuerst müssen wir einen sicheren Platz für uns schaffen, an dem unsere alten Wunden heilen können, die wir noch in uns tragen. Obwohl die Schritte, die du auf diesem Teil der Reise machst, sehr persönlich – und manchmal auch sehr anstrengend – sein werden, werden sie dich am Ende reich belohnen, denn du gewinnst nicht nur dein heiles Selbst zurück, sondern auch neue Lebensenergie für dein weiteres Wachstum. Irgendwann im Laufe dieses Prozesses wirst du feststellen, dass du schon mitten in der zweiten Stufe steckst – der Selbstverwirklichung, dem offenen Ende unserer Reise. An diesem Punkt angelangt wirst du lernen, dich selbst zu finden und eine umfassende Lebensfreude zu entwickeln. Als Krieger findest du in dir die Kraft, dein Leben zu einem endlosen Abenteuer voller Entdeckungen und Erfüllung werden zu lassen.

Die Reise zur Heilung

Ich möchte eine Vision mit dir teilen. Ich sehe einen starken, strahlenden männlichen Gott vor mir, stärker als das Leben selbst, erfüllt von Selbstsicherheit und Sinn. Er steckt voller Lebenskraft und lebt seine glückselige Verkörperung des Geistes im Fleisch. Wo? Genau hier. Ich habe ihn gesehen. Hier innerhalb unseres Kreises in *The Mountain* konnte ich flüchtige Blicke von ihm hinter den Gesichtern erhaschen. Ich sah ihn auch unter den Teilnehmern einer Gay-Parade oder in seliger Ekstase im Tanz versunken. Tatsächlich findet man ihn stets dort, wo sich eine Gruppe schwuler Männer in einem gemeinsamen Geist zusammenfindet.

Er ist hier, vollkommen verwirklicht, kaum hinter der physischen Form verborgen, auf geheimnisvolle Weise ein Teil unseres Wesens und doch noch mehr als das. Seine Augen zeigen eine bemerkenswerte Tiefe, uralte Weisheit, doch gleichzeitig auch die verspielte Magie des Kindes. Für ihn ist es eine unzweifelhafte Gewissheit, dass die Liebe zu anderen Männern ein Geschenk des Schöpfers ist. Seine Erscheinung ist vielgestaltig und zeigt sich in den Gesichtern vieler Männer. Er ist der *Magische Jüngling*, der sich selbst die Sonne ist und sich seiner Welt erfreut. Er ist das *Heilige Androgyne*, das die Stärken des Männlichen und Weiblichen in sich vereinigt, der *Schamane und Heiler*, dessen klare innere Führung ihm die Geheimnisse des Heilens und des Lebens offenbart. Er ist der *Göttliche Liebhaber*, den jeder von uns sucht, der geheimnisvolle Zwilling, der die Realität durch seine Hingabe verwandelt. Er ist die Stimme des *Alten Weisen*, der die Lektionen des Lebens mit Optimismus und Humor vermittelt. Er ist der *Spirituelle Krieger*, der sich seiner Kraft sicher ist, der die drei Kräfte Wille, Geduld und Tatkraft in sich vereint. Er ist der *Entdecker*, der erfinderische Gott, der seinem Volk dient und der Welt hilfreich zur Seite steht.

Wie sollen wir Ihn nennen? Einen Geist? Einen Engel oder Gott? Diese Begriffe sind zu überfrachtet, als dass sie ihm gerecht würden. Wie auch immer wir ihn nennen mögen, er ist real. Er lebt in jedem von uns als die Verkörperung unserer Hoffnungen, Träume und Wünsche. Seine Kraft hilft uns dabei zu überleben, wann immer uns die Welt feindlich gesonnen scheint. Sein Wesenskern weckt den Wunsch in uns, unseresgleichen zu suchen, ein Bedürfnis, das allen Versuchen widersteht, uns »normal« oder auch nur weniger sein zu lassen, als wir tatsächlich sind. Und wenn du ihm tatsächlich einen Namen geben willst, dann gib ihm deinen eigenen Namen, denn er ist ein sehr lebendiger *Teil von dir*. Du siehst seine Schönheit und Kraft in anderen Männern widergespiegelt. Du hörst seine Stimme, wie sie dich drängt, dein Leben endlich in Aufrichtigkeit zu führen. Er ist die Fülle deines eigenen Potenzials, das dich Schritt für Schritt vorantreibt, bis du eines Tages erkennst, dass er es ist, voll verwirklicht, der da zurücklächelt, wenn du in den Spiegel blickst.

Selbst wenn du mit diesen Bildern nicht viel anfangen kannst, lass dich durch sie daran erinnern, dass es in dir einen Teil gibt, der Wachstum und Verständnis braucht – und genau das ist der Grund, weshalb du dieses Buch zum ersten Mal in die Hand genommen hast. Du hast die Fähigkeit, dein ganzes Leben hier und jetzt in die Hand zu nehmen, um so begabt, schön und kraftvoll zu werden, wie du es dir nur wünschst. Das ist Sinn und Zweck deiner Reise.

Warum eine Reise? Weil die allermeisten von uns vergessen haben, wer wir eigentlich sind. Stell dir einmal den Mann-Gott vor, den wir vorhin kennen gelernt haben. Stell dir vor, dass er wie ein hässliches Entlein mitten in eine Gesellschaft hineingeboren wurde, die keine Ahnung von seiner wahren Natur hat. Stell dir vor, Apollo wäre in der Zeit der spanischen Inquisition geboren worden, oder Osiris im Amerika der 60er Jahre. Stell dir vor, was der heranwachsende junge Gott alles von den Menschen um ihn herum lernen würde. Stell dir vor, wie er sich in so einer Welt fühlen und was er von sich denken würde. Stell dir vor, was er sich alles antun würde, um dort hineinzupassen.

Weißt du, wovon ich rede? Fast jeder von uns trägt die Narben der Gesellschaft in sich eingebrannt, die sich vor der Homosexualität fürchtet, unsere Erotik verdammt und Angst vor der Andersartigkeit hat. Ob es nun die wohlwollenden Ratschläge unserer Eltern gewesen sind, der viel direktere Druck unserer jugendlichen Altersgenossen oder Feuer und Schwefel bigotter Evangelisten – vermutlich hast auch du die Botschaft von Anfang an mitbekommen. Wenn du Glück hattest, war die Zurückweisung wenigstens noch höflich. Wenn nicht, bestand sie aus Missbrauch und Gewalt.

Um überleben zu können, wurden viele von uns zu Chamäleons, die ihr wahres Wesen verbargen, indem sie versuchten, mit dem rauen sozialen Hintergrund akzeptierter, männlicher Verhaltensweisen zu verschmelzen. Wir lernten unseren Gefühlen zu misstrauen und unser natürliches Bedürfnis nach Liebe und Intimität zu fürchten. Wir verinnerlichten die uns entgegengebrachte Angst vor der Homosexualität, bis wir uns mangelhaft, ständig in die Defensive gezwungen oder wertlos fühlten. Wie unser Mann-Gott, der in die falsche Zeit geboren wurde, wurden wir zu Schatten unseres wahren Selbst.

Erkennst du die Muster? Die verinnerlichte Angst vor der Homosexualität hat viele Gesichter. Für einige von uns ist sie sehr drastisch und zermürbend. Leidest du unter Einsamkeit, weil dich deine Familie und die Freunde zurückweisen, lebst du in einem Missbrauchsverhältnis oder hast Angst davor, deinen Job zu verlieren? Verachtest du dich selbst, fügst du dir selbst Verletzungen zu oder kämpfst du mit der Sucht? Zu viele Männer tun das noch.

Vielleicht bist du aber auch einer der vielen, die ihr Leben offen und gut führen, einer von denen, deren Verletzungen nur etwas subtiler sind. Hattest du jemals das Gefühl, etwas Wichtiges im Leben zu vermissen, obwohl es dir doch eigentlich ganz gut geht? Hast du dich jemals unter Wert verkauft oder es nicht gewagt, dein volles Potenzial auszuschöpfen? Ich kenne viele Männer, denen es so geht. Ich denke dabei an John, der im College zu seiner Homosexualität stand, danach einen guten Job als Lehrer bekam, und sich die darauf folgenden zehn Jahre zu Tode langweilte, weil er andauernd versuchte, so »normal« wie möglich zu sein. Brian ging einen anderen Weg. Er arbeitete als »Profi-Tunte« und erlaubte es sich nie, dem tief sitzenden Wunsch nachzuspüren, Rechtsanwalt zu werden. Barry, der sich im Fitness-Studio abrackert, um wie ein Adonis auszusehen, ist trotzdem ständig mit seinem Körper unzufrieden. Bill wünscht sich verzweifelt eine feste Partnerschaft mit einem anderen Mann, hat aber Angst, sich für mehr zu öffnen als für gelegentlichen, anonymen Sex.

Für dich als männlichen Gott unserer Geschichte besteht das Wachstum zu deiner vollen Kraft in einer Reise der Öffnung und Transformation. Du wirst dieses Ziel Schritt für Schritt erreichen, indem du deine Verletzungen vorsichtig erkundest, um deren Ursprung, Bedeutung und die daraus entstandenen Folgen zu erkennen. Dich selbst zu kennen ist eines der wichtigsten Werkzeuge für ein glückliches Leben. Alten Schmerz kannst du erst loslassen, wenn du ihn vorher ans Licht gebracht hast. Zuletzt werden deine Wunden zu Landmarken, anhand derer du den Weg zurück zu deinem wahren Wesenskern finden kannst. Von dort aus kannst du daran arbeiten, deinen Blickwinkel zu ändern und alte Gewohnheiten der Selbstverleugnung aufzugeben. Als fähiger Krieger bist du in der Lage, Negatives in Positives zu verwandeln, die Fesseln der Vergangenheit zu sprengen und die heiligen, wunderbaren Geschenke deines spirituellen Erbes zurückzufordern.

Sich selbst definieren

Wir sind schon sehr weit fortgeschritten seit jenen düsteren Tagen, von denen uns Harry Hay erzählte; der Zeit, in der die offiziellen Hexenjagden und die Verfolgungen der McCarthy-Ära Versammlungen homosexueller Männer und Frauen zu einem echten Wagnis machten. An Diskussionen über »schwule Identität« oder eine Änderung des Status quo war damals gar nicht zu denken. Die sozialen und politischen Fortschritte, die uns im letzten halben Jahrhundert gelangen, hätten die damals lebenden Menschen in ihren Grundfesten erschüttert. Wer hätte schon zu glauben gewagt, dass wir einmal so offen leben können, dass Themen wie schwule Hochzeiten oder Schwule im Militär einmal Schlagzeilen machen könnten? Sicherlich gibt es noch viel zu tun, aber wir sind schnell und weit vorangekommen. Doch obwohl wir unsere Bürgerrechte durchgesetzt haben, uns einen Raum geschaffen haben, in dem wir ein offeneres Leben führen können und dabei auch noch eine Seuche überlebt haben, frage ich mich, ob wir der Antwort auf die allerwichtigste Frage – »Wer sind wir?« – auch nur ein Stück weit näher gekommen sind.

Wir alle mussten mit Ablehnung kämpfen während wir groß wurden, unser *Coming Out* hatten und in der Welt lebten. Als wir lernten, über uns selbst zu sprechen, waren es immer zuerst die Kritiker, denen wir Rede und Antwort stehen mussten. Es sind die Stimmen der Angst vor der Homosexualität – sowohl die grellen Stimmen aus der Gesellschaft als auch die leisen Stimmen in unseren eigenen Köpfen –, die bis heute weitgehend die Ausrichtung unserer Gespräche vorgegeben haben. Aus diesem Grund beginnt sich unsere Selbstdefinition gerade erst aus dem Schatten dessen, was wir *nicht* sind, zu lösen. »Wir sind *nicht* krank, *nicht* schlecht, *nicht* sündig, *nicht* pervers, *nicht* pädophil, *nicht* gegen die Institution Familie und – was unser grundlegendes Menschsein angeht – *nicht* soviel anders als alle anderen auch.«

Zur Angst vor der Homosexualität »NEIN!« zu sagen, ist sicher einer der gesündesten Schritte, die wir machen können; dennoch fehlt uns das Lebensbejahende, wenn unsere gesamte Selbst-Definition auf Verneinungen aufbaut. Wir wissen, was wir nicht sind, aber haben immer noch keine Antwort auf dieselben grundlegenden Fragen: »Wer sind wir?« »Was bedeutet es, so wie wir zu lieben?«

Weshalb ist Selbst-Definition so wichtig? *Weil Glaubenssätze kreativ sind.* Was du von dir glaubst, beeinflusst jeden Aspekt deines Lebens. Es formt deine Wahrnehmung von Ereignissen und die Interpretation deiner Erfahrungen. Deine Anschauung neigt dazu, sich selbst zu erfüllen. Solange du – bewusst oder unbewusst – durch die negativen Bilder von Schwulen, die von außen an dich herangetragen werden, beeinflusst wirst, lebst du nach dem Drehbuch anderer. Ob du nun die Lügen glaubst, oder dich dagegen auflehnst – das Sagen hast du deswegen noch lange nicht. Nur wenn du tief in dir suchst und die Schichten des »Anders-Seins« durchdringst, um dich in deinem Herzen wieder zu finden, kannst du in deinem Leben wirklich Befriedigung und Erfüllung finden.

Was würdest *du* also antworten, wenn dich jemand fragt, was es bedeutet, ein Mann zu sein, der Männer liebt? Würdest du eher den körperlichen Aspekt betonen oder »die Freiheit, Sex mit wem immer zu haben, mit dem man Sex haben will«? Oder würdest du mehr Wert auf andere Dinge legen, beispielsweise auf »sinnlich, künstlerisch, bunt«? Würdest du sagen »Wir sind genau wie jeder andere auch, bis auf das, was wir im Bett machen?« Hast du immer noch Zweifel, ob wir nicht doch »sündig«, »krank« oder »pervers« sind? Ich frage mich, an welcher Stelle der Liste endlich Worte wie »spirituell«, »kraftvoll« oder »verwirklicht« kommen würden – oder wie lange es dauern würde, bis dir jemand einfiele, der in keine der Kategorien passt, die du dir ausdenkst.

Wir alle wissen, dass Schwul- oder Bi-Sein bedeutet, Männer zu lieben. Über diese sehr allgemeine Definition hinaus ist es so gut wie unmöglich, gemeinsame Eigenschaften zu finden, die auf uns alle gleichermaßen zutreffen. Tatsächlich sind wir eine extrem vielstimmige Gruppe. Wir vertreten das ganze Spektrum aller Kulturen und Völker. Deshalb muss es auf die Frage »Wer sind wir?« nicht nur eine, sondern viele Antworten geben. Und der einzig mögliche Weg sie herauszufinden besteht darin, dass sich jeder einzelne Mann erst einmal die Fragen »Wer bin *ich*?« und »Was bedeutet es für *mein* Leben, andere Männer zu lieben?« beantwortet.

Um deine eigenen Antworten zu finden, musst du dich nach innen wenden und die Wahrheiten deiner eigenen Erfahrungen suchen. Dieses Buch ist als eine Landkarte gedacht, die dir dabei hilft, den Weg durch die Weiten deines Selbst zu finden. Die Übungen, die du dabei erforschen wirst, sind so allgemein gehalten, dass dir genügend Spielraum bleibt, deine eigenen Antworten zu finden. Gleichzeitig werden sie dir dabei helfen, deine Erfahrungen in ein gesundes, ermutigendes Verständnis deiner selbst als Mann, der Männer liebt, zu integrieren.

Die Reise zur Ganzheit

Du befindest dich bereits auf dieser Reise. Tatsächlich warst du schon dein ganzes Leben auf dem Weg. Das Ziel von **Gay Spirit** besteht darin, dir die Reise leichter und bewusster zu machen. Ich lade dich dazu ein, es als schamanische Suche nach dem wahren Kern deines Seins zu betrachten. Da du dabei sowohl das Tempo als auch die Ziele selbst bestimmst, kannst du den Arbeitsprozess ganz deinen eigenen Bedürfnissen anpassen. Die Erfahrungen auf diesem Weg werden einzigartig und ganz individuell sein. Die Erkenntnis und die Heilung, die du hier findest, werden dir in jedem Lebensbereich zugute kommen.

Im ersten Teil des Buches wirst du dich auf die Reise machen – ein Tagebuch kaufen, dir Ziele setzen und lernen, dich während der Reise zu motivieren. Du wirst die Ursachen, die Inhalte und die Folgen negativer Glaubenssätze untersuchen – selbst wenn sie völlig unbewusst sind – und lernen, wie du sie ändern kannst. Du wirst dir deinen Körper zum Verbündeten machen, damit du ihn – und er dich – jederzeit stärken kannst.

Im zweiten Teil wirst du eine Reise durch dein inneres Wesen antreten. Dort wirst du auf die größten Herausforderungen treffen – und auch die größten Belohnungen empfangen. Schritt für Schritt wirst du mit alten Ängsten konfrontiert und sie überwinden, alte Wunden aufdecken und heilen und Teile deines Wesens zurückfordern, die du zu verleugnen gelernt hast. Es wird Arbeit damit verbunden sein, und einiges davon wird nicht leicht werden, aber du musst nicht alles allein erledigen. Sieben Verbündete werden dir dabei helfen, unter anderem der *Magische Jüngling*, der *Liebhaber* oder der *Forscher*, Teile deines Selbst, die dich auf deinem Weg führen und dir Kraft verleihen. Bei der Arbeit mit jeder dieser inneren Personen wirst du lernen, auf das Wissen, die Weisheit, die Kraft und den Humor, die in dir liegen, zurückzugreifen, um neue wirksame Lösungen für die Herausforderungen deines täglichen Lebens zu finden.

Das muss nicht unbedingt komplettes Neuland sein. Vielleicht hast du schon ein paar dieser Themen in einer Therapie kennen gelernt, hast schon etwas über Archetypen gelesen, oder die Kraft des positiven Denkens erfahren. Das ist gut so. **Gay Spirit** soll Männern auf jeder Stufe der Selbsterkenntnis helfen. Für einige werden diese Inhalte völlig neu sein. Anderen werden sie die Chance geben, sich noch eingehender kennen zu lernen und das Gelernte *in die Praxis umzusetzen*. Die Übungen sind so konzipiert, dass sie dir helfen, Zugang zur Weisheit deines Körpers zu finden und sie in Einklang mit dem Verstand, den Gefühlen und dem spirituellen Bewusstsein zu bringen. Im Laufe dieses Prozesses wirst du dich von dort aus, wo du dich aus energetischer Sicht befindest, auf einen Punkt zubewegen, an dem du tatsächlich beginnst zu leben, was du glaubst. Du wirst dich wundern, wie wirkungsvoll dieser Prozess ist.

Im dritten Teil wirst du schließlich von deiner Reise mit einem vollkommen neuen Selbst-Verständnis zurückkehren. Du wirst dich darauf ausrichten, selbstbestimmte Wege einzuschlagen und einen freudvollen, erfüllten Lebensweg zu finden. Du wirst deine eigene Spiritualität und die Fähigkeit zur Selbsthilfe zurückgewinnen. Du wirst lernen, die Gaben, mit denen du geboren wurdest, mit anderen zu teilen und dadurch dein eigenes Leben und das anderer Menschen zu bereichern. Du wirst lernen selbstbestimmt und kraftvoll mit beiden Beinen fest auf dem Boden zu stehen.

Die Vorteile des Weges zur inneren Kraft liegen auf der Hand. Kraftvoll zu leben bedeutet, sich das Recht zu nehmen, andere Männer zu lieben, was selbst in unserer heutigen Gesellschaft immer noch ein ziemlich radikales Konzept ist. Es bedeutet, dass du dich genau so, wie du bist, liebst und unterstützt und dir das Recht zugestehst, dir deine geheimsten Träume und Wünsche zu erfüllen. Es bedeutet, dass du jeden Tag bewusst lebst, dir den Beruf suchst, den du haben möchtest und es wagst, dich jedem entgegenzustellen, der dich verdammen will. Es bedeutet, dein Recht auf Nähe einzufordern, dein Recht, zu lieben und dich offen auszudrücken. Es bedeutet zu wissen, dass du wertvoll bist und deine Beziehungen dauerhaft und gesund sein können. Es bedeutet, dass du dich von lange gehegten Zweifeln befreist und dich deiner Erfüllung, deiner Zufriedenheit und deinem Glück öffnest. Es bedeutet, dein Leben so zu gestalten, wie *du* es willst.

Ich möchte dich zu dieser Reise einladen, denn ich bin überzeugt davon, dass du das Leben deiner Wünsche verdienst. Ich muss gestehen, dass ich dabei auch noch ein weitreichenderes Motiv habe. Ich möchte, dass du das, was du bist, mit der Welt teilst. Dein Mut, aufrichtig zu leben, wird anderen diesen Schritt leichter machen. Du wirst letztlich feststellen, dass das, was dich am meisten erfüllt, das größte Geschenk an die Welt sein wird, um in ihr die nötige Wandlung und Heilung zu bewirken.

Die Welt bedarf gerade jetzt sehr dringend dieser Heilung. Global gesehen stehen wir einer Krise und Chance gegenüber, die sehr wahrscheinlich unser weiteres Schicksal auf diesem Planeten bestimmen wird. In ökologischer und kultureller Hinsicht und auch, was unsere Wertvorstellungen betrifft, brechen die alten Strukturen in sich zusammen und nur wenig Neues ist an ihre Stelle getreten. Jeder Mensch auf dieser Welt ist dazu aufgerufen, tief in sich hineinzuhorchen und seinen Anteil dazu beizutragen, an einer Lösung der Probleme, die uns alle betreffen, mitzuwirken.

Männer, die Männer lieben, spielen dabei eine wichtige Rolle. Bereits heute kämpfen viele von uns an vorderster Front für den sozialen Wandel. Durch die vielen Herausforderungen, denen wir uns stellen mussten – von Isolation und Zurückweisung, der Angst vor der Homosexualität bis zu den Problemen, die die AIDS-Krise mit sich brachte –, lernen wir immer neue

Möglichkeiten, uns selbst zu helfen. Indem wir mit unkonventionellen Familienmodellen und Beziehungen experimentieren und die Nuancen unserer eigenen Sexualität ausloten, geben wir Beispiele, die oftmals ins Bewusstsein der breiten Masse dringen. Indem wir uns offener als je zuvor in Politik, Religion, Unterhaltung und Sozialwesen engagieren, tragen wir direkt und weithin sichtbar zu einem Wandel bei.

Nachdem ich in *The Mountain* war und vielerorts mit schwulen Männern gesprochen habe, bin ich überzeugt davon, dass der Anspruch auf unsere Einzigartigkeit und die Kraft unserer Wahrheiten nicht nur möglich, sondern vielmehr überlebenswichtig ist. Zum jetzigen Zeitpunkt können wir es uns nicht leisten, auch nur die kleinste Gabe zu verschenken, die zu einem Wandel der Welt beitragen könnte. In dem Maße, in dem deine Verletzungen und die Angst vor der Homosexualität dich davon abhalten zu teilen, wird die Welt schwächer. Derselbe Druck, der dich dazu bringt, dein Leben so gesund und befriedigend wie möglich zu gestalten, ist es, der uns alle ermutigt, gemeinsam unsere Grenzen kraftvoll zu überschreiten – *jetzt, bevor es zu spät ist.*

Niemand von uns ist auf dieser Reise allein. Du bist umgeben von hunderttausend Brüdern, Mitgliedern des Stammes der Männer, die Männer lieben. Ich habe dieses Buch geschrieben, weil ich mir Begleiter auf dem Weg wünsche, eine Armee von Liebhabern um mich, eine Armee wunderschöner, starker Männer, die stolz darauf sind, Männer zu lieben. Sind wir bereit, uns mit Kraft aufzuladen, zufrieden, glücklich, und *phantastisch* zu sein? Bist *du* es? Ich denke ja. Trau dich!

2 Erste Schritte

Lass uns anfangen

Wann immer man sich auf eine Reise macht, zahlt es sich aus, gut vorbereitet zu sein. Wenn diese Reise eine Fahrt mit dem Auto wäre, würdest du das Öl kontrollieren, volltanken und überprüfen, ob genügend Luft im Reservereifen ist. Du würdest eine Straßenkarte mitnehmen und Kleidung für die verschiedensten Situationen einpacken. Ebenso kannst du die Zeit auf dem spirituellen Pfad des schwulen Kriegers wesentlich angenehmer und gewinnbringender gestalten, wenn du vor deinem Aufbruch ein paar einfache Vorkehrungen triffst. Der Schwerpunkt dieses Kapitels liegt darauf, dir dabei zu helfen, Gewohnheiten und Einstellungen zu kultivieren, die dich auf deinem Weg weiter bringen.

Erstens – *dein Weg ist einzigartig* und du solltest diese Tatsache würdigen. Auch wenn du Reisegefährten hast, kann doch keiner von ihnen deine Reise für dich unternehmen und es kann dir auch niemand sagen, was du entdecken wirst. Sicherlich wirst du viele Gemeinsamkeiten mit anderen Männern, die Männer lieben, finden, doch dein Hintergrund, deine Wünsche, Hoffnungen und Ziele sind ganz und gar deine eigenen. Gib nicht der Versuchung nach, dich selbst zu beurteilen. Wirf deine Erwartungen über Bord, wie weit du kommen oder welche Probleme du schon im Griff haben *solltest*. Es ist am besten, einen Schritt nach dem anderen zu machen und einfach zu sehen, wohin dich das führt.

Zweitens – *bemühe dich um eine offene Haltung*. Die Übungen jedes Kapitels werden dir als spirituelle Landkarte dienen und dich voranbringen – *wenn du sie lässt*. Hüte dich davor, deinen Erfolg durch sprachliche Haarspaltereien oder das Herumhacken auf nebensächlichen Details zu sabotieren. Die hier beschriebenen Hilfsmittel sind sehr effektiv. Übernimm die Verantwortung, sie auch zu nutzen und, wenn nötig, deinen Bedürfnissen anzupassen.

In sprachlicher Hinsicht sollten wir damit beginnen, den Begriff »schwul« zu definieren. Im Buch fasse ich ihn recht weit und verwende ihn durchwegs für alle Männer, die sich von anderen Männern angezogen fühlen. Vielleicht fühlst du dich damit wohl, dieses Wort auf dich anzuwenden, vielleicht auch eher nicht. Die Grenzen zwischen den Spielarten menschlicher Sexualität sind sehr fließend, und deshalb ist es so gut wie unmöglich, einen Begriff zu finden, der allen gerecht wird. Falls du dich eher in anderen Worten wiederfindest – »bisexuell«, »homosexuell«, »aufgeschlossen« oder auch nur »sinnlich« –, dann nimm dir die Freiheit, »schwul« gleich beim Lesen in deinem Sinne zu übersetzen. Worte sollten dir nicht im Weg stehen.

Betrachte jede Übung als Experiment. Frage dich selbst: »Was kann ich hier lernen? Wie kann ich das auf *mein* Leben übertragen?« Du wirst dich von manchen Übungen sehr stark angezogen fühlen. Diese Übungen wirst du natürlich besonders gründlich durcharbeiten wollen. Andere wirst du etwas verändern müssen, damit sie auf deine persönliche Situation zutreffen. Wenn du beispielsweise in einer Übung die Ansichten deines Vaters über Schwule auflisten sollst, du deinen Vater aber nie kennen gelernt hast, kannst du trotzdem viel über dich erfahren, wenn du die Ansichten der Männer untersuchst, bei denen du aufgewachsen bist. Ein paar Übungen passen vielleicht überhaupt nicht auf dich. In diesem Fall solltest du sie einfach überspringen.

Verpflichte dich, bei der Sache zu bleiben. Wähle das richtige Tempo für dich und *bleib dabei.* Am besten funktioniert das mit einem Zeitplan. Ein guter Anfang könnte sein, ein Kapitel pro Woche zu bearbeiten. Nimm dir täglich 15 Minuten, jeden zweiten Tag eine halbe Stunde oder dreimal die Woche eine Stunde und verändere später deinen Zeitplan, wenn du entdeckst, was für dich am besten funktioniert. Wie auch immer du ihn gestaltest – ein Zeitplan zahlt sich aus. Indem du regelmäßig ein erträgliches Maß an Aufwand investierst, wirst du nicht nur befriedigende Veränderungen bewirken, sondern auch den Antrieb haben, Passagen, die dir etwas zäh und unbequem vorkommen, zu bewältigen.

Nimm dir genügend Zeit. Auch wenn die Übungen in einer Reihenfolge stehen, ist deine Reise in erster Linie eine Reise nach Innen und nicht linear. Viel von dem, was geschehen wird, findet dabei unterhalb der Schwelle bewusster Wahrnehmung statt. Es dauert eine Weile, alte negative Muster zu durchbrechen und in positivem Sinne neu aufzubauen. Es braucht seine Zeit, ein neues Konzept zu verdauen und in das Bewusstsein zu integrieren. Manchmal wirst du das Gefühl haben, große Fortschritte zu machen. Ein anderes Mal wird dein Fortkommen weniger offensichtlich sein. Vertrau dir selbst. Du wirst organisch von innen nach außen wachsen. Bleib bei der Sache und du wirst verblüfft sein, wohin dich das führt.

Schließlich – denk daran, *der gesamte Prozess ist erfahrungsgesteuert.*

Du profitierst am meisten, wenn du die Übungen tatsächlich durchführst. Während ich das schreibe, erinnere ich mich daran, wie ich als 12-Jähriger war. Mich faszinierten die Fotos surfender Teenager in Kalifornien und Hawaii und ich kaufte mir deshalb das Buch »Wie man surft«. Dreitausend trockene Meilen von den Wellen und der Brandung des Pazifik entfernt las ich in meinem Schlafzimmer, wie man die richtige Welle findet, aufspringt und sich nach einem wirklich bösen Sturz wieder aufrappelt. An irgendeinem Punkt ging mir jedoch auf, dass ich ja gar nicht Surfen lernte, sondern nur las. Hätte man mich wirklich auf ein Board gestellt, ich wäre vermutlich nach fünf Sekunden wieder im Wasser gelegen.

Wenn du surfen willst, musst du am Meer sein, auf einem Brett stehen, deinen Körper einsetzen. Wenn du ein schwuler Krieger sein willst, musst du dir die Füße nass machen, eintauchen und ein paar Stürze riskieren. Sonst wirst du niemals den Triumph fühlen, mit erhobenem Haupt zu gehen und stolz auf das zu sein, was du erreicht hast. Du wirst weiterhin nur lesen.

Dein Tagebuch als Landkarte

Das erste, was du für die Reise einpacken musst, ist ein Notizblock, den du als Reisetagebuch verwenden wirst. Von jetzt an wirst du darin jeden Schritt, den du auf dem Weg zu deiner inneren Kraft machst, aufzeichnen. Dein Tagebuch wird dein Gefährte sein, ein treuer, vorurteilsfreier Freund, dem du die intimsten und persönlichsten Einzelheiten anvertraust. Mit ihm wirst du deine Ängste, Schmerzen und Probleme teilen. Du wirst spannende Entdeckungen genießen und Triumphe feiern. Du wirst Briefe an Menschen aus der Vergangenheit, Gegenwart oder sogar Zukunft schreiben – und Briefe, die du von ihnen bekommst. In dem Maße, in dem du die Beziehung mit deinem Tagebuch pflegst, wirst du erkennen, dass du in Wirklichkeit die wichtigste Beziehung deines Lebens kultivierst – die Beziehung zu dir selbst.

Es ist äußerst wichtig für den Erfolg, dass du das Auf und Ab deines Entwicklungsprozesses schriftlich festhältst. Oft sind neue Einsichten kurzlebig und flüchtig. Der Verstand windet sich gerne heraus und wird alles versuchen, um an seinen alten Gewohnheiten festhalten zu können. Einer seiner Tricks besteht darin, sogar die faszinierendsten Entdeckungen einfach wegzuerklären oder herunterzuspielen. Dein Tagebuch wird dir dabei helfen, den Verstand mit seinen eigenen Waffen zu schlagen und dein neu gewonnenes Selbstbild durch eine sauber schwarz auf weiß gezeichnete Karte deines Weges zu bestärken.

Regel Nummer eins des Tagebuch-Schreibens lautet »*Behalt es für dich!*« Nichts unterdrückt die eigenständige Selbsterforschung so wirksam wie ein neugieriges Publikum. Das Ego ist ein starker Schutzherr und in dem Augenblick, wo es denkt, dass du für andere schreibst, wird es versuchen, den Text zu zensieren, ihm mehr Glanz zu verleihen und die Schattenseiten zu verschweigen. Manchmal wirst du vielleicht das Bedürfnis verspüren, Einsichten oder sogar Auszüge deines Tagebuchs mit einem guten Freund zu teilen. Das ist gut so, aber behalte dir die Entscheidung vor, wie weit du dabei gehen willst. Lass dein Tagebuch nicht offen herumliegen und gib es, zumindest vorerst, niemandem zu lesen. Der Erfolg deiner Reise hängt von der Wahrheit ab. Achte die Privatsphäre deiner eigenen Gedanken!

Welche Art Notizblock solltest du dir zulegen? Ich empfehle ein einfaches Heft, wie du es aus der Schule kennst. Kauf dir lieber ein gebundenes als eins mit losen Blättern, denn so widerstehst du eher der Versuchung, die weniger schönen und unangenehmen Seiten später zu entfernen. Im Laufe der Jahre habe ich mir die verschiedensten eleganten, schönen und *teuren* Tagebücher gekauft, die mich immer völlig eingeschüchtert haben. Die meisten davon stehen immer noch leer im Regal. Ihre Extravaganz scheint nach ausgefeilten Sätzen oder kalligraphischen Anstrengungen zu verlangen, die nichts für den alltäglichen Gebrauch sind. Ich warte immer noch darauf, dass ich weise genug sein werde, sie eines Tages benutzen zu können. Wachstum ist eine unordentliche Angelegenheit. Du brauchst ein Tagebuch, das sich neben dem Frühstücksgeschirr genauso wohl fühlt wie zwischen den stinkenden Socken in deiner Sporttasche. Besorg dir also eines, das du gleich jetzt benutzen kannst.

Übung •• Dein Tagebuch

1. *Kauf dir ein Heft, das du als Tagebuch verwendest. Such dir eins aus, das dir gefällt, das du leicht mitnehmen kannst und das viel Platz hat. Gebrauche dieses Tagebuch von jetzt an regelmäßig, um jeden Schritt deiner Reise aufzuzeichnen. Viel Spaß dabei!*

Den Kurs bestimmen

Als erstes wirst du in deinem neuen Tagebuch ein Reiseziel festlegen. Bei jeder Reise ist es wichtig zu wissen, wohin man will. Selbst wenn dir auf halber Strecke nach Hamburg einfällt, dass du lieber einen Monat in Berlin verbringen willst, um danach Richtung Süden nach Rom zu ziehen, solltest du ein Ziel vor Augen haben, da dir das ein Gefühl für die Richtung gibt, in die du dich bewegst.

Du entscheidest über deine Reiseroute, indem du dir Ziele steckst. Auch wenn du nicht genau weißt, wo du hin willst – »Ist mir ganz egal; Hauptsache, dort ist es besser als hier« – helfen dir Ziele dabei, das Abenteuer zu einer ganz persönlichen Erfahrung zu machen und auf dem Weg die richtigen Entscheidungen zu treffen. Es spielt dabei keine Rolle, ob sich deine Prioritäten später ändern. Hier wird nichts in Stein gemeißelt. Sobald du mehr Klarheit erlangt hast, kannst du Ziele, die dich nicht voranbringen, ändern oder neu definieren. Du solltest jetzt einfach dort beginnen, wo du gerade bist.

Übung ⸱⸱ Ziele setzen

2. a) *Auf der ersten Seite deines Tagebuchs machst du nun eine Liste, über die du »PROBLEME« schreibst. Hier führst du alle Probleme, Themen und Bedenken auf, von denen du meinst, dass sie damit zusammenhängen, dass du Männer liebst. Sei ehrlich zu dir selbst. So lange du dich nicht dazu entschließt, deine Gedanken mit jemandem zu teilen, wirst du der Einzige sein, der es jemals liest. Was bedrückt dich? Was scheint in deinem Leben zurzeit nicht zu funktionieren? Was magst du an dir oder dem, was du bist, nicht?*
Verändere nichts. Das Einzige, was zählt, ist die Wahrheit.

   b) *Schreib jetzt eine zweite Liste mit dem Titel »ZIELE«. Formuliere jeden einzelnen Punkt dieser Liste als positive Aussage über etwas, das du gerne in deinem Leben schaffen möchtest. »Ich möchte gerne Freunde finden, denen ich mich öffnen kann.« »Ich hätte gerne einen Arbeitsplatz, an dem ich mein Schwulsein offen leben kann.« Schreib nieder, was auch immer für dich von Bedeutung ist. Achte darauf, dass du jeden Punkt auf der Liste »PROBLEME« verwendest und ihn so umformulierst, dass er zu einem positiv formulierten Ziel wird. Lautet beispielsweise das Problem »Ich fühle mich isoliert«, so wäre das positive Ziel »Ich werde erfüllende Beziehungen zu anderen Menschen aufbauen«. Lass etwas Platz am Ende der Liste, damit du weitere Ziele hinzufügen kannst, die dir später noch einfallen.*

Gratuliere! Du hast nun deinen Kurs bestimmt. Fürs erste solltest du mit diesen Listen nichts machen. Wenn wir manchmal in den Spiegel sehen, während wir Tag für Tag ein Stückchen wachsen, bemerken wir nicht, wie sich all die winzigen Veränderungen inzwischen zu etwas Großem addiert haben. Die beiden Listen werden eine Art »Vorher«-Bild für dich sein. Wenn du sie später noch einmal betrachtest, werden sie dir eine Vorstellung davon geben, wie groß deine Fortschritte tatsächlich sind.

Sich auf dem Weg unterstützen

Die Fähigkeit, andere Männer lieben zu können, bedingungslos anzunehmen, erfordert größten Mut. Sich auf die Selbstentdeckungsreise zu begeben ist eine aufregende Erfahrung. Der Pfad wird dich tief nach innen führen. Es werden sicherlich Gefühle an die Oberfläche kommen, mit denen du nicht rechnest – Erinnerungen, längst vergessene Ängste, Bitterkeit, Traurigkeit oder sogar Schmerz. Du wirst wütenden Drachen gegenüberstehen, denn deine scharfzüngigen Zweifel werden hart darum kämpfen, dich gefangen zu halten. Du wirst wieder lernen, sanft mit dir umzugehen und deine Stärken zu schätzen. Geschichten, die du dir selbst schon so oft erzählt hast, dass du sie auswendig kennst, werden dir anders vorkommen. Beziehungen zu deinen Freunden und deiner Familie werden dir in einem neuen Licht erscheinen. Mal wirst du dich kraftlos fühlen, ein anderes Mal vor Lebendigkeit sprühen. Dir wird nach Schreiben, Malen, Tanzen und Singen zumute sein oder danach, jemanden anzurufen, den du vor zwanzig Jahren aus den Augen verloren hast.

Du kannst davon ausgehen, dass diese Suche von Erfolg gekrönt sein wird. Jeder Fortschritt, den du machst, wird dich reichlich belohnen. Es ist Arbeit, harte Arbeit an der Seele, die manchmal ziemlich anstrengend sein kann. Wenn du Sportler bist, weißt du, dass deine Leistung direkt davon abhängt, wie gut du auf dich achtest. Dasselbe Prinzip gilt auch hier. Du wirst deine Ziele viel leichter erreichen, wenn du dafür sorgst, dich physisch, emotional und mental zu unterstützen.

Zum ersten Punkt, deinem Körper. Das hier ist *Körperarbeit*. Um in deinem Optimum zu arbeiten, brauchst du angemessene Ruhepausen, Training und gesunde Nahrung. Sei achtsam! Möglicherweise weichen im Laufe des Prozesses die Bedürfnisse deines Körpers vom Gewohnten ab – er will mehr Ruhe, andere Speisen, eine Tanzpause oder einen belebenden Spaziergang, um den Kopf wieder frei zu bekommen. Höre auf ihn.

Achte auf deine Emotionen und *geh sanft mit dir selbst* um. Manchmal wird dich deine Reise in verletzliche, empfindliche oder schmerzvolle Bereiche führen. Es ist notwendig, sie aufzusuchen, um sie zu heilen. Ganz gleich, wie gut du als Erwachsener funktionierst: Es steckt ein kleiner Junge in dir, der den Schmerz, die Angst und den Ärger unmittelbar fühlt. Verbünde dich mit ihm, indem du Rücksicht auf seine Gefühle nimmst und eine Atmosphäre schaffst, in der er sich sicher und geborgen fühlen kann.

Sei nicht hart zu dir selbst. Wir alle haben eine Stimme harter Selbstkritik in uns. Manchmal vergessen wir, dass wir nur Menschen sind und schrauben die Messlatte unerreichbar hoch. Gesteh dir deine Gefühle zu. Gestatte dir, auch Fehler zu machen. Vergib dir, dass du nicht vollkommen bist. Verwöhne dich selbst, wenn du es brauchst. Auch die kleinsten Gesten – wie ein warmes Bad oder mit Freunden Abendessen zu gehen – können dich nachhaltig stärken, wenn du sie dir selbst freimütig und liebevoll zugestehst.

Hüte dich vor deinem Verstand. Er wird nicht immer begreifen, was du tust. Dein Verstand liebt die Sicherheit und legt deshalb jede Erfahrung in Form netter, ordentlicher Päckchen ab. Für den Verstand bedeutet »sicher« all das, was er schon kennt. Selbst wenn die Umstände unangenehm sind, zieht er in den meisten Fällen die eingebildete Sicherheit des *Status quo* der beängstigenden Veränderung vor.

Dein Verstand setzt eine Menge Tricks ein, um sich selbst zu schützen. Einer seiner raffiniertesten Taktiken besteht darin, äußere Dramen zu inszenieren, um dich *abzulenken*. Er könnte dich zu leichtsinnigen Entscheidungen verführen – deinen Job *genau jetzt* zu kündigen, wenn die Hypothek fällig ist, einen Streit mit deinem Liebhaber anzufangen, deine Mutter lauthals in ihrem Bridge-Club zu beschimpfen, weil sie ihren Frisör vor zwanzig Jahren mal als »Schwuchtel« bezeichnete. Das auf diese Weise schnell verursachte Chaos wieder einigermaßen in Ordnung zu bringen, wird dich recht wirkungsvoll von dem eigentlichen Thema fernhalten – deinem eigenen Wachstum.

Ein anderer Schutzmechanismus deines Verstandes ist die *Verzögerungstaktik*. Obwohl es richtig ist, sich frei zu nehmen, wenn man es nötig hat, solltest du dir dadurch nicht den Antrieb rauben lassen. Wenn du am Rande eines Nervenzusammenbruchs stehst, bleib einen Abend zu Hause. Leg die Füße hoch und entspann dich. Danach solltest du dich jedoch verpflichten, die liegen gebliebene Arbeit nachzuholen. Sonst ist es zu leicht für deinen Verstand, dein Wachstum zu sabotieren. Wie macht sich die Verzögerungstaktik bemerkbar? Plötzlich erscheint alles andere auf der Welt wichtiger, als mit der Arbeit weiterzumachen. »Ach was, ich mach die Übung morgen. Weißt du, es ist mindestens zehn Jahre her, dass ich die Sockenschublade mal aufgeräumt habe.« »Ja, ich werde daran arbeiten, wie ich meinen ersten Freund gekränkt habe, aber ich habe versprochen, den Dreck hinter dem Kühlschrank weg zu machen, bevor Mutter an Weihnachten kommt. Meine Güte, es ist ja schon bald August!« So kannst du ewig weiter machen, bis das Buch staubig und vergessen und dein Leben dasselbe wie immer geblieben ist.

Du bist viel mehr als nur dein Verstand. Auf dieser Reise wirst du lernen, dich mit deinem *ganzen Selbst* zu verbinden – mit Körper, Herz, Seele und Geist. Letztlich wirst du nicht nur neue Denkweisen kennen lernen, sondern eine völlig neue *Lebensweise*. Wenn du, wie die meisten von uns, darauf getrimmt bist, Logik und Verstand höher zu bewerten als das Chaos echter Erfahrungen, wird dir das, was du tust, erst einmal ungewohnt oder unheimlich vorkommen. Gib der Angst des Verstandes nicht nach. Irgendwann wird ihm diese andere Herangehensweise an das Leben gefallen und er wird sogar anfangen, *sie* als den neuen *Status quo* zu verteidigen.

Übung •• Sich selbst unterstützen

3. *Schreibe zehn Dinge in dein Tagebuch, mit denen du dir etwas Gutes tun kannst. Welche Aktivitäten geben dir Sicherheit, Kraft und ein gutes Gefühl? Sich zu einem netten Abendessen verabreden? Einen Strauß Narzissen kaufen? Ein heißes Bad nehmen? Mit deinem Haustier schmusen? Im Fitness-Studio oder Garten trainieren?*
Schreib neben jedem Punkt auf der Liste, wann du dir das letzte Mal Zeit für diese Aktivität genommen hast. Wie oft gönnst du dir selbst etwas?

Das Hilfsnetzwerk

Wähle mit Bedacht, wen du mit auf die Reise nehmen willst. Freunde, die ein offenes Ohr für deine Ängste haben und deine Erfolge mit dir feiern, *ohne dich zu beurteilen oder zu kritisieren*, sind eine große Hilfe. Gleichzeitig ist es gefährlich, sich in seiner Verletzlichkeit jemandem zu öffnen, der darauf nur mit Kritik und Negativität reagiert. Wenn ein Kind gerade Laufen lernt, schickt man es nicht allein auf eine befahrene Straße. Wenn du neue Verhaltensweisen erlernst, ist es besser, sie erst einmal zurückzuhalten und damit vertraut zu werden, bevor du dich in Situationen begibst, in denen du sie verteidigen musst.

Deine Freunde sind wie Spiegel, die dir die verschiedenen Seiten deiner Persönlichkeit zeigen. Weil jeder von ihnen mindestens eine gemeinsame Eigenschaft mit dir teilt, spiegeln deine unterschiedlichen Freunde auch unterschiedliche Seiten von dir wider. Denk darüber nach. Wer entspricht dem glücklichen, verspielten Kind in dir? Wen würdest du anrufen, um mit dir in den Park zu gehen, wenn du an einem sonnigen Nachmittag blau machen wolltest? Und bei wem würdest du dich am liebsten ausheulen, wenn du dich fühlst wie nach einem zehn Stunden-»Armes-Elend«-Besäufnis in einer Bar? Wer teilt deinen Idealismus? Wer verstärkt deine Zweifel mit Seitenhieben wie »Schön, dass du stolz darauf bist, schwul zu sein, aber warum musst du es gleich an die große Glocke hängen?« oder »Was würde deine Mutter dazu sagen? Das würde sie umbringen!«

Jeder von uns hat seinen eigenen Weg. Fürs erste solltest du ehrlich zu dir selbst sein und dich nur Menschen anvertrauen, die dir wirklich helfen können. Zieh dich von denen, die das nicht können, etwas zurück. Mit ihnen zu streiten oder ihre Vorstellungen zu ändern, wäre an diesem Punkt unnötige Kraftverschwendung. Spar dir deine Energie und deinen Atem für dein eigenes Wachstum. Anstatt zu reden ist es besser, später am eigenen Beispiel vorzuleben, um was es geht.

Eine gute Möglichkeit, Hilfe zu bekommen, sind Gleichgesinnte, die den Weg gemeinsam mit dir gehen wollen. Trefft euch alle ein bis zwei Wochen, um ein oder zwei Kapitel durchzusprechen. Ihr solltet dabei vereinbaren, euch, ohne zu urteilen, zuzuhören und jederzeit für einander da zu sein, wenn es nötig sein sollte.

Wenn du während der Reise ganz auf dich gestellt bist, solltest du dir etwas Zeit nehmen, um dein eigenes Hilfsnetzwerk aufzubauen. Zieh mindestens einen guten Freund ins Vertrauen, der für dich da ist, wenn du jemanden zum Reden brauchst. Wenn du einen Therapeuten oder Berater hast, solltest du ihn darauf aufmerksam machen, dass du dieses Buch durcharbeitest. Falls du überhaupt niemanden an deiner Seite hast, solltest du zumindest wissen, wo du professionelle Hilfe bekommen kannst, wenn du sie brauchst.

Was hat es mit professioneller Hilfe auf sich? Einige Teile des Weges werden sehr fordernde und schwierige Probleme aufwerfen. Das ist normal und auch nicht anders zu erwarten. In aller Regel wirst du ganz gut alleine zurechtkommen. Falls du jedoch irgendwann das Gefühl haben solltest, alleine nicht mehr weiter zu wissen, *zögere nicht, professionelle Hilfe in Anspruch zu nehmen.* Wenn du es willst oder nötig hast, ist der Beistand eines guten Therapeuten, der dem Schwulsein positiv gegenübersteht, von unschätzbarem Wert. Es ist keine Schande oder Makel, sich helfen zu lassen. Es heißt vielmehr, dass du deinen eigenen Wert hoch genug ansetzt, um alle nötigen Schritte zu ergreifen, ein positives und erfülltes Leben zu führen. Letztlich musst du dir deines Wertes als menschliches Wesen bewusst werden und erkennen, dass es durchaus in deiner Macht liegt, ein glückliches und gesundes Leben zu führen. Welche Anstrengung es auch kostet – es ist die Mühe wert.

Wähle deinen Therapeuten mit Umsicht. Finde jemanden, bei dem du dich sicher und geborgen fühlst. Stell ihm genügend Fragen, bevor du dich festlegst. Vergewissere dich, dass er Schwule voll und ganz akzeptiert. Ein Therapeut, der deine Anziehung zu anderen Männern »heilen« will oder auch nur das kleinste Problem damit hat, kann dir vielleicht in einer Krise helfen, wird dir langfristig aber keine echte Stütze sein. Wenn du nach einer Weile das Gefühl hast, dass er dich nicht weiterbringt, solltest du keine Scheu haben, dich nach jemand anderem umzusehen.

Es gibt viele Möglichkeiten, einen guten Therapeuten zu finden. Hör dich um. Vielleicht weiß einer deiner schwulen Bekannten jemanden, den er guten Gewissens empfehlen kann. In den meisten größeren Städten gibt es Treffpunkte für Schwule, einschlägige Zeitschriften und Sorgentelefone, die dir weiterhelfen können. Auch viele (aber leider nicht alle) Fachhochschulen und Universitäten haben für Homosexuelle spezielle Anlaufstellen.

Übung — Dein Hilfsnetzwerk

4. a) *Stell eine Liste derjenigen Freunde auf, denen du dich guten Gewissens mitteilen könntest, denen du von deinem inneren Kind oder von deinen Ängsten, dich der Welt zu öffnen, erzählen kannst. Wen würdest du anrufen, wenn du verzweifelt oder ängstlich bist?*

   b) *Liste jetzt all jene Menschen auf, mit denen du diesen Prozess definitiv nicht teilen willst, zumindest nicht, bis er abgeschlossen ist. Zähle hier auch alle Freunde auf, bei denen du dich unsicher oder in die Defensive gedrängt fühlst oder bei denen du deine wahren Gefühle nicht zeigen kannst.*

   c) *Wenn dir zur Liste in Teil a niemand einfällt, mach dir eine Notiz, an wen du dich wenden kannst, um professionelle Hilfe zu bekommen. Damit soll nicht gesagt sein, dass du sie auch brauchen wirst – wahrscheinlich wird das nicht der Fall sein. Doch schon allein das Wissen um einen Rückhalt wird dir ein besseres Gefühl auf deinem Weg geben.*

Sich dem inneren Weg verpflichten

Jedes Mal, wenn wir uns von ganzem Herzen zu etwas bekennen, findet eine bemerkenswerte Verwandlung statt. Goethe sagte:

> »Betrachtet man alles Streben und Schaffen, so gibt es eine elementare Wahrheit – in dem Augenblick, da man sich bedingungslos für eine Richtung entscheidet, folgt auch die Vorsehung.«

Ich habe einen Freund, der sagt es in einfacheren Worten: »*Für jeden Schritt, den wir tun, kommen uns die Engel zehn Schritte entgegen.*« Auf einmal verändert sich etwas. Ob das nun am Schicksal, an den Engeln oder dem neu gewonnenen, inneren Einklang liegt – auf einmal scheint dir die ganze Welt entgegen zu kommen.

Das Leben ist, wie diese Reise, ein Ganzes. Du bist ein ganzheitliches Wesen. Jede Veränderung, die du in einem Bereich machst, breitet sich wellenförmig in alle anderen Bereiche aus. Dein Wunsch, einen Aspekt deines Bewusstseins zu verstehen, wird andere folgen lassen. Deine Träume werden auf deine Erfahrungen mit Humor und Symbolik antworten. In Augenblicken, in denen du es am wenigsten erwartest, den Momenten zwischen Denken und Tun – wie Autofahren, Abspülen, Tagträumen oder Einschlafen –, werden die verborgenen Wahrheiten deines Unterbewusstseins zunehmend an die Oberfläche steigen.

Achte auf »Zufälle«. Du wirst dich wundern, wie oft sie sich gerade im rechten Augenblick ereignen und wie gut sie dann gerade passen. Mein Freund William versuchte eines Nachts die wichtigsten Punkte einer idealen Partnerschaft herauszuarbeiten, als es plötzlich an der Tür klopfte. Es war sein Ex-Freund, »Mr. Alles-andere-als-ideal«. Zwei Nächte später, nachdem sein Ex wieder gegangen war, wusste William ganz genau, was auf der Liste stehen sollte. Gary entdeckte in einer Zeitung, die jemand im Bus vergessen hatte, einen Artikel über einen interessanten Studiengang an der Universität. Ein paar Anrufe später war er für eben diesen Studiengang eingeschrieben und auf dem besten Weg zu einer neuen Karriere. Unsere übermäßig rationale Kultur erklärt sich solche Zufälle liebend gern als bedeutungslose mentale Artefakte. Indem sie das macht, negiert sie eines der wichtigsten Prinzipien, nach dem der Geist unser Leben durchdringt und das C. G. Jung als »Synchronizität« bezeichnete. Ist es denn nicht besser, Synchronizitäten als willkommene Geschenke und günstige Gelegenheiten zu sehen, statt ihre Existenz zu leugnen?

Lass dir helfen. Du bist nicht allein. Hast du dich erst ehrlich auf deine Suche eingelassen, mobilisierst du ein erstaunliches Aufgebot innerer Verbündeter, Führer und Helfer. Bleib offen. Obwohl es anfangs schwer zu glauben ist, wirst du dich wundern, von welchen Seiten unerwartete Hilfe kommt. Du musst dich dazu nur dem Weg verpflichten.

Übung •• Aufbruch

Für diesen ersten Schritt musst du dir mindestens eine der folgenden Übungen erarbeiten. Sie werden dir dabei helfen, das Gelöbnis auf dein persönliches Wachstum formell zu bekräftigen, indem sie Vorsatz und Tat miteinander verknüpfen.

Übung ⬥ Aufbruch

5. **Verpflichtungserklärung**
Schreibe den Vertrag in deinen eigenen Worten, so dass er deine eigenen Ziele und Verpflichtungen wiedergibt.

Fang ganz formell an:

»Ich, (dein Name) _____ verpflichte mich hiermit, eine Reise zur Selbstfindung anzutreten. Ich habe mich dazu entschlossen, meine Liebe zu anderen Männern zu würdigen.

Ich erkläre hiermit meine Absicht, meine alten Wunden zu heilen, den Menschen, die mich verletzten, zu verzeihen und alle Hindernisse zu überwinden, die mich davon abhielten, ein erfülltes Leben zu führen.

Ich akzeptiere alle Teile meines Selbst – die Fähigkeiten, Stärken, Ängste und Gefühle, die mich zu dem machen, der ich bin. Ich verpflichte mich, sanft, mitfühlend und geduldig mit mir umzugehen.

Ich freue mich über Hilfe auf dieser Reise.

Ich bin bereit, mein volles Potenzial als wundervolles, herrliches menschliches Wesen auszuschöpfen.«

Füge eine Zusammenfassung deiner Ziele und aller anderen Vorhaben bei, die du zu deinem Wohl planst.

Unterschreibe und datiere die Verpflichtungserklärung. Bewahre eine Kopie davon in deinem Tagebuch auf und häng die andere irgendwo gut sichtbar auf, damit du dich oft daran erinnerst.

6. **Schwellenritual**
Du stehst kurz vor einer Reise, die dein Leben verändern wird. Eine Möglichkeit, diesen wichtigen Moment intensiver zu erleben, ist ein kurzes, einfaches Ritual.

In so einem Ritual werden durch eine Reihe spezifischer Handlungen die gute Absicht gewürdigt und Körper, Geist und Seele in Einklang gebracht. Rituale wirken am besten, wenn die darin verwendeten

Worte und Handlungen eine persönliche Bedeutung haben. Deshalb möchte ich dich ermutigen, das folgende Konzept nur als Leitfaden zu betrachten und ihm durch deine eigenen Worte und Handlungen eine persönliche Bedeutung zu geben. Sei flexibel. Am wichtigsten ist, deine Absicht in eindeutige, klare Worte zu fassen. Lies dir den Ablauf noch einmal durch, bevor du das Ritual vollziehst.

Das Eröffnungsritual ist einfach. Du solltest zunächst einen Platz wählen, an dem du ungestört bist. Wenn du möchtest, kannst du eine Kerze oder Räucherwerk anzünden, oder ein paar tiefe, bewusste Atemzüge machen.

Zunächst solltest du dir einen »heiligen Raum« schaffen. Ebenso, wie sich das Betreten einer Kirche oder das Aufsuchen eines besonderen Ortes in der Natur erhebend auf das Bewusstsein auswirken kann, bildet ein heiliger Raum den formalen Rahmen für die Absicht, deinen Worten und Handlungen eine tiefere Bedeutung zu verleihen.

a) *Stell dir ein helles, strahlend weißes Licht vor, das dich in jeder Richtung – von vorne, hinten, den beiden Seiten, oben und unten – umfließt, bis du vollkommen in eine Kugel weißen Lichts eingehüllt bist.*

Rufe in diesem Licht die höheren Kräfte um ihren Beistand an. Wähle die Bezeichnung, die dir am meisten liegt – Gott, Göttin, Schöpfer, Universelle Lebenskraft, Jesus, Mohammed, Buddha, Höheres Selbst, All-Sein oder was immer du willst.

Lade alle Führer, Lehrer und Schutzengel ein, die mit dir auf deinen inneren Ebenen zusammenarbeiten, zu dir in den Lichtraum zu kommen. Sie werden dir auf deinem Weg helfen, ganz gleich, ob du eine klare Vorstellung von ihnen hast oder nicht.

Heiße die Ganzheit deines Seins willkommen, all die wunderbaren Teilaspekte deiner einzigartigen menschlichen Existenz.

Rufe dir die Menschen in Erinnerung, die dich in ihrer Eigenschaft als Lehrer oder gutes Vorbild in deiner Rolle als Mann, der Männer liebt, bestärkt haben. Lade jene ein, die uns allen ihre Inspiration und Hilfe

2 Erste Schritte

gegeben haben – Walt Whitman und Edward Carpenter, Harvey Milk, Donald Duck und Sokrates, die Drag Queens, die bei Stonewall gekämpft haben, und den Jungen, der seinen Freund zum Abschlussball mitgebracht hat. Stell dir eine Liste deiner eigenen Helden auf und lade sie ein, dich auf deiner Reise zu begleiten.

b) *Dein geweihter Raum ist nun mit Kraft aufgeladen. Alle helfenden Geister und Gefährten sind um dich versammelt – sprich nun in ihrer Mitte deine Ziele für diese Reise laut aus. Lies dazu entweder deinen Vertrag laut vor oder fasse die Absichten, die du mit dieser Reise verfolgst, in eigene Worte.*

Bekenne dich zu deinen Zielen, die du dir gesetzt hast – für die Partnerschaft, die Heilung, die Selbsterkenntnis und was immer du sonst noch anstrebst. Beschreibe, auf welche Weise du dich selbst in körperlicher, emotionaler und seelischer Hinsicht unterstützen wirst – und erkläre dich einverstanden, auch von anderen Hilfe und Unterstützung anzunehmen. Verpflichte dich dazu, negative Glaubenssätze fallen zu lassen, Verletzungen zu heilen, das Leben in einem völlig neuen Licht zu sehen und deine eigene Erfüllung einzufordern.

c) *Wenn du damit fertig bist, lass einen Ton erklingen – ein Glöckchen, einen kleinen Gong oder deine eigene Stimme. Lass ihn in dem Wissen ertönen, dass er deine Gebete in die Welt hinaus trägt. Höre, wie er anschwillt und sich ausbreitet. Höre, wie er in dir nachklingt. Bleib noch eine Weile in der Stille sitzen und achte auf deine Gefühle.*

Wenn du bereit bist, danke den Kräften, die du riefst, und entlasse sie wieder aus deinem Kreis, entweder ganz formell, einzeln in der umgekehrten Reihenfolge, in der du sie riefst, oder mit einer Formel für alle, wie: »Ich entlasse all die Energien, die ich in das heilige Licht rief.«

d) *Halte all deine gewonnenen Eindrücke und Einsichten in deinem Tagebuch fest, bevor du mit dem nächsten Schritt auf deiner Reise fortfährst.*

3 Alte Glaubenssätze

Das Ruder in die Hand nehmen

Mein Neffe Jake wird dieses Jahr vier Jahre alt. Am liebsten »hilft« er seinem Vater bei allem, was es rund ums Haus zu tun gibt. Jedes Mal, wenn sich mein Schwager Tom an die Arbeit macht, rennt Jake eifrig los, um ihm das Werkzeug zu bringen. Wenn Tom in seinem Laden ist, sitzt Jake neben ihm an seinem kleinen Tisch, »sägt« mit seiner roten Plastiksäge auf einem Holzstück herum und klopft es mit seinem blauen Gummihammer an den richtigen Platz. Er beobachtet seinen Papa dabei so konzentriert und versucht, ihm alles so exakt wie möglich nachzumachen, dass er gar nicht merkt, wie er unbewusst die Zungenspitze zwischen seinen zusammengepressten Lippen herausstreckt. Jake ist glücklich, wenn er helfen kann. In diesem Alter lernt er etwas über seinen Platz in der Welt.

Wenn wir jung sind, beobachten wir die Erwachsenen, weil wir etwas über das Leben erfahren wollen. »Das ist ein Baum. Er ist grün. Das ist der Himmel. Er ist blau.« Sie sagen uns, *wer* wir sind. »Du bist ein Junge. Dein Name ist Thomas, Christian oder Gregor. Das ist deine Familie. Du bist Deutscher, Franzose oder Amerikaner. Du bist Katholik, Protestant oder Buddhist.« Was aber noch wichtiger ist, sie sagen uns, *wie* wir sind. »Du bist ein guter Junge. Du bist böse, wenn du das tust. Du bist groß für dein Alter. Du bist schlau.«

Die Welt ist ein Spiegel, in den wir fragend blicken, wenn wir etwas über uns wissen wollen. Unglücklicherweise verzerrt sich sein Bild für Jungen, die sich zu anderen Jungs hingezogen fühlen, und ist somit in dieser Hinsicht kaum hilfreich. Wenn du Glück hattest, *hat* dich deine Familie aufgefangen. Möglicherweise hattest du in der Familie einen schwulen Onkel oder Eltern, die frühzeitig erkannt haben, was mit dir los ist, und dir das nötige Selbstvertrauen gaben. Die meisten von uns hatten dieses Glück nicht und abgesehen davon kann für gewöhnlich nicht einmal die verständnisvollste Familie gegen die Vorurteile unserer Kultur ankämpfen.

Bis in dieses Jahrzehnt hinein hörte man seitens der herrschenden Kultur kaum etwas Gutes über die Homosexualität. Man hätte das Thema am liebsten zusammen mit den Betroffenen totgeschwiegen. Ob mit vier, zehn oder fünfzehn Jahren – als wir aufwuchsen, hatten wir niemanden, an dem wir uns orientieren konnten, wie wir uns mit unserer Homosexualität entwickeln sollten. Die natürliche Reaktion war: »Du bist fehlerhaft. Du gehörst nicht dazu.« Wenn man über uns sprach, dann immer nur schlecht – vulgäre Witze, die man sich in den Umkleideräumen der Schule hinter unserem Rücken zuflüsterte, unsinnige Heilmethoden völlig ignoranter Ratgeber und die aktive Anprangerung durch die Übermacht religiöser Führer. Die Medien gaben uns das Image lispelnder Schwächlinge, perverser Raubtiere oder tragischer Opfer, für die es *nie* ein Happy End geben wird.

Das war nicht in allen Gesellschaften so. Was denkst du, wie deine Selbsteinschätzung aussehen würde, wenn du vor einem Jahrhundert als Mitglied des Navajo-Stammes gelebt hättest? Das Navajo-Wort für Menschen wie uns ist *nadle*. Der Ethnologe W. W. Hill beschreibt die Attribute eines *nadle* folgendermaßen:

»*Man glaubte, dass eine solche Familie (in der es ein* nadle-*Kind gab) mit Sicherheit zu Erfolg und Wohlstand gelangen würde. Der Erziehung solcher Kinder widmete man ganz besondere Aufmerksamkeit und erwies ihnen Vergünstigungen, die anderen Kindern der Familie nicht zuteil wurden.*«

Er zitierte auch mehrere Navajo:

»*Sie wissen alles. Sie können sowohl die Arbeit von Männern als auch von Frauen machen. Ich glaube, wenn alle* Nadle *verschwunden sind, wird dies auch das Ende der Navajo sein. Du musst einen* Nadle *respektieren. Sie alle sind auf ihre Weise gesegnet und heilig.*«

(Williams, The Spirit and the Flesh)

Bei den Navajo – wie auch vielen anderen Völkern der Welt – hättest du ein ganz anderes Bild von dir bekommen, als es dir hier bei uns gezeigt wird. (Als weiterführende Literatur über andere Kulturen möchte ich dir die Bücher von Walter Williams, Will Roscoe und Randy Connor empfehlen.)

Für gewöhnlich akzeptieren wir das meiste von dem, was wir in frühen Jahren lernen, kritiklos. Weil unser Überleben von Erwachsenen abhängt, sind ihre Meinungen für uns lebenswichtig. Was sie uns sagen und wie sie sich uns gegenüber verhalten, bildet das Grundgerüst für unser Selbstbild. Enthält dieses Fundament Fehler – wie beispielsweise die Annahme, dass schwul sein und glücklich sein einander ausschließen –, akzeptieren wir sie meist trotzdem, ohne das Geringste zu merken. Diese früh erlernten Gedanken überdauern oft sehr hartnäckig im Unterbewussten, auch wenn wir später lernen, uns selbst in einem anderen Licht zu sehen. Anstatt die alten Strukturen zu ersetzen, neigen neue Ideen dazu, sich um den ursprünglich vorhandenen Kern anzulagern. Solange wir die alten, falschen Einstellungen nicht aktiv auflösen, werden sie sich immer tiefer verankern und uns, ohne dass wir es merken, weiter beeinflussen.

Ich habe die Übungen dieses Kapitels mit ein paar Männern durchgeführt, die in dieser Hinsicht zu den bemerkenswertesten zählen, die ich kenne – erfolgreiche, aktive Männer, die ihre Sexualität schon viele Jahre lang offen leben. Auf die Frage, wie sie dazu stehen, andere Männer zu lieben, antworten sie in der Regel sehr positiv. »Es fördert meine Kreativität«, meint Bob. »Es macht Spaß, es ist spannend, es ist das, was ich immer war«, sagt James. Dennoch kamen bei jedem dieser Männer bei weiterem Nachdenken ältere Glaubenssätze hoch, die durch Adjektive wie »pervers« oder »sündig« geprägt waren. Die alten Einstellungen sind schwer auszurotten. In den meisten von uns schlummern sie im Unterbewusstsein weiter als *verinnerlichte Homophobie*. Wenn man ihnen nicht Einhalt gebietet, schwächen sie unsere Kraft und untergraben unsere Bemühungen um ein glückliches und erfülltes Leben.

Natürlich könntest du jetzt sagen: »Warum in der alten Negativität herumrühren? Warum schlafende Hunde wecken?« Die Antwort ist, dass diese Glaubenssätze die Blaupausen sind, nach denen du deine Realität aufbaust. Weil sie deine Wahrnehmung filtern und deine Reaktionen beeinflussen, haben deine Glaubenssätze die Tendenz, sich selbst zu erfüllen. Dabei spielt es überhaupt keine Rolle, ob sie dich aufbauen oder zerstören, dir bewusst sind oder nicht oder ob sie überhaupt einen Funken Wahrheit enthalten. Weil du denkst, sie könnten wahr sein, wirst du auch Erfahrungen machen, die sie bestätigen.

Wie kann man sich das vorstellen? Denke dir eine Krisensituation. Nehmen wir an, du und dein Freund würden gemeinsam beschließen, eure zwei Jahre andauernde Partnerschaft zu beenden. Wie du diese Situation verarbeitest, hängt in hohem Maße davon ab, welches Bild du von dir hast. Mit einem geringen Selbstwertgefühl oder der Meinung, nie glücklich werden zu können, weil du Männer liebst, wirst du dazu neigen, negativ auf die Situation zu reagieren. Du könntest völlig depressiv werden, dich in dein Schneckenhaus zurückziehen oder dir die Pulsadern aufschneiden wollen.

Ist dein Selbstbild besser, wirst du auch die Sache lockerer sehen. Vielleicht würdest du dich für eine Trennung »im Guten« entscheiden und weiter versuchen, mit deinem Ex-Partner gut befreundet zu sein. Möglicherweise würdest du die neu gewonnene Freizeit für andere Bereiche deines Lebens nutzen und beispielsweise noch mal die Schulbank drücken oder einem Kletterverein für Schwule beitreten. Weil deine Eindrücke vom Leben direkt von deinem Selbstvertrauen, Optimismus und deiner Unabhängigkeit abhängen, zahlt sich jeder Versuch, diese Qualitäten zu verbessern, hundertfach aus.

Jeder von uns hat negative Seiten. Das gehört zum Menschsein. Du darfst es ihnen nur nicht erlauben, dich zu ihrer Marionette zu machen. Ergreife selbst die Initiative und jage die negativen Glaubenssätze zum Teufel. Übernimm die Verantwortung für deine Einstellungen. Nimm dein Leben in die eigene Hand.

Übung ⇥ Unbewusste Negativität

Lass uns ein bisschen graben. Wie bringst du dein Bewusstsein dazu, dir etwas über dein Unterbewusstsein zu verraten? Natürlich mit einem Trick.

1. a) *Beginne eine neue Seite in deinem Tagebuch und nummeriere die Zeilen von 1 bis 20. Danach vervollständigst du in jeder Zeile den Satz, »Schwul zu sein ist …«. Denk daran, dich weder hier noch in anderen Übungen durch das Wort »schwul« stören zu lassen, ersetze es nach eigenem Ermessen.*

    Schreib, so schnell du kannst, alles, was dir spontan dazu einfällt, nieder. Dein Verstand wird versuchen, jedes Wort so zu verändern, dass deine Antwort gut klingt. Du bist aber auf der Suche nach deinen wahren, unbewussten Glaubenssätzen, die nicht immer positiv, schlüssig oder politisch korrekt sind. Am besten kannst du den inneren Zensor austricksen, indem du so schnell schreibst, dass ihm keine Zeit bleibt, darüber nachzudenken.

    b) *Mach die Übung ein zweites Mal mit dem Satz:*

    »Weil ich schwul bin, kann ich nicht …«

Wenn du fertig bist, lies dir beide Listen durch. Markiere alle Behauptungen, die du als negativ empfindest. Widerstehe dabei der Versuchung, über dich zu urteilen. Nur weil du negative Gedanken hast, bist du kein schlechter Mensch. Erst wenn du deine dunklen Seiten aufgedeckt hast, kannst du daran gehen, sie in etwas Gutes zu verwandeln.

Rollenmodelle

So viel wir auch durch Zuhören lernen – unsere eigenen Erfahrungen wiegen viel schwerer. Vor meinem *Coming Out* im Alter von 23 Jahren hatte ich noch nie selbst einen Schwulen getroffen. Viele Jahre lang hatte ich das Gefühl, der einzige auf der Welt zu sein, der so fühlte. Kommt dir das bekannt vor? Als mir schließlich bewusst wurde, dass es »Homosexuelle« gibt, war mein Bild von ihnen eher eine düstere Mischung aus schlechten Witzen, billigen Filmen und religiösen Flugblättern. Sogar im College erwartete ich immer unterschwellig, dass »Schwuchteln« verachtenswerte, traurige Perverse seien, die in ihren schmuddeligen Regenmänteln mit einer Tüte Süßigkeiten auf dem Schulhof herumlungerten. Mein erster Schwulenfilm »*Boys in the Band*« hat auch nicht viel gebracht, vor allem nicht der Satz »Nur ein toter Schwuler ist ein glücklicher Schwuler«. Ist es das, was Anziehung zu anderen Männern bedeutet?

Als ich mich zu meinem Schwulsein bekannte, war ich geschockt, auf Männer zu treffen, die liebenswürdig, interessant und relativ »normal« waren – und ganz ohne Tüte Süßigkeiten! Ich glaube nicht, dass meine Erfahrungen so außergewöhnlich sind. Die Tatsache, dass trotz all dieser ständigen Negativbilder überhaupt so viele von uns ihr *Coming Out* haben, zeigt nur, wie tief unsere schwule Natur in uns verwurzelt ist. Ich frage mich oft, wie es wohl gewesen wäre, wenn ich früher auch nur einen einzigen Menschen gekannt hätte, der mir gezeigt hätte, dass Schwulsein positiv und gesund sein kann.

Übung — Rollenmodelle

2. *Nimm dir einen Augenblick Zeit, um über dein Leben nachzudenken. Woher weißt du, was es heißt, schwul zu sein? Welche Rollenvorbilder hattest du im Leben? Kanntest du irgendwelche Schwule persönlich? Was hast du aus Büchern, dem Fernsehen oder über Filme erfahren?*

   Wie war dein erstes Bild von Homosexuellen? War es positiv? Negativ? Hilfreich? Schädlich?

   Schreibe deine Eindrücke in deinem Tagebuch nieder. Achte dabei besonders auf alle erlernten negativen Glaubenssätze. Du wirst bald die Gelegenheit haben, mit ihnen zu arbeiten.

Der Innere Kritiker

Oft führt unsere Negativität ein eigenständiges Leben als Sub-Persönlichkeit und spricht mit ihrer eigenen Stimme zu uns, der Stimme des *Inneren Kritikers*. Der Innere Kritiker ist ein Einschüchterungs-Experte. Gerade wenn du dich richtig gut fühlst, dich für einen neuen Job bewerben willst oder vorhast, den süßen Jungen anzurufen, den du letzte Woche beim Brunchen kennen gelernt hast, trifft dich der Kritiker volle Breitseite mit einer Salve gemeiner, hässlicher Zweifel, um dir die gute Laune möglichst gründlich zu verderben. *»Das kannst du nicht bringen. Wer würde dich schon einstellen, nachdem du in der achten Klasse wegen Algebra sitzen geblieben bist? Der Typ mag dich sowieso nicht – deine Witze sind so langweilig wie eine Bundestagsdebatte. Ganz abgesehen davon ist dein Hintern viel zu feminin für einen richtigen Kerl.«*

Der Innere Kritiker ist gemein. Gerade weil er dich so gut kennt, kann er dich unter der Gürtellinie treffen, genau dort, wo du am empfindlichsten bist. Seine Anklagen sind in der Regel schwammig – vage genug, dass man sie nur schwer entkräften kann, aber immerhin so wahr, dass man auch nicht weghören kann. Okay, dann *bist* du eben wegen Algebra sitzen geblieben. Du *bist* eben ein wenig schüchtern, wenn du mit jemandem sprichst. Das bedeutet aber nicht, dass du ein schlechter Mensch bist, dass man dich deshalb nicht mag oder dir deswegen keinen Job gibt.

Am besten kannst du mit dem Inneren Kritiker fertig werden, indem du erkennst, dass er deine eigene Schöpfung ist. Durch deine Selbstverteidigung hast du sehr früh gelernt, ständig nach Fallstricken Ausschau zu halten, die anderen eine Möglichkeit geben könnten, dich anzugreifen oder zurückzuweisen. Tief in dir ist jeder Tadel und jede Zurechtweisung deiner Eltern oder anderer Autoritätspersonen eingebrannt. Du hast gelernt genau aufzupassen, auf die kleinste Schlaffheit deines Handgelenks, auf die kleinste Andeutung, dass sich der kleine Finger abspreizt oder dass du den gut gebauten Jungen im Sportunterricht zu lange anstarrst.

Diese Wachsamkeit hat zwei Seiten. Einerseits hat sie dir geholfen »hineinzupassen«, zumindest gut genug, um zu überleben. Vermutlich hat sie dich zu einem guten Beobachter werden lassen. Andererseits tötet ständige Selbstüberwachung die Spontaneität, verhindert das Spielerische und macht dir möglicherweise sogar Angst, dich überhaupt noch zu zeigen.

Klingelt's schon? Kennst du deinen Inneren Kritiker? Gleich wirst du sehen, wie du ihn zu einem etwas produktiveren Verbündeten machen kannst. Jetzt lassen wir ihn aber erst einmal selbst zu Wort kommen.

Übung •• Dem Kritiker begegnen

3. a) *Ziehe auf einer neuen Seite deines Tagebuchs, ungefähr ein Drittel vom rechten Seitenrand entfernt, einen senkrechten Strich. Auf der linken Hälfte schreibst du jetzt zwanzigmal untereinander: »Schwul sein ist gesund und gut.« Wenn dir bei dieser Formulierung nicht gleich das Herz vor Freude im Leib hüpft, schreibe sinngemäß, was für dich am besten passt.*

Wenn du die Antworten wieder so schnell wie möglich rechts daneben schreibst, solltest du alles rauslassen, was dir in den Sinn kommt – Kommentare, Ablehnung, Zensur. »Ja, genau!« zum Beispiel oder »Was für ein Blödsinn – es ist schlecht, Männer zu lieben.« »Die Gesellschaft hasst uns.« »Wenn ich nicht schwul wäre, hätte ich kein HIV.«

Was auch immer an Hintergrundgeplapper hochkommt, schreib es sofort in die rechte Spalte. Es muss nicht unbedingt nur negativ sein. Es muss auch nicht immer sinnvoll sein. Denk nicht darüber nach und beurteile es nicht. Sieh einfach zu, dass du so viele Aussagen wie möglich zu Papier bringst.

Wenn du fertig bist, sieh dir an, was du geschrieben hast. Streiche alles durch, was keinen Sinn ergibt. Vergleiche die restlichen Aussagen mit deinen unbewussten negativen Einstellungen aus den Übungen 1 und 2. Achte auf wiederkehrende Muster. Suche Aussagen, die immer wieder auftauchen oder dich sehr stark beschäftigen. Diese zeigen dir am deutlichsten, auf welche Weise der Innere Kritiker versucht, dich zu kontrollieren.

Stell dir die Frage nach dem Ursprung der einzelnen negativen Glaubenssätze. Wessen Stimme hörst du, wenn du sie liest? Wessen Worte? Sind sie dir beigebracht worden oder hast du sie dir selber ausgedacht? Mach dir keine Sorgen, wenn du nicht auf alles eine klare Antwort bekommst. Um negative Glaubenssätze loslassen zu können, musst du nicht unbedingt wissen, woher sie stammen. Schreibe deine Erkenntnisse zu den betreffenden Aussagen auf und lass es damit genug sein.

An dieser Stelle ist eine Warnung angebracht. Es ist leicht, seinen Eltern und anderen die Schuld für die eigenen Probleme im Leben in die Schuhe zu schieben. Das ist kontraproduktiv. Es geht bei der Arbeit mit alten Glaubenssätzen nicht um Schuldzuweisungen, sondern darum herauszufinden, welche negativen Kräfte in dir schlummern, um sie aufzulösen.

Den Kritiker zum Verbündeten machen

Im Grunde genommen verfolgt dein Innerer Kritiker gute Absichten. Sein ganzes Gemecker ist in Wirklichkeit nur der unglückliche Versuch, dich vor Schaden zu bewahren. Auch wenn dir seine Vorstellung von Sicherheit eher wie Schutzhaft vorkommt, sind seine eigentlichen Motive positiv. Da er ohnehin bemüht ist, das Beste für dich zu tun, dürfte es relativ einfach sein, ihn als Verbündeten zu gewinnen. Um das zu bewerkstelligen, musst du noch einen weiteren seiner Tricks kennen, mit dem er dich zum Stolpern bringen will – Widerstand gegen den Prozess der Selbstfindung an sich.

Zweifellos wirst du bei einigen Übungen auf Widerstand stoßen. Du wirst möglicherweise drei oder vier Abschnitte völlig reibungslos bewältigen, dich über die neu gewonnenen Einsichten freuen und ein Gefühl großer Klarheit und Kraft verspüren. Dann, völlig unerwartet, wirst du inmitten einer Übung voll an die Wand rennen. Ein Knopfdruck und du gehst in die Defensive, denkst nur noch, dass das alles Unsinn ist.

Regel Nummer Eins: Führe die Übung zu Ende. Mittendrin aufzuhören könnte dich in einem ungelösten, leidvollen Zustand zurücklassen. Wenn du mit einem Thema konfrontiert wirst, bei dem du das Gefühl hast, alleine nicht weiter zu kommen, lass dir Zeit und rufe jemanden an, der dir helfen kann. Manchmal kann das auch bedeuten, professionelle Hilfe aufzusuchen. Tue das. Verpflichte dich, dich des Problems – und deines Widerstands – anzunehmen, bis beide gelöst sind.

Innerer Widerstand ist eine heimtückische Angelegenheit. Dein Innerer Kritiker wird mit allen möglichen, sehr einleuchtenden Entschuldigungen kommen, um dich vom Pfad abzubringen. Sie werden ungefähr so oder ähnlich klingen: »*Das muss ich nicht machen!*« »*Das ist blödsinnig ... langweilig ... stumpfsinnig ... albern ... überflüssig!*« »*Das Buch bringt mir rein gar nichts, das kann ich wegwerfen!*«

Vielleicht hat er recht. Einige Übungen werden dir mehr bringen, andere weniger. Manche passen überhaupt nicht. Bleib trotzdem aufmerksam. Starke Abwehr ist meist eine rote Signalflagge, die dir zeigt, dass irgendwas dahinter steckt, das der genaueren Untersuchung bedarf. Jeder von uns hat ein paar »heilige Kühe«, Vorstellungen, die uns so sicher scheinen wie das Amen in der Kirche, so sicher, dass wir nie auf die Idee kämen, sie zu hinterfragen. Einige davon waren mit Sicherheit einmal genauso wahr und passend wie jene, die dir halfen, deine Kindheit unbeschadet zu überstehen: »Wenn ich meine Gefühle nicht zeige, wird auch keiner über mich lachen.« Einige dieser Einstellungen hast du von Menschen, denen du vertrautest, übernommen oder sie wurden so oft wiederholt und so überzeugend vertreten, dass du sie automatisch übernommen hast: »Jungs sollten sich nicht wie Mädchen benehmen.« Oft sind es gerade diese Einstellungen, die dich daran hindern, aus vollen Zügen zu leben.

Negative Glaubenssätze können dich versklaven. Tatsächlich ist es eine effektive Methoden der Moralisten, Prediger und autoritären Herrscher, Menschen an sich zu binden, indem sie sie entmutigen, sich ihre eigenen Gedanken zu machen. Ist dir klar, was ich meine? »Das ist eine Sache des GLAUBENS!«, sagen sie. »Wage es nicht, _____ in Frage zu stellen.« Du kannst hier jede beliebige Autorität einsetzen – »Gott«, »deine Eltern«, »deine Lehrer« oder »die Macht des Staates«.

Befreie dich! Es erfordert Mut, für sich selbst zu denken. Aber was soll schon passieren, mal ehrlich? Du verlierst rein gar nichts, wenn du hinterfragst, woran du glaubst, auch grundlegende Fragen wie deinen Glauben an Gott, deinen Platz in der Welt oder wie du andere liebst. Ein Glaube, der im Einklang mit deiner wahren Natur ist und dich weiterbringt, wird allen prüfenden Blicken standhalten. Alles, was diese Bedingungen nicht erfüllt, solltest du jedoch besser fallen lassen, ersetzen oder verbessern, bis es dich voranbringt. Wenn du dich danach richtest, wirst du ein großes Maß an Kraft gewinnen.

Übung ⋅⋅ Die Kritiker-Ecke

4. Du kannst dem Inneren Kritiker sogar ein paar neue Töne beibringen, wenn du weißt, wie er funktioniert. Jedes Mal, wenn du einen neuen Schritt machst, wird er dir etwas zu sagen haben. Anstatt ihn zu bekämpfen, solltest du mal etwas Neues ausprobieren.

Reserviere dir ein paar leere Seiten am Ende deines Tagebuchs und nenne sie die »Kritiker-Ecke«. Jedes Mal, wenn du merkst, dass du dich schon wieder selbst fertigmachst, begrüße den Kritiker. »Oh, hallo Kritiker. Schon wieder da? Du hast ja mindestens fünf Minuten nichts mehr von dir hören lassen! Also, was hast du diesmal auf dem Herzen?«

Lass ihn ausreden. Schreibe in der Kritiker-Ecke alles nieder, was er sagen möchte. Du brauchst nichts davon zu glauben. Nach den ersten paar Mal wirst du feststellen, dass er anfängt, sich zu wiederholen. Anstatt die gleichen Dinge immer wieder neu aufzuschreiben, machst du dir am Rand nur eine kurze Notiz, wenn ein Argument zum wiederholten Mal auftaucht. Nach ein paar Wochen wirst du die Kommentare des Kritikers sehr schnell überblicken und außerdem eine gute Aufzeichnung davon haben, was er dir schon alles zu sagen hatte. Nachdem er sein Verslein aufgesagt hat, danke ihm und gib ihm frei bis zum nächsten Mal.

Es ist nicht unbedingt der Innere Kritiker, wenn du an etwas zweifelst. Manchmal ist es auch echte Intuition, die dich zu Recht warnt, wenn ein Weg nicht gut für dich ist. Mit ein wenig Praxis wirst du lernen, den Unterschied zu erkennen. Der Kritiker neigt dazu, sich wie eine kaputte Schallplatte anzuhören. Seine Einwände haben etwas Gedankenloses, sie sind beherrscht vom Gefühl defensiver Angst, das Veränderungen um jeden Preis verhindern will. Je besser du ihn kennen lernst, desto besser wirst du seinen Tonfall erkennen und in der Lage sein, ihn sicher von echter Intuition zu unterscheiden. Vertraue dir selbst. Du wirst es erkennen.

Je mehr du damit vertraut bist, desto besser wird es dir gelingen, die Proteste des Kritikers zu deinem Vorteil zu verwenden. Er schreit für gewöhnlich umso lauter, je bedrohter der *Status quo* ist. Allein die Tatsache, dass er brüllt wie am Spieß, ist ein Zeichen, dass du etwas auf der Spur bist. Geh dem nach! Lass dir von ihm zeigen, wovor du dich selbst versteckst. Lass dir zeigen, wo du in der Vergangenheit verletzt wurdest oder in welchem Bereich du dich heute unter Wert verkaufst. Er ist da, zum Guten oder zum Schlechten. Warum solltest du dich nicht für das Gute entscheiden?

Das eigene Drehbuch schreiben

Um dein Leben von der Negativität des Kritikers zu befreien, musst du deinen Willen daran setzen, Glaubenssätze neu zu strukturieren, die dir nicht länger dienlich sind. Der Vorgang ist einfach. Die Auswirkungen sind gewaltig.

Übung •• Affirmationen

5. a) *Am Anfang einer neuen Seite deines Tagebuchs schreibst du: »HILF-REICHE GLAUBENSSÄTZE«.*

   Direkt darunter schreibst du den Satz: »Ich bin damit einverstanden, negative Glaubenssätze durch neue zu ersetzen, die mir Gesundheit versprechen und zu meinem Besten sind.« Dann unterschreibst du und setzt das Datum daneben. Dieser Minivertrag scheint albern zu sein,

Übung ⬥ Affirmationen

aber er signalisiert deinem Unterbewusstsein die eindeutige Botschaft, dass es dir mit diesem wichtigen Wandel ernst ist.

Um eine Liste deines Repertoires an Glaubenssätzen zusammenzustellen, schreibe alle negativen Äußerungen der Übungen 1–4 auf. Setze jene Behauptungen, die am häufigsten vorkommen oder die größte Macht zu haben scheinen, an den Anfang der Liste.

Das Folgende wird dir bestimmt Spaß machen. Verwandle deine alten Glaubenssätze in begeisterte und positive Affirmationen. »Schwul sein ist schmutzig« wird zu »Schwul sein ist befreiend und gesund«. »Gott hasst Schwule« wird zu »Gott liebt mich, so wie ich bin«. Auf diese Art gibst du deinem Unterbewusstsein einen positiven Ersatz für das alte Negative. Ergreife die Initiative. Übertreibe! Auch wenn du nur denkst »Schwulsein ist gut«, sage dir »Schwulsein ist super!«, Schreib dein neues Skript so stark und positiv, wie du kannst.

b) *Streiche jedes Negativbild, das du positiv umformuliert hast, sofort im Tagebuch mit einem roten Stift durch und setze das universelle Zeichen der Ablehnung dahinter – einen Kreis mit einem durchgezogenen diagonalen Strich. Dieses Zeichen signalisiert deinem Verstand noch einmal visuell, dass er den Gedanken loslassen muss.*

c) *Füge der Liste deiner Affirmationen alle positiven Glaubenssätze hinzu, die dir in den vorangegangenen Übungen wichtig geworden sind.*

Lies dir die Liste selbst laut vor. Wie fühlst du dich dabei? Wenn du irgendetwas daran ändern willst, mache es jetzt.

Hab Geduld mit dir. Um diese Affirmationen zu einem funktionierenden Bestandteil deines Bewusstseins zu machen, braucht es ein wenig Zeit und Anstrengung. Die alten Muster hatten schließlich viel Zeit sich festzusetzen. Es leuchtet ein, dass es auch eine Weile braucht, um die neuen Denkstrukturen zu etablieren, aber dein Wille wird den Vorgang ungeheuer beschleunigen.

Zwei Faktoren tragen ganz entscheidend zum Gelingen der langfristigen Integration deiner neuen Affirmationen bei. Der erste ist die Wiederholung.

Je öfter du deine neuen Richtlinien hörst, sagst oder liest, desto mehr dringen sie in dein Bewusstsein ein. Zum Zweiten arbeitest du in dieser Übung viel mehr mit einem Teil deines Bewusstseins, der kindlicher ist als der logische Erwachsene, den du nach außen zeigst. Je interessanter und lustiger du den Vorgang gestaltest, desto mehr Erfolg wirst du damit haben.

Sei kreativ. Spiele! Du wirst staunen, wie viele überraschende und interessante Möglichkeiten es gibt, Affirmationen einzusetzen. Fass die Affirmationen in Reime. Schreib sie mit Bunt- oder Pastellstiften nieder. Verziere sie mit Glitzerstaub. Entwirf kleine Plakate und klebe sie dir auf den Kühlschrank, den Badezimmerspiegel und um den Computer-Monitor herum. Klebe ein paar über die Toilette. Kopiere sie über die Fotos nackter Männer. Nimm sie auf Kassetten auf und höre sie dir während dem Autofahren an. Schreib sie auf kleine Notizzettel, die ein Freund für dich im ganzen Haus verstecken soll – in der Waschmaschine, der Sockenschublade oder der Hundefuttertüte –, wo sie dir dann immer wieder unerwartet begegnen. Tätowiere sie deinem Liebhaber auf den Po. Was immer du anstellst, mach es oft und mit viel Spaß daran.

Affirmationen funktionieren! Als ich diesen Prozess zum ersten Mal durchging, entdeckte ich jede Menge negativer Impulse. Mein Innerer Kritiker, der ultimative Pessimist, war überzeugt davon, dies sei die dümmste Idee seit der Erfindung parfümierten Toilettenpapiers. Aber ich blieb dabei, anfangs noch pflichtbewusst – später, nachdem ich mich etwas entspannt hatte, mit viel Spaß. Drei Monate später erzählte ich einem meiner Klienten von der Macht der Affirmationen. Er war ziemlich skeptisch und so setzte ich mich mit ihm zusammen, als er seine erste Liste schrieb. Um mir die Zeit zu vertreiben, machte ich selbst mit. Ich war verblüfft. Irgendwie hatte sich mein innerer Dialog umgekehrt. Jedes Mal, wenn ich etwas Negatives zu Papier brachte, konterte mein Verstand sofort mit etwas Positivem. »Das wird zu lange dauern«, schrieb ich. Aber in mir hörte ich: »Mach einen Schritt nach dem anderen und du wirst es schnell geschafft haben.« »Schwulsein ist hart«, schrieb ich auf. »Es gibt nichts, was ich lieber wäre«, hörte ich. Als mein Klient mit seiner Liste fertig war, war ich völlig verblüfft von meiner eigenen. Probier es aus!

Bevor du weitermachst, verpflichte dich, deine Affirmationen in der kommenden Woche einmal täglich und in den darauf folgenden zwei, drei Wochen mindestens zweimal wöchentlich neu abzuschreiben. Betrachte das als Lockerungsübung für deine Seele.

Das Negative loslassen

Negative Gedanken sind wie Kakerlaken. Du kannst sie verfluchen, so lange du willst, die ganze Nacht das Licht brennen lassen, doch so lange du nicht wirklich anfängst, das Haus auszumisten, werden sie immer wieder kommen.

Entledige dich deiner negativen Glaubenssätze, bevor sie noch größeren Schaden anrichten. Den schwierigsten Teil hast du schon geschafft – sie ans Licht zu bringen, ihren Ursprung zu verstehen und sie durch positive Affirmationen zu ersetzen. Dieser letzte Schritt ist ein kurzes Ritual, das dir dabei hilft, sie guten Gewissens loszulassen.

Dein Unterbewusstsein liebt Rituale. Auch die einfachsten Handlungen beinhalten eine kraftvolle Botschaft für dein inneres Selbst, wenn sie nur mit der nötigen Hingabe durchgeführt werden. Das folgende Ritual ist recht wirkungsvoll, um dich von negativen Gedanken in den unterschiedlichsten Bereichen deines Lebens zu befreien.

Übung •• Loslassen als Ritual

5. *Schreibe deine negativen Gedanken auf kleine Zettel, jeweils einen Gedanken auf ein Blatt. Während du sie niederschreibst, sprich laut aus: »Ich entlasse diesen Gedanken aus meinem Bewusstsein, restlos.«*

Wenn du fertig bist, sammle die Papierchen ein und bring sie zu einem Ofen oder irgendwo hin, wo du sie verbrennen kannst. Zünde nun eines nach dem anderen oder gleich alle zusammen an und sieh dabei zu, wie sie verbrennen. Verstärke die Situation mit passenden Worten wie – »Ich lasse diese Gedanken ganz los. Ihre frei gewordene Energie wird mir helfen, positive Gedanken zu entwickeln« – oder anderen Affirmationen, mit denen du dich wohl fühlst.

Durch das Verbrennen der Zettel wird symbolisch die Energie dieser Gedanken freigesetzt. Sollte es dir nicht möglich sein, sie zu verbrennen, mach etwas Ähnliches – zerreiße sie in kleine Fetzen und spül sie im Klo runter. Ich selbst grabe ein Loch in meinem Komposthaufen und verbrenne sie dort, so dass die Asche noch als Dünger für den

Garten dient. Beobachte danach deine Gefühle. Beim ersten Mal bekam ich eine Gänsehaut und fühlte mich nach einem tiefen Seufzer sehr erleichtert. Wie fühlst du dich?

Auch wenn das Ritual abgeschlossen ist, solltest du wachsam bleiben und deine Gedanken beobachten. Die alten, negativen Muster werden aus purer Gewohnheit von Zeit zu Zeit versuchen zurückzukommen. Gib gut acht. Mach dich nicht verrückt, wenn du bemerkst, dass du Dinge denkst oder sagst, die du eigentlich schon losgelassen hast. Erinnere dich nur selbst daran: »Ich habe diesen Gedanken losgelassen. Ich bin überzeugt, dass …« – hier wiederholst du deine Affirmation. Mit ein wenig Übung wird diese Korrektur immer schneller gehen und ganz automatisch ablaufen.

Übung ⊶ Ausmisten

7. *Hier noch eine letzte, kurze Übung, die nicht über den Verstand läuft. Irgendwann in dieser Woche wirst du deinen Kleiderschrank ausmisten. Gib alles weg, was du nicht mehr anziehst. Schaffe Platz für Neues. Räum alle Sachen ordentlich neu ein.*

   Wenn dein Kleiderschrank schon ordentlich ist, such dir eine vergleichbare Aufgabe. Räum den Kühlschrank auf, den Aktenschrank, schaffe Ordnung in deinem Computer, auf dem Speicher, in der Garage oder im Geräteschuppen. Jäte das Unkraut im Garten. Sauge die Rücksitze deines Autos. Was du auch tust, tu es mit Freude und beobachte, wie du dich danach fühlst.

4 Die Verbindung zum Körper

Körperwissen

»Wenn du jeden Aspekt von dir als Mann, der Männer liebt, annimmst, öffnest du dich einer spirituellen Ganzheit, die alle Facetten deines Daseins in Vitalität, Kreativität und Glück erstrahlen lässt.« Das klingt inspirierend, findest du nicht? Und obwohl es die Wahrheit ist, frage ich dich, wie viele Männer du kennst, die nach ihrer »spirituellen Ganzheit« suchen? Ich wette, nur sehr wenige.

Wir haben unser *Coming Out*, weil uns die treibende Kraft in unserem Bauch und unseren Eiern keine andere Wahl lässt. Wir haben unser *Coming Out*, weil sich unsere Körper nach den liebenden Berührungen eines anderen Mannes sehnen, danach schreien, andere Männer im Arm zu halten und in ihren Armen zu liegen. Wir haben unser *Coming Out*, weil unser Körper es fordert. Ganz egal, wie sehr wir versuchen, unseren Körper wegzudenken, wegzureden oder wegzubeten, er hat seinen eigenen Willen. Wenn wir lernen, seinem Wissen über Arme, Schenkel, Schwänze und Herzen zu vertrauen, führt er uns in Bereiche, von denen wir nie zu träumen gewagt hätten.

Ich spreche aus Erfahrung. Vor meinem *Coming Out* hatte ich nur Sex im Kopf. Ich hatte keine Vorstellung davon, dass ich durch die Suche nach der Liebe eines Mannes möglicherweise die Chance bekommen würde, jene Persönlichkeitsanteile zu erlösen, die ich bis dahin als »andersartig« oder »seltsam« betrachtet hatte. Ich dachte, es ginge dabei nur um Sex. Das war es, was ich die ganze Zeit über am stärksten unterdrückt hatte und was mir schließlich den nötigen Mut gab, mich der dunklen, aufregenden Ungewissheit des *Coming Out* zu stellen.

Glücklicherweise machte ich gerade zur rechten Zeit die Bekanntschaft eines Mannes, der genügend Feingefühl hatte, mir in diesen ersten aufregenden, verzweifelten und verletzlichen Monaten beizustehen. Es waren Monate der Erlösung. Natürlich hatten wir Sex. Die Jahre der Verleugnung rächten sich und mein Verlangen brach ekstatisch aus mir hervor. Aber es war noch mehr, es waren die Gefühle. Zu allen möglichen Zeiten geschah es, dass ich völlig grundlos weinen musste. Ich fühlte mich so sicher in den starken Armen meines Freundes, dass die Tränen der jahrelangen Einsamkeit endlich aufsteigen und überfließen konnten. Obwohl ich damals nicht recht wusste, was los war und mir diese Momente mehr als peinlich waren, hatte ich doch das Gefühl, auf dem richtigen Weg zu sein.

Zwei Monate nach diesem ersten *Coming Out* fuhr ich zwanzig Stunden mit dem Auto von Philadelphia nach Tallahassee, um mit meiner Familie Weihnachten zu verbringen. Ich startete bei Einbruch der Dunkelheit und wollte die ganze Nacht durchfahren, um nachmittags anzukommen. Während ich die verlassenen Straßen von Georgia und Carolina entlang glitt, hatte ich viel Zeit zum Nachdenken. Die ganze Nacht lang hörte ich meine neuen Disco-Kassetten und während ich mit Gloria, Donna und Patti mitsang, stellte ich mir vor, meine neuen bis dato noch unbekannten Freunde wären hier, um mir die Reise über die kalten, dunklen Autobahnen zu versüßen.

Ich war wie benommen, fühlte mich gleichzeitig aufgeregt, stimuliert, erschöpft und hatte Angst. Ich konnte es meiner Familie noch nicht sagen, fühlte mich aber innerlich so verwandelt, dass ich Angst hatte, sie würden es trotzdem merken. Ich dachte viel über sie nach, auch über meinen Freund, mein neues Leben und all die Dinge, über die ich mir bezüglich des Schwulseins klar werden musste. Mir gefiel das Wort »schwul«, es war so frisch und so viel freundlicher als das allzu klinische »homosexuell«.

Es war kalt im Auto und ich war schon durchgefroren, obwohl ich noch nicht mal ganz durch Georgia gekommen war. Als schließlich ein kurzes Stück südlich der Grenze von Virginia die Sonne aufging, wechselten sich Schweißausbrüche mit Schüttelfrost ab und ich fühlte einen beunruhigenden Schmerz in der Leistengegend. Nachdem ich am frühen Nachmittag das Haus meiner Mutter erreichte, blieb mir keine andere Wahl, als sofort ins Bett zu gehen. Ich bekam hohes Fieber und meine Hoden schwollen unter pochenden Schmerzen stark an.

Nach einer Untersuchung, bei der ich mehr als nur rot wurde, verkündete unser Hausarzt, es handle sich um eine Nebenhodenentzündung, eine Entzündung der Samengefäße in der Gegend des rechten Hodens. Er meinte, sie könne sich möglicherweise noch verschlimmern, bis die Antibiotika zu wirken beginnen. Er sollte mit seiner Vermutung recht behalten. Alles in allem war es kein Erholungsurlaub. Ich musste über eine Woche im Bett bleiben und bei all der liebenden Zuwendung gab es doch recht wenig für mich zu tun. Während ich mein Festtagsessen alleine auf dem Tablett aß, konnte ich die anderen unten am Tisch hören. Ich fand mich mit den gutgemeinten Witzen über Fußbälle ab – (zwinker, zwinker, räusper, räusper, kapiert? – meine Bälle *hatten* fast die gleiche Größe und sie *fühlten* sich auch an wie nach einem Abschlag). Die meiste Zeit lag ich recht isoliert in meinem Zimmer, las viel und grübelte und grübelte und grübelte.

Die Ironie des Ganzen war nicht zu übersehen. Hier lag ich nun, nachdem ich mich endlich mit den sexuellen Bereichen befasst hatte, die ich seit meiner Pubertät unterdrückt hatte. Genau jetzt, kurz vor dem Durchbruch, entwickelte ich diese Rieseninfektion genau dort, worum es in dem ganzen Krieg ging. Ich fühlte mich, als ob mein Körper die ganze aufgestaute, kranke Energie mit einem heißen, schmerzvollen Schub loswerden wollte.

Hier bekam ich zum ersten Mal eine Vorstellung von der Verbindung zwischen Körper und Geist. Zu der Zeit war es nur ein bizarrer Zufall, eine interessante Fußnote meines *Coming Out*. Ich wusste intuitiv, dass mir dadurch etwas Wichtiges gezeigt werden sollte, hatte aber keine Idee, was es sein könnte. Nachdem ich mich wieder erholt hatte, war diese Frage in meinen Kopf eingebrannt und wartete auf eine Erklärung.

Ich musste noch fünf weitere Jahre warten, bis ich eine Ausbildung als Masseur begann. Als ich lernte, Menschen zu helfen, ihre durch Stress und Anspannung verkrampfte Muskulatur zu lockern, zeigte mir die Praxis, dass körperliche Zustände nie für sich allein existieren. Unser Körper ist Teil unserer Ganzheit. Er speichert die Erinnerungen von allem, was wir glauben und in unserem Leben fühlen. Die Weisheit des Körpers stellt unseren Verstand vor ein Rätsel. Er übermittelt uns intuitive Botschaften, das so genannte »Gefühl im Bauch« oder »animalische Wissen«, geballte, lebenswichtige Informationen über unsere Umgebung. Jeder spirituelle Weg, der den Körper ignoriert, verarmt zu steriler Gehirngymnastik. Wahre Gesundheit entsteht nur unter Einbeziehung aller Daseinsebenen – Körper, Geist, Gefühl und Seele.

Dieses Kapitel unserer Reise ist dem Körper gewidmet. Wenn du lernst, ihn – mit all seinen Bedürfnissen, Begierden und Eigenarten – anzunehmen, wirst du einen wichtigen Verbündeten gewinnen. Hab etwas Geduld! Nachdem das letzte Kapitel sehr kopflastig war, wird sich dieses hier ganz anders anfühlen. Die meiste Zeit wirst du mit direkten Körpererfahrungen verbringen, die dir anfangs vielleicht etwas unangenehm sein könnten. Geh ganz entspannt in den Übungsteil. Hab Geduld und nimm dir genügend Zeit, dich wohl zu fühlen. Es sind fundamentale Werkzeuge, die du hier kennen lernen wirst, und sie werden dir auf dem Rest deiner Reise dienen.

Übung •• In den Körper finden

1. *Bevor du weiterliest, solltest du dir ein paar Minuten Zeit nehmen, um jetzt gleich die Verbindung mit deinem Körper herzustellen. Schließe die Augen und entspanne deinen Blick, so als würdest du tief in dich selbst hineinsehen. Fühle deinen Körper. Beobachte deine Haltung. Wodurch fühlst du dich besonderes getragen? Die Füße? Das Gesäß? Den Rücken? Spüre die Grenze deiner Haut zur Umgebungsluft. Fühlst du einen Luftzug? Wie warm ist es? Wo bist du entspannt? Wo hast du Verspannungen? Was kannst du tun, um diese Stellen ein wenig zu entlasten?*

    Lenke die Aufmerksamkeit auf deinen Atem. Fühle, wie sich dein Brustkorb hebt und senkt. Spüre, wie der Atem durch deine Nasenlöcher auf deine Oberlippe strömt. Achte darauf, was der Atem mit deinem Unterleib macht und wie er sich in deinen Schultern anfühlt. Konzentriere dich jetzt auf deinen Herzschlag. Kannst ihn hören? Kannst du seinen Puls im Körper wahrnehmen?

    Herzschlag und Atem sind die elementarsten Rhythmen deines Körpers.

    Jede einzelne Zelle hört auf sie; sie sind der Taktgeber für alles, was du tust. Wenn du ein Gefühl für sie entwickelst, können sie dich ähnlich wie ein Gyroskop in allen Lebenslagen stabilisieren und stützen. Probier es aus. Achte für den Rest des Tages darauf, wie sich diese beiden Rhythmen in unterschiedlichen Situationen verhalten. Beobachte ihre ständige Anpassung an die gegebenen Umstände. Dein Ziel ist hier, nur zu beobachten, aber nichts zu verändern. Sei lediglich wachsam und lass dich überraschen, was dir alles auffällt.

Glaubenssätze

Wir leben in einer körperfeindlichen Welt. Trotz der Tendenz, mit immer mehr nackter Haut zu werben, sind die Botschaften, die wir über unsere Körper hören, zumeist unverhohlen negativ. Durch die Werbung mit Gesundheitsprodukten, von der Munddusche über Deodorants und Medikamente bis hin zum künstlichen Haarersatz, bekommen wir tagtäglich eine Gehirnwäsche verpasst, die unser Vertrauen in den eigenen Körper erschüttert. »Du bist nicht in Ordnung, so wie du bist«, sagen sie uns. »Dein Körper riecht nicht gut, sieht schlecht aus, fühlt sich auch so an und wird sich bei der kleinsten Provokation gegen dich wenden.« Man hat uns eine lange Einkaufsliste angedreht, die uns von unserer innigsten Verbindung abgeschnitten hat.

Die Medien spiegeln nur unsere Gesellschaft wider, die bei uns auf einem religiösen und philosophischen Fundament gründet, das alle Körperlichkeit negiert. Auf der einen Seite erzählen uns die führenden Religionen, dass die »Sünde des Fleisches« im direkten Gegensatz zu unserem spirituellen Heil steht. Auf der anderen Seite propagiert die Wissenschaft stolz die Überlegenheit des Verstandes über unberechenbare Gefühle und Intuitionen.

Das ist nicht nur ein Schwulenthema. Tatsächlich betrifft es uns alle. Es ist eine Art Kulturkrankheit, deren Symptome sich in einer kollektiven Entfremdung von den weiblichen Prinzipien, der Empfindsamkeit, der Natur und der Erde zeigen. Als schwule Männer bekommen wir das doppelt zu spüren. Viele unserer Verletzungen sind mit dem Körper verbunden. Für manche von uns in Form echter Gewalt oder körperlicher Wunden. Für die meisten jedoch eher indirekt und tiefgreifender. Vielen von uns klingen noch höhnische Bemerkungen wie »Du wirfst wie ein Mädchen!« oder »Benimm dich wie ein Mann!« in den Ohren. Was aber noch schlimmer ist, wir haben gelernt, mit der Schande zu leben, dass man unsere natürlichsten Bedürfnisse als falsch, sündig oder »wider die Natur« verdammt.

Dein Körper ist einzigartig und weise. Im Gegensatz zu deinem Verstand, der Erlebtes interpretiert, erlebt dein Körper das Leben direkt. Weil er die Dinge so widerspiegelt, wie sie tatsächlich sind und nicht so, wie du sie gerne hättest, kommt deinem Körper eine wichtige Führungsfunktion zu. Um sein Wissen anzuzapfen, musst du den Rummel hinter dir lassen und dich auf sein Spielfeld begeben. Du musst zuerst die Gründe verstehen, die dich von ihm getrennt haben, um wieder mit ihm vertraut zu werden. Solange du diese innere Verteidigungshaltung nicht durchschaut hast, sabotiert sie weiterhin alle Versuche, dich selbst zu akzeptieren und zu lieben, wie du bist. Öffne dich dafür. Stell dir den Genuss vor, mit dem du den Körper eines neuen Liebhabers zum ersten Mal erkundest, und bring das gleiche Maß an Interesse auch für dich auf, wenn du daran gehst, deinem Körper zu begegnen.

Übung – Dem Körper begegnen

2. a) *Stell dich vor einen großen Spiegel, damit du dich vollständig darin sehen kannst. Wenn du noch einen zweiten hast, stelle ihn so hinter dich, dass du über deine Schulter hinweg auch deinen Rücken siehst. Hast du nur einen Spiegel, mach das Beste daraus. Betrachte den Mann im Spiegel so, als würdest du ihm zum ersten Mal begegnen.*

- *Wie wirkt er auf dich?*
- *Was fällt dir an ihm zuerst auf?*
- *Was gefällt dir an seinem Auftreten? An seiner Haltung?*
- *Was an seinem Körper ist besonders attraktiv?*
- *Gibt es etwas, das du nicht magst? Was könnte das sein?*
- *Findest du einige Dinge unattraktiv? Welche?*
- *Was würdest du ändern, wenn du könntest?*

Wir neigen oft dazu, uns ein wenig in Szene zu setzen, wenn wir glauben, dass wir beobachtet werden – wir stehen ein bisschen aufrechter, ziehen den Bauch ein, spannen die Brustmuskulatur an oder lassen unsere Augen lächeln. Schau in dich hinein und stelle fest, wo dein Körper angespannt ist. Bleibe ruhig eine Minute dabei. Das ist kein Bewerbungsgespräch, nur eine Einführung. Ziel ist, dass du dich, so wie du bist, selbst beobachtest.

Halte deine Eindrücke in deinem Tagebuch fest. Sei so aufrichtig und spontan, wie du kannst. Es gibt keine falschen Antworten.

b) *Wiederhole dieselbe Übung, diesmal ohne Kleidung. Ja genau, nackt. Gehe dieselben Fragen noch mal durch und schreibe deine Antworten ins Tagebuch.*

Vergleiche die beiden Durchgänge miteinander. Waren sie ähnlich? War ein Teil schwieriger als der andere? Wie wohl fühlst du dich mit deinem eigenen Körper?

c) *Betrachte dich noch einmal. Sprich dieses Mal mit deinem Körper. Sage ihm, dass du dich freust, ihn zu sehen, dass er wirklich ein guter Körper ist und dass du ihm für alles, was er für dich tut, dankbar bist. Sage deinem Körper, dass du im Gegenzug dein Bestes geben wirst, ihn zu lieben und zu unterstützen. Schließlich umarme dich ganz fest hier vor dem Spiegel.*

Wenn du dir dabei ein bisschen albern vorkommst, ist das vollkommen in Ordnung. Albernheit ist das perfekte Gegengift gegen die jahrelange Selbstverurteilung. Du gewinnst hier einen wichtigen Präzedenzfall. Dein Körper hört alles und er glaubt dir jedes Wort, das du über ihn sagst. Wenn du anfängst, die Botschaften an dich selbst positiv umzuformulieren, hast du denn ersten Schritt getan, um die verlorene Körperverbindung wieder herzustellen.

Übung •• Verborgene Glaubenssätze

3. So wie du deine unbewussten negativen Glaubenssätze bezüglich der Vorstellung, andere Männer zu lieben, aufdecken konntest, so kannst du auch mit den Glaubenssätzen, die sich auf deinen Körper beziehen, verfahren. Dein Innerer Kritiker erfreut sich bester Gesundheit und hat dir bestimmt eine Menge zu sagen, wenn du ihn nur lässt.

   a) *Nummeriere auf einem neuen Blatt deines Tagebuchs die Zeilen 1 bis 20. Schreibe den folgenden Satz in jede Zeile und fülle den Freiraum jedes Mal mit dem aus, was dir gerade dazu einfällt. Schreibe so schnell du kannst und denk nicht darüber nach, was du gerade schreibst. Es ist in Ordnung, wenn die gleiche Antwort öfters vorkommt.*

   Der Satz lautet: »Mein Körper ist _____«

   b) *Nun das gleiche noch mal, aber mit zwei Sätzen mit 10 Wiederholungen.*

   Erster Satz: »Mein Körper ist nicht _____«

   Zweiter Satz: »Mein Körper ist zu _____«

   Lies dir die drei Listen durch und achte auf Tendenzen, Überraschungen oder Wiederholungen.

c) *(Optional) Wenn du glaubst, das Wichtigste herausgefunden zu haben, kannst du diesen Teil überspringen und bei d) weitermachen. Möchtest du noch etwas tiefer einsteigen, wiederhole die Übung »Unbewusste Negativität« aus Kapitel 3 und beziehe sie dabei auf deinen Körper. Benutze folgende Affirmation: »Ich habe einen guten, starken, attraktiven Körper.«*

d) *Achte kurz darauf, woher die Negativität kommt. Erkennst du irgendwelche Stimmen? Tauchen alte Gesichter wieder auf? Hast du eine Ahnung, wann es mit dem Kritisieren losgegangen ist?*

Als ich diese Übung zum ersten Mal machte, war ich schockiert darüber, wie viele Beurteilungen über meinen Körper in frühester Jugend entstanden sind. »Der Po ist zu dick, der Bauch zu weich, nicht athletisch«, das alles war schon während der Grundschule fest etabliert. Der größte Teil davon ging wohl auf die wohlmeinenden Eltern oder Lehrer zurück, die versuchten, mir zu einem besseren Selbstbild zu verhelfen. Ich war auch sehr erstaunt, wie viele dieser Ideen durch die Medien verstärkt werden – all diese Werbung für Trainingsgeräte und perfekte, zwanzigjährige Körper.

Denk daran, dass du nicht hier bist, um Anklage zu erheben. Wenn du erkennst, woher deine falschen Vorstellungen kommen, zeigst du dir selbst, dass sie nichts weiter sind als Ideen, die du in deinem Kopf hast. Du hast die Macht, jederzeit umzudenken.

e) *Denke jetzt um. Du weißt bereits, wie das geht. Entwickle aus den negativen Glaubenssätzen eine Liste positiver KÖRPER-AFFIRMATIONEN. Sei dabei so positiv und enthusiastisch, wie du nur kannst. »Ich liebe meinen Körper, so wie er ist.« »Ich bin attraktiv, weil es mir Spaß macht, meinen Körper zu benutzen.« »Mein Körper ist gesund, vital und stark.« Verwende, was am besten für dich passt.*

Nachdem du bereits im letzten Kapitel gelernt hast, mit Affirmationen zu arbeiten, wird es dir leicht fallen, die neuen in deine Routine einzubeziehen. Genieße es. Sei kreativ. Spiele. Du bist dabei, große, positive Veränderungen in Gang zu setzen.

Übung ❖ Verborgene Glaubenssätze

f) *Befreie dich von allen negativen Glaubenssätzen mit demselben Verbrennungsritual, das du schon einmal gemacht hast. Betrachte dieses Ritual als festen Bestandteil deiner weiteren spirituellen Praxis und nutze es immer dann, wenn neue negative Glaubenssätze ihre hässliche Fratze zeigen.*

Hilf dem Körper, dann hilft er dir

Die westliche Gesellschaft ist vom Gedanken der Produktivität besessen. Sie hat nur wenig Verständnis für Aktivitäten, die nicht in erster Linie zielorientiert sind. Es ist kein Wunder, dass die meisten von uns gelernt haben, ihren Körper wie eine Maschine aus Fleisch und Blut zu behandeln. Wir glauben, dass es genügt, ihm Brennmaterial, Sauerstoff und ein Mindestmaß an Wartung zukommen zu lassen, damit er all unsere Wünsche erfüllt. »Wenn es nicht weh tut, bringt es auch nichts«, hört man oft, »also beiß die Zähne zusammen und halte durch, solange du nicht daran zerbrichst«. Unglücklicherweise zerbricht auf diese Weise *immer* etwas.

Die offensichtlichsten Zusammenbrüche sind physischer Natur. Wenn du deine Körpersignale ignorierst – und in einem Gesundheitssystem lebst, das mehr Wert auf Therapie als auf Prävention legt –, sind Krankheiten und Verletzungen die natürliche Folge. Wenn du die intuitive Körperverbindung unterbrichst, beraubst du dich, ganz abgesehen von den rein körperlichen Konsequenzen, einer kraftvollen Quelle des Wissens, der Einsicht und des Glücks. Die Zeit ist reif für ein neues Denken.

Im nächsten Übungsabschnitt wirst du beginnen, eine neue Beziehung mit deinem Körper einzugehen. Anstatt ihm zu befehlen, wird der Schwerpunkt diesmal auf liebevoller Zuwendung und Zuhören liegen. Im Laufe der Übungen werden dir Tätigkeiten, die du gewöhnlich nur als Mittel zum Zweck ansiehst, zunehmend mehr Befriedigung geben. Nicht das Endresultat, sondern das Training selbst wird zum freudigen Ausdruck der Stärke und Bewegung. Wie man nach außen hin wirkt, beruht viel mehr darauf, wie man mit seinem Körper umgeht und sich durch ihn ausdrückt, als darauf, immer mit der Mode zu gehen. Sex wird zur Liebe, die man sich gegenseitig schenkt, statt nur einfach »eine heiße Nacht« zu haben. Wenn du mit deinem Körper zusammenarbeitest, seid ihr gemeinsam ein unschlagbares Team.

Wie kannst du deinen Körper unterstützen? Zuerst einmal solltest du erkennen, dass er ganz und gar einzigartig ist. Was er von dir braucht und wie er auf deine Zuwendungen reagiert, wird sehr individuell sein. Du unterscheidest dich nicht nur deutlich von anderen Menschen, sondern bist selbst zu verschiedenen Zeitpunkten auch ein ganz anderer Mensch. Es gibt keine Regeln, die immer gelten. Höre auf deinen Körper. Übernimm die Verantwortung zu lernen, was dir gut tut.

Lass uns mal einen Blick auf die drei Bereiche werfen, in denen du deine Gesundheit fördern kannst: Training, Erholung und Ernährung. Betrachte die hier angebotenen Vorschläge als grobe Richtlinie. Später kannst du die Auswahl ganz nach eigenem Ermessen treffen.

Körpertraining

Im College verbrachte ich viel Zeit deprimiert im großen Schrank. Manchmal, wie an den Wochenenden, an denen mein Zimmergenosse, in den ich heimlich verknallt war, zu seiner Freundin fuhr, fühlte ich mich, als hätte mir jemand in den Magen getreten. Immer wenn es zu schlimm wurde, schnappte ich mir eine Jacke und lief davon. Ich ging sehr schnell, wie auf der Flucht. Am Ende des Campus-Geländes lief ich einfach weiter durch die umliegende Landschaft.

Zu meiner Überraschung half mir das Gehen wirklich. Die Ursachen verschwanden dadurch zwar nicht – das geschah erst drei Jahre später mit meinem *Coming Out* –, aber ich konnte dadurch besser mit dem Schmerz umgehen. Zuerst ließ der akute Druck nach. Danach wanderte ich nur aus purer Lust am Gehen umher, erkundete neue Pfade, das Wäldchen unten an der Eisenbahn oder die neuen Häuser gegenüber der Straße zum College. Irgendwann trottete ich dann zum Wohnheim zurück und zwei Stunden später, nach zehn, fünfzehn Kilometern, war ich meist gut gelaunt und voller Tatendrang.

Körperübungen sind eine hervorragende Therapie. Wandern, Schwimmen, Radfahren, Laufen und andere Sportarten wirken sich positiv auf den Stoffwechsel aus. Das Training regt die Blutzirkulation an. Das Herz schlägt schneller. Der Atem vertieft sich und der Sauerstoff ermöglicht den zellulären Abbau von Abfallstoffen und stressinduzierten Stoffwechselgiften. Dein Gehirn schüttet Endorphine, »Glückshormone«, aus. Unter dem

Strich fühlst du dich besser, kannst viel klarer denken und dich den Herausforderungen des Lebens kraftvoller stellen.

Jeder Mann braucht Training. Die Art des Trainings hängt jedoch ganz von dir ab. Such dir etwas aus, das dich in die Gänge bringt, das du regelmäßig machen kannst und wobei du viel Spaß hast. Es muss nicht einmal anstrengend sein. Es ist zwar gut, sich beim Sport zu fordern und Muskeln aufzubauen, aber die Hauptsache ist, dass es Spaß macht und man nicht übertreibt. Training ist lebenswichtig.

Erholung

Die meisten Männer lernen Aktivität einen höheren Wert beizumessen als Ruhe und Reflexion. Zu oft fallen wir dem alten Arbeitsethos zum Opfer und betrachten es als moralisch verwerflich, die Dinge leicht zu nehmen. Der innere Kritiker liebt es, uns sofort »faul« zu nennen, wenn wir nur ein kleines Nickerchen machen, und treibt uns pausenlos an, immer neue Dinge zu erledigen.

Für seine Gesundheit braucht der Körper Ruhe. Wie viel Ruhe, hängt von mehreren Faktoren ab, wie beispielsweise, was du tust, wie lange du es tust, wie gestresst du bist, was du isst und wie es um deine allgemeine Gesundheit steht. Wenn du hart arbeitest, brauchst du selbstverständlich mehr Pausen, um deine Energievorräte wieder aufzufüllen. Zusätzlich zu der rein körperlichen Arbeit trägst du aber auch eine energetische Last. Alle inneren Zwänge wie Selbstzweifel, Angst, Erwartungen, Erfolgsdruck und unterdrückte Gefühle fordern ihren Tribut. Wenn du daran arbeitest, diese »Altlasten« aufzulösen, wirst du die darin gebundenen Energien freisetzen und damit Gesundheit und Lebenskraft gewinnen. Während du dieses Buch durcharbeitest, wird dein Energiehaushalt möglicherweise ungewöhnlich stark schwanken. Mal wirst du mehr Ruhe brauchen, als du erwartest, ein anderes Mal wirst du vor Energie fast überlaufen. Gib Acht darauf.

Wenn du etwas gegessen hast, brauchst du Zeit zum Verdauen. Wenn du neue Konzepte ausprobierst, mit starken Emotionen konfrontiert bist und deine innere »Arbeit« in Angriff nimmst, brauchst du Zeit zum Verarbeiten. »Auszeiten« geben dir Gelegenheit, über die Dinge noch einmal nachzudenken, darüber zu schlafen und sie sich in deinem Bewusstsein setzen zu lassen. Wenn es dir darauf ankommt, langfristige Veränderungen zu bewirken, sind Ruhepausen genauso wichtig wie aktive Erkundungen.

Ernährung

»Du bist, was du isst«, sagt ein altes Sprichwort. Zu einem großen Teil ist das wahr. Was du deinem Körper zuführst, beeinflusst auf direkte Weise deine Gesundheit, Lebenskraft, Stimmungen und Klarheit. Ohne dabei besonders ins Detail zu gehen, sollten wir zwei Ernährungsfaktoren näher betrachten, die für deine weitere Reise wichtig sind.

Erstens, achte auf *Ausgewogenheit*. Iss regelmäßig und so nahrhaft wie möglich. Kaufe dir frische Lebensmittel, auch Früchte und Gemüse und vermeide Zusatzstoffe, so gut es geht. Achte darauf, wie sich unterschiedliche Nahrungsmittel auf deine Energie auswirken. Einige werden ein Gefühl von Leichtigkeit und Klarheit hinterlassen. Andere ziehen dich möglicherweise runter und werden lange Zeit brauchen, bis sie verdaut sind. Für gewöhnlich liegt der Schlüssel in der Mäßigung.

Zweitens, beobachte deinen Konsum von stimmungsverändernden Stoffen. Selbst ganz normale Lebensmittel wie Zucker und Kaffee können dramatische Wirkung haben. Nutze sie maßvoll. Andere Substanzen wie Alkohol, Tabak, Marihuana oder stärkere Drogen beeinträchtigen deine Fähigkeit, klar zu denken. Es ist sehr einfach, mit Substanzen von Eiscreme bis Alkohol unangenehme Gefühle zu kaschieren und Themen aus dem Weg zu gehen, denen man sich besser stellen sollte, um sie aufzulösen. Gib auf dich Acht.

Eine Menge schwuler Männer sind, zum Teil als Reaktion auf ihr Leben in einer homophoben Welt, in Abhängigkeitsprobleme verstrickt. In diesem Buch geht es nicht um die Befreiung von Sucht. Es hilft jedoch dabei, mit den zugrunde liegenden Ursachen zu arbeiten. Um mit der Sucht fertig zu werden, brauchst du stärkere Medizin. Besorge sie dir. Millionen von Männern haben ihre Drogenabhängigkeit besiegt und leben jetzt ein starkes, zufriedenes Leben.

Übung — Dem Körper geben, was er braucht

4. a) *Schreibe Sportarten in dein Tagebuch, die dir gefallen und zu deinem Lebensstil passen. Wähle eine davon aus, die du entweder schon ausübst oder gerne ausprobieren würdest. Was könnte das sein? Jeder Mann hat seine eigenen Vorlieben. Miguel tanzt in seinem Wohnzimmer zu lauter Musik. Lanny geht lieber zu Fuß zur U-Bahn als mit dem Auto zu fahren. John nimmt das Fahrrad, um zur Post oder zum Lebensmittelgeschäft zu fahren. Gerry zieht dreimal wöchentlich im Uni-Schwimmbad seine Bahnen. Was gefällt dir?*

   b) *Mach dir Notizen, wie viel Zeit du durchschnittlich ruhst. Wie viel Schlaf brauchst du, um dich topfit zu fühlen? Gönnst du dir zwischendurch kleine Nickerchen, wenn du sie brauchst? Wie oft kommt es vor, dass du dich während deines Tagesgeschäfts müde oder unaufmerksam fühlst?*

   c) *Nimm dir einen Augenblick Zeit, um über deine Essgewohnheiten nachzudenken. Welche Nahrungsmittel tun dir gut? Wie könntest du dir angewöhnen, regelmäßig und gut zu essen? Von zu Hause Essen mit in die Arbeit nehmen, anstatt dort Süßigkeiten aus dem Automaten zu ziehen? Dich mit einem Freund zusammentun und abends öfters gemeinsam kochen? Gleich das gesunde Essen für die ganze Woche im Kühlschrank lagern? Was fällt dir sonst noch ein?*

   Halte alle Einsichten in deinem Tagebuch fest. Notiere ehrlich alle Speisen oder Substanzen, bei denen du Suchttendenzen bemerkst und die du gerne kontrollierter zu dir nehmen würdest.

   d) *Überprüfe deine Antworten in Hinblick auf die ersten drei Teile dieser Übung und verfasse dann eine kurze Verpflichtungserklärung, dich auf allen drei Gebieten während der gesamten Dauer deiner Reise zu unterstützen. Sei dabei genau. Bleibe aber auch realistisch. Wähle nur Ziele, die du auch leicht erreichen kannst. Es wird dir viel besser gehen, wenn du deine Versprechen auch halten kannst.*

   - *Welchen Sport würdest du gerne betreiben? Bist du bereit, zwei- oder dreimal pro Woche zwanzig Minuten zu trainieren?*

- *Kannst du versprechen, dir so viele Ruhepausen zu gönnen, wie du brauchst? Wie viele wären das? Bist du flexibel, wenn du mehr Ruhe bräuchtest?*
- *Was wirst du in Bezug auf deine Ernährung für dich tun? Welche Nahrungsmittel wirst du in deinen Speiseplan aufnehmen, um dir etwas Gutes zu tun? Welche Essgewohnheiten wirst du fördern? Welche Speisen oder Stoffe wirst du eher meiden?*

Wenn du deine Versprechen zu Papier gebracht hast, kontrolliere noch mal, ob sie tatsächlich auch zu realisieren sind, und setze anschließend das Datum und deine Unterschrift darunter. Jetzt wünsche ich dir viel Spaß dabei, gut auf dich aufzupassen.

Übung ⦁⦁ Selbstberührungen

5. Lassen wir jetzt die Kopfarbeit ein wenig ruhen. In dieser Übung kannst du deinen Körper als bewusstes, empfindungsfähiges Individuum erleben, was er ja tatsächlich auch ist. Wenn du dich der Übung spielerisch näherst und sie nicht als Arbeit betrachtest, wirst du ganz neue Möglichkeiten entdecken, lustvoll mit dir selbst umzugehen.

a) *Reserviere dir etwas Zeit, in der du allein und ungestört bist. Sorge dafür, dass du es angenehm warm hast. Wenn du möchtest, kannst du mit einer Kerze oder ruhiger, bevorzugt instrumentaler Musik eine friedliche Stimmung schaffen. Stell das Telefon ab.*

Setze oder lege dich, mit oder ohne Kleidung, ganz wie es dir beliebt, ruhig für ein paar Augenblicke hin und spüre in dich hinein. Lenke deine Aufmerksamkeit auf den Atem. Fühle, wie er ein- und ausströmt und dein Körper durch seinen Rhythmus zur Ruhe kommt.

Den Atem zu beobachten ist eine einfache, aber wirkungsvolle Methode, die Aufmerksamkeit zu konzentrieren. Während der gesamten Übung wirst du merken, dass die Konzentration auf den Atem sehr hilfreich ist, um den Erfahrungen deiner Hände und deines Körpers folgen zu können.

Übung — Selbstberührungen

b) *Wenn du dich entspannt genug fühlst, reibe deine Handflächen abwechselnd langsam und schnell aneinander, bis sie warm werden und zu kribbeln anfangen. Dadurch werden sie energetisch aufgeladen und empfindsamer für Berührungen. Beginne nun, deinen Körper mit deinen Händen zu erkunden. Konzentriere die Wahrnehmung auf deine Fingerspitzen. Sei genauso aufmerksam, als würdest du jemand Neues zum allerersten Mal berühren. »Höre« mit deinen Händen.*

Fange mit dem Gesicht an. Spüre, wie empfindlich du die Haut wahrnimmst, ihre Form und Sanftheit, und wie viel Spaß es deinen Fingern macht, sich zu bewegen.

Ändere jetzt deine Wahrnehmung. Beobachte, wie sich dein Gesicht unter den Berührungen deiner Hände anfühlt. Erforsche, welche Berührungen dir besonders angenehm sind – zarte, feste, kurze, längere oder was immer dir einfällt. Lass zwischen deinen Fingern und deinem Gesicht einen Dialog entstehen.

c) *Während du immer noch beim Atem bleibst, setzt du deine Erkundungen fort. Nimm dir Zeit dabei. Was ist mit deinen Ohren? Haaren? Kinn? Nacken? Beobachte, wie sich die Empfindungen von einem Körperteil zum anderen ändern. Gefallen die Berührungen einigen Körperteilen besser als anderen? Haben deine Hände Präferenzen? Es gibt keine falschen Antworten. Sei einfach nur Beobachter und genieße es.*

d) *Wer ist dieser Körper, den du gerade kennen lernst? Wandere in deinem eigenen Tempo weiter nach unten zu deinen Schultern, der Brust, den Armen. Lass jeweils eine Hand den anderen Arm erspüren und wechsle dann die Seiten. Erkunde deine Rippen, das Brustbein, den Bauch und deine Seiten. Wenn es schwierig ist, den Rücken zu erreichen, kannst du auch mit einer Rückenbürste oder einem Handtuch experimentieren.*

Atmest du noch bewusst? Setze deine Erforschung mit Hüften, Penis, Hoden, Hintern und Oberschenkeln fort, bis du den ganzen Weg hinunter bis zu deinen Füßen zurückgelegt hast. Lass dir Zeit dabei. Beobachte, an welchen Körperstellen du Berührungen gewohnt bist und wo es eine völlig neue Erfahrung für dich ist.

Die Energie kann sexuell geladen, entspannend oder anregend sein oder sich von einem Körperteil zum anderen unterscheiden. Vergiss darüber nicht deinen Atem. Oft interpretiert der Körper jede Berührung als sexuell, weil das meist der einzige Zusammenhang ist, in dem Berührungen erlaubt werden. Selbstbefriedigung ist toll, aber sexuelle Gefühle überlagern häufig die subtileren Emotionen. Es besteht die Tendenz, sich bei der ersten Erregung schnell bis zum Höhepunkt zu stimulieren. Aber jetzt beschränken wir uns allein auf die Erkundung des Körpers. Richte deine Aufmerksamkeit auf den gesamten Körper, nicht nur auf die Genitalien. Führe die vollständige Erkundung zu Ende und lass die Erregung dabei nur eines von vielen Gefühlen sein, die dabei entstehen – Wohlbefinden, Vergnügen, Unbehagen, Genuss, Scham und viele mehr.

Wenn du deinen ganzen Körper durchgegangen bist, schenke dir selbst eine dicke Umarmung. Lass dich von deinem Atem wieder zurück zum normalen Bewusstsein bringen.

e) *Schreibe deine Erlebnisse ins Tagebuch. Vermerke dabei insbesondere neue sinnliche Erfahrungen, Einsichten oder Körperregionen, bei denen du dich unwohl fühltest.*

Übung ◆ Selbstberührungen

Zwiesprache mit dem Körper durch Bewegung

Wie fühlst du dich? Du hast deinen Körper kennen gelernt und versprochen, etwas für ihn zu tun. Jetzt wirst du noch einen Schritt weiter gehen. Indem du deinen Körper mit deiner ganzen Bewusstheit bewegst, öffnest du ein neues Portal zur direkten Kommunikation.

Dein Körper ist weise. Seitdem du auf der Welt bist, lernt er sie aktiv kennen. Ist es hier sicher? Gemütlich? Herzlich? Warm? Kalt? Wenn ich das mache, wird das Resultat angenehm oder schmerzvoll sein? Dein Körper ist ein hervorragender Schüler. Er merkt sich jede Lektion. Wurdest du dafür gescholten, deinen Penis anzufassen, merkt er sich das. Wurdest du jedes Mal kritisiert, wenn du aufrecht und selbstbewusst dastehst, merkt er sich das. In neuen Situationen gibt er sein Bestes, um dich zu schützen. Die meisten seiner Reaktionen beruhen auf seinen früheren Erfahrungen. Dein

Körper durchschaut auch andere Menschen instinktiv, denn er versteht ihre Körpersprache. Er weiß, ob sich jemand wohl fühlt, unbehaglich, stolz ist oder lügt. Wenn du ihm zuhörst, wird dein Körper sein ganzes Wissen bereitwillig mit dir teilen.

Hast du jemals versucht, einen neuen Tanz zu lernen, dann weißt du, wie schwer es ist, von außen an die Sache heranzugehen. Auch wenn du den ganzen Bewegungsablauf im Kopf hast und versuchst, dich deiner Vorstellung entsprechend zu bewegen, wirst du wahrscheinlich trotzdem ziemlich mit deinen Füßen durcheinander kommen. Erst wenn der Kopf frei wird, werden auch deine Bewegungen fließend und natürlich. Es ist diese authentische und beseelte Art sich zu bewegen, um die es hier geht. Sie erlaubt dir den Ausdruck all dessen, was schon lange in dir schlummert. Sie bildet die Basis des wahren Dialogs mit dir selbst.

Bewegungsmeditation wird für den Rest deiner Reise ein wertvolles Werkzeug für dich sein. Die folgende Einführung wird dich mit den Grundlagen vertraut und hoffentlich auch viel Spaß machen.

Musik

Musik ist ungemein wichtig für die Bewegungsmeditation. Der Rhythmus hilft dir dabei, vom linearen, logischen Denken in einen intuitiven, kreativen Zustand zu gleiten. Er ermutigt deinen Körper, sich von äußeren Bedenken zu lösen und zu spielen. Jeder hat einen unterschiedlichen Musikgeschmack, deshalb bitte ich dich die folgenden Richtlinien deinen persönlichen Bedürfnissen entsprechend anzupassen:

- Wähle nur Musik, die dir gefällt. Genuss ist die halbe Miete.
- Der Rhythmus sollte konstant bleiben und das Tempo eher langsam sein. Der Takt wird dir helfen, deine Aufmerksamkeit nach innen zu richten, während das Tempo dich in Bewegung hält. Schlaginstrumente scheinen diesbezüglich besonders geeignet zu sein.
- Instrumentalmusik ist günstiger, weil Liedtexte ablenken. Ganz egal, wie positiv oder inhaltsvoll sie auch sein mögen, neigen Worte doch dazu, deine Gedanken in eine bestimmte Richtung zu lenken und dadurch die Ursprünglichkeit deiner Erfahrungen zu beeinflussen.
- Die Musik sollte mindestens 15–20 Minuten durchlaufen können.

- Als Alternative zur Musik kannst du auch deinen Atem beobachten. So wie dein Herzschlag ist auch der Atem ein Teil deiner inneren Musik und hat dabei den Vorteil, dass er immer bei dir ist.

Übung ∞ Bewegungsmeditationen

Einstimmen

Diese Einstimmung ist ein hervorragender Einstieg für alle Bewegungsübungen. Es ist eine Art »Hallo! Wie geht's?«-Aufwärmübung, die dir dabei hilft, den Blick nach innen zu wenden und den Kontakt mit deinem Körper herzustellen.

6. a) *Ob du Musik einsetzen willst oder nicht, bleibt dir überlassen. Sorge nur für genügend Platz, damit du dich frei im Raum bewegen kannst und schließe dann die Augen, um dich auf den Atem zu konzentrieren. Fühle, wie er deinen Körper durchströmt. Spüre den Kontakt deiner Füße mit dem Boden. Beobachte, was du alles fühlst. Ist dein Körper angespannt? Rasen deine Gedanken umher?*

   Während du weiter atmest, stellst du dir einen Strom weißen Lichts vor, der dich von Kopf bis zu den Füßen durchfließt – erfrischt, reinigt und alle fremden Energien mit sich reißt. Lass allen überflüssigen Ballast durch deine Füße in die Erde abfließen.

   b) *Gehe nun langsam und locker im Raum umher, entweder auf und ab oder im Kreis herum. Bleibe mit deiner Aufmerksamkeit im Körper, als würdest du einen Ausflug nach innen machen. Wo fühlst du dich steif? Wo fühlt es sich entspannt und bequem an? Wo kann dein Atem frei und leicht fließen? Wo fühlt er sich eingeengt an? Wo fühlst du dich verbunden? Abgetrennt? Beobachte und atme.*

   c) *Kehre zur Mitte des Raumes zurück und steh still. Richte die Bitte an deinen Körper: »Zeige mir, wie du dich fühlst.« Wiederhole diese Bitte laut oder in Gedanken immer wieder während der ganzen Übung. Die ständige Wiederholung lenkt deinen Verstand ab und ermöglicht dir so eine unmittelbare Körpererfahrung.*

Bewege dich. Fordere deinen Körper auf, alles zu tun, wozu er Lust hat. Vielleicht möchte er sich strecken, stöhnen oder sich ganz fest drücken. Vielleicht will er voller Freude im Raum herumspringen oder sich zu einer geschützten Kugel zusammenrollen. Sieh ihm zu, was er macht.

Diese Einstimmung ist nicht dazu da, sich möglichst gut aussehend zu bewegen. Halte dich von Spiegeln und den Blicken anderer Menschen fern. Keine Beeinflussung. Keine Urteile. Was dabei herauskommt, geht nur deinen Körper und dich etwas an, also lass die Zügel los.

d) *Schreibe deine Erfahrungen ins Tagebuch, bevor du weitermachst. Was konntest du von deinem Körper lernen? Wie würdest du deine Erfahrungen zusammenfassen?*

Tanz der Körperteile
Hier ist noch eine weitere, sehr aktive und lustige Übung zur Einstimmung in den Körper. Am besten funktioniert sie in Verbindung mit Musik, die dich wirklich mitreißt und deine Tanzlust weckt.

7. a) *Nimm dir genügend Zeit, deinen Atem in allen Bereichen zu spüren. Wenn du bei dir angekommen bist, lade deinen Körper ein, sich zu bewegen. Anstatt nun in deine übliche Tanzroutine zu verfallen – mit der du sonst jeden im Club beeindrucken willst –, bittest du dieses Mal deine verschiedenen Körperteile darum, dir ihren Tanz zu zeigen.*

   Beginne mit deinen Füßen. Lass dich von ihnen führen. Lass dir zeigen, was ihnen gefällt und wie sie sich dabei fühlen. Beobachte, wie dein restlicher Körper in ihren Rhythmus einstimmt und sie begleitet. Bleibe immer beim Atem. Wie ist die Stimmung deiner Füße? Experimentiere ein wenig mit den unterschiedlichsten Bewegungen. Pass auf, ob sie dir nicht etwas zeigen wollen, was du noch nie zuvor getan hast.

   b) *Genieße den Tanz deiner Füße. Nach ein paar Minuten dankst du ihnen für ihre Hilfe und wanderst ein Stückchen hinauf zu deinen Knien. Deine Knie haben möglicherweise ein komplett anderes Musikverständnis. Lass es dir von ihnen zeigen. Nimm dir so viel Zeit, wie du brauchst und wandere dann weiter nach oben über die Hüften, Po,*

Wirbelsäule, Brust, Schultern, Ellbogen und Hände bis hinauf zum Kopf.

c) *Betrachte diesen Tanz als Spiel. Tanze deinen Kopf frei, bis er mit dir tanzt. Probiere ein paar nicht-lineare Erfahrungen aus. Was für Farben kannst du in deinen verschiedenen Körperteilen sehen? Muster? Stimmungen? Wäre dein Körper die Erde, welche Landschaften würden seine verschiedenen Teile repräsentieren – Gebirge, Ozeane, Regenwälder, die Eiswüsten des Nordpols? Wie ist das Wetter in deinen Ellbogen? Nimm die Antworten leicht, denn sie werden kaum einen Sinn für deinen Verstand ergeben. Dreh die Musik auf und lass dich fliegen!*

Wenn es dir reicht, nimm dir einen Augenblick Zeit, um tief durchzuatmen und dich ein wenig zu strecken. Wie geht es dir? Müde? Außer Atem? Lebendig, wach, voll Begeisterung?

Tanze den Tanz der Körperteile immer, wenn dir danach ist. Er ist nicht nur eine wunderbare Einstimmung für andere Körperübungen, sondern auch ein belebendes Heilmittel, wenn du überarbeitet oder geistig angespannt bist.

Bewegung ist Leben!

Gratulation! Du hast eine neue Beziehung mit deinem Körper angefangen. In den folgenden Kapiteln wirst du den hier begonnenen Prozess fortführen und lernen, wie du über die Bewegung deine Erfahrung mit den Archetypen des schwulen Mannes intensivieren und vertiefen kannst. An diesem Punkt könnte dein Verstand fragen: »Warum? Reicht es nicht, das Prinzip verstanden zu haben? Wozu der Rest?« Ich werde es dir sagen.

Bewegung ist die Brücke zwischen Körper und Verstand, zwischen Fühlen und Verstehen, Theorie und Praxis. Weil der Körper dir stets die Wahrheit sagt, zeigt er dir, wo du noch an dir arbeiten musst und wo die Diskrepanzen liegen zwischen dem, was du *denkst* und dem, was tatsächlich in deinem Unterbewusstsein lebt. Des Weiteren hilft dir Bewegung bei der Integration deiner Wandlungen und Einsichten, die du im Laufe dieses

Prozesses gewinnen wirst. Allein zu wissen, wie die Sache funktioniert, genügt nicht, um sie auch in die Realität umzusetzen. Dies kann nur geschehen, wenn sie in jede deiner Zellen und dein ganzes Wesen integriert wird.

Hüte dich vor Widerständen. »Ich mag nicht tanzen«, wirst du dich beschweren. »Ich kann mich nicht bewegen. Was wäre, wenn ich im Rollstuhl säße? Dann könnte ich ja auch nicht tanzen.« Quatsch. Das ist nur dein Verstand, der dich vor Veränderungen schützen will. Die alten Verteidigungsmuster rauben dir wertvolle Energien, die du sinnvoller einsetzen könntest – zum Erkunden, Spielen, Tanzen, Leben, Lieben. Verteidigung maskiert Angst, und Angst zeigt dir, wo du wachsen kannst. Du scheust dich zu tanzen? Hier sind drei Schritte, um die Scheu zu überwinden.

Erstens, akzeptiere den Widerstand und würdige ihn, wie du es schon beim inneren Kritiker getan hast. Nutze die Kritiker-Ecke, um deinen Ängsten eine Stimme zu geben. Wovor hast du Angst – albern auszusehen? Lächerlich zu wirken? Den Bedürfnissen deines Körpers zuhören zu müssen? Spaß zu haben? Bringe deine Ängste zu Papier und danke dem Kritiker für seinen Versuch, dich zu schützen.

Zweitens, sorge für Sicherheit – keine Spiegel, keine Zuschauer und kein Zwang.

Drittens, beiß die Zähne zusammen und kämpfe. Kämpfe aber nicht gegen dich selbst. Kämpfe gegen die inneren Vorurteile, die dich weiter von deiner echten Lebendigkeit abschneiden wollen. Jeder Schritt, den du in Richtung Selbstheilung unternimmst, auch wenn er noch so klein und unbedeutend scheint, ist in Wirklichkeit sehr radikal. Du bist diese Anstrengungen wert. Selbst in deinem Wohnzimmer bist du immer noch ein kraftvoller Krieger.

Wobei mir gerade einfällt – einen der wunderbarsten und kraftvollsten Tänzer sah ich einmal in einer Disco in Dallas. Versunken in Ekstase drehte und wirbelte er mit seinem Rollstuhl über die Tanzfläche. Alle standen um ihn herum und ließen sich von seiner Energie anstecken, jeder ging mit! Also keine Entschuldigungen mehr, ja? Los jetzt – geh ran und lass dich mitreißen!

5 Initiation

> *Coming Out* ... die Reise des Helden

Als Heranwachsender verbrachte ich die meiste Zeit mit Büchern. Weil ich mir in der Welt der Jugendlichen ziemlich unbeholfen vorkam, hatte ich meine schönsten Erlebnisse, während ich die Seiten umblätterte. Obwohl ich fast alles verschlang, was mir der Schulbibliothekar empfahl, waren einige Geschichten etwas ganz Besonderes. Ich konnte sie immer wieder lesen. Sie handelten immer von Jungs, die allein in der Welt waren, verbannt und dazu gezwungen, sich selbst zu beweisen, um akzeptiert zu werden. Ich erinnere mich ganz besonders an zwei Geschichten.

In einer, »Der erste Reiter« von Pers Crowell, versucht der junge Held allein in der prähistorischen Zeit zu überleben. In der Geschichte freundet er sich mit einem wilden schwarzen Hengst an und lernt, seinem Mut, seiner Stärke und Entschlossenheit zu vertrauen, um am Ende als erster Mensch ein wildes Pferd zu zähmen. Als er schließlich zu seiner Familie zurückkehrt, wird er als Held gefeiert. Die zweite Geschichte, »Nenn es Mut« von Armstrong Sperring, handelt von einem polynesischen Jungen, der die Gefahren einer langen Seereise meistert, die er mit seinem treuen Hund als einzigem Gefährten macht. Nachdem er auf einer einsamen Insel strandet, überwindet der Junge seine Furcht, überlistet einen Kannibalenstamm, gewinnt zur Auszeichnung einen Wildschweinhauer und wird nach seiner Heimkehr von seinem Volk als Held und lebende Legende gefeiert.

Diese Geschichten, die mich so tief berührten, sind moderne Versionen eines archetypischen Themas, das sich in den Mythen vieler Kulturen wiederfindet – die Reise des Helden. Wahrscheinlich fallen dir andere Beispiele ein. Joseph Campbell, ein reizender Mensch und Mythologieexperte, erwähnt dazu unter anderem die Sage von Jason und dem Goldenen Vlies, die Prüfungen des jungen Arthur, bevor er den Thron bestieg, und die Abenteuer von Luke Skywalker im Kampf gegen die dunkle Seite der Macht. Alle diese Sagen beschreiben in Form einer Geschichte den inneren Reifungsprozess eines Jungen zum Mann. Symbolisch geht es in ihnen um die Experimente, Reisen und Lektionen einer Initiation, durch die sich ein Junge seinen Platz unter den Männern erkämpft.

Robert Bly, Michael Meade, Malidoma Somé und andere Vertreter modernen Männerbewegungen diskutieren viel über Probleme, die dadurch entstehen, dass es in unserer Gesellschaft keine männlichen Initiationsriten mehr gibt. Sie sind der Meinung, Jungen hätten von Natur aus das Bedürfnis, sich an Maßstäben zu beweisen, die von Vorbildern und Alten aufgestellt wurden. Ohne die formelle Initiation gelingt es den Jungen nicht, den Schritt vom Heranwachsenden zum reifen, sozial kompetenten Erwachsenen zu vollziehen.

Für Schwule sieht die Sache etwas anders aus. Uns fehlt die Initiation weniger. Obwohl wir im Allgemeinen ohne die notwendige gesunde, männliche Führung heranwachsen, unterliegt doch jeder von uns im Laufe des Erwachsenwerdens den Prüfungen, nicht in das gesellschaftlich akzeptierte, männliche Rollenmodell zu passen. Die Zweifel und Fragen, mit denen wir konfrontiert sind, erweisen sich als mindestens so entmutigend wie jene, mit denen sich die jungen Helden unserer Geschichten herumschlagen müssen. Letztlich ist jeder von uns dazu aufgerufen, den Pfad der Initiation einzuschlagen und sich zu seinem wahren Selbst zu bekennen – und sei es nur, um das Leben nicht in totaler Isolation zu verbringen.

Das *Coming Out* ist der selbst gewählte Übergangsritus, den wir alle durchgemacht haben. Auch wenn wir uns während dieses Prozesses verwirrt, trotzig oder unsicher fühlen, signalisieren unsere Schritte in Richtung eines offenen Lebens die kraftvolle Botschaft: »Es reicht!« mit der Verleugnung unseres wahren Selbst. »Es reicht!« mit dem Versteckspielen und so zu tun, als wäre man hetero, stino oder sonst etwas anderes. Tatsächlich ist das *Coming Out* ein so kraftvoller Akt der Selbstliebe, dass der Begriff Eingang in den allgemeinen Wortschatz gefunden hat. Heutzutage hat jeder, vom Umweltschützer bis zum Schnauzbartträger, sein *Coming Out* in der Öffentlichkeit. Vor ein paar Jahren las ich eine sehr interessante Rückschau mit dem Titel »Fundamentalistisches *Coming Out*«, in der die »wahrhaft Gläubigen« dazu aufgerufen wurden, zu ihrem Glauben zu stehen. Dadurch wurden einem, gelinde gesagt, die Augen geöffnet, besonders jenen, die immer noch irgendwelche schmerzhaften Wunden verarzten, die ihnen von der heiligen Kirche geschlagen wurden.

Theoretisch ist uns allen klar, dass wir durch unser *Coming Out* zu erkennen geben, dass wir kein Geheimnis aus unserer Sexualität machen. In der Praxis bedeutet es jedoch für jeden etwas anderes. Wie definierst *du* es? Geschah es, nachdem du dir endlich eingestanden hattest »homosexuell« zu sein, obwohl du Jahre vorher gar nichts deswegen unternommen hattest?

War es für dich die Aussprache mit deinen Eltern? Das erste Mal mit einem anderen Mann zu schlafen? Bei deiner Freundin aus-, und bei deinem Liebhaber einzuziehen? Wie man es auch definieren mag, die meisten von uns erreichen den Punkt, von dem es kein Zurück mehr gibt, wenn ihre Wahl, ein Leben in Aufrichtigkeit zu führen, unwiderruflich feststeht.

Jeder von uns erreicht dieses Ziel auf einem anderen Weg. Mein Freund Robert schrieb Briefe an seine ganze, weitläufige Verwandtschaft – Cousins, Großeltern, sogar an die geschiedene Frau seines Bruders. James rief eines Nachts seine Mutter an, platzte förmlich damit heraus – »Mama, ich bin schwul« – und legte sofort wieder auf, weil er Angst hatte, ihre Antwort zu hören. William las in der zehnten Klasse vor dem versammelten Deutschkurs seinen Aufsatz vor, der ihm die Vorladung bei der Schuldirektion und einen Anruf bei seinen völlig überraschten Eltern einbrachte. Ich selbst hatte mein *Coming Out* in der Abschlussklasse, als ich irgendwann den Mut fand, die einzige Schwulenbar der Stadt zu betreten, einen schäbigen Schuppen, den wir nur »Das Loch« nannten. Vielleicht fällt es dir schwer, vielleicht auch leicht. Das Wichtigste ist, dass du dich überhaupt erst mal herauswagst.

In Wirklichkeit ist das *Coming Out* nur ein Schritt auf einer sich langsam entwickelnden Reise. Gewöhnlich beginnt dieser Prozess in Stille, tief im Inneren, lange bevor du überhaupt daran denkst, an die Öffentlichkeit zu gehen. Seit der ersten vagen Vermutung, dass du irgendwie anders sein könntest, befindest du dich ungefragt auf dem Pfad der Selbstentdeckung. Die Schritte dorthin sind vielleicht so klein, dass du sie überhaupt nicht bemerkst. Sie können aber auch in Form eines üblen Erwachens kommen, wie an dem Tag, als du herausgefunden hast, dass der Lippenstift deiner Mutter nicht das rechte Spielzeug für kleine Jungs ist. Oder sie offenbaren sich in Fragen – »Ich sollte eigentlich etwas fühlen, wenn ich Mädchen anschaue. Warum tue ich das nicht?« Sie können aber auch zu Einsichten führen – »Homosexuell ... so nennt man das also. Hmmm ... wenn es schon ein Wort dafür gibt, kann ich nicht der Einzige sein. Also, wo sind die anderen?«

Jeder Schritt, ob er dir gefällt oder nicht, lehrt dich ein wenig mehr über dich selbst. Weil du gezwungen bist, in dir selbst nachzusehen, was dich genau von den anderen unterscheidet, lernst du unter die Oberfläche zu schauen. Obwohl deine ursprüngliche Motivation vermutlich eher darin lag, dich selbst »wieder in Ordnung zu bringen« oder zumindest dein Anderssein nicht zu zeigen, hast du doch langsam aber sicher ein Gefühl dafür bekommen, wer du bist. Wenn du erst einmal erkennst, dass das nicht wieder vorüber geht und du so oder so damit leben musst, wird sich der Zielpunkt deiner Reise nach außen verlagern. Auf irgendeine Weise musst du dich den anderen Menschen mitteilen.

Wenn du Glück hast, hilft dir jemand dabei. Ich bin dem Therapeuten unendlich dankbar, der sich damals mein herausgepresstes Geständnis anhörte. »Das können Sie nicht ändern«, antwortete er, ohne mit der Wimper zu zucken. »Alles, was Sie tun können, ist, sich daran zu gewöhnen und Frieden mit sich selbst zu schließen.« Andere Männer hatten weniger Glück. Nachdem die Eltern des siebzehnjährigen Gary herausgefunden hatten, dass er schwul war, bekamen sie einen Schreikrampf und Gary endete in einem Heim für schwer erziehbare Jugendliche. Chip und Sam unterwarfen sich schmerzvollen Umerziehungsversuchen, mit denen religiös verblendete Ratgeber ihre Gesinnung ändern wollten. Jimmy wurde jahrelang als die Schulfee verspottet. Jeder von ihnen hat es überstanden, aber der Weg war alles andere als leicht.

Wie man es auch anpackt, das *Coming Out* bleibt eine Herausforderung. Jeder Schritt kostet etwas. Man riskiert den Verlust seiner Freunde, der Familie, des Jobs, seiner Beliebtheit, den Ausschluss aus der Kirchengemeinde oder die geliebte Illusion der Normalität. Es besteht sogar das Risiko körperlicher Verletzungen. Selbst wenn diese Verluste auf dem Weg zu persönlichem Wachstum unvermeidbar sind, verursachen sie doch Schmerz und Trauer. Obwohl die Risiken in den angstvollen Momenten, bevor du endlich etwas unternimmst, leicht überschätzt werden, sind einige davon unleugbar vorhanden und müssen auch eingegangen werden.

Auf der anderen Seite solltest du dir aber auch vorstellen, welchen Preis du zahlen musst, wenn du dich nicht zu deinem Schwulsein bekennst. Stell dir den Schmerz vor, ein Leben in Lüge zu führen, welche Energien es kostet, sich ständig zu merken, wem man was erzählt hat. Halte dir den Schaden an deinem Selbstwertgefühl vor Augen, wenn du glaubst, dein wahres Wesen wäre zu abstoßend, um es irgend jemandem zu zeigen. Mach dir nichts vor – es tut weh, wenn du das Foto deines Freundes jedes Mal gegen das einer alten Freundin austauschen musst, wenn deine Familie zu Besuch kommt, oder wenn du vor lauter Angst unverhältnismäßig laut über einen dieser grausamen Schwulenwitze lachst, die deine so genannten »Freunde« so gerne erzählen. Das *Coming Out* nicht zu wagen hat einen hohen Preis, der ein Leben lang an dir nagt. Er zerfrisst deine Seele wie Säure, bis du selbst deprimiert, verbittert und nur noch halb lebendig bist.

Jeder Schritt auf dem Weg zum *Coming Out* führt dich deiner Ganzheit entgegen. Letztlich wiegen die Vorteile den Preis mehr als auf. Dein *Coming Out* gibt dir die Freiheit, dein Leben in Überzeugung zu leben und offen sagen zu können, was du vorhast. Es befreit die ungeheuren Energien, die du vorher dafür gebraucht hast, dich falschen Normen anzupassen und stellt sie für Aktivitäten zur Verfügung, die dir wirklich weiterhelfen. Es gibt dir die gesunde innere Kraft, dich selbst zu würdigen, deine Träume zu verfolgen und Freunde zu gewinnen, die dich so akzeptieren und lieben, wie du bist. *Coming Out* bedeutet, sich für das Leben zu entscheiden.

Ich denke, die Geschwindigkeit, mit der wir uns unserem *Coming Out* nähern, hängt vom Verhältnis zweier Faktoren ab. Zum einen den Vorteilen, die wir haben, wenn wir uns weiterhin verschließen und zum anderen die damit verbundene wachsende Unbehaglichkeit. Wenn eines Tages die unangenehmen Gefühle die Oberhand gewinnen, dann wagst du auch den Sprung ins kalte Wasser, schreibst diesen Brief, tätigst diesen Anruf oder lässt das Foto von dem Kerl mit den Autoreifen endlich am Kühlschrank kleben.

Vorher werden dich immer Fragen quälen. Du könntest dich fragen,

- »Wird es ein schönes Erlebnis sein?« Nein. Du wirst wahrscheinlich ins Stocken kommen, über deine Worte – oder deine Stöckelschuhe – stolpern und dich wie ein Trottel fühlen. Das ist egal. Eines Tages wird es dir besser gehen und dann wird es eine unvergessliche Geschichte sein.

- »Wird es heilsam für mich sein?« Es ist definitiv gesund und entspricht in jedem Bereich des Daseins deiner inneren Natur.

- »Wird es wehtun?« Nicht unbedingt, aber es könnte. Jeder Schritt bringt ein gewisses Maß an Schmerz mit sich.

- »Ist es jemals zu spät?« Nein. Meinem Freund George gelang es erst mit Ende Fünfzig auf einer »*Coming Out* Party« mit allem drum und dran, Kuchen, Kerzen und Partyhüten.

- »Ist es jemals zu früh dafür?« Vielleicht. Für ein inneres *Coming Out*, dir selbst gegenüber, ist es nie zu früh. Aber es gibt Situationen, in denen du besser beraten bist, dein *Coming Out* in der Öffentlichkeit ein wenig zu verschieben. Wenn du beispielsweise in deiner Jugend noch auf deine

Eltern angewiesen bist und die Gefahr besteht, dass sie völlig ausrasten, oder wenn du in einer Missbrauchssituation steckst und dein *Coming Out* eine echte Gefahr für Leib und Leben bedeuten könnte, dann warte. Wäge deine Situation sorgfältig ab. Wenn du Hilfe brauchst, suche sie dir! Es gibt immer mehr vertrauenswürdige Hilfsquellen. Nimm sie in Anspruch, wenn du kannst, und lass die Zeit reif werden, wenn es nötig ist.

Übung — Wie weit hast du dich hinausgetraut?

1. *Was bedeutet* Coming Out *für Dich? Ist es ein spezielles Ereignis? Eine Reihe von Schritten? Ist es für dich in erster Linie ein innerer Vorgang – ein* Coming Out *für dich selbst – oder ein äußerer, der mit dem Umgang mit anderen Menschen zusammenhängt? Schreibe deine Gedanken dazu in dein Tagebuch.*

2. *Mach jetzt eine Bestandsaufnahme.*

   a) *Unterteile ein neues Blatt in drei Spalten. In der mittleren Spalte skizzierst du die bis heute wichtigsten Stationen deines* Coming Out. *Fass dich kurz, aber bemühe dich um Vollständigkeit. Notiere nur die wichtigsten Punkte, insbesondere aber die Schritte, die du tatsächlich unternommen hast. Details kannst du hier erst einmal vernachlässigen.*

   b) *In der linken Spalte hältst du mit einer anderen Farbe die größten Probleme fest, mit denen du zu kämpfen hattest (oder immer noch kämpfst) – die Angst vor Zurückweisung, die Angst, Freunde zu verlieren, die Angst, nicht das Richtige zu tun. Wenn sich die Spalten überschneiden, macht das nichts und wenn es etwas chaotisch aussieht, ist das auch egal. So ist es halt manchmal im Leben.*

   c) *Die rechte Spalte ist die Liste für die größten Gewinne, die du aus deinen einzelnen Schritten gezogen hast. Verwende hierfür wieder eine andere Farbe.*

3. *Mache eine Liste der Bereiche deines Lebens, in denen du offen schwul sein kannst. Kannst du mit deiner Familie offen sprechen? Deinen Freunden? Deinem Arbeitgeber? Mit wem noch?*

Beglückwünsche Dich selbst.

4. Hier sind fünf verschiedene Möglichkeiten, um deine Reise zum *Coming Out* mit nicht ganz so linearen Methoden zu untersuchen. Wähle davon mindestens eine für dich aus und hab Spaß dabei.

   a) *Schreibe deine besten Tipps für einen imaginären Mann, der gerade mit seinem* Coming Out *beschäftigt ist. Was würdest du ihm raten? Was hast du schon gelernt, was ihm seinen Weg erleichtern würde? Was hättest du dir gewünscht (oder würdest du dir wünschen), von jemandem zu hören?*

   b) *Um den kurzen Überblick der Übung 1 zu vertiefen, schreibst du nun die ganze Geschichte deines* Coming Out *in einer kurzen Geschichte auf. Was ist alles passiert? Wie war es? Wie hast du dich dabei gefühlt? Wie hast du dich darauf vorbereitet? Verlief alles so, wie du es erwartet hattest? Wie ging es dir danach?*

   Schreib, so viel du willst. Du brauchst nicht an der Geschichte herumzufeilen; sie soll nicht in der Frankfurter Allgemeinen gedruckt werden. Sie ist auch nicht für deine Freunde bestimmt. Sei nur ehrlich, darauf kommt es an.

   Wenn du dein Coming Out *noch nicht gehabt hast, erfinde eine Geschichte, so wie du es dir vorstellst. Stell dir vor, wie du es anpacken würdest, wem du zuerst davon erzählen würdest und wie die Reaktionen darauf sein könnten. Wie denkst du über die ganze Sache? Was hält dich zurück? Welche Bedenken hast du? Sei ehrlich zu dir selbst. Schreibe einfach – du brauchst an nichts anderes zu denken.*

   c) *Mach einen Helden aus dir.*

   Kleide die Geschichte deines Coming Out *in das Gewand einer mythologischen Sage. Gib dir selbst den perfekten Körper eines Helden mit dem prunkvollsten Gewand, das du dir nur vorstellen kannst. Erzähle die Geschichte seiner Taten und von den Drachen, die er erschlagen muss (Angst, Perfektion, der beste kleine Junge der Welt sein zu müssen, …). Wer stellt sich ihm in den Weg – böse Königinnen? Grässliche*

Stiefmütter? Hässliche alte Trolle? Welche Verbündeten trifft er, die ihm helfen, ihn lehren oder ihm ihre magischen Fähigkeiten zeigen? Was sind das für Fähigkeiten? Am Ende triumphiert er über alles Übel. Wie schafft er das? Viel Spaß mit dieser Sage. Schmücke sie aus und spiele damit.

d) *Entwirf ein Ritual, mit dem du dein Coming Out ehrst. Entwickle es entweder nur für dich allein oder für alle, die du gerne dabeihättest. Danke in deinem Ritual allen Problemen, mit denen du konfrontiert warst und die du überwunden hast, dem Mut, den du dafür gebraucht hast, und dass du in deinem Leben schon so weit gekommen bist. Ehre dein Versprechen, auch in Zukunft Entscheidungen zu treffen, die dich voranbringen.*

Wenn du so ein Ritual gerne einmal machen würdest, dann tue es.

e) *Versenke dich in deinen Körper. Nutze dazu die Einstimmung aus dem letzten Kapitel (Übung 6.a). Führe eine Bewegungsmeditation mit den folgenden Fragestellungen durch. Denk daran, die Fragen so lange im Geist zu wiederholen, bis der Körper reagiert.*

»Mein Körper, zeig mir, wie ich mich vor meinem Coming Out fühlte«, oder »Zeig mir, wie es sich anfühlt, nie sein Coming Out zu haben.«

Wenn du darauf eine eindeutige Antwort gefühlt hast, ändere die Frage in »Mein Körper, zeig mir, wie es sich nach dem erfolgreichen Coming Out anfühlt«.

Dein Körper wird dir seine unmissverständlichen Antworten geben. Führe die Meditation fort, bis du dich vollständig fühlst, entlasse danach die Energien und schreibe deine Eindrücke auf.

Coming In ... Wahlfamilie und Stamm

An Sylvester gibt es bei uns jedes Jahr ein Fest. Um zu würdigen, dass wir schon wieder ein Jahr glücklich miteinander verbracht haben, laden mein Partner und ich unsere Freunde und Familien ein, mit uns zu feiern. Je später der Abend, desto lebendiger sind unsere Gespräche und unser Lachen. In Paaren oder Gruppen werden Witze gemacht, Geschichten erzählt, Umarmungen ausgetauscht oder miteinander getanzt. Die meisten kennen sich schon jahrelang.

Einmal, letztes Jahr, hielt ich kurz inne und sah mich etwas im Raum um. In einer Ecke unterhielt sich die Mutter meines Partners angeregt mit meinem Ex-Freund und dessen neuer Eroberung. Vorne auf der Veranda erzählte eine Mutter aus der Nachbarschaft einem Lesbenpärchen, was beim Stillen gerade »in« und »out« ist. Neben der Couch räkelten sich zwei befreundete Designer auf dem Boden und flüsterten miteinander angeregt über ein neues Gemeinschaftsprojekt, das sie gerade in Planung hatten. Am Kamin tauschte unser Freund, der Dramatiker, berufliche Anekdoten mit einem jungen Schauspieler aus, der neu in der Stadt war.

Um Mitternacht, inmitten des Jubels, Champagners und der Küsse, reichten wir uns nach alter Sitte gegenseitig Dollarnoten, um den wirtschaftlichen Erfolg für das neue Jahr zu sichern. In einem kurzen, philosophischen Moment erschienen mir die grünen Scheine, wie sie so von einem lächelnden Freund zum anderen flossen, als Symbol für etwas Tieferes, für das Netz der Liebe und Unterstützung, das wir gemeinsam gewoben hatten. Das ist unsere neue Familie, unsere »Wahlfamilie«. Das hätte ich vorher nie geglaubt.

Wenn man tief in den Wehen des *Coming Out* steckt, fällt es oft schwer, über die Gegenwart hinauszublicken. Bei dem Risiko, auf dem Weg zu seiner eigenen Wahrheit seine Freunde oder Familie zu verlieren, kann man sich leicht vorstellen, dass dieser Schritt in die Isolation führt. In Wirklichkeit passiert aber meist genau das Gegenteil.

Bei den *Gay Spirit Visions* sagen wir gerne, »*Coming Out* ist in Wirklichkeit ein *Coming In*« – ein Hineinkommen in einen Kreis von Freunden, die dich schätzen und dir helfen, weil sie dich so akzeptieren, wie du bist. Auch wenn das bedeutet, ein paar Menschen hinter sich zu lassen, solltest du bedenken, dass diese dich offensichtlich sowieso nicht uneingeschränkt unterstützt haben. Wenn die Zeit kommt, wirst du mit einem neuen, bunten

Spektrum von Menschen das teilen, was man unter Freundschaft, Verständnis, Liebe und Miteinander-Feiern versteht. Du wirst deine eigene Wahlfamilie gründen.

Lass es mich noch mal klar sagen – du bist auf dieser Reise nicht allein. Jenseits des Kreises deiner persönlichen Freunde wartet der große, sich ausweitende Kreis des Stammes schwuler Männer auf dich. Kannst du dich an deine erste *Gay Parade* erinnern oder hast du einmal ein Foto von den vielen tausend ausgelassenen Teilnehmern gesehen? Auch wenn du anfangs möglicherweise von der unglaublich großen, bunten Menge irritiert warst, kannst du dich bestimmt noch an deine Gefühle erinnern, nachdem dir definitiv klar war, nicht mehr länger allein zu sein. Wo immer du gerade auf deinem Pfad sein magst, entspanne dich. Du hast jetzt Begleiter, auch wenn du sie bis jetzt noch nicht getroffen hast. Männer, die Männer lieben, begleiten dich in vielen Rollen – als Liebhaber, Freunde, Brüder, Spielgefährten und Lehrer. Auch wenn du dich bis jetzt noch nicht zu deinem Wesen bekannt hast, bist du längst Teil dieses Stammes. Er schenkt dir starke Hilfe. Suche ihn auf.

Der Stamm schwuler Männer existiert voll verwirklicht in jedem einzelnen von uns. Im nächsten Kapitel wirst du die inneren Aspekte dieser Verbindung untersuchen. Wie du selbst diesen Stamm wahrnimmst, hängt von deinen täglichen Verbindungen ab, den persönlichen Beziehungen zu anderen Männern, aber auch zur größeren Gemeinschaft. Bevor wir weitergehen, solltest du dir einen Augenblick Zeit nehmen, diese zu erkunden.

Übung •• Beziehungen

5. **Die Wahlfamilie**

a) *Schreibe die schwulen Männer auf, mit denen du gegenwärtig die meiste Zeit verbringst.*

Wie würdest du jede dieser Beziehungen charakterisieren? In erster Linie sexuell? Gelegenheitsbeziehung? Kameradschaftlich? »Schwesterlich«? Weil es etwas simpel ist, eine umfassende Beziehung mit nur ein oder zwei Worten zu beschreiben, solltest du, wo du kannst, den Schwerpunkt eurer Beziehung neben dem jeweiligen Namen notieren.

b) *Male ein Sternchen neben die Namen der Männer, an die du dich mit deinen Ängsten, Problemen oder spirituellen Fragen ohne Weiteres wenden könntest.*

c) *Sind auf deiner Liste Männer, bei denen du manchmal kein gutes Gefühl hast oder mit denen du manchmal Sachen unternimmst, die dir nicht ganz richtig vorkommen?*

d) *Gibt es schwule Männer – die auf deiner Liste stehen oder nicht –, mit denen du gern mehr Zeit verbringen würdest? Wer wäre das?*

e) *Deine Wahlfamilie beschränkt sich nicht nur auf Schwule. Sicherlich hast du auch Hetero-Freunde. Tatsache ist, dass ein gesundes Sozialgefüge aus vielen unterschiedlichen Beziehungen besteht.*

Wiederhole die Übung noch einmal und tausche das Wort »schwule Männer« gegen »Menschen« aus. Füge diesmal alle Namen hinzu, die das erste Mal nicht dabei waren.

6. **Die Verbindung mit der Schwulengemeinde**
Die Stammesverbindung ist eine naturgegebene Tatsache, und kommt jedes Mal zustande, wenn wir miteinander zu tun haben. Wir leben in einer Zeit rapider Ausdehnung, in der Verbindungen unter Schwulen viel leichter möglich sind als zu irgendeiner Zeit in der Vergangenheit. Wie umfassend nutzt du diese Möglichkeiten?

a) *Erstelle eine Liste deiner Hauptinformationsquellen rund um das Thema Schwulsein – Zeitungen, TV, Radio, Kino, Magazine, Internet etc. Wie zuverlässig schätzt du sie ein? Sind sie eine Bereicherung für dich? Kommen die Informationen aus erster Hand? Werden sie von Schwulen produziert?*

b) *Worauf liegt dein Schwerpunkt im Umgang mit anderen Schwulen? Bist du Mitglied einer Schwulenorganisation? Wo könntest du noch mehr Gleichgesinnte treffen?*

c) *Wohin könntest du dich jetzt im Augenblick mit einem Problem wenden, das mit dem Thema Schwulsein zusammenhängt? Welche Hilfs-*

quellen kennst du in deinem Umfeld? Kannst du auf soziale Hilfsstrukturen zurückgreifen, wenn du sie brauchst?

Um dein eigenes, funktionierendes Hilfsnetz aufzubauen, musst du zuerst deine Verbindungen zu den Anderen untersuchen. Insbesondere, wenn du dich die meiste Zeit deines Lebens isoliert gefühlt hast, kann es manchmal passieren, dass dein Wunsch zu einer Gruppe – *irgendeiner* Gruppe – schwuler Männer zu gehören, all deine anderen Überlegungen überwältigt. In so einem Fall besteht die Neigung, alles zu tun, um dazuzugehören – angefangen von den richtigen Klamotten, bis was auch immer »die Gruppe« richtig findet. Wenn deine Freunde die gleichen Ansichten haben wie du, klappt das wunderbar. Wenn nicht, kann es problematisch werden. Denk darüber nach. Gibt es Bereiche in deinem Leben, wo du Kompromisse eingehst, um dich einer Gruppe anzupassen?

Es geht bei diesen Übungen nicht darum, über irgendjemanden zu urteilen oder irgendwen zu ändern. Es geht *darum*, dass du beginnst, Entscheidungen zu treffen, die *dir* gut tun. In dieser Weise auf sich selbst zu achten bedeutet, weniger Zeit mit Menschen zu verbringen, die dich runterziehen. Es bedeutet, weniger Kompromisse einzugehen, neue Aktivitäten zu suchen, einem neuen Verein beizutreten oder einfach einmal einen Abend zu Hause zu verbringen statt sich wieder eine Nacht beim Feiern um die Ohren zu schlagen. Mit deinem Wachstum und Wandel werden sich auch deine Freundschaften verändern. Einige werden auf der Strecke bleiben. Andere, die dich auf deinem neuen Weg unterstützen, kommen hinzu. Höre auf deine eigenen Bedürfnisse. Du wirst ein gesundes Stammesgefühl entwickeln, das dich jeden Tag tragen wird.

Coming Out als Lebensphilosophie

Coming Out bedeutet, nach seiner eigenen Fasson zu leben. Es ist ein Votum für das Vertrauen in seinen eigenen Wert. Im vollen Umfang bedeutet es weit mehr als nur zu sagen »Ich liebe Männer«. Es bedeutet »Ich vertraue meinem eigenen Urteil mehr als dem der Gesellschaft, der Kirche, den Medien, meiner Familie oder von irgendwem sonst. Ich schätze meinen Wert hoch genug, um mein volles Potenzial anzustreben und all die Liebe, Erfüllung und Befriedigung für mich zu fordern, die ich verdiene«. *Coming Out* bedeutet letztlich, das Leben auszuschöpfen.

Das Thema des *Coming Out* bleibt dir immer erhalten. Hast du dich einmal entschlossen, den ersten Schritt zu tun, stellt dich jeder Tag erneut vor die Wahl. Jede Situation gibt dir die Möglichkeit »Ja!« oder »Nein« zu sagen, »Ich stehe zu mir!« oder »Ich bin es nicht wirklich wert«. Wie entscheidest du dich? Strebst du nach dem Aufstieg, der dir zusteht, oder steckst du den Kopf lieber in den Sand, damit du besser nicht siehst, was noch alles auf dich zukommt? Besorgst du dir die Mitgliedschaft für das Fitness-Studio oder erliegst du deinem alten, negativen Selbstbild? Bleibst du in deiner erstickenden, langweiligen Beziehung, oder suchst du dir, was du wirklich willst? Jedes Mal, wenn du der Verführung erliegst, dich unter Wert zu verkaufen, kriechst du einen Schritt zurück in den Schrank und gibst einen Punkt an die Schwulenhasser ab, die dir sagen, du seist nicht gut. Jedes Mal, wenn du dich entscheidest, nach deinen Maßstäben zu leben, wählst du die Freiheit, Stärke und anhaltendes Wachstum.

Jeder für sich und alle zusammen sind wir ein Stamm, der die Grenzen vorantreibt. Von dem Moment, an dem du durch dein *Coming Out* deine Identität bewusst akzeptierst, nimmst du dir die Freiheit, dein Wachstum Schritt für Schritt voranzutreiben. Ein kurzer Blick auf unsere Gesellschaft liefert genügend Beispiele von Männern, die sich entschlossen haben, neue Lebenswege auszuprobieren. Die Initiation ist fester Bestandteil unseres Lebensplans. Erkenne sie in den ersten unbeholfenen Schritten eines Jungen, der sich zu Halloween als süßer Schmetterling verkleidet. Erkenne sie in den formellen Riten der Ledermänner oder in den Worten der Aktivisten, die für politischen Wandel und Religionsfreiheit kämpfen. Erkenne sie in der Entschlossenheit von Männern, die auf dem Weg der Genesung sind, und im ekstatischen Loslassen der Tänzer. Erkenne sie in der Stärke und dem Mitleid, mit denen wir den Herausforderungen von AIDS begegnet sind. Erkenne sie in dir selbst, in deiner Hingabe an das Wachstum auf dieser Reise.

Du wurdest vom Schöpfer *nicht* auf diesen Planeten gesetzt, um jeden Monat nur deine Miete zu bezahlen und ein graues, unerfülltes Halb-Dasein zu fristen. Du bist hier, um deine Fülle an Gaben und Talenten mit anderen zu teilen. *Coming Out* heißt, nach *all* deinen Träumen zu greifen und den Mut zu haben, deine Hände nach Gesundheit, Glück, Erfüllung und spiritueller Verwirklichung auszustrecken. *Coming Out* heißt nicht, weniger als *wundervoll* zu sein. So etwas nenne ich eine Lebensaufgabe!

Übung • Das Leben ausschöpfen

7. a) *Schreibe alle Bereiche deines Lebens zusammen, in denen du noch nicht so offen bist, wie du es gerne wärest. Gibt es Situationen, in denen du für dich selbst einen Kompromiss schließt? Sei ehrlich, aber nicht zu hart zu dir selbst. Vorsicht ist manchmal die passende Antwort auf eine schwierige Situation.*

b) *Überlege dir für jeden Punkt der Liste, was es dir einbringt, die Dinge nicht zu ändern. Das könnte sein, den Job nicht zu verlieren, mit jemandem befreundet zu bleiben und so weiter.*

c) *Für dieselbe Liste fragst du dich jetzt, was es dich kosten würde, dein Coming Out weiter voranzutreiben. Einige deiner Antworten könnten denen aus Teil b gleichen, aber denk beispielsweise auch daran, wie du dich dabei fühlen würdest.*

d) *Was sind die potenziellen Vorteile jedes einzelnen Punktes, wenn du dein Coming Out schneller vorantreiben würdest?*

Diese Übung will dich zum Nachdenken bringen. Handle nicht vorschnell, sobald du irgendetwas Neues entdeckt hast. Die Dinge jetzt zu stark voranzutreiben, könnte sich schnell als Frühgeburt erweisen. Behalte besser die Themen, die du erarbeitet hast, gut in Erinnerung, wenn du die nächsten Kapitel liest. Sie werden deine Zielstrebigkeit stärken, denn du wirst Wege entdecken, wirkungsvoll und den Umständen entsprechend zu handeln.

Gratulation

Du hast soeben die erste Etappe deiner Reise vollendet. Was du bis jetzt geschafft hast, ist sehr kraftvoll. Die Verantwortung für deine Gedanken zu übernehmen, eine ganzheitliche Beziehung zu deinem Körper herzustellen und dein Leben dahingehend zu untersuchen, wie du ihm eine Richtung geben kannst, sind wichtige und positive Schritte.

Beglückwünsche dich selbst! Fühl dich gut! Schenk dir einen goldenen Stern und umarme dich ganz fest! Du hast es dir verdient.

Teil 2

Archetypen und schwule Männer

6 Die Reise nach innen

Das Reich der Archetypen

An diesem Punkt wendet sich deine Reise nach innen. Theorien über unser schwules Selbst können dir zwar die Richtung weisen, die eigenen Erfahrungen aber niemals ersetzen. Die einzige Möglichkeit, wirklich herauszufinden, was es für dich persönlich bedeutet, andere Männer zu lieben, ist die innere Selbstbetrachtung. Diesem Prozess wirst du dich jetzt widmen.

Dieser Teil der Reise bildet das Herzstück deiner Suche nach der inneren Kraft. Versuche dein Bestes, so aufgeschlossen wie möglich daran zu gehen. Die innere Realität unterscheidet sich von dem, was du vielleicht erwartest. Im Gegensatz zur materiellen Welt, wo wir die Dinge anfassen und zählen können, ist die innere Welt subjektiv und einem ständigen Wandel unterzogen. Dieses Reich definiert sich über Symbole, Vorstellungen, Träume und mystische Erfahrungen. Da wir in einem übertrieben rationalen Kulturkreis aufgewachsen sind, neigen wir leicht dazu, unsere dortigen Entdeckungen schnell als unwirklich oder Wunschdenken abzustempeln. In Wahrheit ist es genau umgekehrt.

Die innere Welt birgt den Schlüssel zu unserer spirituellen Entfaltung. Was hier passiert, ist gültig und real – tatsächlich entscheidet sich hier die Qualität jeder einzelnen Erfahrung, die du machst. Manche Bereiche, die du hier erkunden wirst, werden dich sehr fordern. Einige werden dich inspirieren. Andere werden dir Stärke und Genugtuung verschaffen. Wieder andere werden dich zum Lachen bringen. Ich möchte dich einladen, dieses Reich mit einer Haltung ernsthafter Leichtigkeit zu erkunden. Wenn du dich dort erst einmal vertraut fühlst, wirst du es als einen deiner wertvollsten Persönlichkeitsanteile schätzen lernen.

Zur Einführung wollen wir einen kurzen Blick auf ein paar Konzepte werfen, die dir helfen zu verstehen, wohin du gehen wirst. Durch sie bekommst du einen Eindruck von der Topographie dieser Ebene und von dem Kontext, der deine Entdeckungen noch viel brauchbarer und bedeutsamer macht.

Archetypen

In den vergangenen Jahrzehnten wurden Archetypen ausführlich von Philosophen und Psychologen diskutiert. Anstatt uns in weitschweifende Details zu verlieren, sollten wir uns auf eine kurze, ungezwungene und praktische Arbeitsdefinition einigen. Archetypen sind Aspekte des Kollektivbewusstseins, jenem Bewusstsein, das alle Menschen miteinander teilen. Jeder von ihnen hat ganz bestimmte Charaktereigenschaften, die mit einem Grundelement der menschlichen Erfahrung zusammenhängen, und bildet auf diese Weise eine Art Universalcharakter, den jeder von uns instinktiv erkennt. Lass uns ein Beispiel betrachten, damit das Konzept klar wird.

Wir alle kennen den Archetyp der »Mutter«. Anhand unzähliger Vorlagen aus Kunst, Literatur und eigenen Erfahrungen könntest du ihn sehr leicht beschreiben. Die archetypische Mutter umfasst eine Unmenge individueller Grundzüge. Einige davon, wie beispielsweise Geduld, Erziehungsfähigkeit, Hingabe und Beschützerinstinkt sind stark positiv und charakterisieren die »ideale« Mutter. Ebenso gibt es negative mütterliche Seiten – Nachlässigkeit, erdrückendes Schutzbedürfnis und grausame Egozentrik. All diese Eigenschaften, ob gut, schlecht oder neutral, sind Teil des Archetyps.

Auf reiner Bewusstseinsebene sind Archetypen unsere psychologische Triebfeder und bilden die zugrunde liegenden Muster für all unsere Aktionen. Jeder von uns ist auf ganz einzigartige Weise mit bestimmten Archetypen verbunden. Niemand kann *alle* archetypischen Charakterzüge gleichzeitig in sich vereinigen. Sieh dir an, auf welch unterschiedliche Weisen sich die universale Mutter ausdrückt. Eine Frau könnte liebevoll und dabei sehr praktisch sein, das Ebenbild der Hippie-Erdenmutter. Eine andere ist vielleicht eine Karrierefrau, die ihren Kindern zwar Aufmerksamkeit entgegenbringt, in erster Linie aber mit anderen Dingen beschäftigt ist. Eine Dritte wäre möglicherweise der Typ »Liebste Mammi«, deren Kinder das Ziel ihrer eigenen bitteren Frustration sind. Jede dieser Frauen verkörpert die archetypische Mutter auf ihre eigene Weise.

Archetypen waren zu allen Zeiten und in allen Kulturen bekannt. In einigen Kulturen wurden oder werden sie als Götter verehrt. In anderen bevölkern sie die Mythen und Geschichten, mit denen das Wissen der Gesellschaft von Generation zu Generation vererbt wird. Da man die Geschichten archetypischer Figuren als das Extrakt menschlicher Erfahrungen ansehen kann, liefern sie uns wertvolle Führung auf unserem persönlichen

Lebensweg. Einige ermutigen uns. Andere warnen uns vor Fallstricken. Wir erkennen uns selbst im verzehrenden Ehrgeiz des Ikarus oder in der Selbstverliebtheit des Narziss. Wieder andere Aspekte erkennen wir im trunkenen Gesicht des Bacchus, dem sonnigen Antlitz Apollos oder in Reineke Fuchs, dem schlauen Betrüger.

In unserer eigenen Gesellschaft werden Personen des öffentlichen Lebens oft zu Kulturheroen erhoben, wenn sie unseren archetypischen Persönlichkeitsanteilen entsprechen. Männer, die Männer lieben, scheinen zu einigen davon eine ganz besondere Verbindung zu haben. Was war es, was eine ganze Generation schwuler Männer beim Anblick von Judy Garland oder Bette Davis fast in Ohnmacht fallen ließ? Was hat ihre Nachfolger so verliebt in Madonna oder RuPaul gemacht? Oder ist es nur ein Klischee, dass wir besser mit dem Reich der Symbole und des Geistes harmonieren, als andere Männer? Es scheint tatsächlich so zu sein, dass eine sehr große Zahl von uns in Bereichen arbeitet, in denen kreative Inspiration gefragt ist. Wir sind Meister des Glamour und der Illusion. Wir sind erfolgreich im Theater und Drama, sei es bei einem Stück von Tennessee Williams, einem Auftritt als Stimmenimitator oder in der schwarz angehauchten Ekstase einer Lederszene. Archetypische Figuren helfen uns herauszufinden, wer wir sind.

Einer der zwingendsten Gründe für uns herauszufinden, wie Archetypen funktionieren, ist der, dass in unserem kulturellen Erbe positive Bilder von Schwulen praktisch fehlen. Archetypische Energien erreichen uns *immer*, ob wir uns ihrer bewusst sind oder nicht. Wenn uns die entsprechenden Modelle fehlen, diesen Energien eine positive Richtung zu geben, manifestieren sie sich verzerrt und fehlgeleitet in ihren negativen Aspekten.

Betrachte den Archetyp »Mann, der Männer liebt«. Diese Figur könnte sich in jedem von uns als der visionäre Mann-Gott manifestieren, den wir in Kapitel 1 kennen gelernt haben. Erinnere dich daran, wie liebevoll, offen und erfüllt er sich fühlte, so lange du ihm deinen Körper, deine Erscheinung und die Eigenschaften gabst, die deiner Ansicht nach zu ihm passten. Halte dir vor Augen, was mit dem selben Archetypen geschieht, wenn er verleugnet oder unterdrückt wird. Die Energie strahlt zwar immer noch durch, diesmal aber in ihrer hässlichen und verletzenden Form. Wir müssen nicht lange nach Beispielen suchen. Stell dir das Bild der hässlichen, sich selbst hassenden Tunte vor, die mit ihrem schneidenden Humor jeden zerfetzt, der in ihre Sichtweite kommt. Stell dir den »glücklich verheirateten Hetero« vor, der seine Abende auf Rastplätzen verbringt, wo er heimlich anonymen Männersex sucht und zuhause heuchlerisch verkündet, »die Schwulen sind der Untergang für die Familie«. Diese Beispiele mögen ein wenig extrem sein, aber ich wette, die meisten von uns werden sie wiedererkennen.

Archetypen sind ein wesentlicher Bestandteil von dir selbst. Du wirst sieben von ihnen näher kennen lernen, die für männerliebende Männer besonders wichtig sind – den *Magischen Jüngling*, das *Heilige Androgyne*, den *Liebhaber*, den *Alten Weisen*, den *Schamanen und Heiler*, den *Krieger* und den *Forscher*. Das heißt nicht, dass die Liste damit vollständig ist. Es gibt sicherlich auch andere interessante Archetypen. Dennoch verfügen gerade diese sieben über Einsichten, die für unsere spirituellen Fragen von zentraler Bedeutung sind. Unser Ziel ist erster Linie praktischer Natur. Indem du beide Seiten – sowohl die positive als auch die negative – untersuchst, die jeder Archetyp in deinem Leben verkörpert, wirst du lernen, den Zugang zu dem Wissen und der Stärke herzustellen, die bereits tief in dir schlummern. Indem du sie in dein Bewusstsein integrierst, stehen sie dir in veränderter Form zur Verfügung und geben dir die innere Kraft, bezüglich deiner Vorlieben, Beziehungen und ganz allgemein in deinem Leben, klare, unmissverständliche Entscheidungen zu treffen.

Übung •• Kulturheroen

1. *Welche Figuren des kulturellen Lebens haben dich am meisten fasziniert? Wen aus dem öffentlichen Leben hast du als deinesgleichen ins Herz geschlossen? War es Mickymaus? Madonna? Freddie Mercury? Cher? War es Will Robinson? Sylvester Stallone in Rocky? Stell eine Liste der Charakterzüge aller »Idole« zusammen, die dich in den vergangenen Jahren angesprochen haben, auch wenn sich dein Geschmack mittlerweile geändert haben sollte.*

Der Schatten

Wenn du die verschiedenen Archetypen durchgehst, werden dir einige Aspekte bekannt vorkommen und leicht zu erschließen sein. Triffst du beispielsweise den *Magischen Jüngling*, wirst du dir vielleicht denken, dass du seine spontane und spielerische Art schon in dir entdeckt hast. Später wirst du möglicherweise erkennen, dass das, was du »gesunden Menschenverstand« nennst, tatsächlich die Stimme deines inneren *Alten Weisen* ist. Diese Teile stammen von Archetypen, die du bereits erfolgreich in dein Bewusstsein integriert hast. Wir alle haben jedoch andere Aspekte, die wir leider schwerer erkennen. Diese Eigenschaften durchdringen zwar unsere Gedanken und unser Handeln, neigen aber dazu, unterhalb der bewussten Wahrnehmungsschwelle zu bleiben. Wir können ihnen den allgemeinen Namen *Schatten* geben.

Der *Schatten* repräsentiert alle Bereiche unseres Selbst, die wir bis jetzt noch nicht aktiv für uns in Anspruch zu nehmen gelernt haben. Obwohl es bei vielen sicherlich Ähnlichkeiten gibt, sind die Schattenseiten für jeden von uns individuell verschieden. Der eine könnte so viel Angst vor seinem eigenen Zorn haben, dass er ihn vollkommen unterdrückt und sich ein so nettes Gesicht aufsetzt, dass er sogar sich selbst zum Narren hält. Ein anderer könnte seine Angst, verletzt zu werden, hinter einer harten, schroffen Maske verbergen. Diese versteckten Gefühle sind Teile des Schattens.

Wir lassen aus verschiedenen Gründen Teile von uns selbst im Schatten liegen. Ein Hauptgrund dafür ist die Angst – Angst vor Schmerz, Zurückweisung oder Verletzung, sowohl durch uns selbst als auch durch andere. Eine weitere Ursache kann auch Schamgefühl, Verletztheit oder einfach nur Unsicherheit sein, wenn wir nicht wissen, wie wir mit einer Sache umgehen sollen. Elemente des Schattens können einen Großteil unserer Persönlichkeit ausmachen oder nur wenige Charakterzüge betreffen.

Für viele von uns war Schwulsein selbst einmal ein sehr großer Schattenanteil. Ich selbst erinnere mich daran, mit aller Macht versucht zu haben, meine Gedanken zu unterdrücken, die mich zu anderen Jungen zogen. Indem ich mein Bestes gab, sie zu ignorieren, gab ich meiner Sehnsucht nicht einmal einen Namen. Es war nur »Das.« »Oh, *das* schon wieder«, dachte ich, wenn es meine Verteidigungslinie durchbrach. Dann versuchte ich zu vergessen, dass »Das« überhaupt existierte. Wie ein guter Soldat gab ich mein Bestes, um meine Gedanken in der Ordnung zu halten, von der ich dachte, dass es die richtige sei. Wie steht es mit dir?

Wenn wir Teile von uns in den Schatten schieben, versuchen wir alles Mögliche, um sie dort festzuhalten. Eine der am meisten verbreiteten psychologischen Strategien ist die *Dämonisierung* des unerwünschten Persönlichkeitsanteils. Um ihn von uns zu stoßen, machen wir diesen Teil von uns so grauenhaft, dass wir uns gar nicht mehr vorstellen können, ihn noch einmal anzusehen, und noch viel weniger, ihn jemals wieder hervorzuholen. Vor meinem *Coming Out* glaubte ich jede noch so lächerliche Lüge über

Homosexualität. Ich war überzeugt davon, damit sei ein ganzes Bündel grauenvoller Dinge verbunden, von Kindesmissbrauch bis hin zu unvorstellbaren Grausamkeiten. Zu einem Zeitpunkt glaubte ich sogar, sie sei Teufelswerk – blutsaugend, versklavend und völlig unkontrollierbar. Über die Tatsache, dass ich überhaupt so schmutzige Lügen zu hören bekommen konnte, sprechen wir später. Worauf es hier ankommt, ist, dass solche Urteile uns so weit bringen können, dass wir sogar unseren gesündesten Persönlichkeitsanteilen misstrauen.

Eine andere Möglichkeit, unsere eigene Schattenseite nicht mehr sehen zu müssen, besteht darin, eben diese Seite in allen anderen Menschen zu sehen. Dieses Verhalten nennt man *Projektion*. Gewöhnlich geschehen Projektionen unbewusst. Wir fragen uns oft ernsthaft, weshalb wir immer wieder einem bestimmten Typ Mensch begegnen. »Ich habe mein Leben lang kein böses Wort gesagt. Warum bin ich ständig von Personen umgeben, die den ganzen Tag nur herumschreien? Was ist nur los mit denen?« Die Fehler bei anderen zu suchen, ist ein guter Weg, seine eigenen Fehler nicht anschauen zu müssen.

Wenn wir versuchen, unserem Inneren Kritiker zu entkommen, indem wir ihn nach außen projizieren, schlägt das in den allermeisten Fällen fehl. Energien zu widerstehen, macht sie nur stärker. Und so ist ein Mensch, der in ständiger Angst lebt, was die anderen Leute sich über ihn erzählen könnten, oft selbst der größte Schwätzer, der sich über andere Leute das Maul zerreißt. Der Junge, der sich wegen seiner Affektiertheit schämt, wird unbarmherzig schnell die kleinsten Anzeichen eines lockeren Handgelenks oder Hüftschwungs verdammen. »Ja gut, ich springe Seil und trage meine Bücher wie ein Mädchen, aber zumindest lispele ich nicht wie Jimmy!« Die Verzweiflung lässt unser Denken schnell eindimensional werden.

Neben ihrem Einfluss auf Individuen wirken Projektionen auch auf Gruppen. Gerade im Zusammenhang mit der öffentlichen Hetze gegen Schwule kann man oft beobachten, dass besonders jene am lautesten schreien, die innerlich selbst mit diesem Thema kämpfen. Denke dabei nur an die furchtbar wirkungsvolle Hetzjagd auf Schwule, die J. Edgar Hoover und Roy Cohn Anfang der Fünfziger auslösten. Denke dabei nur an die kirchlichen Organisationen, von denen Homosexualität lauthals in die Hölle verbannt wird, obwohl ihre eigenen Reihen vor lauter verklemmten Tarntrinen bereits aus den Nähten platzen. Männer, die sich ihrer eigenen Sexualität sicher sind, machen sich für gewöhnlich nicht so viele Gedanken über den Sex der anderen.

Wir sind auch von einem Phänomen betroffen, das ich »Gruppenprojektion« nennen möchte. Menschen haben die starke Neigung, jeden zu verteufeln, den sie als »andersartig« wahrnehmen. Betrachten wir einmal die Kriegshetze, die es schafft, dass eigentlich ganz rational denkende Menschen auf einmal Dinge über den Feind glauben, die offensichtlich an den Haaren herbeigezogen sind. Frisst Saddam Hussein wirklich kleine Kinder zum Frühstück? Wie kann es passieren, dass die Menschen in Bosnien jahrzehntelang friedlich nebeneinander leben und auf einmal dem Wahn verfallen, sich gegenseitig zu töten? Denk nur an die religiöse Bigotterie im Europa der Kreuzzüge, oder die Überzeugung der europäischen Kolonisten, die vertriebenen Ureinwohner seien nichts anderes als seelenlose Wilde.

Gruppenprojektion betrifft schwule Menschen ganz direkt. Die Lügen, die ich als kleiner Junge glaubte, sind Bestandteil eines weitläufigen Anschlags auf die Wahrheit, wer wir wirklich sind. Weil wir so lange nicht dazu in der Lage waren, uns öffentlich zu zeigen, hatte die »richtige« Gesellschaft leichtes Spiel, uns zu verteufeln. Dabei war es egal, ob wir so wie alle anderen auch Söhne, Onkel, Väter oder Brüder waren, wir mussten die projizierten Schatten einer sexfeindlichen, puritanischen Gesellschaft zu einem großen Teil tragen. Unsere einzige Hoffnung, etwas an dieser Situation zu ändern, liegt darin, aus unserer Unsichtbarkeit auszubrechen, die diese Projektion erst möglich macht, und zu lernen, uns in voller Größe zu dem zu erheben, was wir wirklich sind.

Bevor wir den Schatten verlassen, sollten wir auch seinen lichten Aspekt erwähnen. Obwohl wir mit dem Schatten primär Dunkelheit assoziieren, haben Schattenelemente durchaus auch etwas Gesundes und Erhellendes. Wenn wir blind gegenüber unseren Fehlern sind, erkennen wir auch unsere Gaben nicht und glauben, niemals so hell strahlen zu können wie die anderen um uns herum. Unsere verborgenen Qualitäten, Talente und lichten Seiten zu entdecken, ist eines der wichtigsten Ziele auf dieser Reise. Sieh dir all die guten Eigenschaften der Menschen um dich herum an, um einen kleinen Vorgeschmack auf das zu bekommen, was dich erwartet. Bist du jemand, der sich in Gesprächen immer furchtbar unterlegen fühlt und trotzdem von lauter Freunden umgeben ist, die alle schlau, interessant und eloquent wirken? Bist du immer in Begleitung irgendwelcher Künstler? Oder Heiler? Oder hervorragender Tänzer? Auf energetischer Ebene zieht Gleiches Gleiches an. Es ist sehr gut möglich, dass dir jene Menschen, die du so anziehend findest, Anteile deines eigenen Wesens zurückspiegeln.

Nach innen wenden

Deine innere Realität zu erkunden ist einfach und leicht. Die Werkzeuge, die du in den kommenden Kapiteln benutzen wirst, sind hauptsächlich nichtlinear. Wenn geführte Visualisierungen und bewusstes Bewegen neu für dich sind, wirst du Zeit brauchen, um dich an sie zu gewöhnen. Du wirst dich vielleicht wundern, ob das, was du gerade tust, auch wirklich so gemeint ist oder überhaupt Sinn macht. Mach dir darüber keine Gedanken. Die Übungen funktionieren. Alles, was du tun musst, ist, den Anweisungen folgen und gut aufpassen. Sie werden dich dorthin bringen, wo du hin musst.

Hier geht es um *direkte* Erfahrung durch Gefühle, Bilder, Träume und Erinnerungen. Solche Phänomene sind in höchstem Maß subjektiv. Obwohl sie für dein Herz, deinen Körper und deine Seele außerordentlich bedeutsam sind, sitzen sie nicht ganz so fest in dem Teil deines Bewusstseins, der jede Erfahrung analysieren und einordnen will. Erinnere dich, dass du mehr bist als nur dein Verstand. *All* deine Erfahrungen sind mit Vorsicht zu genießen. Widerstehe der Versuchung, alles wörtlich zu nehmen oder sofort in die Tat umzusetzen. Du enthüllst die Bilder und Gefühle, um sie zu transformieren. Das braucht Zeit. Vertraue dem Vorgang und – schneller als du denkst –, wird jedes kleine Teilchen einen Sinn ergeben.

Finde dein eigenes Tempo für die Übungen. Während du sie ausführst, wirst du lernen, dich auf innere Empfindungen und Bilder zu konzentrieren und darüber hinaus trotzdem empfänglich für die Anweisungen zu bleiben und das Erlebte niederzuschreiben. Es ist einfacher, wenn du dir eine Übung erst einmal komplett durchliest, bevor du dich eingehender damit beschäftigst. Wenn dir klar ist, wie du am besten an die Aufgabe herangehst, kehrst du an den Anfang zurück und arbeitest sie Schritt für Schritt durch. Auch wenn deine Augen für den Blick nach innen geschlossen sind und du sie zwischendurch kurz öffnen musst, um etwas zu lesen oder aufzuschreiben, wirst du deine Konzentration aufrecht erhalten können. Mit ein bisschen Praxis wirst du dein Bewusstsein geschickt zwischen beiden Ebenen hin und her bewegen können.

Manche Menschen können sehr leicht visualisieren. Andere sehen anfangs nur sehr wenig oder das, was sie sehen, ergibt keinen Sinn. Wenn das bei dir der Fall sein sollte, entspanne dich einfach. All deine Erfahrungen haben ihre Berechtigung. Beobachte lediglich, welche Empfindungen, Gefühle, Worte oder Bilder auftauchen. Bleib locker. Mit etwas Praxis werden die Resultate klarer. Auch wenn sich scheinbar überhaupt nichts tut, wirkt sich das Befolgen der Anweisungen auf Persönlichkeitsanteile aus, die außerhalb deiner bewussten Wahrnehmung liegen. Du schaffst innere Verbindungen, die sich später über Einsichten und neue Bewusstseinsinhalte rückmelden, oftmals dann, wenn du es am wenigsten erwartest.

Wenn du vorher noch nie eine geführte Visualisierung gemacht hast, wirst du erstaunt sein, wie vielen Bildern du schon begegnet bist. Für den Verstand könnte das ein Grund sein, den ganzen Prozess für unglaubwürdig zu erklären – »Da hast du's. Ich hab doch gleich gesagt, dass du dir das alles nur ausdenkst!« Nicht so schnell, lieber Verstand. Archetypen existieren auf einer energetischen Ebene, außerhalb der persönlichen Wahrnehmung. Der einzige Weg, mit ihnen umzugehen ist, sie in Bilder zu übersetzen, die für dich einen Sinn ergeben. So wie du ein Magnetfeld mit Eisenpulver sichtbar machen kannst, kann der Verstand die Essenz eines Archetypen nur interpretieren, indem er ihn in Bilder und Konzepte kleidet, mit denen er vertraut ist. Anstatt abzulehnen, was hochgekommen ist, nur weil du es vorher schon einmal gesehen hast, solltest du erkennen, dass dies die einzige Möglichkeit ist, mit der sich dein Verstand auf dieser Ebene ausdrücken kann.

Dem Inneren Rat zu begegnen, ist ein guter erster Schritt. Der Innere Rat gleicht dem Vorstand einer großen Firma, der dir in dem Unternehmen deines Lebens Hilfestellung leistet und dich anleitet. Du solltest nicht überrascht sein, wenn dir das, was du in deinem Inneren entdeckst, bekannt vorkommt. Wirklich alles, was du siehst, ist Teil deines Selbst. Diese Übung ist eine erste Einführung. Während der kommenden Wochen wirst du jedes einzelne Mitglied des Rates besser kennen lernen.

Übung •• Dem Inneren Rat begegnen

2. a) **Einen heiligen Raum schaffen**
Diese Übung wird 10 bis 15 Minuten dauern. Reserviere dir die nötige Zeit, um nicht gestört zu werden.

Schaffe dir einen heiligen, sicheren Raum, indem du dir eine Kugel hellen, weißen Lichts vorstellst, die dich umhüllt. Wenn du möchtest, kannst du mit einem kurzen Gebet oder einer Beschwörung anfangen, dass alles, was zu diesem Ort durchdringen kann, nur positiv und heilsam sein möge. Ehre deine Verbindung mit dem Leben, indem du dir vorstellst, aus deiner Mitte würden sich Wurzeln tief in die Erde hinein versenken. Rufe den Schöpfer oder Großen Geist herbei. Bitte ihn, sich wieder mit dir zu verbinden und lade deine inneren Führer ein, sich anzuschließen. Passe die Worte und Bilder deinen eigenen Vorstellungen an.

b) **Der Versammlungsort**
Sitze ruhig und halte die Augen geschlossen. Bitte darum, man möge dir den Platz zeigen, an dem der Innere Rat zusammenkommt. Der Versammlungsort könnte sich an irgendeinem angenehmen und sicheren Platz befinden – ein Kreis aus Bäumen oder Steinen irgendwo in der freien Natur, eine rustikale Hütte, in der alle Teilnehmer um ein Feuer sitzen, oder ein Tagungsraum mit Eichenstühlen und einem langen, schweren Tisch. Sieh in dich hinein und stelle deine Frage, bis du dein eigenes Bild vor Augen hast.

c) **Dem Rat begegnen**
Stell dir vor, am Versammlungsort zu sein. Rufe die Mitglieder deines Inneren Rats mit Namen herbei – Magischer Jüngling, Androgyn, Liebhaber, Schamane und Heiler, Alter Weiser, Krieger, Forscher. Warte nach jedem Aufruf ab, bis die betreffende Figur den Platz betreten hat. Welche Eindrücke hast du, wenn du die einzelnen Gestalten beschwörst? Welche Eindrücke hast du sonst noch?

Rufe noch eine weitere Figur hinzu – das »Wissende Selbst«. Es ist der Archetyp, der dich vorantreibt, in dir lebt und deinen ganzen Weg vor sich sieht. Das Wissende Selbst kann viele Namen haben, ist stark, machtvoll und gütig. Es ist auch derjenige, der dich auf dieser Reise führt. Wie fühlt es sich an? Welche Bilder kommen dir in den Sinn?

Vielleicht gibt es noch andere Mitglieder deines Inneren Rats, die wir noch nicht aufgerufen haben. Bitte sie herbei und lass sie wissen, dass du sie jederzeit auch allein treffen kannst.

Dein Innerer Rat unterstützt dich zu jeder Zeit. Wenn alle versammelt sind, stell dir vor, dass ihr euch alle die Hände reicht und in einem großen Kreis der Stärke und gegenseitigen Hilfe zusammensteht. Merk dir gut, wie es sich anfühlt, ein Teil dieses Kreises zu sein.

d) **Ihre Hilfe gewinnen**
Sprich zu deinem Inneren Rat. Danke den Mitgliedern des Rates mit ein paar Sätzen dafür, dass sie gekommen sind, und erkläre ihnen die Motive für deine Reise. Schildere, was du suchst und bitte sie, dir zu helfen und dich zu führen. Lass dir von ihnen zeigen, dass sie gewillt sind, teilzunehmen.

Bevor du sie wieder entlässt, bitte deinen Rat um ein Zeichen seiner Hilfe. Dieses Zeichen, ein deutliches Symbol oder Bild, soll dich in Zukunft an deine innere Verbindung erinnern. Erinnere dich, wer aus dem Rat vorgetreten ist, um dir das Zeichen zu überreichen. Sieh nach unten und präge dir ganz deutlich ein, was für ein Zeichen dir geschenkt wurde.

e) **Rückkehr**
Danke dem Inneren Rat nochmals für sein Kommen. Fühle dann, wie der Kreis immer kleiner wird, bis er bequem in deinem Körper Platz findet. Fühle seine tragende und schützende Anwesenheit in dir.

Beobachte deinen Atem und lass dich von ihm wieder zurück in dein normales Wachbewusstsein führen. Erinnere dich an deine Wurzeln und lasse alle Energie, die du in der Visualisierung erweckt hast, von deinem Körper in die Erde abfließen. Schreibe all deine Eindrücke in dein Tagebuch. Beschreibe den Versammlungsort. Beschreibe den Rat.

Wie war es, als du mit ihm verbunden warst?
Was war dein Zeichen? Ist es etwas, das du dir tatsächlich beschaffen kannst? Wenn ja, dann besorge es dir. Wenn nicht, fertige ein kleines Bild davon an. Bald wirst du es auf deinen Altar der schwulen Spiritualität stellen.

Übung ⬥ Dem Inneren Rat begegnen

Der Altar der schwulen Spiritualität

Es wird Zeit, einen Altar zu errichten. Ein Altar ist das symbolische Bild deiner Reise, ein Prüfstein, um dich an deine Ziele, deine Versprechen und deine umfangreiche innere Hilfe zu erinnern. Weil das Wort mit allerlei alten

Bedeutungen belastet sein könnte, möchte ich kurz erklären, was wir hier vorhaben. Der Altar ist nicht dazu gedacht, einem Gott zu huldigen, zu beten oder den Platz irgendeiner spirituellen Tradition einzunehmen. Der Altar ist nur ein äußeres Symbol dessen, was du innen tust. Was du aus ihm machst, ist deine Sache.

Dein Altar wird deinen Fortschritt auf dieser Reise reflektieren. Jedes Mal, wenn du einen deutlichen Schritt vorangekommen bist, wirst du etwas Neues hinzufügen, um dich daran zu erinnern, was du entdeckt oder geschafft hast. Der Altar wird all diese bunten, unstimmigen und harmonischen Einzelteile deiner Reise zusammenhalten. Wie du sie anordnest, wird später einmal wichtig sein. Gelegentlich wirst du das Bedürfnis haben, sie etwas umzustellen. Zu anderen Zeiten wirst du zufrieden in seiner Nähe sitzen und dich über deinen Fortschritt freuen. Mit Liebe und Sorgfalt wird dein Altar der schwulen Spiritualität zu einem unterhaltsamen und wirkungsvollen Mittel, dein Selbst zu ehren.

Übung ◆ Einen Altar schwuler Spiritualität errichten

2. *Reserviere dir in deinem Heim ein wenig Raum für deinen Altar der schwulen Spiritualität. Es kann ein Teil eines Bücherregals, ein breites Fensterbrett, ein Marmorblock aus Carrara oder sonst was sein. Wähle einen Platz, an dem du den Altar für die Dauer der Reise aufgebaut lassen kannst. Halte ihn geheim, damit du nicht in Erklärungsnöte kommst und nichts an deinem Arrangement ändern musst.*

   Dein Altar ist ein geweihter Platz, an dem du dich selbst ehrst, deine Liebesfähigkeit für andere Männer und deinen eigenen spirituellen Weg. Wie er aussehen soll, bleibt ganz dir überlassen. Mache etwas Besonderes daraus. Vielleicht kannst du ihn mit einem schönen Stoff oder mit Leder auskleiden. Vielleicht kannst du seine Bedeutung durch eine farbenprächtige Kerze oder einen lieb gewonnenen Stein unterstreichen. Wähle deine Objekte mit Bedacht, damit jedes einzelne dich in deinen Wünschen unterstützt.

   Wenn du mit dem vorläufigen Aufbau fertig bist, setze dich für einen Augenblick an deinen Altar. Rekapituliere noch einmal deine Ziele und Wünsche. Erinnere dich an die Führer und Verbündeten deines

Inneren Rats. Stelle das Zeichen, das du von ihnen erhalten hast, auf den Altar. Wenn du das Zeichen selbst nicht verwenden kannst, stelle symbolisch etwas anderes dafür hin.

Der Stamm der Männer, die Männer lieben

So wie der Archetyp die individuelle Persönlichkeit und das Verhalten durchdringt, prägt er auch unsere Identität als Gruppe. Der Stamm der männerliebenden Männer existiert auf zwei Ebenen – der physischen und der archetypischen Ebene. Lass uns untersuchen, wo diese Ebenen ihre Berührungspunkte haben.

Der Stamm ist eine sehr unterschiedliche, weitreichende und farbenprächtige Ansammlung, die mit allen anderen Menschen des Planeten verbunden ist. Einmal werden wir willkommen geheißen, geehrt und respektiert. Ein anderes Mal werden wir verachtet, hinausgeworfen oder gezwungen, uns zu verstecken. Aber uns gibt es immer noch. Unsere Vielfalt und unsere Verbindungen zu allen anderen Stämmen schenkt uns die angeborene Gabe, zwischen den Menschen zu vermitteln.

In diesen Stamm wird man für gewöhnlich nicht einfach hineingeboren. Nur sehr wenige von uns haben schwule Eltern. In diesen Stamm werden wir gerufen, wenn wir dem Ruf unserer eigenen Zellen folgen. Irgendwo in diesen Zellen gibt es einen Funken des Wissens – ist es unsere DNA, Seele oder ein »Rosa Gen«, wie wir es manchmal scherzhaft nennen, das uns auf die Suche nach anderen unserer Art schickt? Zuerst noch schwach, wird dieser Ruf immer stärker, erfüllt uns schließlich und spült uns durch den Tanz der Selbsterkenntnis und des *Coming Out*.

Wie kann man sich den Stamm vorstellen? Auf den ersten Blick gibt es kaum Unterschiede zu anderen Männern. Wir haben dieselben Merkmale und tragen die gleiche Kleidung. In unserem Innern hingegen sind wir ein farbenprächtiger Regenbogen. In unserer Fantasie und unseren Träumen verkleiden wir uns, um unsere Seelen zu kitzeln. Hier tragen wir Leder, Federn oder beides. Hier zeigen wir uns im geschmückten Lendenschurz oder in unserer nackten, knackbraunen Schönheit. Unseren inneren Reichtum sparen wir uns normalerweise für Stammesversammlungen auf. Auch wenn wir sie nicht nach außen tragen, leben die Farben jeden Tag aufs Neue in uns, wo sie uns erhalten und nähren.

Auf dieser Ebene warst du bereits seit deiner Geburt Mitglied des Stammes. Der Funke der Erkenntnis, der dir deine Anziehung zu anderen Männern offenbarte, verbindet dich mit demselben Funken, der uns allen gemeinsam ist. Obwohl wir viele unterschiedliche Gruppen bilden – die sich nicht immer einig sind oder sogar überhaupt nicht miteinander auskommen –, vereint uns letztlich doch das Eine. Der Stamm ist ein inneres Netzwerk, das uns alle verbindet.

In der Realität bedeutet das, dass du niemals wirklich allein bist. Während du auf deiner Reise mit Problemen und Fragen konfrontiert bist, befindest du dich, energetisch betrachtet, in einem Gleichklang mit allen anderen Männern, die in einer ähnlichen Situation stecken. Wir helfen uns gegenseitig und teilen unsere Heilkraft, unser Wissen und unsere Führung miteinander. Deine Einsichten werden wieder anderen helfen. Im Gegenzug werden dir auch die Erkenntnisse des Stammes helfen. Obwohl du deinen eigenen Weg gehen und deine eigenen Antworten finden musst, macht es dir die Resonanz mit den anderen leichter.

Die Stammesidee ist sehr wichtig. Das Konzept ist ziemlich einfach. Der Stamm existiert als Archetyp. Als Individuen sind einige von uns nicht so leicht einzuordnen. »Was ist mit denen, die Bi sind?«, könnte man fragen, »oder mit denen, die auf andere Art schwul sind, die keusch bleiben oder einfach nicht wissen, was wir fühlen?« Doch wir sind alle Mitglieder dieses Stammes. Wenn dir das fraglich vorkommt, betrachte den Stamm als Arbeitshypothese. Liebst du in deiner Welt Männer, schwingst du in der gleichen Phase mit der Stammesenergie. Ist deine Welt anders, schwingst du auch woanders mit. Du stehst immer noch in Verbindung und bekommst Unterstützung.

Übung ⇝ Dem Stamm begegnen

3. Diese Bewegungsmeditation wird dir helfen, mit deinem eigenen Stamm in Verbindung zu treten. Rechne dafür 10 bis 20 Minuten Zeit ein, in denen du ungestört bist. Zur Begleitung solltest du Instrumentalmusik mit gleichbleibendem Rhythmus aussuchen; achte auch auf genügend Platz im Raum, damit du dich frei bewegen kannst.

   Erinnere dich an die Regeln der Bewegungsmeditation. Denke nicht zu viel darüber nach. Halte den Verstand auf Trab, indem du die Frage immer wiederholst. Wenn es dir schwer fällt, den ersten Schritt zu tun, versucht dein Verstand vermutlich gerade herauszufinden, was als Erstes zu tun ist. Gib dein Bestes, halte ihn durch dein ständiges Fragen beschäftigt und beginne einfach, dich irgendwie zu bewegen – es wird sich schon etwas entwickeln. In kurzer Zeit wird dir das alles sehr leicht fallen und viel Spaß machen.

Dieses Mal fällt die Beschreibung etwas länger aus als bei den anderen Übungen. Lies dir erst einmal alles durch und geh dann einfach Schritt für Schritt die Übung durch.

a) *Schalte die Musik an und stell dich ruhig in die Mitte des Raumes. Schließe die Augen und erschaffe dir, wie du es schon gelernt hast, einen heiligen Raum – umhülle dich mit weißem Licht und nimm die Verbindung mit der Erde und den Geistern auf. Rufe deinen Inneren Rat herbei und lass ihn einen starken, schützenden Kreis um dich herum bilden. Alle deine Bewegungen finden nun im Zentrum dieses Kreises statt. Danke dem Rat für seine Unterstützung mit einer kleinen Verbeugung oder einem anderen Zeichen der Anerkennung, das sich gut für dich anfühlt.*

b) *Nimm Kontakt mit dem Körper auf. Schließe die Augen und konzentriere dich auf das Ein- und Ausströmen deines Atems. Wie fühlst du dich innerlich – verbunden? Zerstreut? Kopflastig? Atme noch ein bisschen weiter, bis du glaubst, dass der rechte Zeitpunkt zum Bewegen gekommen ist. Bitte nun deinen Körper, sich langsam zu bewegen, ganz wie er möchte. Welche Körperteile fühlen sich locker und leicht an? Wo fühlst du dich beengt? Schüttle dich ein paar Minuten aus, strecke und bewege dich, bis du bereit bist, einen Schritt tiefer zu gehen.*

c) *Lass dir vom Körper erst einmal zeigen, wie es sich anfühlt, nicht verbunden zu sein. Wiederhole immer wieder die Bitte: »Zeige mir, wie es sich anfühlt, allein und isoliert zu sein.« Sieh dir die Reaktionen des Körpers an. Welche Gefühle entstehen? Fühlt sich das normal an? Angenehm? Vertraut? Übertreibe – bringe Bewegung in dein Gesicht, deine Hände, den Rücken, die Füße – überall hin. Mach noch ein paar Minuten weiter, um zu sehen, wohin dich das bringt.*

d) *Stell dir einen besonderen Ort in der freien Natur vor, während du dich langsam bewegst. Beobachte die Bilder, die dabei entstehen. Vielleicht siehst du einen Strand, ein Feld, einen Kreis aus Bäumen oder einen Berggipfel. Was immer dir dein Geist auch zeigt, stell dir vor, dass deine Bewegungen dich dorthin bringen. Nimm dir Zeit. Betrachte die Einzelheiten, fühle die sanfte Brise auf deiner Haut, die warme Erde unter deinen Füßen. Genieße diesen Ort, denn hier wirst du den Rest deines Stammes treffen.*

e) *Sage nun: »Zeige mir meine Verbindung mit dem Stamm der Männer, die Männer lieben.« Wiederhole die Bitte, während du dich sanft bewegst. Sieh dich selbst in einem großen Kreis liebender Männer. Fühle, wie lebendig die Energie hier fließt, wie liebevoll, nährend, tragend und stark sie ist.*

Lasse nun deine Bewegungen etwas ausladender werden. Welche Bilder erscheinen vor deinem »inneren Auge«? Sieh dir die Gesichter der Stammesmitglieder um dich herum an. Einige davon kennst du bereits. Andere werden dir neu sein. Einige sind jung, andere alt und faltig, wieder andere irgendwo dazwischen.

Sieh dir die Kleidung der einzelnen Stammesmitglieder an. Möglicherweise tragen sie lauter unterschiedliche Gewänder. Wenn du kannst, stell dir vor, was du hier inmitten des Glanzes deiner eigenen Ganzheit trägst.

f) *Denke dir, ihr reicht euch die Hände und stellt euch in einem großen Kreis auf. Spüre, wie viel liebende Stärke von Hand zu Hand im Kreis fließt. Fühle, wie sie dich berührt, dich erfüllt und die Teile in dir stärkt, in denen du dich einsam oder verlassen glaubst.*

Das ist dein Stamm. Hier gehörst du hin. An diesem Ort warst du schon einmal und kannst jederzeit dorthin zurückkehren. Die Kraft der Stammesverbindung wird dich immer tragen. Bitte mit diesem Wissen deinen Körper: »Zeige mir, wie es ist, stets vom Stamm unterstützt zu werden.« Gib dich dieser Bewegung vollkommen hin und bleibe darin, so lange du willst.

g) *Danke dem Stamm, dass er dir die Verbindung geschenkt hat, und löse dich langsam von deinen Bildern. Besinne dich auf deinen Atem und lasse die Bewegung allmählich zur Ruhe kommen. Lass alle Energien, die du erweckt hast, durch die Füße, deine Wurzeln, in die Erde abfließen, wo sie dir Halt und Gesundheit bringen.*

Wenn du dich geerdet und gereinigt fühlst, halte deine Eindrücke im Tagebuch fest. Wie war deine Verbindung? Was hast du dadurch gelernt? Wie sahen die Mitglieder des Stammes aus und wie haben sie auf dich gewirkt? Wie war es, sich an den Händen zu halten und ein Teil im Kreis des Stammes zu sein?

5. *Stelle einen symbolischen Gegenstand für deine Verbindung mit dem Stamm auf deinen Altar. Vielleicht spricht dich etwas Kreisförmiges an, möglicherweise ein Ring? Ein Bild? Etwas anderes? Der Stamm ist eine mächtige Kraftquelle für deine innere Unterstützung; erinnere dich oft an ihn.*

7 Der Magische Jüngling

> Er ist in dir!

Was war am schönsten, als du noch ein Junge warst? Waren es die Sonntagsausflüge mit Opa in den Park? Waren es die Schoko-Nuss-Eisbecher, die fast zu groß waren, um sie allein aufzuessen? War es das Kuscheln mit deinem Haustier? Am letzten Schultag aus dem Schulbus zu steigen? Am Fluss Angeln zu gehen? Bevor du weiterliest, schreibe fünf Dinge in dein Tagebuch, die du geliebt hast, als du klein warst.

Hast du sie aufgeschrieben? Schwindle nicht. Wenn du mir jetzt so unglaublich erwachsen erwiderst: »Das ist Blödsinn, ich lese jetzt einfach weiter« – Stop. Lies nicht das Ende dieses Satzes, bis du diese fünf Dinge aufgeschrieben hast … Jetzt. Hat es gut getan, sich zu erinnern?

Lass uns etwas anderes versuchen. Dieses Mal schreibst du fünf Lieblingsspeisen aus deiner Jugend auf. Erdnussbutter und Bananenbrot? Schokolade? Müsli mit Kakao? Leber und Spinat? (Kleiner Scherz!) Lies dir durch, was du aufgeschrieben hast. Mhm! Wie wäre es mit einem kleinen Lächeln, trotz des ernsten Erwachsenseins?

In dir lebt ein *Magischer Jüngling*, genau *jetzt*, in diesem Augenblick. Ganz egal, wie alt, ernst, professionell oder verletzt du bist, er ist immer noch da. Völlig egal, wie weit er scheinbar weg ist, du kannst immer noch mit ihm in Berührung kommen. Tatsächlich musst du das auch. Denn erst wenn du eine gesunde Beziehung zu deinem *Inneren Kind* hast, kannst du ein vollständiges und erfülltes Erwachsenenleben führen.

»*Magischer Jüngling*?«, wird sofort der Erwachsene einwenden, »Magie ist nicht real«. Aber ich sage dir – das ist sie wohl. Du kamst als kleines Wunder zur Welt, voller Enthusiasmus, grenzenloser Neugier und Energie. Eine neue Welt! Es gibt so viel zu erforschen und zu lernen! »Da, das ist mein Fuß! Das ist eine Blume! Das ist grün! Das ist mein Penis! Jungs haben so etwas! Da ist ein Kätzchen! Dort ist ein Flugzeug!« Ein solcher Junge steckt voller Magie, weil er den Moment erlebt und in allem, was ihn umgibt, etwas Neues sieht. Er steckt voller Magie, weil er all die Jahre und Veränderungen in dir überlebt hat. Der *Magische Jüngling* lebt und es geht ihm gut. Der nächste Teil deiner Reise ist ihm gewidmet.

Was du als Junge lernst, bestimmt zu einem großen Teil, wie du als Erwachsener bist. Deshalb ist dieses Kapitel von fundamentaler Bedeutung für den Rest deiner Reise. Es wird interessant und heilsam sein, streckenweise vielleicht sogar schwierig. Vielleicht fühlt sich der Junge in dir noch gar nicht so magisch an. Wenn das so ist, dann nimm dir ein Herz – du kannst ihn wiederbeleben. Du wirst aus diesem Abenteuer leichter, gesünder und mit einem viel besseren Gespür für dich selbst zurückkehren.

Wir werden es ganz einfach Schritt für Schritt durchgehen. Bevor du anfängst, sollte der Junge in dir wissen, dass du kommst. Lege dir jetzt eine Hand auf deine Brustmitte und sage laut zu deinem inneren Kind:

»Ich bin es, (Name) _____. Ich bin wegen dir gekommen. Ich werde dich für alle Zeiten zu einem Teil meines Lebens machen. Wir werden viel Spaß zusammen haben!«

Er hört dich, da kannst du absolut sicher sein. Wenn du dir albern vorgekommen bist, dann passt das ganz prima. Hast du jemals Eltern beobachtet oder selber etwas Zeit mit kleinen Jungs verbracht? Dann wirst du wissen, dass du verspielt und albern sein *musst*. Manchmal ist das die einzige Möglichkeit, sie zu erreichen.

Übung •• Den Jungen in dir kennen lernen

1. Um dem inneren Jungen seine Magie zurückzugeben, musst du ihm so begegnen, wie er jetzt in der Gegenwart ist. Diese Visualisierung wird ungefähr 15 Minuten dauern und gibt euch die Gelegenheit, euch wieder kennen zu lernen. Zuerst musst du wieder einen sicheren Platz für euer Wiedersehen schaffen. Ein kleiner Junge ist es nicht gewohnt, ganz allein in der Welt zu sein. Es geht ihm am besten, wenn er einen fürsorglichen Erwachsenen um sich hat, der auf ihn aufpasst. Das bist du.

    a) *Setz dich bequem und entspannt hin. Schließ die Augen. Umgib dich mit Licht und führe alle anderen Schritte aus, um einen heiligen Raum zu schaffen.*

Wenn du zentriert bist, stelle dir vor, du seist von dem Stamm der Männer, die Männer lieben, umgeben. Die Männer in diesem Kreis sind alle deine Verbündeten. Nimm dir einen Moment Zeit, sie alle wiederzusehen – die Alten, Krieger, Heiler und anderen Stammesbrüder. Fühle die Stärke, mit der sie dich in einem großen, schützenden Kreis umgeben. Bitte die Männer des Stammes, den Platz immer sicher und geweiht zu halten. Von jetzt an wird niemand ohne deine Erlaubnis hierher kommen können.

Lade nun die Mitglieder deines Inneren Rats ein, an deiner Seite im Kreise des Stammes zu sein. Fühle ihre Gegenwart, sie bilden einen kleineren Kreis um dich. Spüre insbesondere die Kräfte des Kriegers, des Alten Weisen, des Heilers und des Wissenden Selbst. Dein Innerer Rat bildet den zweiten Schutzring, um deinen inneren Jungen zu beschützen.

Du stehst nun im Zentrum der beiden Kreise. Du bist der dritte Beschützer. Von jetzt an hat der Junge in dir für immer einen Wächter, Begleiter, Freund, Spielgefährten und Tröster. Du bist für ihn da. Du – oder er – ihr beide könnt nun immer auf diese drei Schutzebenen vertrauen, wenn ihr sie braucht.

b) *Knie dich auf der Höhe eines Kindes inmitten des Kreises hin. Rufe den Jungen in dir bei seinem Namen und bitte ihn, zu dir zu kommen. Sprich mit ihm. Sage ihm, dass du gekommen bist, um ihm zu helfen. Versprich ihm, ihn nicht zu kritisieren oder zu verletzen. Mache ihm deutlich, dass du dein Bestes tun wirst, ihn zum Freund zu gewinnen.*

Was tut er? Kommt er gleich herbeigelaufen? Ist er scheu? Hat er Angst? Ist er ärgerlich? Hab Geduld und nimm dir die Zeit, ihn davon zu überzeugen, dass er dir vertrauen kann. Mache ihm klar, dass hier bei dir, inmitten der beiden liebenden Kreise, der sicherste Platz für ihn ist, den es überhaupt gibt. Er wird kommen, sobald er so weit ist.

c) *Sieh dir den Jungen an. Wen siehst du? Wie alt ist er? Welche Kleidung trägt er? Wie sehen seine Augen aus? Welche Gefühle steigen in dir auf, wenn du ihn betrachtest?*

Frage ihn, wie er sich fühlt. Höre zu, was er zu sagen hat. Frage, was er gerne tun möchte. Was ist wichtig für ihn? Möchte er dich etwas fragen? Bedrückt ihn etwas? Gibt es etwas, was er jetzt gerade gern machen würde? Lass dir von ihm zeigen oder sagen, was immer er möchte.

d) *Danke ihm für sein Kommen, wenn er dir alles mitgeteilt hat. Versprich ihm, dass er innerhalb dieser wohlwollenden, sicheren Kreise bleiben darf. Sage ihm, dass du hier immer für ihn erreichbar sein wirst, wenn er dich braucht. Wenn er möchte, umarme ihn ganz warm und innig. Strecke nun auch in Wirklichkeit deine Arme aus und drücke dich selbst ganz kräftig.*

e) *Wenn du mit der Übung abschließen möchtest, lasse dich von deinem Atem zurück ins Wachbewusstsein führen. Sende die empfangene Energie von deinem Körper zurück in die Erde. Öffne die Augen. Wenn du willst, trinke einen Schluck Wasser und schreibe deine Eindrücke in dein Tagebuch. Sie werden später noch sehr wichtig sein.*

2. Mache mindestens eine der beiden folgenden Übungen, um deinen inneren Jungen etwas besser kennen zu lernen.

a) *Suche ein Foto heraus, auf dem du als kleiner Junge zu sehen bist. Stell es auf deinen Altar, um dich oft an ihn zu erinnern.*

b) *Schreibe einen Brief von deinem kleinen Jungen an dich selbst, wie du jetzt bist. Wähle ein Alter, von dem du dich angesprochen fühlst. Lass ihn über sein Leben erzählen. Welche Spiele mag er? Welches Essen? Wer sind seine Freunde? Sein bester Freund? Wen oder was mag er nicht? Wer sind die Erwachsenen in seinem Leben? Welche Geheimnisse hat er? Worauf ist er stolz? Wo fühlt er sich unsicher? Lass ihn alles über sich erzählen.*

c) *Schreibe einen Brief von deinem jetzigen Ich an den kleinen Jungen, der du einmal warst. Was würdest du ihm gerne über dich erzählen? Welchen Rat würdest du ihm geben? Welche Dinge in deinem Erwachsenenleben würden ihn interessieren? Was könntest du ihm über seinen Platz in der Welt sagen? Schreibe ihm einen Brief, den er versteht und an dem er Freude hat.*

Übung • Den Jungen in dir kennen lernen

7 Der Magische Jüngling **127**

Schattenseite: Der Innere Flegel

Wenn deine Verbindung mit dem *Magischen Jüngling* gesund ist, bereichern dich seine Gaben jeden Tag. Dann bist du spontan, spielerisch und trägst ein warmes, jugendliches Feuer in dir. Oft genug geschieht es, dass der *Magische Jüngling* blockiert, unterdrückt oder überanstrengt ist. In solchen Fällen verkehrt sich seine glückliche, unschuldige Art meist in einen eher schwierigen Charakter. Statt einer gesunden Knabenhaftigkeit zeigt er uns eine verdorbene, gereizte oder verschlossene Person, die mein Freund Leon gern den »Inneren Flegel« nennt.

Der Innere Flegel ist ein Produkt von Unausgewogenheit oder Verletzungen. Wir alle kennen ihn, obwohl unsere Kultur die »heile Kinderwelt« gern durch die rosarote Brille sieht. Jeder Einzelne von uns ist ein Überlebenskünstler. In der Kindheit gibt es ein Auf und Ab, Freude und Leid, so wie in allen anderen Lebensabschnitten auch. Das ist immer mit einem gewissen Maß an Schmerz verbunden. Jungs, denen man ihre »Andersartigkeit« früh anmerkt, sind besonders prädestiniert, geärgert, gehänselt, verhauen oder lächerlich gemacht zu werden. Aber wir sind diesbezüglich nicht die Einzigen – alle Kinder sind bisweilen Angriffen ausgesetzt. Das ist ein Teil des Lebens.

Glücklicherweise waren die Schicksalsschläge für die meisten von uns nicht allzu hart und konnten durch die positiven Aspekte einer sicheren Kindheit ausgeglichen werden. Für einige war diese Zeit leider sehr viel härter, die Wunden sitzen tief und die idyllische Kindheit gleicht eher einem Albtraum. Unter dem Strich kommt es aber nur auf eines an, egal wie dein Leben früher auch gewesen sein mag, *du hast überlebt*. Du hast es geschafft. Du warst stärker als alles, was dir vorgesetzt wurde. Es ist wichtig zu erkennen, dass der Junge in dir stark ist und sich nicht unterkriegen lässt.

Um die Kindheit zu überstehen, haben wir alle ganz bestimmte Mechanismen entwickelt, um besser mit den harten Lebenslagen fertig zu werden und sie erträglicher zu machen. Diese Überlebensstrategien zeigen oft die verschiedenen Seiten unseres Inneren Flegels. Einige davon sind gerade bei Schwulen besonders verbreitet. Vielleicht erkennst du von den nachfolgend beschriebenen einige von dir selbst oder von anderen Männern in deinem Umfeld.

Als erstes widmen wir uns den *Überkompensierern*, Männern, die üblicherweise ihre schlimmsten Kindheitserlebnisse sehr übertrieben schildern. Ihr Mantra ist »Ich, Ich, Ich« und ihre Spezialität ist die ständige Suche nach Aufmerksamkeit. Manchmal fallen sie in der Öffentlichkeit auf, wenn sie in einem Restaurant einen Aufstand veranstalten und den Ober quälen, indem sie jedes Gericht wieder zurückgehen lassen. Vielleicht hast du Freunde, die gern schmollen und wegen einer eingebildeten Beleidigung, die du nie beabsichtigt hast, tagelang kein Wort mehr mit dir reden.

Ein anderes Gesicht zeigt der Flegel im *kleinen Jungen, der nie erwachsen werden will.* Mit Dreißig, Vierzig oder Fünfzig versprüht so ein Mann seine affektierte Jugendlichkeit. Wie Peter Pan würde er fast alles tun, um nicht für sein eigenes Leben verantwortlich zu sein. Er fleht andere Männer an, sein »Papi« zu sein und heult sich die Augen aus dem Kopf, wenn er das erste graue Haar entdeckt. Paradoxerweise erfreut sich der »ewige Junge« nicht vieler Gaben des *Magischen Jünglings.* Weil er gezwungen ist, allein, ohne die Führung und den Schutz eines verantwortlichen Erwachsenen in der Welt zu bestehen, endet dieser innere Junge meist gestresst, erschöpft und entmutigt.

Das andere Extrem bildet der *Ach-Quatsch*-Typ. Diese Männer verbringen ihr Leben damit, grau zu werden, ernst zu sein und alles Kindliche total zu verbannen. »Spielen?«, rümpfen sie nur verächtlich die Nase, »ich doch nicht. Zu viel Arbeit!« Ach-Quatscher leben strikt nach Plan, arbeiten viel und denken nicht im Traum daran, ihre Gefühle zu zeigen. Im Alter von sieben waren sie schon erwachsen und würden nie zugeben, dass ihr Leben stumpf und sinnlos ist.

Eine andere Spielart des Flegels ist das *professionelle Opfer.* Er macht Karriere, indem er die Schuld anderen zuweist. »Lächeln? ... kann ich nicht. Meine Eltern haben mich als Kind verletzt.« »Ich mich zur Wehr setzen? Um Gottes Willen! Weißt du nicht, dass wir in einer homophoben Gesellschaft leben?« Das professionelle Opfer nutzt die Tatsache der allgegenwärtigen negativen Glaubenssätze, um bloß keine Eigenverantwortung übernehmen zu müssen. Sein Selbstmitleid verbietet ihm jeden Glauben an die eigene Kraft, positive Veränderungen selbst herbeiführen zu können.

Verkriechen wir uns nicht in unserer Schuld. Jeder entwickelt defensive Persönlichkeiten – die wir hier Inneren Flegel nennen – um harte Momente zu überstehen. Überkompensierer, ewige Jungs, Ach-Quatscher und professionelle Opfer sind unsere meistgewählten Oberflächen. Sie sind recht offensichtlich, wenn du erst einmal auf sie achtest. Wenn du die anderen um dich herum betrachtest, werden dir dabei auch viele persönliche Eigenheiten auffallen. Unser Stamm ist unglaublich erfinderisch – und die meisten von uns lernen sehr früh, ihr wahres Selbst hinter vielen Gesichtern zu verbergen. Obwohl sie alle nur Aspekte des verletzten inneren Jungen sind, sehen viele dieser Masken gar nicht so sehr nach einem Flegel aus. Verschaffen wir uns einen kurzen Überblick. Vielleicht klingelt es bei dir, wenn du die eine oder andere wieder erkennst.

- *Das Chamäleon.* Versuche so »normal« wie alle anderen zu wirken. Tue so, als würdest du raue Sportarten lieben, auch wenn du selber viel lieber Krankenschwester spielen würdest. Halte dich zurück. Vielleicht bemerkt dich niemand.

- *Der brave kleine Junge.* Rege nie deine Eltern auf. Lerne hart. Tue nie etwas, in dem du nicht schon gut bist. Werde groß, damit du Superheld oder Workaholic werden kannst.

- *Alice im Wunderland.* Lebe irgendwo anders, z.B. in Büchern. Bleib im Land der Luftschlösser, wo dich nichts Hässliches oder Schmerzhaftes erreichen kann. Gib bloß nie zu, dich anders als süß und rosig zu fühlen.

- *Der Rebell.* Stelle dich allen entgegen. Verbirg dein wahres Wesen. Dränge sie alle in die Defensive. Schrei viel herum. Schlage die Türen. Schmolle. Sei mit nichts einverstanden.

- *Der Macho.* Sei so männlich, dass John Wayne neben dir wie ein Waschlappen wirkt. Kaue Tabak. Rülpse und furze. Führe ein Sportteam an. Ärgere die »Tunten«, so oft es geht.

- *Der Dumpfe.* Was auch los war, tue so, als wäre es nie passiert. Sei zufrieden, was immer geschieht. Betäube dich. Vergrabe alle Schmerzen so tief, dass du dich nicht mehr an sie erinnerst. Nimm später viele Drogen.

- *Der Superfreund.* Sei nett zu allen. Lass dich nie auf einen Streit ein. Habe stets Kaugummis dabei und verteile sie jeden Tag unter all deinen Klassenkameraden. Wenn deine Freunde streiten, vertritt stets beide Standpunkte.

- *Die Schultunte.* Treib es auf die Spitze. Lass es krachen. Mach deinen Freundinnen das Make-Up. Halte deine Bücher vor der Brust umklammert. Wirf wie ein Mädchen. Lass dir nie anmerken, dass du den Spott spürst.

- *Clown.* Nimm nichts ernst. Halte für jede Situation einen Spruch parat. Äffe den Lehrer hinter seinem Rücken nach. Halte alle bei Laune, damit sie dich in ihrer Nähe haben wollen.

Wie fühlst du dich? Hast du die Masken durchschaut? Wie verschieden sie auch nach außen wirken, sind sie doch alle von kleinen Jungs erfunden worden, die sich verletzt oder ignoriert fühlten oder sich einfach nicht so zeigen durften, wie sie wirklich sind.

Das ein oder andere Mal haben wir alle einmal Masken getragen. Sie sind vermutlich ein ganz normaler Bestandteil des Erwachsenwerdens und dienen der Entwicklung unserer eigenen Persönlichkeit. Die Masken der kleinen Jungen werden erst dann zum Problem, wenn sie sich bis ins Erwachsenenalter hinein halten. Wenn wir immer noch von ihnen abhängen, obwohl die ursächlichen Situationen schon längst nicht mehr existieren, neigen sie dazu, uns zu isolieren. Was uns einst das Überleben garantierte, wird zu einer Verteidigungsmauer, die uns vom Leben abschließt. Dann wird aus dem inneren Jungen der Flegel, der dich gefangen hält.

Wenn der Flegel versucht, durch Schreien, Unfug oder Schmollen in dein Leben einzudringen, solltest du dem kleinen Jungen ein wenig Aufmerksamkeit schenken. Er braucht dich als Verbündeten. Seine Wutanfälle, Übertreibungen und Weigerungen, die so flegelhaft wirken, sind tatsächlich die einzigen Möglichkeiten, die er kennt, um dich um Hilfe zu bitten. Anstatt dich selbst zu verurteilen, wenn er auftaucht, solltest du ihm mit Verständnis begegnen. Hör dir an, was er von dir will, und gib es ihm. Wenn er sich vernachlässigt fühlt, beschäftige dich mit etwas, um ihn zu fordern. Wenn er sich verletzt fühlt, nimm dir Zeit, mit ihm über sein Leid zu sprechen. Verzettele dich nicht dabei. Tue, was du kannst, und gehe dann weiter.

Übung •• Bewältigungsstrategien

3. a) *Nimm dir ein paar Minuten Zeit und schreibe eine Übersicht deiner Überlebensstrategien ins Tagebuch. Welche waren es? Ähneln sie denen in unserer Liste? Kannst du dir noch andere vorstellen? Weißt du noch, wie es war, sie zu benutzen? War es eine bewusste Wahl? Worin lagen ihre Vorteile?*

Übung • Bewältigungsstrategien

b) *Mach ein Sternchen neben alle Verhaltensweisen, die du auch heute noch zeitweise nutzt. In welchen Situationen? Wirken sie immer noch? Welche Vorteile hast du, wenn du diese Strategien heute verwendest?*

Frage dich bei jedem der markierten Punkte: »Gibt es eine Möglichkeit, das besser zu machen?« Sei bei diesem Punkt vorsichtig – das Ziel ist Bewusstwerdung, nicht die Selbstverurteilung oder ein zwanghaft herbeigeführter Wandel. Wenn es dir gelingt, dich behutsam zu beobachten, wirst du automatisch mehr Ausgewogenheit erreichen.

c) *Du und dein Junge, ihr habt gute Arbeit zusammen geleistet. Es ist Zeit für ein ganz besonderes Vergnügen. Wähle mindestens eine der Sachen aus, die du am Anfang des Kapitels als Lieblingsbeschäftigung oder -essen deines Jungen notiert hast. Gönne sie dir. Wenn nichts mehr von der Liste rechten Anklang findet, frage den Jungen, was er jetzt gerne möchte. Tue und genieß es!*

Die Wunden heilen

In seinem Herzen sucht der Junge in dir nach der Magie, mit der er geboren wurde. Wenn er sich wie ein Flegel verhält, dann nur deshalb, weil er sich immer noch verletzt oder vernachlässigt fühlt. Ganz egal, wer anfangs dafür verantwortlich war, der Einzige, der ihm jetzt helfen kann, bist *du*. Wenn er immer noch verletzt ist, musst *du* ihn trösten und wieder aufrichten. Wenn er sich immer noch zurückgewiesen fühlt, musst *du* ihm mehr Aufmerksamkeit schenken. Um ihm wirklich zu helfen – und dich gleichzeitig zu befreien –, musst du den Schmerz, den er in sich trägt, direkt ansprechen. Nur wenn du ihn von seinen alten Wunden erlöst, kannst du deinem Jungen seine Magie zurückgeben.

Du *kannst* es. Du hast alles, was du dazu brauchst. Du hast die Hilfe deines Inneren Rats und du sorgst dafür, auch Hilfe in der Welt zu bekommen, wenn du sie brauchen solltest. Es könnte wehtun, wird aber schnell vorbeigehen und längst nicht mehr so schmerzhaft sein wie damals, als du es zum ersten Mal erlebt hast. Manchmal gehört Schmerz zur Heilung. Es ist so, als ob man einen Furunkel aufschneidet – es kann erst heilen, wenn der Eiter heraus kann.

Warum alte Wunden aufreißen? Weil sie immer noch in dir vorhanden sind. Die alten Wunden bleiben so lange bestehen, bis du sie geheilt hast. Auch wenn du sie äußerlich verdeckst, überdauert ihr Schmerz in deinem Inneren, wo dein kleiner Junge lebt. Selbst wenn du sie völlig unterdrückt hast, durchdringen sie noch dein Unterbewusstsein, um deine Handlungen und Beziehungen in einer Weise zu beeinflussen, die du wahrscheinlich nicht einmal merkst. Lass deinen kleinen Jungen da drinnen nicht allein. Gerade jetzt kannst du ihm mit deiner Stärke des Erwachsenen helfen, indem du zu ihm zurückkehrst und für ihn kämpfst. Meist wird das recht einfach sein.

Dieser Prozess ist sicher und sehr heilsam. Sei sehr behutsam. Die Erfahrungen, die du hier machen wirst, hängen von deinen Kindheitserlebnissen ab und davon, wie tief du schon in deine damit verbundenen Schattenseiten eingetaucht bist. Möglicherweise kommst du sehr schnell voran. Vielleicht entdeckst du ganz neue Gefühle. Was immer du entdeckst, du wirst auf jeden Fall eine starke Verbindung zu deinem inneren Jungen aufbauen.

Wenn du jetzt schon sehr nervös bist, was dir hier begegnen könnte, solltest du deine persönlichen Rettungsanker aktivieren. Rufe einen Freund an, der dazu bereit ist, dir jederzeit zu helfen. Sage ihm, wann du mit den Übungen beginnen willst und dass du ihn nötigenfalls hinterher anrufen möchtest, um alles, was dir auf dem Herzen liegt, mit ihm zu besprechen. Danach solltest du dich erst mal entspannen. Deine Stärke und die Überlebensstrategien, die dir schon die ganze Zeit geholfen haben, garantieren auch, dass du nur so stark konfrontiert wirst, wie du damit umgehen kannst.

Wenn du ernsthaft daran zweifelst, ob du die Aufarbeitung deiner Kindheitserlebnisse ertragen kannst, *suche Hilfe auf.* Größere Schicksalsschläge oder Missbrauchserfahrungen müssen sehr vorsichtig behandelt werden. Warst du selbst Opfer solcher Kindheitserlebnisse oder hegst einen Verdacht und bist bisher noch nicht darangegangen, diese Dinge aufzuarbeiten, dann ist jetzt die Zeit dafür – mit *professioneller Hilfe.* Es ist überhaupt nichts dabei, um Hilfe zu bitten, wenn du sie brauchst. Wenn es dir sinnvoll erscheint, fremde Hilfe in Anspruch zu nehmen, solltest du dies unbedingt erst in die Wege leiten, bevor du hier weitermachst.

Bist du bereit, dir die Hände ein wenig schmutzig zu machen? Lass uns graben!

Übung •• Wunden verarzten

4. Diese Bewegungsmeditation wird dir dabei helfen, mit Bereichen in Berührung zu kommen, die für eine Heilung bereit sind. Nimm dir etwas Zeit, in der du ungestört bist. Bereite die Musik vor und halte dein Tagebuch griffbereit.

a) *Schaffe dir deinen heiligen Raum, so wie du es bei deinem Treffen mit dem inneren Jungen getan hast. Rufe den Stamm und deinen Inneren Rat herbei. Visualisiere dich selbst im Zentrum dieser beiden Schutzkreise. Fühle die Kraft und Unterstützung, die dich umringt.*

Schalte die Musik ein, stelle dich ruhig hin und beobachte deinen Atem. Lade deinen inneren Jungen ein, zu dir in den Kreis und in deinen ganzen Körper zu kommen. Bitte immer wieder »Zeige mir meinen inneren Jungen«. Während du die Bitte leise wiederholst, erlaube deinem Körper, sich langsam zu bewegen.

b) *Wenn du spürst, dass dein innerer Junge ganz bei dir ist, verändere die Anfrage. Wiederhole nun immer wieder »Wie kann ich diesem Jungen helfen? Wo sitzt sein Schmerz im Körper?« Denke nicht über eine Antwort nach, sondern lasse deine Hände, ganz wie sie wollen, verschiedene Teile deines Körpers untersuchen. Wenn du den Körperteil gefunden hast, der Aufmerksamkeit verlangt, übergib ihm die Führung über den Rest deines Körpers. »Zeige mir, was da drinnen ist. Zeige mir, was da ist.« Beobachte, was passiert. Merke, wie der Rest des Körpers folgt. Achte auf die entstehenden Gefühle. Frag ihn: »Was ist das für ein Schmerz? Womit hängt er zusammen?« Beobachte, welche Ereignisse und Bilder in dir auftauchen.*

Vielleicht kannst du die Situation, die den Schmerz verursachte, erkennen, während sich dein Körper bewegt. Wer war darin verwickelt? Was geschah? Was empfindet dein Körper gerade? Beweg dich, bis du dir über die Situation klar geworden bist, und komm dann langsam zur Ruhe.

Es geht hier darum zu erkennen, wie der innere Junge die Angelegenheit wahrnimmt. Auch wenn dir als Erwachsener klar ist, dass es mildernde Umstände gab oder die Verletzung unabsichtlich war, ist es entscheidend, wie dein kleiner Junge es erfahren hat. Sei dir dessen immer bewusst. Vielleicht bekommst du zahlreiche Einblicke, vielleicht überhaupt keine. Das spielt keine Rolle. Solange du deinen Körper ganz authentisch bewegst, löst du die Situation auch auf energetischer Ebene. Das ist alles, worauf es ankommt.

Wenn die Situation sehr schmerzlich ist, brauchst du nicht unnötig tief in sie einzusteigen. Du kannst sie als äußerer Beobachter wahrnehmen, so als wäre es eine Fernsehsendung. Selbst wenn Tränen, Schmerz oder Ärger aufsteigen, ist es immer gesünder, die Bewegungen zu vollenden, als mittendrin abzubrechen. Bleibe bei deinem Atem, umarme dich wenn nötig und vertraue deinem Körper.

c) *Beginne eine neue Seite deines Tagebuchs, um deine Eindrücke festzuhalten. Schreibe in großen Buchstaben »STRENG GEHEIM« darauf. Bitte dann den Jungen dir zu helfen, auf der Rückseite deine Entdeckungen aufzuschreiben. Versprich ihm, niemandem etwas davon zu erzählen, außer er erlaubt es dir. Schreibe zu den folgenden Fragen die Antworten auf, die er dir gezeigt hat.*

> *Welcher Art war die Verletzung?*
> *Wer oder was war daran beteiligt?*
> *Wie fühlte er sich dabei?*
> *Was möchte er noch gerne dazu sagen?*

d) *Wenn du fertig bist, umarme dich und deinen Jungen ganz fest und fühle, wie die erweckten Energien durch deine Füße in den Boden abfließen.*

An diesem Punkt angelangt hat dein innerer Junge seinen Teil erledigt. Er hat soeben die kraftvolle Tat eines Kriegers vollbracht! Gratuliere ihm dazu. Stell dir vor, dass er auf deinen Knien sitzt. Sag ihm, wie stolz du auf ihn bist, dass er so tapfer war und dass er jetzt nichts mehr tun muss. Von jetzt an wirst du dich um alles kümmern.

Was würde der kleine Junge jetzt gern machen? Würde er sich gern ein wenig ausruhen? Mit Buntstiften malen? Eine Belohnung bekommen?

Draußen spielen? Stelle dir vor, wie er sich im Kreis zusammen mit den anderen glücklich mit dem beschäftigt, was er gerne machen möchte.

Du kannst diese Übung so oft wiederholen, bis du all deine vergrabenen Schmerzen an die Oberfläche geholt hast. Halte sie im STRENG GEHEIM Kapitel deines Tagebuchs fest. Wenn du auf etwas stößt, mit dem sehr starke Gefühle verbunden sind, solltest du nach folgendem »Notfallplan« vorgehen. Falls du das Bedürfnis dazu hast, setzt du dich zuerst mit deiner Vertrauensperson für diesen Übungsteil in Verbindung. Danach beendest du so bald wie möglich die Übungen 5 und 6. Wenn du jetzt keine Zeit dafür findest, verpflichte dich, sie so bald wie möglich, spätestens aber morgen zu vollenden. Sonst liegen all die Dinge, die du aus der Tiefe heraufgeholt hast, nur brach und fangen an zu stinken, bis du dich mit ihnen beschäftigst.

Die nächsten Übungen sind extrem wertvoll. Obwohl sie sehr wirkungsvoll miteinander kombiniert werden können, kann die eine oder andere für manche Situationen besser geeignet sein. Loslassen und Vergeben sind ganz besonders wichtig, wenn der Junge von einer anderen Person verletzt wurde. Die ermutigende Visualisierung hilft in jeder Situation, insbesondere aber dann, wenn der Junge sich schlecht oder schuldig fühlt oder sich für etwas schämt, was er einmal getan hat.

Setze deine Heilung mit der Situation in deinem »STRENG GEHEIM« Kapitel fort, die dich am meisten bedrückt. Arbeite dich mit dieser Angelegenheit durch alle drei Teile der nun folgenden Übung. Hast du die einzelnen Arbeitsschritte erst einmal gelernt, werden sie dir ein wertvolles Werkzeug sein. Immer, wenn du etwas aus der Vergangenheit heilen und loslassen möchtest, solltest du sie einzeln oder miteinander kombiniert benutzen. Nutze sie aber unbedingt, um alle bewusst gewordenen Problemsituationen der Übung 4 zu verarbeiten.

Übung ⁌ Loslassen und Vergeben

5. a) **Loslassen**
    Identifiziere den/die Bösewicht(er) in der gewählten Situation. Ein Bösewicht ist jemand, der deinen kleinen Jungen verletzt hat. Es könnte jemand gewesen sein, der wirklich sehr hasserfüllt war. Es könnte aber auch jemand sein, der den Jungen wirklich liebte und ihn völlig unabsichtlich verletzt hat. Es kommt hierbei auf den Blick-

winkel des Jungen an. Diese Person ist der Bösewicht, weil der Junge es so empfindet.

Schreibe auf ein Blatt Papier, nicht in dein Tagebuch, einen Brief von deinem kleinen Jungen an den Übeltäter. Erzähle ihm, wie der Junge über die begangene Tat denkt. Lass deine Wut an ihm aus, schreie über den Schmerz, nenne ihn ein schleimiges, schweinsköpfiges Arschloch. Was immer an die Luft will, lass es raus.

Dein Erwachsenenbewusstsein könnte versuchen, hier sehr vernünftig zu reagieren, beide Seiten des Vorfalls zu sehen, Entschuldigungen zu finden und keinen Schmerz zu spüren. Wenn dem so ist, solltest du den Brief mit einer kurzen Erklärung beginnen – »Lieber Soundso, mein innerer Junge möchte dir sagen, wie er sich fühlt. Vielleicht mag es nicht die ganze Wahrheit sein, aber fürs erste sollten wir es trotzdem so stehen lassen …«

Schreibe für deinen Jungen. Selbst wenn du leichte Startschwierigkeiten hast, dauert es nicht lange, bis du dich vergessen und richtig Gas geben kannst. Halte nichts zurück. Steck nichts ein. Übertreibe. Wenn du völlig loslässt, kann es leicht geschehen, dass du einen Stift zerbrichst, Papier zerreißt oder dich in Tränen aufgelöst wiederfindest. Wunderbar! Mach weiter. Vielleicht schlägt dein Herz wie wild und du musst ein Kissen boxen oder fest mit den Füßen aufstampfen, bevor du weitermachen kannst. Das ist prima. Lass alle deine Gefühle raus, bis alles gesagt wurde, was dir auf dem Herzen lag.

Schick diesen Brief unter keinen Umständen jemals ab. Hast du das verstanden? SCHICK DIESEN BRIEF NICHT AB! Möglicherweise hast du durch ihn neue Einsichten gewonnen oder du möchtest die betreffende Person sofort damit konfrontieren. Tue das nicht! Selbst wenn man deshalb wirklich etwas unternehmen sollte, bist du im Moment nicht in der Lage, objektiv darüber zu entscheiden. Warte ab. Wenn du den Rest des Prozesses durchgearbeitet hast, wirst du viel klarer sehen, welche Aktionen, wenn überhaupt, wirklich angemessen und wirkungsvoll sind. In der Zwischenzeit machen wir uns daran, an etwas zu arbeiten, das Vergebung genannt wird.

Oh, oh, ich kann es schon bis hier hören. Vergebung ist so ein überstrapazierter Begriff! »Auf keinen Fall!«, sprudelt es vielleicht gerade aus dir heraus. Bevor du voreilige Schlüsse ziehst, sollten wir darüber nachdenken, was Vergebung wirklich ist.

Lass uns erst einmal sehen, was es nicht ist. Erstens, wir verzeihen nicht, was geschehen ist. Wir sagen nicht, dass irgendjemand das Recht hat, dich zu verletzen oder du im Unrecht bist, weil du das fühlst, was du fühlst. Das hat nichts mit Vergebung zu tun. Vergebung ist auch nicht diese klebrige, scheinheilige Selbstgerechtigkeit, die dich von deiner Wolke der moralischen Überlegenheit herabsteigen lässt, um in dem uns allen bekannten süßlichen Tonfall zu verkünden: »Oh, ich weiß, du hast einen Fehler gemacht. Ich weiß, dass du mein Leben zerstört hast, mir meinen Freund ausgespannt und meinen besten Lippenstift ruiniert hast, aber ... (ein dramatischer Blick in Richtung Himmel) ... ich vergebe dir trotzdem.« Auszeit!

Bei Vergebung geht es nicht um die andere Person. Es geht um *dich*. Ein besseres Wort wäre vielleicht »Losbinden«. Sei aufrichtig. Wie fühlt es sich an, all den Schmerz, Ärger und die Schwäche des Opfers in sich zu tragen? Ziemlich beschissen, wirklich. Die Gefühle sind gesund. Es ist besser, sie zu fühlen, als sie zu unterdrücken oder so zu tun, als würden sie gar nicht existieren. Hast du sie erst einmal angenommen, ist die Zeit reif, sie gehen zu lassen, sie von deinem gegenwärtigen Selbst loszubinden. Es ist *dein* Körper. Diese Gefühle tun der anderen Person nicht weh. Sie sind in *dir*. Sie über Gebühr zurückzuhalten verschwendet *deine* Energie, *deine* Gesundheit und *dein* Leben. Schauen wir uns an, wie wir das alles loswerden können.

b) **Vergebung**

Erster Schritt: Stell dir vor, dass du dem Bösewicht die Gelegenheit gibst, zu antworten. Schreib dir selbst einen Brief, in dem du die andere Perspektive einnimmst. Schreibe selbst, was der Übeltäter zu sagen haben könnte. Erinnere dich daran, dass es hier nur um dich und nicht um den anderen geht. Du brauchst die andere(n) Person(en) nicht darin zu verwickeln. Nutze die Gelegenheit, um dir selbst bewusst zu machen, wie viel du von ihrer unterschiedlichen Sichtweise der Dinge wahrnimmst.

Zweiter Schritt: Gehe ein bisschen auf Seelenerkundung. Sag die Wahrheit. Was gewinnst du, wenn du an dieser Geschichte festhältst? Genießt du die Rolle des armen Opfers? Fühlst du dich bei dem

Gedanken »Ich habe recht, du bist im Unrecht« überlegen, oder bei »Ich bin besser als du, denn so etwas habe ich noch nie getan«? Sei ehrlich, was gewinnst du dabei?

Bleib im Umgang mit dir selbst gelassen. Du gibst dir nicht etwa selbst die Schuld für das Geschehene. Du übernimmst lediglich die Verantwortung für deinen jetzigen Zustand. Das Festhalten an alten Emotionen schadet nur dir selbst.

Dritter Schritt: So, wie du es bereits mit deinen negativen Glaubenssätzen gemacht hast, gibst du nun alle Briefe, einschließlich derer aus der Loslassübung, endgültig frei, indem du sie verbrennst, zerreißt oder im Klo runterspülst. Wenn du das tust, übergibst du die ganze Situation an die Spirituelle Kraft, den allgegenwärtigen Geist oder Schöpfer. »Ich bin bereit, diese Energie loszulassen, das Problem aufzulösen und davon geheilt zu werden. Ich übernehme hier und jetzt die volle Verantwortung für mich selbst.« Tue es weg, lass es los, gib es auf und hak es ab!

Wiederhole die Abfolge für jede der »STRENG GEHEIM« Situationen, in denen Bösewichter mitspielen. Nimm dir die Zeit, die du brauchst. Manchmal wird es sehr schnell gehen, manchmal dauert es etwas länger. Letztlich ist es stets den Aufwand wert. Geh danach noch einmal in die betreffenden Situationen zurück, aber diesmal als Beobachter, der seinem inneren Jungen den nötigen Beistand geben kann.

Übung • Zurückkehren, um dem Jungen zu helfen

6. a) *Schließe die Augen und suche den Inneren Rat auf. In seinem Schutz gehst du in die ursprüngliche, verletzende Situation zurück. Dieses Mal ist der Junge nicht allein. Du bist bei ihm als sein geheimer Verbündeter, Freund und Beschützer. Unsichtbar hältst du seine Hand und flüsterst ihm ins Ohr.*

   b) *Wenn sich die Szene wieder aufrollt, brauchst du nicht wieder mit deinen Gefühlen in sie einzusteigen, bleibe einfach nur der Beobachter.*

Während ihr die Szene gemeinsam beobachtet, sagst du dem Jungen, was er hören muss, um sich besser zu fühlen. Du wirst wissen, was er braucht. Stimme ihm zu, dass die Situation hart war, verletzend oder was auch immer. Flüstere ihm zu, dass er dieses Mal den Schmerz nicht mehr zu fühlen braucht. Erzähle ihm, dass er, egal was passiert ist, kein schlechter Junge ist. Es gibt nichts, dessen er sich schämen müsste. Du weißt, dass er sein Bestes gegeben hat und dass nur die Situation falsch war, nicht er. Wenn er Fehler gemacht hat, erinnere ihn daran, dass Fehler ein Teil des Lebens sind. Statt sich an ihnen aufzuhalten ist es besser, ihn zu fragen, was er aus ihnen gelernt hat.

Das alles braucht gar nicht lange zu dauern. Wenn ihr fertig seid, vergewissere dich, dass dein Junge keine Fragen mehr hat und er dir alles über die Situation erzählt hat, was er zu sagen bereit war. Es wird ihm wahrscheinlich sehr viel besser gehen, nachdem er seine Probleme mit dir geteilt hat.

c) *Lade deinen Jungen ein, nach Hause zu kommen. Wenn er möchte, kann er die Situation endgültig verlassen und von nun an mit dir leben. Möchte er das? Auch wenn er sich die alte Situation noch einmal anschauen möchte, werdet ihr von jetzt an gemeinsam dorthin gehen. Er wird dort nie wieder allein sein.*

d) *Nutze diese Vorgehensweise für alle Situationen, die dir geeignet erscheinen. Jedes Mal wird sich dein innerer Junge besser fühlen. Schreibe deine Erlebnisse in dein Tagebuch, wenn du fertig bist. Wie war es? Wie fühlst du dich? Wie fühlt er sich?*

e) *Wenn du fertig bist, frage den Jungen, ob die Sachen im Tagebuch noch geheim gehalten werden sollen. Sind die Geheimnisse immer noch so düster wie zuvor? Wäre es nicht gut, sie mit den richtigen Menschen zu teilen?*

Hör zu, was er zu sagen hat. Wenn er sagt, »Nein, erzähle es niemandem«, respektiere seinen Wunsch und schweige. Hefte die Seiten aneinander fest und warte so lange, bis er sich anders entscheidet. Wenn er dir erlaubt, sie weiterzugeben, um beispielsweise jemandem in einer ähnlichen Situation zu helfen, kannst du das tun. Verrate nie ohne seine ausdrückliche Erlaubnis, was in diesem Teil deines Tagebuchs steht. Damit zeigst du ihm, dass er dir wirklich vertrauen kann.

Wenn du Teile davon geheim halten möchtest, erinnere dich am Ende deiner Reise als *Krieger* an sie. Mit der Zeit wirst du mit allem zurecht kommen, was dir im Leben begegnet, und Dinge, die früher einmal geheim gehalten werden mussten, werden ihre sonderbare Energie verloren haben. Gib dir selbst die Zeit, die du brauchst.

Gratulation! Du hast den harten Teil geschafft. Das könnte ein großer Teil deiner »Ausgrabungsarbeiten« in diesem Prozess gewesen sein. Jetzt hast du dir ein Extravergnügen verdient und darfst feiern. Tanze. Spiele. Mach eine Pause. Frag deinen kleinen Jungen, was er jetzt gerne machen würde, und belohne euch beide. Der nächste Abschnitt macht Spaß. Es ist Zeit für den *Magischen Jüngling*.

Filterwechsel

Der *Magische Jüngling* ist die ganze Zeit über da drinnen gewesen und hat mit deinem Verstand Verstecken gespielt. Und, wie üblich, hat dein Verstand dabei verloren – siehst du den Jungen nicht siegessicher kichern? Oftmals blickte er ihm direkt ins Gesicht und konnte ihn dennoch nicht erkennen. Warum ist das so? Es hat damit zu tun, wie der Verstand arbeitet. Dein Verstand verarbeitet die Informationen ähnlich wie ein Computer, indem er seine Erinnerungen portionsweise in tief verschachtelten Dateien ablegt.

Wenn du Informationen wieder abfragen willst, durchsucht er seine Dateien und spuckt die Antwort aus. »Die Farbe von Tante Marias Auto war blau. Die Quadratwurzel von 625 ist 25. Der Name von dem netten Typen im Fitnesstraining ist Robert.« Die Antworten hängen von der Art der Frage ab.

Der Verstand holt die Erinnerungen passend zu dem gestellten Fragesatz zurück ins Bewusstsein. Wenn du nach etwas fragst, sortiert er all die Zillionen kleiner Erinnerungsfragmente deines Unterbewusstseins und bringt alle relevanten zurück. Damit die Antworten deine bewusste Wahrnehmung erreichen können, müssen sie einer bestimmten Form entsprechen, die du verstehen kannst. Das bedeutet, dein Verstand kann dir nur solche Dinge sagen, die in den Rahmen passen, den du durch deine Vorstellungen festgelegt hast.

Deine Vorstellungen funktionieren wie Filter, durch die du die Wirklichkeit wahrnimmst. Mit anderen Worten, wenn du an den *Magischen Jüngling* in dir glaubst, kannst du ihn auch sehen – wenn nicht, dann nicht. In beiden Fällen wird dir dein Verstand die passenden Beweise liefern, um deine Prämisse zu stützen. Wenn du deine Überzeugung veränderst, wirst du auch andere Beweise bekommen. Betrachten wir ein Beispiel.

Bis vor ein paar Jahren dachte ich, ich hätte eine ziemlich unglückliche Kindheit gehabt. Ich erinnerte mich an jedes Mal, als ich allein auf dem Spielplatz war oder als Letzter für die Fußballmannschaft ausgewählt wurde. Ich erinnerte mich an jedes Mal, an dem ich hinter dem Haus auf der Treppe sitzen musste, wenn mein Vater mir eine »Auszeit« verpasste, weil ich etwas angestellt hatte, obwohl ich (passenderweise) nicht mehr wusste, wofür ich bestraft wurde. Ich erinnerte mich, wie der Gedanke »anders«, ein Waschlappen und Außenseiter zu sein, wie ein fettiger Klumpen meine Eingeweide zusammenpresste. Ich erinnerte mich, mich die meiste Zeit selbst gehasst zu haben. Wenn mich irgendjemand fragte, wie meine Kindheit gewesen sei, antwortete ich wie aus der Pistole geschossen: »Miserabel.«

Das Erstaunliche daran war nur, dass ich beim Betrachten alter Fotos von mir ein Kind sehe, das offensichtlich viel Spaß am Leben hat. Auf einem Bild sehe ich einen Jungen mit seinem neuen Haustier Fritz, einer Ente. Er grinst. Auf einem anderen verkauft er glücklich in einem Papp-Kaufladen die Spenden seiner Mutter, Dosensuppe und Limonade. Auf einem anderen Bild sind er und seine Schwester mit Hexenmasken und gepunkteten, schwarzen Hüten verkleidet und halten Papiertüten voller Süßigkeiten in den Händen. Tatsächlich sieht keines der Fotos besonders traurig aus. Zugegeben, weinende Kinder landen normalerweise auch nicht vor dem Fotoapparat der Eltern. Der Punkt ist aber, dass ich die meisten lustigen Erinnerungen ausradiert hatte.

Ich begann mit einem Experiment. Um zu sehen, ob ich meinen mentalen Filter verändern kann, fragte ich meinen Verstand: »Zeige mir alle Erinnerungen, in denen ich glücklich gewesen bin.« Was daraufhin auftauchte, war erstaunlich. Ich erinnerte mich an den Spaß, den wir hatten, als wir anfingen, die Enteneier zu suchen, die Fritz (den wir schnellstens in Fritzi-Anna umgetauft hatten) in seinen Gelegen am Bach und überall auf dem Hof verstreut hatte. Ich erinnerte mich an die Zeit, als ich im Wald Lehm ausgegraben hatte und daraus kleine Aschenbecher formte, die Mama dann im Ofen gebacken hat. Ich erinnerte mich daran, als Papa mich kurz vor Sonnenaufgang zum Fischen mit aufs Meer genommen hatte, und ich dort einen wirklich hellen Kometen sah. Ich erinnerte mich daran, wie Bob, unser Milchmann, am Weihnachtsabend mit einem falschen Bart und donnerndem Lachen in unser Haus kam. Ich erinnere mich, wie wir Kinder mit großen Augen das Wunder bestaunten, dass der Weihnachtsmann ausgerechnet in unser Haus kam. In kurzer Zeit fand ich eine Vielzahl dieser Erinnerungen, die ich durch den alten Filter blockiert hatte. Die Tatsache, dass ich die angenehmen Erinnerungen aufdecken konnte, negiert natürlich nicht die schwierigen Zeiten. Sie halfen mir aber dabei, das Bild ein wenig abzurunden. Möchtest du es selbst versuchen?

Übung ⊷ Spiele

7. *Erstelle folgende Listen in deinem Tagebuch:*

   a) *Nenne fünf weitere Dinge, die du als Junge gern hattest und die auf deinen ersten Listen noch fehlen.*

   b) *Schreibe fünf angenehme Erinnerungen auf.*

   c) *Welche Lieblingsgeschichten hattest du als Junge?*

   d) *Wer waren deine Helden?*

   e) *Nenne fünf Menschen, die zu dir als Junge nett waren.*

   f) *Nenne fünf Dinge, auf die du früher wirklich stolz warst.*

8. *Zähle fünf kreative Tätigkeiten auf, die du als Junge geliebt hast. Wie war es, mit Fingerfarben oder Buntstiften zu malen? Wie ist es mit Tanzen, ein Stück zu schreiben, um es vor deinen Freunden aufzuführen, oder einen Turm aus Bausteinen zu errichten?*

   Wenn du die Liste fertig hast, wähle dir eine Aktivität aus und wiederhole sie auf der Stelle. Die einzige Regel ist, dass es dir Spaß macht.

Übung • Spiele

9. Wähle mindestens eine der folgenden Übungen. Mach dir einen Spaß daraus.

   a) *Schreibe die Geschichte deiner perfekten Kindheit. Schreibe, was du willst – die Schweizer Familie Robinson, meine Abenteuer mit Pippi Langstrumpf, Kinder im Weltraum oder was immer du willst. Lass den* Magischen Jüngling *Regie führen und viele Details und Charaktere mitspielen, die er liebt.*

   b) *Wie wäre es gewesen, wenn alle Erwachsenen in deinem Leben das Richtige getan hätten? Beschreibe, wie dein Leben gewesen wäre, wie du dich gefühlt hättest, was aus dir geworden wäre. Häng dich nicht zu sehr daran auf, wie es wirklich gewesen wäre – es ist jetzt sowieso nur eine Geschichte. Wenn du willst, kannst du sie auch zur offiziellen Version machen.*

   c) *Führe eine Bewegungsmeditation durch – einen Tanz zu fröhlicher Musik, um den Spaß und die guten Zeiten deiner Kindheit zu feiern. Gib dem* Magischen Jüngling *und dir selbst genügend Zeit, um eure neue Verbindung zu feiern.*

Der *Magische Jüngling* im Alltag

Ihr beide, du und der *Magische Jüngling*, braucht euch gegenseitig. Er braucht dich zur Unterstützung, um gut behandelt zu werden, gelegentlich ein Abenteuer zu erleben und gleichzeitig angemessene Grenzen in der Welt gesetzt zu bekommen. Du brauchst ihn, damit er deine Stimmung aufhellt, dir Verspieltheit, Spontaneität und Kreativität schenkt. Er lehrt dich die heilende Kraft, Dinge zu tun, von denen dein Erwachsenendasein nicht mal zu träumen wagt, eine Strasse hinunterzuhüpfen, wenn niemand schaut, oder im Park Steine über den See springen zu lassen. Er ist da, vertraut auf dich. Du bist hier und brauchst ihn. Es ist an euch, die Verbindung aufrecht zu erhalten.

Es ist einfach und sehr lustig, den *Magischen Jüngling* zu einem Teil deines täglichen Lebens zu machen. Wenn du Auto fährst, stell dir vor, er säße neben dir. Mache unterwegs kurz Halt, um ein Eis zu kaufen oder die

Blumen im Botanischen Garten anzusehen. Auch bei der Arbeit ist er anwesend. Betrachte einmal deine Arbeit durch seine Augen und du wirst ganz neue Energien gewinnen. Belohne dich selbst. Nimm dir Zeit für dich selbst. Übe häufig, mit ihm zusammenzusein, denn diese neue Art der Beziehung wird etwas Zeit brauchen, bis ihr euch daran gewöhnt habt. Vielleicht kannst du dir bald gar nicht mehr vorstellen, anders zu leben.

Übung •• Verpflichtung

10. *Schreibe ein Memo an deinen* Magischen Jüngling *in dein Tagebuch. Versprich ihm, jeden Tag der kommenden Woche etwas Großes oder Kleines für ihn zu tun. Es kann etwas von den Listen sein oder etwas anderes, das Spaß macht. Es ist egal, ob es nur ein paar Minuten dauert oder den halben Tag. Das bleibt ganz dir überlassen. Schreibe ein Datum unter das Memo und unterschreibe es für euch beide.*

    Am Ende der Woche gibst du dem Magischen Jüngling *ein neues Versprechen, dass du immer, wenn es sich gut anfühlt, etwas für ihn tun wirst. Wagst du es, dich für einmal in der Woche zu verpflichten? Könntest du dir einen ganzen Nachmittag Zeit nehmen? Einen ganzen Tag? Es ist deine Entscheidung. Von jetzt an seid ihr beide ein Team. Habt viel Freude aneinander!*

11. *Lege für die neue, kraftvolle Beziehung zwischen dir und dem* Magischen Jüngling *ein symbolisches Objekt auf deinen Altar.*

8 Das Heilige Androgyne

Das Wesen der Geschlechtlichkeit

Wir leben in einem Bürokratenparadies. Nimm ein beliebiges offizielles Formular – vom Führerschein bis zur Steuererklärung – und schau dir einmal an, wie oft von dir verlangt wird, jedes noch so kleine Stückchen deiner Individualität und Eigenheit wie mit einem Schuhlöffel in eine Serie kleiner, starrer Kästchen zu zwängen – Rasse, Geschlecht, Ehestand, Beruf und so weiter. Diese Formulare reflektieren die Art, wie unsere Gesellschaft die Welt sieht. Wir sind es gewöhnt, die komplexe Identität einer Person auf eine simple Liste einander ausschließender Äußerlichkeiten zu reduzieren. Aus der Sicht der Bürokraten klappt das auch ganz wunderbar. Für jemanden, der es vorzieht, die ganze Bandbreite seines Wesens zu leben, funktioniert es überhaupt nicht.

Von allen Unterscheidungsmerkmalen scheint uns die Bestimmung des Geschlechts am eindeutigsten. Wir haben es vom ersten Tag an. Jungs tragen blau, Mädchen rosa. Jungs sind stark, Mädchen gefühlvoll. Männer zeigen keine Gefühle. Frauen kümmern sich um die Kinder. Jeder, der nicht erfüllt, was man aufgrund seines biologischen Geschlechts von ihm erwartet, macht sich sofort verdächtig. Rate mal, wer nicht in diese Schubladen passt? Da das Zweigeschlechtersystem *per definitionem* annimmt, dass jeder heterosexuell ist, schließt es Schwule automatisch aus.

Geschlechterrollen schränken ein. Indem sie männliche und weibliche Verhaltensweisen strikt voneinander abgrenzen und dadurch beispielsweise Männer entmutigen, Gefühle zu zeigen oder Frauen, für sich selbst einzutreten, verhindern Geschlechterrollen ganz allgemein, dass Menschen ihr volles Spektrum an Talenten und Empfindsamkeiten ausdrücken können. Dadurch leidet nicht nur der Einzelne, sondern die Gesellschaft als Ganzes verarmt.

Schwule haben die Eigenart, Geschlechterrollen auf den Kopf zu stellen. Wir scheinen die Extreme zu suchen. Manche von uns entscheiden sich, wirklich harte Lederkerle zu sein und lehnen die kleinsten Anzeichen von Weiblichkeit ab. Einige lieben das andere Extrem und werden zu ultrafemininen Drag Queens. Manche Männer verbinden beide Extreme zu einem Mischmasch der Geschlechter, das gleichermaßen schockiert, unterhält und verwandelt. Die meisten von uns liegen dazwischen, mit Präferenzen in einem der Bereiche. Wir fühlen uns aber meist auch in dem anderen Bereich innerhalb gewisser Grenzen sehr wohl. Letztlich entfalten wir unsere wahre Kraft erst dann, wenn wir uns die Freiheit nehmen, unsere Geschlechterrollen völlig abzulegen. Wenn wir es schaffen, ungeachtet aller geschlechtsbedingten Erwartungen jeden Teil unseres Selbst begeistert zu leben, nutzen wir die Kraft des *Heiligen Androgynen*.

Androgyn bedeutet »männlich und weiblich zugleich«. Als Archetyp verkörpert das *Heilige Androgyne* sowohl männliche als auch weibliche Eigenschaften in einem relativ ausgewogenen Verhältnis. Warum aber »Heilig«? Vollkommene Androgynie schließt beide Geschlechter ein und überschreitet dadurch die Ebene der Dualität hin zur Einheit. Durch die Vereinigung der Gegensätze zweier starker Pole kann eine Kraft gewonnen werden, die stärker und anders geartet ist als die der einzelnen. Stell dir eine Batterie vor, bei der weder der positive (»männliche«) noch der negative (»weibliche«) Pol für sich allein Strom erzeugen kann. Erst wenn beide Pole miteinander verbunden sind, kann Strom fließen. Werden sie stärker polarisiert oder die Differenz der Spannung erhöht, ist auch der Fluss stärker. Wenn du lernst, die stärksten Eigenschaften des männlichen und weiblichen Geschlechts in dir zu verkörpern, wirst du einen Zustand tiefer, spiritueller Kraftentfaltung erfahren.

Es kann einem wirklich die Augen öffnen, wenn man das Konzept der Geschlechtsidentität kennen lernt. Ich erinnere mich, wie ich selbst das erste Mal damit Bekanntschaft machte. Es überrascht nicht, dass es ausgerechnet an Halloween war, als ich mich traute, als *Drag Queen* auszugehen. Bereits Monate zuvor schwitzte ich Blut und Wasser, gleich nach meinem *Coming Out* war es das zweitaufregendste Erlebnis. Jeder Schritt der Vorbereitung brachte mich erneut an meine Grenzen. Für ein Abendkleid kaufte ich meterweise Stoffbahnen mit einem Muster aus rankenden Weinblättern und saß dann völlig ratlos vor der Nähmaschine. Immer wieder malte ich mir dicke Lagen Make-Up, Rouge und blauen Lidschatten ins Gesicht, wischte es wieder ab und trug es wieder auf und war absolut überzeugt davon, jedesmal wie ein Clown auszusehen. Ich verbrachte einen ganzen Nachmittag in der Stadt damit, in einem Perückenladen mit fünf »echten« Mädchen meine Haare richtig hinzubekommen. Als es September wurde, war ich schon ganz verrückt vor Vorfreude. Fünfmal am Tag tanzte ich in meinen neuen, viel zu hohen Stöckelschuhen durch das Haus und während der

Autofahrten von der Arbeit nach Hause übte ich im Rückspiegel, mir die Lippen zu bemalen.

In der Nacht, in der die Party stattfand, war ich wie elektrisiert. Eine halbe Stunde vor der Show brach ich mir einen Nagel ab – diese falschen Teile halten nie! –, was bedeutete, dass ich mich nicht allein anziehen konnte. Anstatt mir ruhig jemanden zu suchen, der mir dabei half, raste ich wutschnaubend durch das Haus. Bühne frei für die Diva! Obwohl ich schon mitten in ihr drin steckte, war ich unglaublich erstaunt. Bis zu dieser Sekunde hielt ich mich für ziemlich männlich. Und auf einmal, völlig aus dem Nichts, war ich von diesem Miststück besessen. Sie brauchte sich nicht erst aufzuwärmen, sondern riss die Szene völlig an sich, wie eine vollständig entwickelte Persönlichkeit. Jahre später wurde mir klar, dass sie mir ihre negative Seite, ihren Schatten, zeigte, weil ich sie so lange unterdrückt hatte. Damals wusste ich nur, dass sie stinksauer war!

So wurde ich das erste Mal meiner inneren Frau vorgestellt. Nachdem ich sie beruhigt hatte und sie auf der Party war, war sie wieder ganz die Dame. Wir tänzelten herum. Wir schwebten. Wir flirteten schamlos. Innerlich wiederholte ich immer wieder den gleichen Satz, um möglichst weiblich auszusehen: »Schultern runter, Kopf runter, Blick nach oben, Augen sanft zitternd, Hüften locker …«. Es war definitiv ein ganz neuer Blickwinkel auf die Welt.

Am nächsten Morgen wachte ich nicht nur mit einem Riesenkater und wunden Füßen auf, sondern konnte seltsamerweise kaum meinen Körper wahrnehmen. Ein paar Stunden lang musste ich ihm wirklich sagen, wie er sich »normal« bewegen sollte – das heißt männlich. »Aufrecht stehen, breite Schultern, feste Hüften, starres Handgelenk, tiefe Stimme …« Ich musste lachen. Wie ein Schauspieler hatte ich die ganze Zeit versucht, absichtlich feminin auszusehen. Und jetzt lernte ich, dass es mit dem maskulinen Benehmen genauso ist. Diese Erfahrung hat meine ganze Vorstellung von der Richtigkeit der Geschlechterrollen über den Haufen geworfen.

Obwohl eine Nacht als Drag auf einer Party der Komplexität und Sensibilität des weiblichen Verhaltens kaum gerecht werden kann, liefert diese Erfahrung doch einen eindrucksvollen Einblick in das Konzept der Geschlechter. Tatsächlich umfasst das geschlechtsbedingte Verhalten den gesamten Bereich menschlicher Ausdrucksformen und schließt sowohl positive als auch negative Wesenszüge ein wie auch innere Qualitäten und die äußere Erscheinung. Die meisten von uns haben eine recht genaue Vorstellung davon, welches Verhalten zu welchem Geschlecht passt, was meistens so automatisch abläuft, dass wir es gar nicht bewusst wahrnehmen. Die nachfolgende Geschlechterrollenkarte wird dir dabei helfen, deine eigenen Vorstellungen über Geschlechterrollen zu skizzieren.

Übung ∞ Geschlechterrollenkarte

1. a) *Beginne eine neue Seite deines Tagebuchs im Querformat. Oben links schreibst du »Sehr Männlich«. Oben rechts »Sehr Weiblich«. Zwischen den Überschriften ziehst du eine waagrechte Linie. Unter »Sehr Männlich« schreibst du nun alle Dinge auf, die deiner Meinung nach männlich sind. Denk nicht lange nach – schreib einfach.*

   Daneben stellst du eine Liste weiblicher Eigenschaften auf. Schreibe, so viel dir einfällt.

   b) *Mit einem Stift anderer Farbe zeichnest du die nachfolgenden Aktivitäten und Verhaltensweisen an den Platz auf der Karte ein, wo sie deiner Meinung nach hingehören. Wenn etwas sehr männlich ist, schiebst du es ganz an den linken Rand. Äußerst weibliche Eigenschaften und Tätigkeiten kommen ganz nach rechts, neutrale in die Mitte und so weiter. Denkst du beispielsweise, dass Kochen zwischen neutral und weiblich angesiedelt ist, setzt du es auf dem Blatt zwischen Mitte und rechtem Rand.*

   Platziere die folgenden Begriffe auf der Karte. Wenn du willst, kannst du deine Begriffe aus dem ersten Teil auch mit einordnen.

   Kindererziehung
   Unterrichten
   Gartenarbeit
   Nähen
   Schreiben
   Auto reparieren
   Sport
   Sexuell passiv
   Militärdienst
   Kochen

Übung • Geschlechterrollenkarte

Tanzen
Gottesdienst
Tischlern
Modedesign
Gesundheitsdienst
Frisieren
Hauswirtschaft
Sexuell selbstbestimmt
Krankenpflege
Führungsqualitäten
Künstlerische Kreativität
Meditation

c) *Mache neben jede Eigenschaft oder Aktivität, die auf dich zutrifft, ein Sternchen. Gibt es ein Muster?*

Ziehe eine Linie um alle Begriffe, die du gekennzeichnet hast. Dieses Diagramm repräsentiert deinen eigenen Platz in der Geschlechterrollenkarte.

Wie war es? Konntest du alle Eigenschaften und Tätigkeiten leicht zuordnen? War es leicht, dich selbst auf der Karte zu platzieren? Entspricht das Schema deiner Vorstellung über deine eigene Geschlechterrolle?

Erforsche die Gegensätze

Die Identifikation mit dem Geschlecht ist nicht nur für Schwule ein brisantes Thema. Tatsächlich gehen viele Impulse, die zurzeit unsere kulturellen Debatten beleben, auf Personen zurück, die sich trotz ihrer unterschiedlichen Überzeugungen für eine Erweiterung der traditionellen Rollen einsetzen. Denk dabei nur an die vielen Frauen, die in typische Männerdomänen vorgestoßen sind und die gleichen Rechte fordern, die bisher nur Männern zustanden. Denk an die vielen Männer, die aktiver an der Erziehung ihrer Kinder mitwirken wollen. Denke an die vielen Versuche von Schwulen, nichttraditionelle Familien zu gründen, Kinder aufzuziehen und gesellschaftlich anerkannte Beziehungen zu führen. Denk auch daran, wie bedrohlich solche Veränderungen auf konservative Menschen wirken.

Schwule und ganz besonders Drag Queens geraten am meisten unter Beschuss. Dabei scheint der größte Stein des Anstoßes zu sein, dass wir zu feminin sind. Wir hören es in den spöttischen Bemerkungen, die man uns zuwirft – »Trine«, »Tucke«, »Trulla« –, und in unserer eigenen scherzhaften Art – »Schätzchen«, »Schwester«, »Herzchen«. Sogar unter Männern, die Männer lieben, gibt es einige, die Schwulsein über effeminiertes Benehmen definieren. Sogar während sie ihren Spaß am Sex mit anderen Männern haben, betrachten sich diese Machos als »nicht-schwul«, solange sie den harten Kerl spielen. Dass effeminierte Männer als solche Bedrohung angesehen werden, reflektiert in beschämender Weise, wie niedrig die Wertschätzung der Frau in unserer Gesellschaft ist. In Gesellschaften, die ihre Frauen hoch schätzen, ist die Situation eine andere.

Tatsächlich hat es nur sehr wenig mit dem biologischen Geschlecht zu tun, wie wir unsere Geschlechterrolle erleben. Anthropologen berichten, dass sich die Geschlechterrollen und sogar die grundlegenden Konzepte des Sexus im Vergleich verschiedener Gesellschaften sehr unterscheiden. Für jene unter uns, die sehr stark am westlichen Weltbild festhalten, ist dieses Konzept schwer zu verdauen. Die Idee der beiden gegensätzlichen Geschlechter scheint in Stein gemeißelt. Trotzdem haben andere Kulturen wie die Ureinwohner Amerikas wesentlich weniger rigide Vorstellungen.

Die Ureinwohner Amerikas erkannten beispielsweise, dass die Spirituelle Kraft zu jeder Person anders spricht. Die Geschlechterrollen wurden damals oft durch die individuelle Entscheidung festgelegt. Einige Männer fühlten sich dazu berufen, Frauenkleider zu tragen oder sich außerhalb der allgemeinen Männerrollen zu bewegen. Um diese Männer zu beschreiben, verwenden wir den Begriff »*Berdache*« oder »Zwei Seelen«, obwohl dadurch möglicherweise die kulturelle Vielfalt der Stammesgebräuche und die individuellen Besonderheiten ein wenig verwaschener erscheinen. Die *Berdache* wurden in ihren Kulturen als vollwertige, wichtige Mitglieder respektiert. Zwei Zuni *Ihamana* (Mann-Frauen) wurden von Matilda Cox Stevenson wie folgt beschrieben:

> »... die besten Töpfer und Weber des Stammes. Einer war die intelligenteste Person des ganzen Dorfes und auf geschichtliche Überlieferungen spezialisiert. Er trat bei Zeremonien in den Vordergrund ...«
> (Grahn, Another Mother Tongue)

Eine andere *Ihamana* namens We'wha wurde ganz besonders geschätzt und respektiert. Sie repräsentierte den Stamm bei einem sechsmonatigen Besuch in Washington, D.C., wo sie neben anderen Politikern auch Präsident Grover Cleveland traf.

Unter den Lakota galten die *Winkte* als gesegnet und heilig. Alfred Bowers schreibt:

> »Die Berdache *waren im Hinblick auf zeremonielle Feierlichkeiten die aktivste Gruppierung in ihrem Dorf. Ihre Rollen bei den Ritualen waren weitreichend und übertrafen selbst die der hochrangigsten Medizinmänner ihres Stammes. Sie hatten etwas Mystisches an sich.*«
> (Williams, The Spirit and the Flesh)

Die *Berdache* wurden aber auch in anderen Rollen respektiert – als Träumer, Wahrsager, Kunsthandwerker, Vermittler, Gaukler, Unterhändler und als Menschen mit einer besonderen Verbindung zum Geist. Es galt als vorteilhaft, einen *Berdache* in der Familie zu haben, und als glückbringend, auf dem Kriegspfad einen *Berdache* an seiner Seite zu haben.

Menschen, die die Rolle des *Berdache* ehren, schätzen im Allgemeinen die Eigenschaften der Frau als ebenso wertvoll ein wie die des Mannes. Zwei-Seelen-Menschen, so glaubt man, verkörpern das Beste von beiden. Will Roscoe meint, wie viele andere auch, dass Zwei-Seelen-Menschen das dritte und vierte Geschlecht repräsentieren und die modernen *Berdache* vielleicht sogar so etwas wie Helden seien:

> »Alle Berdache, *die ich heute kenne, verfügen über ein besonders ausgeprägtes Ego – sie sind sich ihres eigenen Selbst sehr bewusst ... Sie sind das, was man große* Queens *nennt ... Sie haben das sehr starke Gefühl, als habe man zwei Persönlichkeiten in einen kleinen Körper gezwängt ... da findet eine Expansion statt, ein Sich-Ausdehnen ... für mich ist diese Intensität eine der Schlüsselqualitäten aller Personen, die vom* Berdache-*Archetyp getragen sind.*«
> (Will Roscoe in Thompson, Gay Soul)

Neben den *Berdache* gibt es viele andere Beispiele solcher Männer. Indien hat seine *Hijiras*. Im alten Rom gab es die *Galli*. Polynesier kennen die *Mahu*. Wir studieren diese Männer nicht, um sie zu imitieren. Ihre Rollen haben eine ganz spezifische Bedeutung. Wir können aus ihrem Beispiel lernen.

In gesellschaftlicher Hinsicht wurden Männer, die Männer lieben, längst aus dem gängigen Geschlechtersystem ausgeschlossen. Obwohl dieses Exil der Grund für viele Verletzungen ist, bietet es auch eine unglaubliche Chance. Wir haben die Freiheit zu experimentieren. Wir können die vorgegebenen, stereotypen Mann/Frau-Grenzen überschreiten. Wir können uns eine soziale Identität geben, Beziehungen und Familien gründen, die mit unseren Neigungen übereinstimmen. Wir können uns selbst den Platz zuweisen, der uns entspricht, und müssen uns nicht mit dem zufrieden geben, was von uns erwartet wird.

Unser eigentliches Ziel ist es, gemeinsam die Grenzen der gesellschaftlich auferlegten Geschlechterrollen ein für alle Mal zu überwinden. Aber um diesem Ziel näher zu kommen, musst du erst einmal wissen, wie die Geschlechter jetzt gerade in dir wirken. Indem du den inneren Mann und die innere Frau in deinem Leben ergründest, stärkst du die Polarität der beiden. Die Energie, die du dabei gewinnst, kann dich vollkommen aus dem dualistischen System hinauskatapultieren, wenn du beginnst, deine eigene *Heilige Androgynie* zu erwecken.

Die folgenden Übungen laden dich ein, deiner Geschlechtsidentität auf den Grund zu gehen. Mit Hilfe von Kostümen, Bewegung und Theaterspiel wirst du deinen Körper befragen, wie er zu der Sache steht. Versuche, deinen Verstand möglichst herauszuhalten. Nicht alles wird positiv, politisch korrekt oder so sein, wie du es vielleicht erwartest. Manches könnte negativ erscheinen. Aber schließlich suchst du ja die vollständige Erfahrung, also lass einfach alles geschehen. Vielleicht solltest du sogar übertreiben. Du wirst überrascht sein, was du alles entdeckst.

Es ist interessant, wie emotionsgeladen diese Übungen sein können. Manche Männer fühlen sich in einer Position sehr wohl, bekommen aber unglaubliche Angst, sobald sie die andere einnehmen sollen. Ich habe Männer gesehen, die den Mut hatten, in einem Kleid die Straße runterzugehen, aber bei dem Gedanken zitterten, sie könnten an einer Lederbar vorbeikommen. Ich sah andere, die so hart waren, dass sie das halbe Land eingeschüchtert hätten, und die dann bleich vor Schreck wurden, als sie einen Rock anziehen sollten. Beobachte dich selbst. Schau, wo deine Grenzen sind. Und dann wirst du die Kraft finden, sie zu überschreiten.

Übung — Der Innere Mann

2. a) **Glaubenssätze über Männer**
   Fangen wir mit dem Unbewussten an. Beginne eine neue Seite im Tagebuch mit dem Titel »Der Innere Mann« und nummeriere die Zeilen 1 bis 20 durch. Vollende, so schnell du kannst, zwanzig Sätze, die mit »Männer sind …« beginnen.

   Wenn du damit fertig bist, markierst du jede Eigenschaft als positiv (+), negativ (–) oder neutral (0). Die Liste ist damit zwar nicht vollständig, gibt dir aber einen guten Überblick über deine eigene Einstellung zur Männlichkeit.

   Stelle nun eine zweite Liste zusammen, in der du zehnmal den Satz – »Männer können nicht …« vollendest. Wenn du etwas Bestimmtem auf der Spur bist, kannst du auch noch mehr Sätze bilden.

   Schließlich wiederholst du das Ganze noch einmal mit »Weil ich ein Mann bin, kann ich nicht …«.

   Was kommt hoch? Entdeckst du Gemeinsamkeiten mit der Geschlechterrollenkarte, die du vorher angefertigt hast?

   b) **Rollenmodelle**
   Archetypen verwirklichen immer beide Persönlichkeitsanteile, die positiven und negativen. Wir kennen ihre personifizierten Charakterzüge oft aus Märchen, Mythen und Geschichten. Figuren, die den inneren Mann verkörpern, können das ganze Spektrum vom guten Vater (wie Michael Landon in Unsere kleine Farm*) über Mad Max und Darth Vader bis hin zu Rumpelstilzchen ausfüllen. Welche Charaktere kommen dir bei dem Begriff »männlich« in den Sinn?*

   Wer waren in deiner Jugend die wichtigsten Männer? Stelle eine Liste zusammen, wer bei dir, im guten oder schlechten Sinne, den größten Eindruck hinterlassen hat.

   Vielleicht kannst du beim Durchgehen der Liste zusammenfassen, was dir jeder dieser Männer gezeigt hat. Vielleicht war dein Großvater

»liebevoll und lustig«. Dein Sportlehrer in der Schule könnte »knackig aber sadistisch« gewesen sein. Entdeckst du irgendwelche Übereinstimmungen mit Inhalten aus Teil a)?

c) **Bewegungsmeditation**
Dein *Magischer Jüngling* wird diese Übung lieben. Es ist Zeit sich zu verkleiden. Suche dir aus deinem Fundus das Passende aus und verpasse dir ein Outfit, in dem du dich sehr männlich fühlst. Was passt am besten? Ein Blaumann? Lederklamotten? Ein Anzug? Flanellhemd und Jeans? Übertreibe ruhig bei der Kleiderwahl, und suche dir Sachen aus, in denen du dich am männlichsten fühlst. Denk nicht darüber nach, wie es aussieht. Es kommt nur darauf an, wie du dich in den Sachen fühlst. Zeige den ganzen Kerl in dir.

- *Führe eine Bewegungsmeditation mit Musik durch. Folge den Schritten, die du gelernt hast, bis du zu deinem Inneren Rat gelangst. Wenn du dich mit deinem Inneren Rat in Verbindung gesetzt hast, bitte deinen Inneren Mann sich anzuschließen. Wie sieht er aus? Wie fühlt er sich? Beobachte ihn ein wenig, um einen Eindruck von ihm zu bekommen.*

- *Wenn du so weit bist, bitte ihn, in deinem Körper zu tanzen. Bitte deinen Körper immer wieder: »Zeige mir den Inneren Mann«. Sieh deinem Inneren Mann dabei zu, wie er sich bewegt, wie er geht, sitzt, wo sein Atem durch deinen Körper fließt. Beobachte, welche Körperteile sich locker entspannt anfühlen und welche stärker angespannt sind.*

- *Wenn du dich mit deinem Inneren Mann verbunden fühlst, bitte ihn, dir zwei Dinge zu zeigen. Zuerst bittest du deinen Körper: »Zeige mir, wo mein Innerer Mann seine stärksten und positivsten Seiten hat.« Dein Körper wird durch seine Bewegungen antworten. Er wird dir Eindrücke und Gefühle vermitteln. Beobachte alle Bilder, Situationen und Gesichter, die in dir auftauchen.*

- *Wenn du eine Antwort auf die erste Frage erhalten hast, stelle deinem Körper die zweite: »Wo ist mein Innerer Mann blockiert?« Beobachte, wo seine Bewegungen geschwächt erscheinen, wo die Blo-*

Übung ◆ Der Innere Mann

ckaden sind oder wo die Bewegungen durch Überkompensation zu heftig ausfallen. Urteile nicht, sondern beschränke dich auf deine Wahrnehmung.

- *Komm langsam zur Ruhe, wenn du mit der Meditation fertig bist, und kehre ins normale Wachbewusstsein zurück. Lass die Energien wieder in die Erde abfließen.*

Wenn du deine Eindrücke im Tagebuch festhältst, denk immer daran, sanft mit dir selbst umzugehen. Hier geht es nicht um Richtig oder Falsch. Du sammelst hier nur die nötigen Informationen, um später bewusste Entscheidungen zu treffen. Die Stärken und Schwächen deines Inneren Mannes zu erkennen, ist ein wichtiger Beitrag zur Selbsterkenntnis.

Wie war es? Haben dir Teile der Übung Schwierigkeiten bereitet? Warst du überrascht? Sind dir alte Verletzungen wieder bewusst geworden? Konntest du dich mit inneren Kräften verbinden, die dir vorher nicht zugänglich waren? Hast du unbekannte Schwächen erkannt? Während du mit ihm arbeitest, wirst du deinen Inneren Mann immer eindeutiger und ansehnlicher verkörpern.

Übung ↔ Die Innere Frau

3. So wie sich der Innere Mann unterschiedlich manifestiert, gehören auch der Inneren Frau ihre eigenen Bereiche in deinem Leben. Wir wollen uns mit ihr befassen. Wenn du nach der letzten Übung mit dieser weitermachen willst, solltest du erst kurz Pause machen, etwas herumgehen oder den Körper von Kopf bis Fuß gründlich ausschütteln.

   a) **Glaubenssätze über Frauen**
   Beginne für die Innere Frau eine neue Seite deines Tagebuchs. Notiere ihre Charakterzüge, wie du es schon für den Inneren Mann getan hast, und führe möglichst schnell zwanzigmal den Satz »Frauen sind...« zu Ende. Versuche, dich dabei nach Möglichkeit nicht selbst zu zensieren. Schreibe nur auf, was dir spontan einfällt, auch wenn es auf den ersten Blick keinen Sinn ergibt oder sozial inakzeptabel scheint.

Wenn du damit fertig bist, bewerte die Aufstellung wieder mit positiv (+), negativ (−) oder neutral (0).

Im nächsten Schritt vollendest du bitte zehnmal »Frauen können nicht …«.

Und schließlich bitte noch zehnmal »Wenn ich eine Frau wäre, könnte ich …«.

Was fiel dir auf? War es leichter oder schwieriger als bei deinem Inneren Mann? Wie würdest du dein Gesamtbild über Frauen am ehesten beschreiben? Vergleiche deine Antworten mit der Geschlechterrollenkarte.

b) **Rollenmodelle**
In Geschichten und Mythen begegnen uns Charaktere wie Morgaine le Fay, Lara Croft, Schneewittchen und die Böse Hexe. Welche Figuren hast du aus deiner Jugend noch in Erinnerung?

Schreibe die Frauen auf, die dich in deinem Leben am meisten beeinflusst haben.

Von diesen Frauen hast du gelernt, was es bedeutet, eine Frau zu sein. Was haben sie dir beigebracht? Schreibe ein oder zwei typische Merkmale deiner Beziehung zu diesen Frauen neben ihre Namen. Frau Meier von der Volkshochschule = humorlos, gemein. Tante Sofie = verrückt, lustig.

Wie passen diese Beispiele mit deinen Antworten aus dem ersten Teil zusammen?

c) **Bewegungsmeditation**
Ziehe ein Kleid an. Wenn du ein richtiges Kleid hast, prima, ansonsten kann es ruhig auch ein Stück Stoff, ein Handtuch oder ein Vorhang sein. (Mutig genug, Miss Scarlett?!) Deine Verkleidung muss keine Modenschau gewinnen, aber du solltest dich unbedingt sehr weiblich darin fühlen. Schwindle nicht, indem du einfach den Schotten spielst und dir nur ein Handtuch um die Hüfte wickelst, als würdest du

gerade aus der Dusche kommen. Was du trägst, sollte sich schon wie ein echtes Kleid bewegen und sich auch so anfühlen.

- *Nimm dieselbe Musik, die du schon beim Inneren Mann gehört hast. Begib dich in den heiligen Raum zu deinem Inneren Rat. Nimm dir genügend Zeit, um dich mit ihm zu verbinden und wohl zu fühlen. Bitte dann deine Innere Frau, zu dir zu kommen.*

  Beobachte sie. Hast du eine klare Vorstellung von ihr? Wie sieht sie aus? Welche Körperhaltung nimmt sie ein? Erinnert sie dich an irgendjemand, den du kennst?

- *Lade sie ein, in deinem Körper zu tanzen. Bitte deinen Körper immer wieder: »Zeige mir meine Innere Frau«. Dann tritt zur Seite und warte, was sich entwickelt.*

  Wenn du dich dabei etwas unwohl fühlst, möchtest du deine wahren Gefühle vielleicht durch besonders alberne, überzogene Damenhaftigkeit überdecken. Mach das! Übergib die Führung dann an den Magischen Jüngling und warte ab, was unter der Oberfläche lebt. Spüre, was diese Frau wirklich fühlt. Wie bewegt sie sich? Wie sitzt sie? Welche Körperhaltung nimmt sie ein? Welche Körperteile sind locker? Wo ist sie angespannt? Wie fühlt sie sich selbst?

- *Wenn du eine gute Verbindung mit dieser Energie hergestellt hast, frage deinen Körper, ob er dir zeigen kann, wo sich diese Kraft stark und positiv ausdrückt. Wiederhole die Frage, während du deine Bewegungen beobachtest. Was nimmst du wahr? Kennst du sie sehr gut? Was sind ihre Stärken? In welchen Situationen hilft sie dir?*

- *Stell zum Schluss noch die Frage – »Unter welchen Umständen habe ich Probleme mit meiner Inneren Frau?« Wiederhole die Frage und spüre in dich hinein. Wo hat sie Probleme? In welchen Lebensbereichen unterdrückst du sie? Wann zeigt sie ihre negativen Seiten?*

- *Wenn du die Übung abschließen möchtest, verbinde dich mit der Erde, lass alle Energien in sie abfließen, beobachte deinen Atem und kehre langsam wieder in das Wachbewusstsein zurück.*

Schreibe deine Beobachtungen ins Tagebuch. Was konntest du über deine Innere Frau erfahren? Wo liegen ihre Stärken und Schwächen? Konntest du dich mit ihr wohl fühlen? Verspürst du noch bittere Gefühle gegenüber Frauen? War die Übung schwierig? Wie kannst du voll und ganz zu deiner Inneren Frau stehen?

Hier geht es nicht nur um »Probleme«. Wie oft konntest du während dieser Übung die Energien der Geschlechter auf gesunde Weise ausdrücken? Wie hast du das gemacht? Kannst du dich gut um andere Menschen kümmern? Bist du ein gelernter Handwerker oder Mechaniker? Bist du selbständig? Kannst du Menschen helfen, die Hilfe brauchen? Kannst du ebenso gut empfangen wie geben?

Denke zurück. Gab es Dinge, in denen du als Junge gut warst, die aber niemand so recht anerkannte? Konntest du beispielsweise tolle Puppenkleider machen, hast dich aber deswegen geschämt, weil das »nur was für Mädchen« ist? Vielleicht warst du auch ein super Fußballer, bist aber nie voll darauf eingestiegen, weil jemand beim Duschen möglicherweise gemerkt hätte, wie aufmerksam du dich umschaust. Ich kenne einen Jungen, der früher der beste Seilspringer seiner Schule war, sogar besser als alle Mädchen. Obwohl er ganz problemlos aufwuchs, schämte er sich auch als Fünfzehnjähriger noch für seine besondere Fähigkeit. Achtzehn Jahre später sollte er bei einem großen *Faerie*-Treffen in New Mexico die Gelegenheit bekommen, damit zu glänzen. Auf einem Parkplatz wurden zwei Seile geschwungen und der Junge sprang länger als alle anderen. Die Menge jubelte. Alle applaudierten. Er war stolz auf sich. Endlich.

Das kannst du auch. Frage den *Magischen Jüngling*, wie gut es sich anfühlt, eine Auszeichnung zu bekommen, eine Medaille an den Kühlschrank zu hängen oder eine 1+ im Zeugnis zu haben. Gönne dir die Zeit und würdige dich selbst. Finde eine Möglichkeit, um alle Dinge, die du wirklich gut gemacht hast, gebührend zu feiern. Werde kreativ. Bastle dir eine Medaille oder eine handgeschriebene Ehrenurkunde. Gönne dir ein Belohnungsessen. Mal dir auf dem Badezimmerspiegel einen Heiligenschein. Streu dir Konfetti in die Haare. Ehre deinen Mut zur Ehrlichkeit gegenüber dir selbst, auch wenn du all den selbsternannten Geschlechts-Polizisten damit kräftig auf die Zehen trittst.

Der Schatten des Sexus

Wenn eine »Schwester« ihr Make-up auflegt, dauert es meist nicht lange, bis der Stachelbart wieder durchkommt. Genauso lauern auch die Schattenseiten unseres Geschlechts knapp unter der Oberfläche. Oft verspüren wir gegenüber dem einen oder anderen Geschlecht eine gehörige Portion Misstrauen, Angst, Ärger oder sogar Hass. Dies zeigt sich auf ganz unterschiedliche Weise.

Manchmal erkennst du sie im *Humor*. Obwohl Ironie und die Fähigkeit, über sich selbst zu lachen, ganz wunderbare Eigenschaften und vielleicht sogar Teil der Definition des »schwulen Bewusstseins« sind, haben Witze manchmal einen giftigen Stachel. Das ist der Schatten. Gib darauf acht, welche Zusatzinformationen in den »Witzen« verborgen sind. Wenn es Boshaftigkeit ist, wirst du sie fühlen. Die Wörter werden energiegeladener sein, als es die Situation eigentlich fordert, oder durch ein unausgesprochenes Verlangen angetrieben, jemand anderen oder dich selbst zu verletzen. Oberflächlich betrachtet mögen die Witze harmlos scheinen, aber die Gefühle, die sie erzeugen, machen dich darauf aufmerksam, dass hier etwas im Argen liegt, das du unbedingt untersuchen solltest.

Ein anderer Ausdruck des Schattens ist das *starre Festhalten* an einer Geschlechterrolle. Jede Rolle, vom ultraharten Lederbiker bis zur supersoften Fummeltrine, ist gut, solange sie aus dem eigenen Wesenskern kommt. In dem Augenblick, wo die Rolle so starr verkörpert wird, dass kein Platz mehr für andere Ausdrücke bleibt, ist der Schatten am Werk. Du erkennst diesen Punkt, wenn du dich beim Experimentieren zunehmend unwohl fühlst. Fürchtest du dich davor, kraftvoll zu handeln? Ist dir schon die Vorstellung ein Graus, einen Rock anzuziehen? Schau genau nach, was dir diese Widerstände zeigen wollen.

Kritik ist auch ein Trick des Schattens unseres Sexus. Jedes Jahr nach der großen *Gay-Pride-Parade* füllen sich die Leitartikel erneut mit denselben, obligatorischen Briefen selbsternannter Moralapostel, die es wieder mal höchst verwerflich finden, zu welchen Extremen die Schwulen sich hinreißen lassen. Normalerweise entspringt das der Boulevard-Presse, wo Drag Queens schrill hochstilisiert werden und beim Vorbeifahren der Ledermänner vor Empörung nach Luft geschnappt wird. Viel zu oft kommt die Kritik in letzter Zeit jedoch aus unseren eigenen Reihen. »Zu extrem«, hört man. »Das wird *ihnen* nicht gefallen. *So* sind wir nicht!« Die wahrscheinlichste

Ursache, die dieser Art von Kritik zugrunde liegt, ist Angst, die von unserer verinnerlichten Homophobie geschürt wird. Erinnerst du dich daran, was wir über Projektionen gesagt haben? Sei vorsichtig. Wenn wir über andere urteilen, sollten wir uns bewusst sein, dass der wahre Stein des Anstoßes oft in uns selbst zu finden ist.

Sei sanft zu dir selbst. Schatten-Verhalten entsteht in den meisten Fällen aus einer Verteidigungshaltung heraus. Wenn du einmal unter die Oberfläche schaust, wirst du wahrscheinlich Angst, Schmerz und Kränkungen finden. Wenn sie dir bewusst werden, solltest du unbedingt zu ihrem Kern vorstoßen. Möchtest du mit dem Gift in deinen Witzen Männer, Frauen oder gleich alle auf Distanz halten? Ist es die Angst, verletzt, verurteilt, zurückgewiesen oder falsch behandelt zu werden? Hast du Angst, deine Identität zu verlieren oder dich etwas Größerem als dir selbst hinzugeben?

Du hast die Werkzeuge, um die Wunden zu heilen. Schau etwas tiefer in dich hinein. Kannst du die Wunden einem bestimmten Ereignis zuordnen? Haben dich die Kraftmeier in der Schule dafür verarscht, dass du wie ein Mädchen geworfen hast? Sind deine Eltern wegen den kleinsten Anzeichen »nicht-männlichen« Verhaltens über dich hergefallen? Wenn es so war, benutze die Werkzeuge, die du in Kapitel 7 gelernt hast – Loslassen, Vergeben, Zurückgehen und Filter wechseln –, um deinem Inneren Jungen zu helfen und ihn zu heilen.

Was, wenn deine negativen Glaubenssätze ihren Ursprung nicht in persönlichen Verletzungen haben? Was geschieht, wenn du mit verallgemeinernden Urteilen über Sex und andere Dinge konfrontiert wirst? »Männer sind dumm, verletzend, egozentrisch ...« »Frauen sind schmutzig, unehrlich, manipulativ...« Beurteile dich nicht zu streng. Du bist nicht der einzige. In der Gesellschaft gibt es zwischen Männern und Frauen Berge von Missverständnissen und Feindbildern. Wie alle anderen auch nehmen wir sie über unsere Familien, Freunde und die Medien in uns auf. Wo immer sie auch herkommen mögen – diese Ansichten sind Gift für uns. Sie verletzen *dich*, weil du Teile deines Selbst verurteilst oder verleugnest. Sie verletzen aber auch *uns* als Gesellschaft, weil sie uns voneinander trennen und distanzieren. Aber du hast die Mittel, sie zu heilen. Kehre zu Kapitel 3 zurück, wo du die Übungen zum Loslassen, zum Neubewerten und zum Formulieren von Affirmationen gelernt hast. Jeder Schritt, den du tust, um deine negativen Glaubenssätze zu verändern, ist für uns alle ein wichtiger Schritt zur Heilung.

Der Schatten gedeiht in der Dunkelheit. Das Verhalten und die Einstellungen des Schattens sind wie Parasiten: Sie sind am gefährlichsten, wenn man sie nicht bemerkt. Oft genügt es schon, sie ans Bewusstsein zu bringen, um ihre Macht zu brechen. In vielen Gesellschaften waren Schwule, *Berdache* und andere wichtige Vermittler zwischen Männern und Frauen. Um diese Rolle wieder für uns zu beanspruchen, müssen wir alle Geschlechterprobleme in uns lösen. Erst dann können wir dazu beitragen, unsere Gesellschaft zu heilen.

Übung •• Der Schatten

4. a) Wer hält in Wirklichkeit bei dir die Fäden in der Hand? Sieh dir die folgende Auflistung einmal an: Männer, Frauen, Drag Queens, Ledermänner, Tunten, Machos. Welche Gruppierung kannst du am wenigsten akzeptieren? Gegen welche Gruppe hast du die meisten Abneigungen? Fehlt noch eine Kategorie in dieser Liste?

    Für die gewählte Kategorie vollendest du bitte den Satz: »Das Problem mit dieser Gruppe ist …« Schreibe auf, was deiner Ansicht nach mit dieser Gruppe nicht stimmt. Nenne so viele Argumente, wie du kannst.

  b) *Warum denkst du das? Was ist so schlimm daran, dass diese Leute so leben, wie sie wollen?*

  c) *Warum beschäftigt dich dieses Thema so stark? Haben dir diese Leute etwas getan? Hängen Erinnerungen aus der Vergangenheit damit zusammen? Hast du deine Ansichten von jemand anderem übernommen?*

  d) *Sieh ganz ruhig in dich hinein. Sind unter den aufgelisteten Eigenschaften aus Teil a welche, mit denen du selbst schon gekämpft hast? Bist du auf manche davon möglicherweise ein bisschen neidisch? Schimpfe nicht auf diesen Punkt der Übung, sondern bleibe ganz einfach nur ein Beobachter.*

  e) *Entdeckst du irgendwelche alten Verletzungen, die mit diesem Thema zusammenhängen? Wie sieht es mit negativen Glaubenssätzen aus?*

Lasse alles, was du findest, los, definiere es neu und heile es mit Hilfe der Übungen aus den vorangegangenen Kapiteln. Übernimm die Verantwortung für deine Vorstellungen und deine innere Gesundheit!

Das *Heilige Androgyne*

In unserer Gesellschaft gibt es nur sehr wenige Modelle, die uns zeigen, wie gesunde Androgynie aussehen kann. Unser Verstand ist so daran gewöhnt, jede Eigenschaft als männlich oder weiblich einzuordnen, dass er große Schwierigkeiten hat, die Dinge auch einmal anders zu sehen. Wir neigen dazu, Verhalten, das zwischen den Geschlechtsstereotypen angesiedelt ist, im Vergleich mit den polaren Extremen als »minderwertig« zu beschreiben. Nach dem gesellschaftlichen Standard gelten empfindsame Männer leider immer noch viel zu oft als »schwach«, eine starke Frau noch viel zu oft als »Biest«. Androgynie ist etwas anderes. Sie bedeutet energetische Ganzheit. Vielleicht ist sie leichter zu erkennen, wenn wir uns die zugrunde liegenden Kräfte des Geschlechts ansehen.

In energetischer Hinsicht gibt es zwei grundlegende Pole. Die Physik kennt sie als entgegengesetzte, »negative« und »positive« Ladung. In der Chinesischen Medizin und anderen Gesundheits-Systemen wird die gesamte Natur – einschließlich des menschlichen Verhaltens – als Wechselspiel zweier entgegengesetzter Kräfte gesehen. Ein Pol ist die *Yin*-Kraft. Yin ist passiv, empfangend, einschließend und wird mit dem Mond, der Dunkelheit, Zerstörung und ruhendem Potential in Verbindung gebracht. *Yang* ist das Gegenteil davon, es ist aktiv, bestimmend, nach außen gerichtet und mit der Sonne, Licht, Schöpfung und Bewegung assoziiert. Weil alle Dinge diese beiden Grundkräfte verkörpern, gibt es eine endlose Zahl von Beispielen, wie sie miteinander interagieren. Um aktiv zu sein, müssen wir ruhen können. Um geben zu können, müssen wir auch empfangen können. Um uns im Leben weiter zu entwickeln, müssen wir auch den Tod akzeptieren. Tatsächlich ist die Grundvoraussetzung für ein gesundes Leben ein ausgewogenes Verhältnis dieser beiden Energien.

Yin und Yang dienen auch als gutes Modell, um den Ausdruck der Geschlechter zu verstehen. Sieh dir noch einmal deine Listen durch und vergleiche, wie viele der als männlich eingestuften Eigenschaften dem Yang in der Natur entsprechen. Yang-Verhalten beinhaltet den Gebrauch von

Kraft, das Ergreifen der Initiative, Vorwärtsstreben und Aufbauen. Wie sieht es mit den weiblichen Eigenschaften aus? Wie viele davon sind wirklich Yin und verkörpern Qualitäten wie Zuhören, Empfangen und Aufnehmen?

Vereinfacht können wir Männer und Frauen als menschliche Verkörperung dieser beiden Kräfte verstehen. Frauen werden oft als passives Yin, Männer als aktives Yang betrachtet. In Wirklichkeit verkörpert aber jeder von uns beide Eigenschaften. Und weil jeder von uns, unabhängig von seinem biologischen Geschlecht, diese Eigenschaften in seinem ganz persönlichen Gleichgewicht hält, manifestiert sich die Geschlechtsidentität auch in ihrer ganzen, weiten Vielfalt.

Das *Heilige Androgyne* umfasst das gesamte menschliche Potenzial. Es sprengt die Begrenzungen, die durch unser Festhalten an der einen oder anderen Modalität entstehen, und gibt uns die Chance, die Ganzheit unseres Wesens auszudrücken. Stell dir vor, du würdest in der Mitte deiner Geschlechterrollenkarte stehen. Dehn dich mit einem Atemzug bis ganz nach links aus und nimm alles, was du als männlich ansiehst, in dich auf. Dehn dich nun auch nach rechts aus und umschließe alles weibliche. Jetzt, nachdem du beide Extreme in dir vereinigt hast, machst du einen Schritt über die Karte hinaus. Nun bist du auf dich gestellt und kannst frei über das ganze Reich verfügen.

Wenn du lernst, deine Androgynie auszudrücken, wirst du neue Tiefe und Kraft in deinen täglichen Aktivitäten entdecken. Stell dir nur die Kraft vor, die ein Lehrer hat, der fürsorgliche und nährende (Yin) Qualitäten mit der Stärke (Yang) kombinieren kann, seinen Schülern auch über intellektuelle Hürden hinwegzuhelfen. Welche Heilkräfte hätte ein Arzt, der die Empathie für seine Patienten mit der Entschlossenheit, Leben und Tod ins Auge zu blicken, vereint. Denke an den Geschäftsmann, der in seinen Entscheidungen auf dem Grat zwischen mutiger Führung und den daraus entstehenden Konsequenzen für seine Mitarbeiter wandelt.

In der Praxis wird die Androgynie für jeden von uns einzigartig und verschieden sein. Überschreite das Schablonendenken und werde dir der neuen Qualitäten bewusst, die dein Leben bereichern können. Kannst du malen? Versuche, deine Palette über Schwarz und Weiß hinaus um Mauve, Umbra, Scharlachrot und Aubergine zu erweitern. Bist du ein Koch? Genieße statt einfachem Salz und Pfeffer auch Sinnesfreuden wie Oregano, Fenchel, Kreuzkümmel und Garam Masala. Bist du Tischler? Baue mit deinen Händen einen Eichentisch und stell eine Vase mit Rosen darauf, wenn du fertig bist. Berühre die Erde und den Himmel, das Licht und die Dunkelheit, den Mann und die Frau in dir. Gib und empfange die Freuden mit deinem ganzen Selbst.

Das *Heilige Androgyne* ist ein Durchgang zur geistigen Welt. Es bietet eine Ganzheit, die unter den Menschen selten anzutreffen ist. Bevor du es für dich selbst einforderst, kann das Androgyne sehr beängstigend sein, insbesondere, wenn sich die Menschen in deinem Umfeld dagegen sperren. Trotzdem ist es deine Bestimmung. Das *Heilige Androgyne* lebt in dir und wird dir den Mut schenken, deine eigenen Richtlinien festzulegen, wenn du es zulässt. Es wird dir die Kraft geben, ein Leben im Überfluss zu führen und für die befriedigende Ganzheit offen zu sein. Du trägst es bereits in dir. Warum solltest du dich mit weniger zufrieden geben?

Übung ❧ Androgynie leben

5. *Veränderung ist das Resultat vieler kleiner Schritte in die richtige Richtung. Schreibe eine Liste mit zehn Sachen, die du machen kannst, um deine eigene Androgynie zu ehren. Wie kannst du in »maskuline« oder »feminine« Bereiche vordringen, die dir unbekannt sind? Wie kannst du beide Rollen in deine Aktivitäten integrieren?*

6. *Stell etwas auf deinen Altar, das das* Heilige Androgyne *repräsentiert.*

7. *Drück es im Tanz aus! Lade das* Heilige Androgyne *ein, mit dir und dem Inneren Rat als Zeugen in deinem Körper zu sein. Experimentiere damit. Spiele.*

   a) *Erkunde mindestens eine der folgenden Möglichkeiten:*

   - *Spiel mit den Bewegungen von Yin und Yang. Yin bewegt sich fließend und poetisch. Stell dir vor, du wiegst dich wie eine Weide, fließt wie das Wasser oder lässt dich vom Atem oder einem vorbeistreichenden Lufthauch bewegen.*

     Yang-Bewegungen gehen aktiv nach außen. Stell dir die Stärke einer Eiche vor oder den Tanz des Feuers. Beweg deine Energien auf ein bestimmtes Ziel zu.

Übung ◆ Androgynie leben

- *Spiele mit Hilfsmitteln, um die beiden Qualitäten zu verstärken. Besorge dir für Yin einen Schal und einen Stock für Yang.*

  Frage deinen Körper, wie er die beiden miteinander kombinieren würde, wie er Yin mit Yang vermischen würde und wie Yang mit Yin.

- *Verwende auch Kostüme, wenn du möchtest. Ziehe dir deine Macho-Kluft an und verhalte dich so weiblich wie möglich. Ziehe umgekehrt einen Rock an und tanze »wie ein Mann«. Beobachte, wohin dich die Gegenüberstellung führt.*

- *Kombiniere die Lieblingsstücke der beiden Kostüme. Trage Blue Jeans und ein Flanellhemd mit Samt und Seide. Oder probiere einen Lederschwanz mit hochhackigen Schuhen. Spiele »Androdrag« in beide Bewegungsrichtungen – gehe von Yin zu Yang und umgekehrt.*

b) *Frage deinen Körper, mit oder ohne Kostüm, wie er das* Heilige Androgyne *verkörpert. Bitte den Archetyp, sich ausgewogen in dir zu manifestieren. Sieh, wohin er dich bringt, wo er schon wirkt und wo er noch Hilfe braucht.*

Beobachte, ob eine Art der Bewegung angenehmer und vertrauter ist als die andere. Bitte den Archetyp, nach außen zu strahlen, wenn du spazieren gehst oder mit deinen normalen Aktivitäten beschäftigt bist. Beobachte den Wechsel. Spüre den Unterschied, selbst wenn rein äußerlich gar nichts anders ist.

Wenn der Übergang von einer Geschlechterrolle in die andere allmählich fließender funktioniert, wird die *Heilige Androgynie* zunehmend einen natürlichen Teil deines Lebens bilden. Mit der Zeit wird es dir gelingen, die Dualität zu transzendieren und die Ganzheit deines Wesens in Anmut und Leichtigkeit auszudrücken.

9 Der Liebhaber

Andere Männer lieben

»Die Liebe hält die Welt in Schwung ...« – so oder ähnlich heißt es doch in den Liedern? Unsere Liebe, so scheint es jedenfalls, könnte die Welt auf den Kopf stellen. Kannst du dir eine Welt der Männer vorstellen, in der man sich frei lieben kann, wann und wie immer es das Herz oder der Körper begehrt? Wer würde noch in den Krieg ziehen? Wer würde noch seine Zeit damit vergeuden, sich über das Sexleben anderer Leute den Kopf zu zerbrechen? Für den größten Teil der Gesellschaft ist die Tatsache, dass sich Männer innig, körperlich und von ganzem Herzen lieben können, immer noch ein radikaler Ansatz. Es ist aber auch nichts Besonderes dabei.

Das brauche ich dir nicht zu erzählen, oder? Die Fähigkeit, einen anderen Mann zu lieben, ist die natürlichste Sache der Welt. Du wurdest mit ihr geboren. Tief in dir kennst du schon lange den stechenden Schmerz des Verlangens, die raue Behaglichkeit von Männerarmen, die dich halten, das sanfte Necken mit den Augen, Lippen und Zungen. Du kennst das angenehme Kratzen der Stoppeln, das wundervolle Brennen wilder, verschwitzter Küsse und das ganze Spektrum der Freuden, die sich Männer mit ihren Körpern schenken können. Sogar, wenn du noch nie einen anderen Mann berührt hast, weißt du mit jeder Zelle deines Körpers, dass diese Anziehung weder vom sich windenden Verstand noch durch irgendwelche Wunderkuren oder durch das Gezeter der Moralapostel vereitelt werden kann. Die Liebe der Männer zu Männern ist ein Geschenk des Schöpfers. Die einzige Sünde ist, sie zu verleugnen.

Seine Liebe mit einem anderen Mann zu teilen, ist eine Möglichkeit, die Ganzheit miteinander zu teilen. Der Teil, der dabei das meiste Aufsehen erregt und den meisten Angriffen ausgesetzt ist, ist der sexuelle Aspekt. Erotische Anziehung macht einen wertvollen und wesentlichen Bestandteil davon aus, wer wir sind. Sie durchdringt unser ganzes Tun und verdient mit Sicherheit, häufig und eingehend beachtet zu werden. Dabei ist sie nur die Spitze des Eisbergs. Sex ohne innere Verbindung ist leer. Wenn wir uns begegnen, ist das mehr als nur die rein körperliche Entspannung. Wir kommen zusammen, um die liebevollen Berührungen eines anderen Mannes zu genießen und zwar nicht nur rein körperlich, sondern auch in unseren Herzen. Wir kommen zusammen, um Liebe und unsere Freuden miteinander auszutauschen. Letztlich finden wir nicht nur deshalb zueinander, weil es unsere Körper wünschen, sondern weil unsere Seelen es so wollen.

Wenn es wirklich klappt, ist es unglaublich. Die Körper verschmelzen. Die Herzen öffnen sich. Die Seele strahlt. Und unsere Zellen, die uns am Anfang zusammenführten, singen vor Freude: »Deshalb leben wir!« Wenn wir wissen, dass wir uns aufrichtig lieben, verwandelt sich jeder Tag unseres Lebens. Wir lassen dann freimütig die alten Verteidigungsmauern fallen und können uns aufrichtig respektieren. Dann sind wir offen dafür, hinter die Welt der Erscheinungen zu blicken, und sehen die Ganzheit in jedem Mann. Dann schöpfen wir die Kraft, stolz den lebendigen Gegenbeweis anzutreten, Männer lebten nur, um zu konkurrieren und zu kämpfen. Es ist kein Wunder, dass die alte Ordnung uns als so große Bedrohung empfindet.

Unglücklicherweise begegnen wir uns aber nur sehr selten mit so viel Klarsicht. Unsere Liebesfähigkeit hat unter der Last der jahrhundertelangen Verdammung gelitten. Wir neigen leider dazu, ein ganzes Bündel an Wünschen, Ängsten, Fragen und Verletzungen in unsere Partnerschaften hinein zu tragen. Trotz allem lebt die Anziehung in uns weiter als unwiderlegbarer Teil unserer Seele.

Diese Seele ist auch der Teil in dir, der den Weg zur Heilung kennt. Wenn du ihm folgen würdest, wäre der erste Schritt, deine Glaubenssätze in Bezug auf andere Männer zu überprüfen. Auch wenn du vordergründig positiv und gesund darüber denken magst, wäre es aufgrund der Umstände, in denen wir alle leben, durchaus möglich, dass tief sitzende negative Glaubenssätze dein Glück und deine Erfüllung sabotieren. Wenn dem so ist, sollten wir sie sofort ausradieren und auf der Stelle heilen, was meinst du?

Übung •• Glaubenssätze

1. Lass uns schauen, was in deinem Kopf vor sich geht. Nachdem du diese Technik nun schon oft verwendet hast, wirst du wahrscheinlich sehr schnell mit der Übung zurechtkommen. Erinnere dich daran, so rasch wie möglich zu schreiben und nichts davon zu verändern.

    a) *Vervollständige zehnmal, »Sex zwischen Männern ist…«*

Noch einmal zehnmal, »Liebe zwischen Männern ist …«

Und schließlich: »Beziehungen zwischen Männern sind …«

Was ist dir dabei aufgefallen? Hat dich irgendeine Aussage überrascht? Erkennst du Muster? Wie viele deiner Aussagen unterstützen dein Bedürfnis nach liebevollen, erfüllten, sexuellen Beziehungen? Wo hemmst du dich selbst?

b) *Befreie dich jetzt von allem Negativen. Verwende das Ritual zum Loslassen und verbrenne oder versenke alle negativen Aussagen aus Teil a).*

c) *Formuliere negative in positive Affirmationen um. Sage deinem Verstand ganz genau, was du anders machen willst. War eine deiner Aussagen beispielsweise »Sex ist dreckig«, formuliere sie so positiv um, »Sex zwischen Männern ist gesund und sauber«. Lasse darüber nicht den geringsten Zweifel aufkommen.*

Wiederhole deine neuen Affirmationen so lange, bis sie ganz automatisch entstehen. Sei kreativ dabei. Amüsier dich.

Der Traummann

Wen suchst du, wenn deine Augen an der Kasse des Supermarktes die Männer in der Schlange taxieren? Wen hoffst du zu treffen, wenn du die Typen im Trainingsraum, auf der Straße oder im Club beobachtest? Wer ist in den Magazinen neben deinem Bett oder in deinen Gedanken, wenn du die ganze Nacht vor Sehnsucht wach liegst? Wen glaubtest du in all den Männern gefunden zu haben, die du eine Woche oder ein Nacht liebtest, die dann aber doch nicht »die Richtigen« waren?

Der Traummann lebt in dir und neckt dich die ganze Zeit. Für die meisten von uns ist er ein Phantom. Du erkennst ihn in einem Lächeln über die Straße hinweg. Du siehst seine Gestalt in der Rundung einer Brust oder der Festigkeit eines Oberschenkels. Man bekommt ihn nicht zu fassen, weil er sofort wieder um die nächste Ecke verschwunden ist. Und wenn du endlich glaubst, ihn gefunden zu haben, verblasst sein Bild zusehends, bis du erkennst, dass der Mann in deinen Armen nicht der ersehnte Traummann ist. Wenn du dann über seine Schultern hinweg aus dem Fenster blickst, ist er plötzlich wieder da. Der Traummann kommt gerade aus einer Tür. Beeil dich! Lauf, sonst verpasst du ihn!

Was bedeutet »Traummann« überhaupt für dich? Ist es dein Fantasie-Pappi, der für dich bezahlt und all deine Probleme ein für allemal löst? Ist er ein zwanzigjähriges Schnittchen namens Adonis? Ist er ein ebenbürtiger Partner, ein Hexenmeister, der dir bei deinen Feuerwerken und deiner Magie hilft, oder ein schwarzer Ritter, der dich auf seinem Pferd in verbotene Reiche der Lust entführt? Ist er alles in einer Person? Der Traummann trägt viele Masken. Selbst wenn du gerade in einer guten, gesunden Beziehung steckst, kann er immer noch irgendwo um die Ecken huschen. Bevor du ihm wieder hinterherrennst, solltest du eine Reise in deine Fantasie antreten, um herauszufinden, wer dieser imaginäre Mann wirklich ist. Vielleicht wird es dir dann leichter fallen, ihn einzufangen.

Übung •• Zaubere dir deinen Liebhaber

2. Stell dir vor, du gehst einen weiten Strand entlang und weil du ganz alleine bist, haben sich die Triebe schon ziemlich angestaut. Auf einmal stößt du mit deinen Zehen auf etwas. »Was zum …?« denkst du dir, »Hmm … sieht wie eine antike Lampe aus … könnte einiges wert sein … ist ja ganz angelaufen … vielleicht ein bisschen daran rubbeln … WOW … ?« Du errätst es schon, ein Dschinn erscheint. Und nicht nur irgendeiner, sondern ein superknackiger, riesiger Dschinn, der nichts außer einem Lendenschurz trägt. »Meister, dein Wunsch sei mir Befehl.«

Du bist verblüfft. Sammle deine Sinne. Was denkst du gerade? Oh ja, der Triebstau. Hmmm, der Dschinn sieht verdammt heiß aus, vielleicht könnte er … aber als du ihm den Vorschlag machst, sagt er dir, dass Sex mit Dschinns verboten ist. Okay, dann sage ihm, dass du einen Mann willst, einen Liebhaber, deinen idealen Traummann.

»Das ist leicht«, erwidert der Dschinn und verschwimmt in einem Nebel. Der Lendenschurz ist einem dreiteiligen Armani-Anzug gewichen. Er öffnet seine lederne Aktenmappe und überreicht dir ein Blatt Papier. »Fülle diesen BESTELLSCHEIN FÜR TRAUMMÄNNER aus«, sagt er, »dann sehen wir, was ich für dich tun kann.«

a) *Entwirf in deinem Tagebuch den BESTELLSCHEIN FÜR TRAUM-MÄNNER. Unter der Überschrift skizzierst du grob die Umrisse eines Mannes. Mache dir keine Gedanken darüber, wie gut du zeichnen kannst – der Umriss genügt. Der Dschinn kann die Details ausfüllen.*

Lege dir vier Kugelschreiber oder Stifte unterschiedlicher Farbe zurecht. Dein Körper wird dir sagen, was du schreiben musst. Du brauchst nur niederzuschreiben, was er dir sagt. Entspanne dich und genieße den Vorgang. Versuche, nichts zu korrigieren oder zu viel über deine Antworten nachzudenken.

b) *Lege dir zuerst eine Hand an den Kopf. Frage deinen Verstand: »Verstand, was ist das Wichtigste an meinem Traummann?« Es werden Bilder auftauchen, Wörter oder kurze Beschreibungen. Halte alles, was dir dein Verstand mitteilt, in der Zeichnung fest. Sagt er dir beispielsweise, dein Traummann bräuchte ein Diplom in Maschinenbau, schreibst du das neben dem Kopf auf. Wenn er über 185 cm groß sein soll, zeichne es ein. Mach weiter, bis du alle Wünsche aufgenommen hast.*

c) *Lege dir nun die Hände auf die Schläfen und bitte deine Augen: »Augen, zeigt mir meinen Traummann.« Deine Augen werden dir alle wichtigen Qualitäten hinsichtlich seines Aussehens zeigen. Schreibe sie mit einer neuen Farbe in dein Diagramm. Lass dich nicht aufhalten, bis du alles zusammenhast. Es ist in Ordnung, wenn du ein paar Punkte aus dem ersten Teil verändern möchtest.*

d) *Befrage jetzt deine Libido. Lege die rechte Hand auf deine Genitalien und frage: »Was ist für meinen Idealmann das Wichtigste?« Schreibe die Antworten in der dritten Farbe auf.*

e) *Schließlich legst du dir eine Hand aufs Herz und bittest: »Liebes Herz, zeige mir meinen Traummann.« Was kommt hoch? Notiere es mit der vierten Farbe.*

Übung ❖ Zaubere dir deinen Liebhaber

Übung ♦ Zaubere dir deinen Liebhaber

f) *Betrachte die Zeichnung, wenn du fertig bist. Wie bist du damit zurecht gekommen? War es leicht, mit einer einzigen Liste auszukommen? Gab es Überraschungen? Widersprüche? Hast du alles Wichtige zusammenbekommen? Wenn du glaubst, deinen Traummann so vollständig wie möglich beschrieben zu haben, übergib die Liste an den Dschinn.*

»Hmmm«, murmelt er und klappt seine Lesebrille auf. »Aha … Ja … ich denke, damit können wir dienen.«. Dann verschwindet er in einem Lavendelwölkchen. Zappelig stehst du im Sand und wartest. Vielleicht fährst du dir mit den Fingern noch einmal durchs Haar, um möglichst gut auszusehen, für wen auch immer.

Endlich kommt der Dschinn zurück. Neben ihm, mitten in der Luft, hängt schimmernd ein dünner Vorhang. »Öffne ihn«, drängt er. Deine Hand zittert, während du den Vorhang zur Seite schiebst. Deine Augen starren … genau in einen lebensgroßen Spiegel. Als du dich umdrehst, ist der Dschinn verschwunden.

Sich nehmen, was man will

Der Dschinn hat die Wahrheit gesagt. Du wirst den idealen Mann niemals außerhalb von dir finden. Er ist zu gut, um wahr zu sein. Tatsächlich könnte er das größte Hindernis zwischen dir und der Liebe sein, die du dir so sehr wünschst. Der Traummann ist eine Illusion, ein Trugbild deiner Bedürfnisse, Wunden, Fantasien und unerfüllten Wünsche. Er ist eine Rolle, die du erschaffen hast. Es ist so, als säße dein Unterbewusstsein wie der Direktor einer Casting-Agentur mit seiner Zigarre in seinem Stuhl aus Segeltuch und würde jeden Mann, den du triffst, mit deiner Idealliste vergleichen. Wenn die Ähnlichkeit ausreicht, ist das Vorsprechen zu Ende. Der neue Mann bekommt die Rolle. Tatsächlich wird sie nun dreidimensional auf ihn projiziert. Bevor du es überhaupt merkst, verliebst du dich in die Projektion und nicht in den Mann.

In dieser materialistischen Gesellschaft kann man sich leicht in Äußerlichkeiten verlieren und Männer eher als Objekte statt als Individuen betrachten. Wenn du einen Körper oder ein Gesicht siehst, das dich an deinen Idealmann erinnert, solltest du dir vor Augen halten, dass die Person, die darin steckt, überhaupt nichts mit deiner Projektion zu tun hat. Vielleicht ist dieser Mann gutaussehend, verständnisvoll, humorvoll, reich und in Jeans verpackt. Auch er hat Gefühle, Ängste, Wünsche, Stärken und eine eigene Vorstellung von seinem Traummann. Er ist ein menschliches Wesen, richtig? Vielleicht ist er dein lang erwarteter Seelenverwandter? Vielleicht ist er auch ein Trottel. Bis du nicht hinter die Fassade geblickt hast, die du ihm aufgesetzt hast, wirst du es nie erfahren.

Die Probleme entstehen, wenn du so stark an deinem Fantasiebild festhältst, dass du die Person dahinter völlig vergisst. Selbst wenn du alles mögliche versuchst, um der Realität nicht ins Auge blicken zu müssen, wartet über kurz oder lang ein böses Erwachen auf dich. Es könnte sich anfangs in einem Gefühl der Isolation ankündigen. Es könnte geschehen, dass du plötzlich merkst, so lange Kompromisse eingegangen zu sein, dass nichts mehr von deinen eigenen Prinzipien oder deiner Identität übrig geblieben ist. Schau, ob du ein paar der folgenden Muster erkennst:

- Fred, ein gutaussehender Student, beklagt sich über seine Einsamkeit, nachdem er anfing, in Schwulenbars zu gehen. »Ich war wie besessen von älteren Männern mit Schnauzern, ich habe auf nichts anderes mehr geachtet. Nach einiger Zeit merkte ich, dass es mir nicht gelang, mich enger mit einem zu befreunden. Wir hatten immer nur Sex. Keiner fragte mich, was ich wollte, oder sagte mir, wie ich war. Ich denke, ich habe auch nie wirklich daran gedacht, sie zu fragen.«

- Bill beschreibt, nach welchem Schema gewöhnlich seine erste Nacht abläuft. »Auf einmal ist er da, sieht aus wie ein Gott. Er ist so heiß, ich bin so geil, er ist so perfekt, ich so bereit, manchmal geht es schon los, bevor wir überhaupt zu Hause sind. Manchmal ist es so mitreißend, dass ich mich vergesse und nicht an meine Sicherheit denke. Wie könnte ich jemanden, der so perfekt ist, nach einem Kondom fragen?«

- Jim erzählt von einem neuen Liebhaber. »Wir haben uns eine Woche lang jede Nacht gesehen. Als er sagte, er bräuchte eine Nacht für sich, um Arbeitskollegen zu sehen, lächelte ich ihn an und sagte: ›Klar, in Ordnung.‹ Danach schmollte ich die ganze Nacht.«

- Jack erinnert sich: »Als ich ihn das dritte Mal sah, erzählte mein Traumprinz einen wirklich miesen Lesbenwitz. Anstatt ihn deswegen zur Rede zu stellen, tat ich so, als wäre nichts gewesen. Ich möchte ihm nichts über meine beiden Freundinnen Susan und Jill erzählen.«

Die eigenen Hoffnungen und Erwartungen auf jemanden zu projizieren ist ganz normal. Das tun wir alle. Während du sie auf ihn projizierst, macht dein Partner sehr wahrscheinlich genau dasselbe mit dir. Solange du dir dessen bewusst bist, gibt es auch keine Probleme. Erinnere dich nur immer daran, dass mehr an diesem Mann ist, als du gerade siehst. Lerne alles andere Stück für Stück kennen. Wo deine Fantasien übereinstimmen, kannst du sie spielerisch, gesund und zu eurer gegenseitigen Befriedigung ausleben. Wo sie nicht zutreffen, müsst ihr respektvoll miteinander umgehen. Lass dir Zeit und warte, wie sich die Dinge entwickeln.

Übung •• Sich klar werden

3. a) **Was zieht dich an?**
Was zieht dich zuerst an einem Mann an, wenn du ihn triffst? Macht dich sein Körper an? Sein freundliches Lächeln? Seine Augen? Ziehst du die Jugend dem Alter vor oder suchst du erfahrene Liebhaber? Bevorzugst du ein sonniges Gemüt oder eher das dunkle Geheimnis? Fühlst du dich von Jungen/Männern angezogen, die beschützt werden wollen? Oder sollte es jemand sein, der dir hilft, deinen eigenen Mist in Ordnung zu bringen? Ist er unabhängig? Steht er zur Verfügung?

Stell dir vor, du betrittst einen Raum voller Männer. Schreib auf, was dich an einigen mehr reizt als an anderen. Sei ehrlich und untersuche deine Auswahl.

b) **Was geht gut?**
Nenne fünf Personen, mit denen du gute Beziehungen hattest – Freunde, Liebhaber, Kollegen, Zimmergenossen oder wen auch immer. Schreibe neben jedem Namen, warum du gerne mit dieser Person zusammenwarst.

- *Jack – lustig, unbeschwert, guter Sex*
- *Kim – kann über alles reden, spontan, geht gerne mit mir essen*

Wenn du fertig bist, kreise alle Eigenschaften ein, die mehr als einmal vorkommen. Achte auf Muster. Haben viele deiner Freunde dieselben guten Eigenschaften – spielerisch, spontan, humorvoll, enthusiastisch usw.?

c) **Was geht nicht gut?**
Zähle fünf Personen auf, zu denen du eine unerfreuliche Beziehung hattest. Notiere hinter jedem Namen, was dich ganz besonders gestört hat.

- *Bill – weiß alles besser, hat mit jedem geflirtet*
- *Georg – immer dicht, stets zu spät, furzt beim Essen*

Umrahme Mehrfachantworten. Bist du von Schwätzern, Kritikern und Nörglern umgeben? Verurteile sie nicht, beobachte nur.

d) **Bestandsaufnahme**
Überprüfe, wie gut du dich wirklich unterstützt. Vergleiche das, was du attraktiv findest, mit dem, was eine gute Partnerschaft ausmacht. Sei ehrlich, zieht es dich zu Männern, die dir wirklich geben können, was du willst? Oder stehst du dir selbst im Weg, weil du immer wieder auf denselben Typ Männer hereinfällst, die unnahbar, uninteressant, heterosexuell oder schon verheiratet sind? Keine Urteile bitte, nur beobachten.

Es ist leicht, hinter einem tollen Körper oder einer dicken Brieftasche herzulaufen. Ob ihr stolzer Besitzer dich allerdings glücklich machen kann oder nicht, steht auf einem anderen Blatt. Sogar beim Gelegenheitssex ist das körperliche Erscheinungsbild ziemlich unwichtig für diese Art von Erfahrung. Schön ist, wer Schönes tut. Ein heißer Körper in Kombination mit einem eingebildeten, beleidigenden oder herrschsüchtigen Charakter ist gleichbedeutend mit einer lausigen Zeit. Jemand, der kommunikativ, offen und mitteilsam ist, kann dir wirklich ein gutes Gefühl vermitteln, auch wenn sein Körper deinen höchsten Ansprüchen nicht gerecht wird. Eine alte Freundin, natürlich eine Drag-Queen, würde es so erklären: »Ein guter Arsch taugt eine Woche lang. Danach braucht man jemanden zum Reden.«

Lass uns nicht zu kopflastig werden. Anziehung passiert nun mal. Entweder ist sie da oder nicht. Durch Nachdenken ändert sich nichts daran. Gib trotzdem acht. Überprüfe das nächste Mal, wenn du dir ganz sicher bist, deinen Traummann getroffen zu haben, deine Intuition. Wie geht es dir unter der Oberfläche? Sicher ist er süß und heiß und winkt mit den Hundertern, als wären es Zehner, aber das Äußere kann trügen. Durchschaue es. Wenn du nach einem Date oder Telefongespräch alleine bist, frage dich in einem stillen Moment: »Wie fühle ich mich wirklich, hier, mit mir selbst, diesem Mann, meinen Erfahrungen?« Lausche. Vielleicht fühlt es sich wirklich gut an. Juchuuu! Vielleicht warst du aber auch so damit beschäftigt, Spaß zu haben, dass du einige innere Signale überhört hast. Fühlt sich hier vielleicht irgendetwas falsch an? Kommt dir dieser Mann viel zu gut vor, als dass er wahr sein könnte, oder erinnert er dich an deine letzten drei Liebhaber, die allesamt zu viel getrunken und dir niemals richtig zugehört haben? Nimm es leicht. Lass dir Zeit. Wenn es der Richtige ist, wird er es auch morgen noch sein!

Beziehungen ehren

Als ich ungefähr zehn Jahre alt war, nahm mich mein Vater eines Tages auf die Seite, um ernsthaft mit mir zu reden. »In dieser Welt, mein Sohn, denk immer dran: Gegensätze ziehen sich an.« Obwohl er es nie weiter ausgeführt hatte, habe ich verstanden, um was es geht – »Verhalte dich wie ein Mann und du wirst die entsprechenden Frauen anziehen.« Sein Schuss ging möglicherweise nach hinten los. Schon damals waren es nicht die Frauen, die ich anziehen wollte.

Die Worte meines Vaters gingen mir irgendwie gegen den Strich. Obwohl ich sicher war, dass sie seiner Wahrheit entsprachen, schienen sie mir nicht richtig. Ich brauchte lange, um zu verstehen warum. Die Welt ist ein Spiegel. Deine Bekannten und Freunde reflektieren, wer du bist. Das funktioniert auf energetischer Ebene. Glaube hat eine ganz bestimmte Energie, ebenso wie alle Erinnerungen, Gefühle, Talente, Träume und Ängste. Ob bewusst oder unbewusst, positiv, negativ oder neutral, alle diese Energien ziehen andere Menschen mit ähnlichen, verstärkenden Mustern an. Auf dieser Ebene lautet das wahre Wirkungsprinzip »Gleiches zieht Gleiches an«.

Nenne es Gesetz der Anziehung. Spirituell gesehen bedeutet es, dass dich jede Person, die du triffst, etwas über dich lehren kann. Es bedeutet, dass dir jede Beziehung – von einem kurzen Lächeln bis zur jahrelangen Partnerschaft – die Möglichkeit bietet, zu lernen und zu wachsen. Was du dabei lernst, hängt von der Art der Beziehung ab, wo du dich gerade auf deinem Weg befindest und wie offen du beobachtest.

Manchmal ist es wundervoll, sich zu öffnen und sich den anderen mitzuteilen. Dabei findest du heraus, was gut tut. »Mit jemandem zu tanzen, dem es ebenfalls Spaß macht, ist phantastisch!« Du entdeckst neue Talente. »Hey, das ist Klasse, mit Künstlern zusammenzusein. Sie nehmen mich ernst, wenn ich zeichne.« Du kannst ganz neue Seiten deiner selbst schätzen lernen. »Wow, sie haben wirklich über meine Witze gelacht. So ein fader Knochen kann ich ja gar nicht sein!«

Manchmal ist es auch weniger angenehm, was du dabei lernst. Du kannst auf die harte Tour herausfinden, was nicht gut geht. »Das nächste Mal werde ich ihm nicht in den ersten zehn Minuten meine ganze Lebensgeschichte erzählen.« Du kannst Grenzen kennen lernen. »Nein, du kannst nicht die ganze Woche hier bleiben. Wir haben uns gerade erst kennen gelernt.« Du kannst dabei lernen, was deinen eigenen Schatten herauslockt. »Ich hasse es, wenn man über mich spricht. Dafür werde ich schlecht über sie reden.«

Wenn du daran gewöhnt bist, die Welt als eine Art Spiegel zu benutzen, kannst du eine Menge über dich selbst lernen. Gib darauf acht, von wem du dich angezogen fühlst. Wenn du immer von großartigen Musikern umgeben bist, solltest du einen Blick in dich hineinwerfen und deine eigene Kreativität in diesem Bereich anerkennen. Wenn du Männer attraktiv findest, die wirklich stark sind, erkenne deine eigene Stärke in dir selbst. Wenn du immer auf einen bestimmten Typ der Schönheit stehst, lerne, die Schönheit in dir selbst zu ehren. Gleiches zieht Gleiches an. Diese Eigenschaften würden dich nicht an anderen Menschen faszinieren, wenn sie nicht schon längst ein Teil von dir wären.

Achte auch auf sich ständig wiederholende Muster. Wie oft bist du schon an jemandem hängen geblieben, der dieselben lästigen Gewohnheiten hatte? Landest du regelmäßig in der Rolle des Versorgers? Des eifersüchtigen »Ehemanns«? Des verschmähten Liebhabers? Der gehorsamen »Ehefrau«? Auch wenn es das erste Mal für dich nur ein Zufall war, wirst du, wenn sich dasselbe Muster öfters wiederholt, irgendwann nicht mehr darum herumkommen, einen tiefen Blick in dich zu werfen und dir ein paar Fragen zu stellen. »Was geht da vor?« »Warum passiert das schon wieder?« »Welche meiner Glaubenssätze schaffen den geeigneten Nährboden für dieses

Muster?« »Denke ich, das ist alles, was ich verdiene?« »Was kann ich in mir ändern, damit es besser wird?«

Es gibt Millionen unterschiedlicher Beziehungsformen und jede einzelne davon hat ihren eigenen Wert. Vom sanftesten Kuss bis zur heißen Orgie, ob zufällig oder lebenslang versprochen, kann jede einzelne Beziehung als ein heiliger Austausch betrachtet werden. Jede hat ihre eigene Dauer, Ausdehnung und ihren eigenen Sinn. Jede davon beinhaltet gemeinsames Teilen – von Information, Perspektiven, Freuden, Gefühlen und noch mehr. Jede davon hat auch ihren eigenen Zeitrahmen, reflektiert dein Wesen in einem bestimmten Lebensabschnitt und entwickelt oder verändert sich genauso unvermeidlich wie du dich selbst.

Die nächste Übung beinhaltet einen Prozess, um all diese Beziehungen zu ehren und zu klären. Das ist wichtig, denn jede Person, mit der du in Beziehung standest, hat dich zu dem gemacht, was du heute bist. Jeder deiner Partner hat dich auf irgendeine Art beschenkt. Jeder von ihnen hat seine Energie mit dir geteilt, insbesondere wenn eure Begegnung auch sexuell war. Jeder war einmal ein Begleiter auf deinem Weg und ist damit in gewisser Weise dafür verantwortlich, dich zu diesem Punkt deiner spirituellen Reise geführt zu haben. Indem du deine Begleiter ehrst, ehrst du dich selbst und deinen Weg.

Übung • Beziehungen ehren

4. **Dankesritual**
   Passe das folgende Ritual deinen Bedürfnissen an, bis du dich damit wohl fühlst. Du brauchst dazu eine Kerze, ein Glöckchen, Glockenspiel oder etwas anderes (vielleicht auch deine Stimme), um einen angenehmen Klang zu erzeugen. Obwohl es in erster Linie auf deine Beziehungen zu Männern ausgelegt ist, kannst du das Ritual genauso gut auf deine Beziehungen zu Frauen übertragen.

Teil 1 – Reinen Tisch machen

a) **Geister der Vergangenheit**
   Denke an die Männer, mit denen du eine Beziehung hattest. Bei welchen hast du das Gefühl, dass noch ungeklärte Angelegenheiten im Raum stehen? Gibt es möglicherweise noch unaufgelösten Ärger,

Traurigkeit, Kränkungen oder Enttäuschung darüber, dass er dich nie so gesehen hat, wie du wirklich bist?

Stelle eine Liste dieser Männer auf. Ihre Namen werden dir wieder einfallen, wenn du fragst: »Mit welchen Männern muss ich noch abschließen?« Schreib auf, wer dir gleich einfällt. Es macht nichts, wenn die Liste nicht vollständig ist. Du kannst den Vorgang jederzeit wiederholen, wenn es nötig ist.

Bereite einen rituellen Raum vor. Entzünde auf deinem Altar oder an einem anderen passenden Ort die Kerze. Schließ deine Augen und umgib dich mit strahlendem Licht, ruf deine Inneren Führer und alle anderen herbei, die dir helfen, einen heiligen Raum zu erschaffen. Ruf den Inneren Rat. Stell dir vor, er sitzt um dich herum. Ruf dann auch den Stamm schwuler Männer herbei.

b) **Kommunizieren**
Sprich innerhalb dieser beiden Kreise laut mit jedem Mann auf deiner Liste, so als wäre er tatsächlich dort. Tatsächlich ist er ja auch irgendwo unter den Mitgliedern des Stammes. Rede ihn mit seinem Namen an und sage ihm aufrichtig, was dir noch alles auf dem Herzen liegt.

»Jeff, ich bin immer noch sauer auf dich, weil du den Teller zerbrochen hast, den mir meine Mutter geschenkt hat. Mein Gott, warst du ein Trottel.«

»Willi, ich habe deine blöden Scherze über meine Brille gehasst. Wegen dir habe ich mich echt beschissen gefühlt.«

»Georg, ich wünschte, ich hätte dir auf Wiedersehen gesagt, bevor du gegangen bist.«

Jedes Mal, wenn du deine Ansprache an einen der Betreffenden beendet hast, erzeugst du einen Klang mit der Glocke oder deiner Stimme. Stell dir vor, dass der Klang deine Worte zu diesem Mann trägt, ganz egal, wo er gerade sein mag.

Sage dann »Ich entlasse euch alle in das Licht« *und klatsche einmal laut in die Hände.*

c) Das Unerwiderte loslassen

Denk an all die Männer, die du wolltest, aber nicht bekommen hast. Erinnere dich, wie niedergeschmettert du wegen des Fußballspielers warst, oder als du wochenlang hinter dem neuen Arbeitskollegen her warst, von dem sich herausstellte, dass er verheirateter Vater zweier Kinder ist. Erinnere dich an den »Hetero« am Pool, der dich die ganze Zeit so verdammt heiß gemacht hat und dann vorgab, dich gar nicht bemerkt zu haben. Denk an den Barkeeper, den du einfach nicht rumgekriegt hast. Erinnere dich daran, wie du dich jedes Mal dabei gefühlt hast.

Unerledigte Dinge oder unerwiderte Zuneigung verhalten sich wie ein Band, das dich an die betreffende Person bindet. All diese Bänder halten dich in einem Netz gefangen, das dich hindert, mit den Personen deiner Gegenwart klare Verbindungen herzustellen.

Rufe dir vor deinem Inneren Rat solch unerfüllte Beziehungen ins Gedächtnis und entlasse die damit verbundenen Personen mit einem Spruch und einem Händeklatschen.

»Ich entlasse dich, Jimmy. Du hast deine Chance verpasst.«

»Du kannst gehen, Sam. Ich hätte dich lieben können und es ist schade, dass du nicht genauso gefühlt hast. Alles Gute.«

»Ich lasse dich los, Gil. Ich bewahre mir meine Liebe für jemanden, der sie erwidert. Das verdiene ich.«

Klatsche noch ein paarmal in die Hände und stell dir vor, wie die Bänder sich lösen und verschwinden. Stehe auf, fühle die neue Klarheit und schüttle dich von oben bis unten aus.

Wenn du noch Zeit hast, kannst du gleich zum zweiten Teil übergehen. Möchtest du an dieser Stelle erst einmal abbrechen, legst du deine Hände auf den Boden und lässt alle Energien in ihn abfließen. Vergiss nicht, den heiligen Raum erneut zu beschwören, wenn du später mit der Übung fortfährst.

Teil 2 – Die Partner ehren

d) **Danksagung**
Rufe dir alle Männer in Erinnerung, mit denen du gute Beziehungen hattest. Dazu könnten möglicherweise auch einige Personen gehören, die du bereits in Teil 1 losgelassen hast. Ich weiß, dass bei einigen von uns eine vollständige Liste unmöglich lang würde – diese ganzen One Night Stands. Beginne zunächst mit den wichtigsten Beziehungen und fasse dann den Rest in einer Gruppe zusammen.

Sprich in Gegenwart des Rats und des Stammes jeden Mann laut an. Rufe ihn bei seinem Namen und danke ihm für alles, was er mit dir teilte.

»Ich erinnere mich an dich, Jack. Danke für all deine Geschichten.«

»Ich denke an dich, Thomas. Danke, dass du mich geliebt hast, als ich dachte, es nicht wert zu sein.«

»Ich danke dir, David, dass du mir die Schmetterlinge gezeigt hast und für den tollen Sex am Strand.«

Wenn du jedem Mann gesagt hast, was du loswerden wolltest, lass wieder den Klang ertönen, der deine Gebete zu ihm trägt.

Jeder dieser Männer ist ein Teil deiner Herkunft. Jeder hat dir dabei geholfen, die Verbindung zu deinem Stamm zu knüpfen. Jeder von ihnen ist mit einem Aspekt deines Wesens verwandt. Indem du sie ehrst, ehrst du dich selbst.

Umarme dich selbst und damit gleichzeitig auch all deine Männer in tiefer Dankbarkeit. Lass sie danach los, löse den Kreis auf und berühre den Boden, bis du in deiner Mitte angekommen bist.

Übung ◆ Beziehungen ehren

9 Der Liebhuber 181

Übung • Beziehungen ehren

5. **Würdige deine Attraktivität**

a) *Wer sind die attraktivsten Männer in deinem Leben? Notiere ihre Namen und was du an ihnen so attraktiv findest. Da gibt es Bill, der immer weiß, wie man jemanden zum Lachen bringen kann, und Sam, den Mechaniker mit dem atemberaubendsten Körper der Welt. Vergiss nicht Frank aus dem Schwimmbad, dessen Umarmungen stark genug sind, um die ganze Welt zu beschützen, und Roger aus dem Krankenhaus, der dich an deinen Großvater erinnert und immer Zeit zum Zuhören findet. Indem du das Gute in den Männern ehrst, die du kennst, würdigst du gleichzeitig auch das Gute in dir.*

b) *Feiere die gesamte Bandbreite männlicher Schönheit. Stell eine Collage aus Fotos und Zeitschriftenbildern zusammen, die reflektiert, welche Männertypen du attraktiv findest. Sexy soll das aussehen! Sorg dafür, dass es heiß wird! Erweitere deinen Horizont. Die Fähigkeit, männliche Schönheit zu würdigen, ist eine großartige Gabe. Wenn du das erkennst, wirst du die Schönheit in immer mehr Männern in deiner Umgebung bemerken.*

Der Heilige Begleiter

Betrachte die Beziehungen, die du gerade geehrt hast. Wenn du sie alle zu einem großen Mosaik zusammensetzen könntest, würdest du darin den Umriss des archetypischen Liebhabers erkennen, der in dir lebt. Weil jeder Mann, mit dem du verbunden bist, auch Teile deines eigenen Wesens widerspiegelt, ist dieses Mosaik gleichzeitig auch ein ungefähres Bild davon, was Ganzheit für dich bedeutet.

Gehe einen Schritt weiter. Stell dir vor, du seiest wieder bei dem Spiegel, den dir der Dschinn gab. Du stehst vor deinem Traummann. Sieh ihn dir an, in all seiner Stärke und Schönheit. Blicke ihm tief in die Augen. Erkenne seine Zweifel, Ängste und Eigenarten, die ihn zu einem Menschen machen und nicht zu einem Fantasiegebilde. Stell dir vor, wie es wäre, wenn du diesen Mann für alles, was er ist, lieben und akzeptieren, alle Illusionen des Idealbildes fallen lassen und dich mit ihm als realer Person verbinden könntest. Das ist der Anfang wahrer Partnerschaft.

Nun gehen wir noch ein bisschen weiter. Betrachte diesen Mann mit Liebe und Anerkennung. Blicke durch seine Augen tief hinein, bis auf den wahren Kern seines Wesens. Wenn du ganz genau schaust, wirst du tief in ihm die Reflexion deines wahren Selbst erkennen – vollständig und perfekt, so wie du es auch bist. Noch während du es siehst, lässt du den Spiegel verschwinden, bis dein Geliebter in Fleisch und Blut vor dir steht. Geht einen Schritt aufeinander zu, dann noch einen und noch einen, bis ihr euch die Hände reichen könnt. Geht weiter. Fühle die Berührungen zwischen dir und deinem idealen Liebhaber, verschmelzt und werdet Eins.

So fühlt es sich an, ganz zu sein. Spüre die Stärke, alles in dir zu haben, was du so lange außen gesucht hast. Spüre, wie die Kraft dein ganzes Wesen durchströmt. Stell dir vor, wie es ist, in dieser fantastischen Einheit im Leben zu stehen. Wenn du von dieser Basis aus einem anderen Mann begegnest, brauchst du ihn nicht mehr, um dir Teile deines Selbst zurückzugeben. Du bist frei und kannst klar erkennen, wie er wirklich ist. Ihr könnt einander frei und ebenbürtig gegenübertreten und euch aus eurer inneren Stärke heraus lieben.

Als Reflexion der eigenen Ganzheit ist der *Liebhaber* ein passender Archetyp für alle schwulen Männer. Als Verkörperung des »Doppelgängers« oder »Zwillings« erscheint er in einigen der ältesten Mythen der Welt (siehe Mark Thompson: *Gay Body* und Will Roscoe: *Queer Spirits* für vertiefende Erörterungen). Davon ausgehend, dass Gleiches sich anzieht, tritt dieser Liebhaber nicht in dein Leben, um zu *vervollständigen*, was dir fehlt, sondern um den Ausdruck der Kraft deiner Ganzheit zu *stärken*.

Die Vorstellung, dass unser *Liebhaber* unser Wesen reflektiert, führt uns zu einer ganz neuen Art des Miteinander, das auf der Basis von Gleichheit und gegenseitigem Respekt beruht und von dem schwulen Visionär Harry Hay »Subjekt-Subjekt-Bewusstsein« genannt wird. Das Subjekt-Subjekt-Bewusstsein ist eine der größten Gaben unseres Stammes. Es fordert uns auf, uns nicht nur durch die Erscheinung leiten zu lassen, sondern unsere gewohnten Masken abzulegen und uns so zu zeigen, wie wir wirklich sind. Es ist eine Herausforderung, uns unsere Ängste und Wünsche einzugestehen und unseren Partnern dieselben zuzugestehen. Es erfordert, dass wir die Illusion des idealen Mannes aufgeben und damit anfangen, jeden Mann so zu schätzen, wie er wirklich ist. Dieses Konzept mag auf den ersten Blick ein wenig fremd erscheinen, aber wenn du auf diese Weise an Beziehungen herangehst, öffnest du das Tor zu einer Vertrautheit, die wirklich lohnend und gesund ist.

Wir sprechen hier von der *Qualität* einer Beziehung. Wenn du erst einmal hinter die Fassaden geblickt hast, wirst du von der Tiefe erstaunt sein, die sich dir eröffnet. Dein Austausch mit anderen wird auf einmal so echt wie nie zuvor sein. Das umfassende Wahrnehmen der Gegenwart des Anderen ermöglicht dir sowohl in sexueller als auch anderer Hinsicht einen erfüllteren Austausch. Du nimmst dann in einem sehr realen Sinne deinen Platz im Stamm der männerliebenden Männer ein. Jeder Mann, mit dem du deine Zeit verbringst, wird zu einem heiligen Begleiter auf deiner spirituellen Reise durch das Leben.

Das bedeutet nicht, dass du mit jedem Mann, den du triffst oder mit dem du im Bett landest, eine langfristige Beziehung aushandeln musst. Wenn ihr eure gemeinsame Zeit ganz bewusst wahrnehmt, kannst du auch mit jemandem, den du nie wieder sehen wirst, im Laufe einer Stunde einen sehr intensiven Austausch haben. Es ist auch nicht das Ende der Fantasie. Im Gegenteil. Durch ehrliche Kommunikation kannst du deine eigenen Wünsche und Bedürfnisse mit denen des Partners abstimmen. Statt in euren Köpfen verschiedene Filme abzuspielen, könnt ihr ein Erlebnis schaffen, das für euch beide gleichermaßen aufregend wie erfüllend ist.

Wie sehen solche Subjekt-Subjekt-Beziehungen aus? Es gibt Tausende von Möglichkeiten, die nur durch die Vorstellung der beteiligten Männer limitiert sind. Sie können kurz oder lang sein, platonisch, monogam, offen, liebevoll, flüchtig, formell bekräftigt oder einfach jeden Tag aufs Neue entstehen. Es kann der Austausch der Älteren mit den Jungen sein, die Fürsorge eines jungen Mannes für seinen älteren Partner. Es kann die Hilfe eines Freundes oder die Feier eines fröhlichen Anlasses sein. Redet, spielt, tanzt, weint, lacht oder schaut euch stundenlang in die Augen. Wenn du dich der ganzen Fülle des Miteinanders öffnest, wirst du jeden Tag etwas Neues kennen lernen.

Was ist mit Sex? Er ist lebensnotwendig, findest du nicht auch? Und er kann unendlich viele Formen annehmen. Jeder braucht Intimität. Es ist fast immer unser sexuelles Verlangen, das uns aus dem Schrank in die Arme unserer Brüder stößt. Sexuelle Vertrautheit spinnt ein starkes Stammesnetz, eine heiße, erotische Berührung nach der anderen – und unsere Verbindung als heilige Brüder vergrößert nur die Tiefe und Befriedigung unseres Austauschs. Egal, welche Art des sexuellen Beisammenseins dich anmacht, sie kann durch eine offene Verständigung und gegenseitigen Respekt nur noch besser werden. Guter, gesunder und unterhaltsamer Sex ist dein Geburtsrecht. Nimm es in Anspruch und genieße es!

Auch jetzt, im Angesicht von AIDS, solltest du nicht vor Intimität zurückscheuen. Gerade in dieser Zeit der drohenden Verluste, der Trauer und Angst – ganz zu schweigen von dem ewigen Pillenschlucken, der Unsicherheit des HIV-Status und den widerstreitenden Ansichten, was »Safer Sex« ist – sehen wir uns vor die Herausforderung gestellt, unsere gesunde Intimität zu bewahren und deshalb brauchen wir Subjekt-Subjekt-Beziehungen nötiger als je zuvor. Wenn du mit dem nötigen Respekt für dich selbst und deinen Partner in eine Beziehung gehst, kannst du auch deine körperlichen Freuden maximieren. Es bedeutet, gemeinsam Entscheidungen zu treffen und auch zu respektieren, wie ihr eure sexuellen Bedürfnisse zu eurer beiderseitigen Befriedigung und Sicherheit ausleben könnt. Die Gefahr zu ignorieren und ungeschützten Sex zu haben ist selbstmörderisch und nur ein anderer Weg, vor Homophobie und Minderwertigkeitsgefühlen zu kapitulieren. Tue das nicht. Du weißt nicht, was sicher ist? Finde es heraus. Du glaubst, das macht keinen Spaß? Werde kreativ. Das bist du wert.

»Okay«, sagst du, »das klingt ja alles großartig. Doch jetzt ist das Kapitel bald zu Ende und ich sitze immer noch allein hier herum. Können wir das ändern?« Ja und gleichzeitig nein. Es gibt keine Zauberpille, die es dir besorgt und dich danach glücklich verheiratet zurücklässt. Tut mir leid, aber so etwas gibt es einfach nicht. Gib trotzdem nicht auf, denn es gibt Hoffnung. Das Gesetz der Anziehung ist sehr nützlich. Denke eine Minute darüber nach. Wie würdest du einen Mann anziehen, der deine eigene Ganzheit reflektiert? Würdest du deprimiert Trübsal blasen und auf einen prächtigen Ritter warten, der in dein Leben galoppiert und alles in Ordnung bringt? Wenn das so ist, dann solltest du dich fragen, warum so ein cooler Typ wie dein Idealmann auf die Idee kommen sollte, sich von so einem deprimierten Trauerkloß angezogen zu fühlen.

Die Antwort ist tatsächlich einfach. Um den Mann anzuziehen, den du willst, musst du der Mann sein, den du anziehen willst. Vielleicht taucht dieser Ritter auf. In der Zwischenzeit solltest du trotzdem nicht tatenlos rumsitzen. Lebe jetzt so erfüllt, wie du kannst. Akzeptiere dich genauso, wie du gerne von ihm akzeptiert werden möchtest. Sei selbst so interessant, positiv und verständnisvoll, wie er dir gefallen würde. Entwickle deine Talente. Ergründe deine Vorlieben. Finde Tätigkeiten, bei denen du dich gut fühlst. So ziehst du andere Männer an, die dynamisch, interessant und voller Lebensfreude sind. Und wenn dein Ritter auftaucht, habt ihr sogar etwas gemeinsam.

Beginne dort, wo du stehst. Überall bist du von Menschen umgeben. Natürlich sind das nicht alles potentielle Liebhaber. Trotzdem hat jeder etwas mit dir zu teilen. Übe in der Praxis alle positiven Eigenschaften, auf die es dir beim Zusammensein mit einem Partner ankommt. Sei wach. Lerne das Zuhören. Pflege Verbindungen mit Menschen, die dir wirklich gut tun. Lass diejenigen sausen, bei denen das nicht so ist. Das ist ein guter Anfang.

Erinnere dich schließlich auch daran, dass der Geist seltsame Wege geht und dafür auch seine Zeit braucht. Dein Ritter wird wahrscheinlich kommen, wenn du ihn am wenigsten erwartest. Er erscheint, wenn du mit deinen Gedanken ganz woanders bist, den Müll rausträgst, dein Auto zur Inspektion fährst oder dir deinen Dummkopf aus dem Leib tanzt. Er wird kommen, da kannst du dir sicher sein. Bis er das tut, solltest du dich darauf vorbereiten und dich selbst lieben lernen.

Übung •◦ *Der Liebhaber*

6. **Wahlmöglichkeiten**
Jeden Tag triffst du Entscheidungen, wie du mit anderen Männern umgehst. Niemand kann dir sagen, was richtig für dich ist. Denk über deine eigenen Entscheidungen nach und woher sie kommen.

a) *Liste deine gegenwärtig wichtigsten Beziehungen auf. Sie können sexueller Natur sein oder auch nicht. Behalte sie im Hinterkopf, wenn du die folgenden Fragen beantwortest.*

Wie befriedigend sind diese Beziehungen wirklich?

Wie fühlst du dich, wenn du mit einem Partner zusammenwarst? Gut? Erfüllt? Gelangweilt? Einsam?

Bist du wirklich vollkommen präsent, wenn du mit deinem Partner zusammenbist?

Hältst du dich in deinen Fantasien auf oder wünschst du dir, irgendwo anders zu sein?

Fühlst du dich verbunden? Isoliert?

Ist dein Austausch beglückend?

Hast du jemals das Gefühl, dich zu billig zu verkaufen? Wann?

Werden deine Bedürfnisse erfüllt?

Suchst du nur Sex? Oder mehr?

Welchen Beziehungstyp suchst du gerade, wenn du dir deine gegenwärtigen Erlebnisse betrachtest?

Würdige und feiere die Gelegenheiten, bei denen deine Ansprüche an eine Beziehung erfüllt werden. Gut gemacht!

b) *In den Bereichen, in denen deine Bedürfnisse unerfüllt bleiben, solltest du über folgende Punkte nachdenken.*

Keine Freunde? *Warum schließt du dich keiner Gruppe an? Suche dir einen Brieffreund. Hilf jemandem, der krank oder leidend zu Hause festsitzt. Sei dir selbst ein Freund.*

Keine Berührungen? *Lass dich massieren. Massiere selbst jemanden. Schließe dich einer Gruppe Menschen an, die sich gerne umarmt.*

Nicht genügend Gesellschaft? *Lade Menschen ein. Aktiviere ein paar Leute, einmal im Monat zum Essen oder ins Kino zu gehen.*

Niemand, mit dem du deine Interessen teilen kannst? *Bilde dich weiter. Unterrichte selbst.*

Übernimm die Verantwortung, dein eigenes Leben zu gestalten!

7. Lege zu Ehren all deiner Beziehungen etwas auf deinen Altar. Es wird dich daran erinnern, dass dein idealer Liebhaber schon längst in dir lebt.

8. **Bewegungsmeditation**
   Im Kreis deines Inneren Rats bittest du deinen Körper, dir deinen

Übung • Der Liebhaber

archetypischen Liebhaber *zu zeigen. Verwende die Techniken, die du schon kennst, um diesen Mann in deinem Körper willkommen zu heißen. Tanze mit ihm. Fühle deine Ganzheit. Feiere die Partnerschaft mit dir selbst. Es wird interessant sein, lohnend und wahrscheinlich ganz anders, als du es erwartest.*

Rufe ihn immer, wenn du dich verloren, einsam oder niedergeschlagen fühlst. Seine Anwesenheit wird dir helfen, große Schritte in Richtung deines inneren, liebenden Selbst zu machen, und wenn du dich erst einmal an ihn gewöhnt hast, wird er dir auch dabei helfen, Männer zu gewinnen, mit denen du in der Welt zusammensein willst. Genieße es!

10 Der Alte Weise

Die Schönen und die Trolle

Stell dir eine Gesellschaft vor, die ganz anders als die unsere ist, in der ältere schwule Männer mit Ehrfurcht behandelt werden. Stell dir einen Rat der Alten vor, der zusammenkommt, um dem ganzen Stamm Führung und Weisheit zuteil werden zu lassen. Stell dir vor, dass du in dem Moment, in dem du zum ersten Mal spürst, dass du dich zu Männern hingezogen fühlst, diesen Rat aufsuchst – vielleicht sogar auf Veranlassung deiner Eltern. Stell dir vor, wie du deine Sorgen mit einem silberhaarigen Mentor besprichst, einem Mann, der wie du selbst Männer liebt und dir respektvoll zuhört. Stell dir vor, wie du dich fühlen würdest, wenn du dich an diesen Mann und seinen Rat, seine Einsicht, seinen Humor und seine Weisheit wenden könntest, wann immer du ihn brauchst.

Der *Alte Weise* ist ein mächtiger Archetyp. Auf der Ebene der Archetypen lebt er bereits in dir. In seiner positivsten Ausdrucksform verkörpert er Weisheit und Autorität. In seinen Rollen als Lehrer, Beschützer und Hüter der Initiation teilt er seine Weisheit und Geduld und seine Lebenserfahrung. Er lehrt dich, das Leben zu umarmen und die Reife als Geschenk willkommen zu heißen. In diesem Kapitel wirst du lernen, wie du den *Alten Weisen* als Verbündeten und Freund in deinem Leben begrüßen kannst.

Wenn du Glück hast, kennst du bereits schwule Männer, die die positiven Eigenschaften des *Alten Weisen* verkörpern. Leider sind solche Mentoren meist schwer zu finden. Viele von uns wüssten nicht einmal, wo sie nach einem solchen Mann suchen sollten. Bilder von älteren Männern im Vollbesitz ihrer inneren Kraft sind in unserer Gesellschaft selten und in unserer schwulen Kultur, die sich am Ideal der Jugend orientiert, sind sie noch seltener. Ich habe den Verdacht, dass viele von uns wesentlich vertrauter mit den negativen Aspekten, dem Schatten dieses Archetyps sind. Wenn ich an meine ersten Eindrücke denke, die ich von älteren schwulen Männern hatte, finde ich nicht ein einziges positives Bild.

Ich hatte mein *Coming Out*, als ich Mitte Zwanzig war, und stürzte mich in die mit Frischfleisch gefüllten, extravaganten Bars, Bäder und Discos. Ziemlich bald fiel mir ein merkwürdiges Phänomen auf. Die Schwulen-

Szene schien von zwei sehr unterschiedlichen Arten bevölkert zu sein. Da waren erst einmal die Schönen. Frisch, jung, energiegeladen und irrsinnig geil – sie standen im Mittelpunkt der Szene. Wir lebten vom Rhythmus, suchten nach ununterbrochener Aufmerksamkeit und betrachteten uns voller Arroganz als den Gipfel der schwulen Evolution. Wir hatten die Schwulen-Bewegung erfunden, nicht wahr? Natürlich hatten wir das, wenn auch nur, um einen Vorwand dafür zu haben, das Wunder unserer Existenz zu feiern!

An den Rändern der Szene, an die Wand gelehnt oder an der Bar hockend lauerten die Anderen. Fremdartige Wesen mit gefärbten Haaren und schlaffer Haut, die anscheinend dachten, dass auch sie hierher gehörten. Sie quietschten im Falsett, stolzierten affektiert umher, nannten einander »Häschen« und taten so, als seien sie gealterte Divas, von denen ich noch nie gehört hatte. Die Schönen nannten sie »Trolle« oder »Alte Queens«. Wenn einer von ihnen zu lange hinsah oder den Versuch wagte, ein Gespräch zu beginnen, huschten wir schnell hinfort, selbstgerecht und beleidigt.

Zu jener Zeit, in der ich mich verzweifelt an das Ideal der Schönheit klammerte, konnte ich kaum glauben, dass diese zwei Typen irgendetwas gemeinsam hatten. Natürlich war mir klar, dass die Trolle einmal jung gewesen waren. Ich konnte mir nur die Art der Verbindung nicht vorstellen. Ich vermutete eine Art umgekehrter Metamorphose, die so um die, sagen wir, Dreißig stattfände. Schöne, muskulöse, männliche Schmetterlinge würden plötzlich von dem Trieb überkommen, Kokons zu spinnen, zu überwintern, um dann als – was? Würmer? Eidechsen? Oh ja, Eidechsen mit schleimigen Zungen und durchdringenden Knopfaugen – wiedergeboren zu werden. Ich fürchtete mich vor ihnen, fürchtete ihre sanfte Berührung und das bittere Gift ihres Humors. Ich hatte Angst, sie würden nach meiner Jugend greifen, sie irgendwie beschmutzen und mich in ihre Falle locken.

Ironischerweise hätte ich zu diesem Zeitpunkt meines Lebens beinahe alles für die Unterstützung und den Rat eines erfahrenen, schwulen Mannes gegeben. Ich sehnte mich nach Bestätigung und hätte schon von ein wenig Anleitung zu mehr Selbstbewusstsein und Berichten darüber, wie es ist, in der Welt »da draußen« schwul zu sein, enorm profitieren können. Doch obschon ich von älteren Männern, die mir hätten helfen können, umgeben war, hielten mich meine Ängste davon ab, mit ihnen Kontakt aufzunehmen.

Warum haben Schwule eine solche Angst vor dem Älterwerden? Geht es nur um das Physische? Fürchten wir Gebrechlichkeit und den Verlust an Spannkraft? Messen wir unseren Wert nur an der Zahl der Wiederholungen an der Kraftmaschine im Fitnessclub? Glauben wir doch dem alten Mythos, der besagt, dass wir Kinder brauchen, die für uns sorgen, um zu vermeiden, unsere letzten leeren Jahre allein und ungeliebt verbringen zu müssen? Müssen wir die Zeit mit Zähnen und Klauen bekämpfen und jeden Geburtstag als Niederlage empfinden, die uns in Depressionen stürzt? Natürlich übertreibe ich ein wenig, aber trotzdem – stell dir die Frage: Wie sehr fürchtest du das Alter?

Ein Teil des Problems ist kulturell bedingt. In unserer Gesellschaft ist Jugend ein Konsumgut geworden. Es werden Millionen für Werbung ausgegeben, die uns mit Bildern »perfekter« junger Körper überflutet, die verführerisch um irgendwelche Produkte posieren, ohne die wir angeblich nicht mehr leben können. Wenn man sich schwule Publikationen ansieht, könnte man meinen, wir hätten die Jugend gepachtet. Daher ist es trotz der zunehmenden Präsenz Schwuler in der Öffentlichkeit immer noch sehr schwierig, positive Bilder gesunder, älterer, schwuler Männer zu finden. Klar, wir verehren Lichtgestalten wie Walt Whitman, der uns aus der Entfernung eines Jahrhunderts wie eine Kreuzung aus Gott und dem Nikolaus anblickt; doch obwohl wir ihn aus der Entfernung bewundern, möchte wohl kaum jemand von uns tatsächlich er, zu dieser Zeit und in diesem Alter *sein*.

Es gibt andere – Männer wie Malcolm Boyd, Harry Hay, John Burnside oder James Broughton – die uns kraftvolle und in zunehmendem Maße sichtbare Beispiele geben. Dennoch: diese Männer sind Ausnahmen. Für die meisten von uns senkt sich anscheinend der Vorhang der Unsichtbarkeit, wenn wir Fünfzig werden. Kein Wunder, dass wir das Altern fürchten. Es ist unbekanntes Terrain. Wir könnten ja über den Rand der Erde stürzen.

Die einzige Möglichkeit, diese Situation zu heilen, besteht für jeden von uns darin, den *Alten Weisen* auf neue Art und Weise zu begreifen. Darum wird es jetzt gehen. Indem du lernst, dich mit den positiven Aspekten des *Alten Weisen* in dir zu verbinden, wirst du Zugriff auf eine Kraftquelle innerer Führung erlangen. Wenn du lernst, ihn als Ganzes anzunehmen, werden sich die Ängste auflösen, die seinem Troll-Schatten Macht über dich verleihen. Dein erster Schritt, um seiner Weisheit und seinem Rat Tor und Tür zu öffnen, besteht darin, den *Alten Weisen* von den Ängsten und Missverständnissen zu befreien, die ihn gefangen halten.

Übung •◦ Der Troll und der Weise

1. a) *Gib einer neuen Seite in deinem Tagebuch die Überschrift »Der Troll«.*

    Entwirf eine Karikatur des Trolls, so als ob du ihn für einen Trickfilm zeichnen würdest. Verwende Worte oder Worte und Bilder, die ihn als Verkörperung all deiner schlimmsten Ängste vor dem Alter erscheinen lassen. Übertreibe. Ist er ein sabbernder Buckliger, dem Haare aus den Ohren quellen und der nach Pisse stinkt? Eine langnasige, krächzende alte Tunte, die tagsüber in der Öffentlichkeit an sich selbst herumspielt und nachts junges zartes Männerfleisch verzehrt? Ist er verbittert? Allein? Armselig? Böse? Was findest du besonders abstoßend? Lass deine Kreativität spielen. Mach einen Horrorfilm daraus. Schmücke ihn mit Warzen und eiternden Beulen.

    Wie fühlte sich das an? Fehlt noch etwas? Falls ja, schreib es jetzt an den Rand dazu.

    b) *Schüttle deine Hände aus und beginne eine neue Seite. Gib ihr die Überschrift »Der Weise«.*

    Beschreibe nun – wieder so, als wäre es das Drehbuch für ein Märchen – den idealen älteren Mann, so positiv, wie du ihn dir nur vorstellen kannst. Gib ihm die positiven Eigenschaften, die du an Männern, die du bereits kennst, bewunderst. Übertreibe. Lass ihn weiser als Merlin und so gut aussehend wie der gealterte Rhett Butler sein. Mach ihn stark wie Samson und mächtig wie Zeus. Mach ihn kraftvoll und männlich. Gib ihm fünfzig willige Liebhaber oder auch nur einen besonderen Freund an die Seite. Gib ihm einen heißen Draht zum Präsidenten. Lass ihn ein Zauberer sein, der den Planeten heilen und die Schritte eines verirrten Jungen leiten kann. Vielleicht scheint er zu gut, um wahr zu sein – aber was willst du: Schließlich ist er bloß eine Märchengestalt.

    Wie war das? Horch in dich hinein und schreib eventuelle Ergänzungen auf. Wie war das im Vergleich zum Troll? Was fiel dir leichter? Wo hattest du ein lebendigeres Bild?

c) *Führe eine kurze Bewegungsmeditation durch. Spiele den Troll, so als wolltest du dich für eine Schauspielschule bewerben. Wie steht er? Wie geht er? Wie klingt seine Stimme? Welche Art von Dingen würde er sagen? Du bewirbst dich für das melodramatische Fach, also spiel auch so!*

Wenn du die Rolle drauf hast, geh nach innen. Was bewegt den Troll? Was denkt er über sich selbst? Was denkt er über die Welt? Über die Liebe zu anderen Männern? Über sein eigenes Altsein? Hat er Freunde? Schreibe deine Einsichten auf.

d) *Schüttle dich aus und spiel deine zweite Rolle. Jetzt geht es um den Weisen. Der Weise ist einer von den Guten, der Onkel aus dem Märchenland, der alles in Ordnung bringt. Spiel ihn mit deinem Körper. Wie steht er? Wie geht er? Wie spricht er? Was sagt er?*

Jeder gute Schauspieler muss über die Motive seiner Rolle Bescheid wissen. Wo hat der Weise Tiefe? Was denkt er über sich selbst? Was denkt er über seine Art zu lieben? Über seinen Platz in der Welt? Über das Alter? Wie geht er mit Freunden um? Schreib auf, was auch immer er dir erzählt.

e) *Diese beiden Alten sind – zumindest potenziell – ein Teil von dir. Dein eigener innerer Alter ist vermutlich eine Mischung aus beiden. Manchmal fühlt er sich wie ein Heiliger, manchmal wie ein alter Sack. In Wirklichkeit sind jedoch beide Charaktere nur zwei Seiten der selben Medaille. Wir wollen noch ein wenig schauspielern und die beiden zusammenbringen.*

Schließ die Augen und stell dir vor, du seist der Weise. Nimm dir einen Moment Zeit, wieder in die Rolle einzutauchen. Spüre, wie natürlich es ist, Weisheit, Klarheit und Mitgefühl zu teilen.

Spüre, wie sich dir eine andere Gestalt schlurfend nähert. Du erkennst den Troll, der sich benimmt, als brauche er etwas von dir. Er kommt näher und hält dann inne.

Als Weiser blickst du nun in die Augen des anderen Mannes. Was kannst du dort sehen? Angst? Verbitterung? Kannst du sehen, wie er sich selbst verachtet, weil er es nie wagte, so zu lieben, wie er wollte? Kannst du den Schmerz sehen, der daher rührt, dass er seine Träume nie ernst genug nahm, um sie zu verfolgen? Kannst du die Vernachlässigung und Einsamkeit sehen? Was noch?

Was fühlst du jetzt, als Weiser, gegenüber diesem Mann? Was würdest du ihm sagen? Gibt es da einen Teil in dir, der ihn als das erkennen kann, was er ist – eine einsame, verletzte Seele? Kannst du ihn ansehen und dabei jemanden erkennen, der immer noch seinen eigenen Wert entdecken könnte? Ist ein Teil in dir, der ihm Mitgefühl entgegenbringt?

f) *Frage den Weisen, was er für den Troll tun möchte. Was könntest du ihm über sich selbst sagen? Welche Einsichten könntest du ihm vermitteln? Was könntest du jetzt in deinem Leben tun, um ihm zu helfen? Wie könntest du den Rat des Weisen auf dich selbst anwenden?*

Wenn du fertig bist, schüttle dich kräftig aus und lass sowohl Troll als auch Weisen zurück ins Licht gehen.

Die Verbindung zum Alten Weisen

Der *Alte Weise* ist in dir. Er hat bereits ein Leben lang für dich gesorgt. Auch als du noch ganz jung warst, hat er dich unterstützt. Er war bei dir, als es deine Eltern nicht sein konnten und du der Welt allein gegenübertreten musstest. Er hat dir, tief im Inneren, Strategien zugeflüstert, die dir halfen, die Herausforderungen zu bestehen. Selbst wenn du ihn nicht erkanntest, gab er dir genug Selbstvertrauen, um es zu schaffen. Die Tatsache, dass du hier bist, beweist, dass er Erfolg hatte.

Obwohl der *Alte Weise* ein starker Charakter ist, kann er doch verletzt werden. Bei Schwulen zeigt sich das Verletztsein unter anderem darin, dass der *Magische Jüngling* und der *Alte Weise* ihren Platz tauschen. Viele schwule Jungs handeln reifer, als es ihren Jahren zukommt. Warst du so ein Junge, der jeden seiner Schritte beobachtete, weil er fürchtete, dass ihn ein Wort oder eine Bewegung verraten könnte? Hast du deine Jugend hinter einer Mauer übergroßer Leistungsbereitschaft versteckt oder deine Jugend verschenkt, indem du dich um andere gekümmert hast? Vielen von uns ist es so ergangen.

Die meisten von uns spielten um einen hohen Einsatz. Wenn wir lernten, kleine Erwachsene zu sein, konnten wir überleben. Aber um welchen Preis? Wie viel von deiner Fähigkeit zu spielen und zu entdecken hast du aufgegeben? Und was geschah später, als du dein *Coming Out* hattest? Für mich war es wie ein Dammbruch, als ich nicht mehr ständig auf der Hut sein musste. Die Mauern der Verantwortung stürzten ein. Was für eine Versuchung, sich für die verlorene Zeit zu entschädigen, indem man in ein Meer des kindlichen Hedonismus eintauchte. Wie stark war der Wunsch, immer weiter zu fliegen – der ewige Junge, der nicht erwachsen werden will.

Gesundheit ist stets ein Gleichgewichtszustand. Der *Alte Weise* ist dein Mentor und Beschützer. Wie ein verantwortungsvoller Vater setzt er Grenzen, innerhalb derer der Junge in dir sicher spielen kann. Da der *Alte Weise* einen gesunden Rahmen absteckt, kann der *Magische Jüngling* spontan handeln. Wenn beide an ihrem richtigen Platz sind, sind diese Gestalten sehr mächtig. Allein kann jedoch keiner von ihnen ein befriedigendes Leben führen.

Der *Alte Weise* ist ein mächtiger Verbündeter. Da er deinen Weg gegangen ist, kann er dich besser führen als irgendjemand anders. Er ist geduldig, wo du es nicht bist. Er bietet dir seine Freundschaft an, wenn du einsam bist. Seine Fähigkeit die Perspektive zu wechseln hilft dir, dich besser zu fühlen und über die Absurdität des Lebens zu lachen. Er hat dich immer geliebt. Jetzt ist es an der Zeit, ihn besser kennen zu lernen.

Übung • Dem *Alten Weisen* begegnen

2. Für die innere Wirklichkeit hat Zeit keine Bedeutung. Dein *Magischer Jüngling*, dein gegenwärtiges Selbst und der *Alte Weise* existieren gleichzeitig. Ebenso leicht, wie du »zurückgehen« kannst, um den Jungen zu heilen, kannst du auch »vorausgreifen«, um dich mit dem *Alten Weisen* zu verbinden.

   Wie? Vertraue zunächst einmal darauf, dass er existiert. Dein Verstand klammert sich möglicherweise an die alten Muster, indem er sich der Hilfe, die der *Alte Weise* anbietet, widersetzt. Wie ein Dreijähriger, der sich unbedingt selbst anziehen will und einen Wutanfall bekommt, wenn man ihm vorschlägt, Stiefel statt Sandalen für das Spielen draußen im Schnee anzuziehen, versucht auch dein Verstand sich allein durchzuwursteln. Lass deinen Verstand ruhig zweifeln. Wenn du dich nur ein kleines bisschen für den *Alten Weisen* öffnest, ist er eine großartige Quelle der Hilfe und Unterstützung.

In Teil a, b und c möchte ich dir drei sehr gute Methoden vorstellen, dem *Alten Weisen* zu begegnen. Such dir eine aus und genieße es!

a) **Visualisierung**
- *Folge deinem Atem, um an den Ort zu gelangen, wo sich dein Innerer Rat versammelt. Spüre die Sicherheit und den Schutz des Inneren Rates und des Stammes. Spüre deine Verbindung mit der Erde.*

Wenn du bereit bist, bitte den Alten Weisen *von seinem Platz im Rat in die Mitte des Kreises zu treten.*

Sieh ihn an. Welche Kleidung trägt er? Wie steht er und wie bewegt er sich? Wie fühlt er sich für dich an? Kannst du seine Stimme vernehmen? Wie spricht er? Was ist dein Gesamteindruck?

Blick ihm in die Augen. Was siehst du dort? Kannst du seine Kraft und sein Verständnis spüren? Kannst du seine liebevolle Sorge um dich spüren? All das ist vorhanden. Was siehst du noch?

- *Wenn du dich in seiner Gegenwart gut fühlst, bitte den* Alten Weisen, *dich an die Situationen zu erinnern, in denen er dir in der Vergangenheit beistand. Wann war er bei dir? Warst du dir seiner Gegenwart bewusst?*

Wäre er bereit, dir jetzt zu helfen? Was würdest du gerne von ihm wissen? Frag ihn. Wo in deinem Leben könntest du seine Führung gut gebrauchen? Frag ihn.

Höre genau zu. Schau, was kommt. Es könnten Bilder sein, Worte oder Gefühle. Es könnte etwas sein, das du nicht erwartest. Vielleicht wird dir vieles klar, vielleicht kommt aber zunächst einmal nicht besonders viel. Wenn es dauert, bis überhaupt etwas kommt, entspann dich. Die Tür steht offen. Wenn die Zeit reif ist, werden weitere Antworten kommen.

- *Frag den* Alten Weisen, *wie du dich mit ihm noch intensiver verbinden kannst. Wie sollst du dich an ihn wenden? Wie wirst du erkennen, wenn er versucht, deine Aufmerksamkeit auf sich zu lenken? Wie könnt ihr noch einfacher miteinander kommunizieren?*

Wenn es noch etwas anderes gibt, über das du gerne sprechen würdest, mach das. Wenn du fertig bist, danke dem Alten Weisen *für sein Kommen und lass ihn wieder gehen. Lege die Hände auf die Erde, um die Energie abzuleiten und schreib deine Eindrücke auf.*

b) **Bewegungsmeditation**
- *Leg Musik auf und stell dir vor, dass du bei deinem Inneren Rat bist. Spüre die Sicherheit, die dir der Rat und der Stamm geben. Spüre deinen Atem in deinem Körper und die Verbindung deiner Füße zur Erde.*

Wenn du bereit bist, bitte deinen Körper immer wieder: »Zeig mir den Alten Weisen.*« Lass dir Zeit. Welche Veränderungen bemerkst du in deiner Haltung? Wie stehst du? Inwiefern fühlt sich dein Körper anders an?*

Nimm dir etwas Zeit, um dich als Alter Weiser *zu bewegen. Spüre, wie selbstsicher er ist. Er hat bereits alle Situationen durchlebt, denen du jetzt gegenüberstehst, und kann ihnen vertrauensvoll begegnen.*

- *Denk an eine Situation in deinem Leben, in der du einen Rat gut gebrauchen könntest. Bitte deinen Körper, dir zunächst einmal die Situation zu zeigen. Wenn du dir über sie im Klaren bist, bitte deinen Körper, sich als der* Alte Weise *zu bewegen. Bitte ihn, dir zu zeigen, wie er dir in dieser Situation helfen kann. Wiederhole deine Bitte und beobachte, was kommt. Fühlt sich dein Körper schwerer an? Leichter? Fühlst du dich stärker, optimistischer oder zentrierter? Was auch*

Übung • Dem Alten Weisen begegnen

kommt, beweg dich einfach weiter. Achte darauf, was die Bewegungen dir zeigen. Achte darauf, welche Einsichten oder Eindrücke dir zu Bewusstsein kommen, während du dich bewegst. Was hast du im Licht dieser Einsichten und Eindrücke über die Situation gelernt, über die du etwas wissen wolltest? Hat sich deine Perspektive verändert?

- *Sag dem* Alten Weisen, *dass du dich gern wieder an ihn wenden möchtest, wenn du seine Hilfe benötigst. Bitte ihn, dir eine kleine Geste zu zeigen, die dir helfen wird, Kontakt mit ihm aufzunehmen. Bitte deinen Körper und beobachte, wie er sich als Antwort darauf bewegt.*

Danke dem Alten Weisen *dafür, dass er bei dir war. Lass ihn los und schüttle dich kräftig aus. Leg deine Hände auf die Erde und kehre ins Wachbewusstsein zurück. Schreib deine Eindrücke in dein Tagebuch.*

c) **Briefe schreiben**
Eine weitere Möglichkeit, dich mit dem *Alten Weisen* zu verbinden, besteht darin, Briefe zu schreiben. Hier sind zwei Vorschläge, die dir helfen werden.

- *Schreib erst einmal dem* Alten Weisen *einen Brief. Was würdest du ihn fragen, wenn du ihn treffen könntest? In welchen Bereichen brauchst du Klarheit oder Hilfe? Wo könntest du seine Perspektive oder Unterstützung brauchen? Bitte ihn, dich an Zeiten in der Vergangenheit zu erinnern, wo er dir helfen konnte. Frag ihn, wie du dich in Zukunft an ihn wenden kannst.*

Der Brief kann so lang sein, wie du willst. Denk daran: Der Alte Weise hat eine lange Zeit mit dir verbracht. Er wird wissen, von was du redest. Er wird wissen, wie er dir helfen kann. Wenn du mit dem Brief fertig bist, unterschreibe ihn und ließ ihn laut vor. Tue das im Bewusstsein, dass der Alte Weise *jedes Wort hört.*

- *Steh auf, schüttle dich aus und nimm dir eine neue Seite in deinem Tagebuch vor. Schreib diesmal einen Brief des* Alten Weisen *an dich. Lass ihn auf all deine Fragen antworten. Er wird dir sagen, was er über deine gegenwärtige Situation denkt und seinen Rat bei momentan anstehenden Entscheidungen anbieten. Lass dir von ihm Rat und Unterstützung geben.*

Wenn du etwas tiefer einsteigen möchtest, kannst du die folgende Methode ausprobieren. Schreib den zweiten Brief mit deiner nichtdominanten Hand. Wenn du Rechtshänder bist, schreib ihn mit deiner Linken. Die Schrift wird vielleicht nicht besonders deutlich sein, aber du wirst dich wundern, was auftaucht. Es wird etwas länger dauern. Beobachte geduldig und sieh, was du lernen kannst. Das macht wirklich Spaß!

Übung ⚭ Dein Selbst zurückgewinnen

3. *Diese Übung ist sehr wichtig. Du solltest sie nicht überspringen!*

Im Laufe der Jahre hast du dich oft an ältere Männer gewandt, um Bestätigung, Ermutigung oder Hilfe zu erfahren. Manchmal hast du sie bekommen. Manchmal nicht. Im Moment wollen wir uns nicht darum kümmern, ob das, was diese Männer getan haben, gut oder schlecht war. Höchstwahrscheinlich war es eine Mischung aus beidem. Dennoch: die Männer in deinem Leben haben dir geholfen, an den Punkt zu kommen, wo du jetzt stehst – ob deine Erfahrungen nun großartig oder schrecklich waren. Jetzt ist es an der Zeit, den *Magischen Jüngling* zurückzugewinnen. Es ist an der Zeit, dass du deine Rolle als sein *Alter Weiser* und Beschützer übernimmst.

a) *Nimm dir ein wenig Zeit für eine Visualisierungs-Übung. Suche deinen Inneren Rat auf. Atme langsam und bewusst. Spüre die Sicherheit und den Schutz, den du beim Inneren Rat genießt.*

Wenn du dich im Einklang fühlst, lege deine Hände auf die Brustmitte. Atme tief ein. Rufe den Alten Weisen. *Lass ihn an deiner Seite in der Mitte des Ratskreises stehen.*

b) *Bitte den Inneren Rat, während der* Alte Weise *an deiner Seite steht, dir all die Männer zu zeigen, die du gebeten hast, sich um dich als*

Jungen zu kümmern. Wer erscheint? Vielleicht taucht dein Vater auf. Vielleicht ein Lehrer, dem du nahe standest, oder ein Großvater, der starb, bevor du ihn kennen lernen konntest. Beobachte nur, wer immer auch kommt.

Wenn sie alle da sind, sprich mit ihnen, mit einem nach dem anderen. Zuerst mit deinem Vater. Sag ihm in deinen eigenen Worten: »Papa, ich habe dir meinen Jungen gegeben, damit du dich um ihn kümmerst. Ich weiß, dass du dein Bestes getan hast (auch wenn ich das damals nicht immer wusste). Papa, ich bin hier, um dir zu sagen, dass ich mich von jetzt an selbst um ihn kümmern werde. Ich entlasse dich aus deiner Pflicht. Dieser Junge wird von nun an mit mir gehen.«

Stell dir vor, wie du den Jungen von deinem Vater holst und ihn in die Arme nimmst. Tröste ihn. Sorge dafür, dass er sich bei dir und dem Alten Weisen vollkommen sicher fühlen kann. Danke deinem Vater für das, was er getan hat und lass ihn dann gehen. Umgib ihn mit einem strahlenden Licht, wenn er allmählich dorthin zurückkehrt, woher er kam.

c) *Wiederhole den Vorgang für jeden der Männer, die du gebeten hast, sich um deinen Jungen zu kümmern. Ganz gleich, welche Aufgabe er einmal erfüllt hat – sag ihm, dass du das nun übernehmen wirst. Wenn du mit allen gesprochen hast, wird sich dein kleiner Junge bei dir und dem Alten Weisen sicher fühlen. Sitzt ein paar Minuten lang zusammen in der Mitte des Ratskreises.*

Diese Übung weckt möglicherweise starke Emotionen. Das kann sich sehr gut oder traurig, kraftgeladen oder beängstigend anfühlen. Bleibe bei den Gefühlen. Beobachte sie. Lass dich darauf ein, was dein innerer Junge fühlt. Je mehr du ihn und seine wahren Gefühle annimmst, desto mehr näherst du dich deiner Ganzheit.

Wenn du dich wieder zentriert fühlst, leite die Energie in die Erde ab, stell dir den Jungen in deinem Herzen vor und kehre ins Wachbewusstsein zurück.

Die Kontinuität des Stammes

Der Stamm der schwulen Männer kam nicht plötzlich in der Nacht der Stonewall-Unruhen auf die Welt. Er entstand nicht in den frühen Fünfzigern mit Harry Hays *Mattachine Society*. Er entstand auch nicht vor einem Jahrhundert mit Walt Whitman oder Edward Carpenter. Unser Stamm existiert, seit es Menschen gibt. Obwohl der größte Teil unserer Geschichte unterdrückt oder verleugnet wurde, sind wir nur die jüngste Generation in einer langen Ahnenreihe von Männern, die Männer lieben. Jede Generation schwuler Männer kann von denen lernen, die den Weg vor ihnen gingen.

Wir bleiben auch nicht stehen. So, wie wir den gegenwärtigen Stand der schwulen Kultur geerbt haben, schaffen wir wiederum das Erbe für die kommenden Generationen. So lange es Menschen gibt, wird es Männer geben, die Männer lieben. Wir stehen nicht nur in einer Schuld bei unseren Vorfahren, sondern wir tragen auch die Verantwortung für die, die nach uns kommen. Jeder von uns ist aufgerufen, das zu teilen, was er darüber weiß, wie der Weg einfacher für diejenigen werden kann, die gerade erst damit beginnen, ihre eigene Sexualität zu akzeptieren und Frieden mit ihr zu schließen.

So sehr wir auch alle davon profitieren würden – die Kommunikation zwischen schwulen Männern verschiedener Altersgruppen ist eher begrenzt. Insbesondere in den Städten, wo es uns ein weiterer Spielraum für soziale Aktivitäten gestattet, uns in verschiedene Gruppen aufzuspalten, ist die Kluft zwischen den Generationen innerhalb der schwulen Kultur tendenziell größer als es im Rest der Gesellschaft zu beobachten ist. Die Rahmenbedingungen verändern sich so schnell, dass Männer einer Altersgruppe oft große Schwierigkeiten haben, diejenigen auch nur zu verstehen, die lediglich ein paar Jahre jünger oder älter sind. Männer, die vor 1970 volljährig wurden, waren darauf konditioniert, ihr Schwulsein zu verbergen, da ihnen harte Strafen drohten. Jüngere Männer, die – was vor Stonewall unvorstellbar war – Offenheit und Freiheit gewohnt sind, haben in der Regel eine vollkommen andere Perspektive. Ebenso können sich Männer, die ihr *Coming Out* nach dem Auftreten von AIDS hatten, kaum die naive sexuelle Freiheit der 70er vorstellen oder akzeptieren, dass die Lehren, die in dieser Zeit gewonnen wurden, heute noch gültig sein könnten.

Darüber hinaus neigt unsere Gesellschaft dazu, ältere schwule Männer eher zu entmutigen sich jüngeren zu nähern, die von ihren Erfahrungen profitieren könnten. Trotz des Bedarfs an kompetenten, einfühlsamen schwulen Mentoren – eine Notwendigkeit, die von dem überproportional hohen Auftreten von Depressionen und Selbsttötungen bei schwulen Jugendlichen noch unterstrichen wird – zögern ältere Männer immer noch, den ersten Schritt zu tun. Sicher ist viel von dieser Zögerlichkeit auf Angst zurückzuführen. Ein Großteil der Gesellschaft ist immer noch schnell damit bei der Hand, jede Art von Kontakt zwischen schwulen Männern und Jungen als Anmache, sexuelle Ausbeutung oder Schlimmeres zu verdammen. Die reale Notwendigkeit, Jungen vor sexueller Ausbeutung zu schützen, wurde dermaßen übersteigert und verzerrt, dass beinahe jede Möglichkeit positiver Kontakte zunichte gemacht wurde. Die ersten Versuche, schwule Jugendliche mit schwulen Männern zusammenzubringen, sind immer noch sehr rar gesät.

Die Älteren des Stammes sind die Bewahrer der Geschichte, die Hüter unserer Geschichten. Idealerweise behalten sie dabei das Gesamtbild im Auge und erinnern uns an die früheren Fortschritte, während sie uns in eine kraftgeladene Vision unserer Zukunft führen. Dein *Alter Weiser* kann dir jetzt helfen, wenn du deine Aufmerksamkeit auf die Generationenreihe des Stammes lenkst. Er wird dir zunächst dabei helfen, deine schwulen Vorfahren zu würdigen und dann zu überlegen, wie du jenen, die nach dir kommen, helfen kannst.

Übung ◦• Die Vorfahren ehren

4. Die Stammes-Vorfahren sind all jene schwulen Männer, die uns vorangegangen sind. Obwohl sie in aller Regel nicht im traditionellen Sinne blutsverwandt sind, haben dich deine Stammes-Vorfahren ebenso sicher beeinflusst wie deine Eltern und Großeltern.

    Du schuldest diesen Männern etwas. Die meisten Vorteile, die wir heute genießen – die Freiheit, offen zu leben, stolz auf uns zu sein, Bürgerrechte einzufordern, unsere Kinder großzuziehen oder im Militär zu dienen –, sind das Erbe vieler schwieriger Jahre. Viele Männer haben hart für unsere Befreiung gekämpft, Männer wie Edward Carpenter, Oscar Wilde, Walt Whitman, Harvey Milk und Magnus Hirschfeld. Diese Männer, unsere Vorfahren, verdienen Ehre und Respekt.

Auf persönlicher Ebene haben fast alle von uns schwule Brüder, Freunde und Liebhaber, die nicht mehr unter uns weilen. Auch diese Männer sind Teil des Stammes, sind nun Vorfahren, obwohl wir sie in Fleisch und Blut kannten. Auch sie stehen im Kreis des Stammes, sind Teil deiner »spirituellen Familie«. Zusammen mit den anderen Vorfahren können sie eine wichtige Quelle der Führung und Hilfe sein.

Es ist wichtig, die Vorfahren zu ehren. Wie du das tust, bleibt dir überlassen. Ich möchte dich einladen, dir dein eigenes Ritual zu schaffen. Gehe so vor, wie wir es getan haben, um den heiligen Raum zu schaffen.

- Tom schrieb die Namen seiner schwulen Ahnen, einschließlich derer, die vor kurzem die Welt verlassen hatten, auf eine Papierrolle. Sie liegt auf seinem Altar und er liest von Zeit zu Zeit die Namen, um sich ihrer zu erinnern und ihnen Respekt zu erweisen.

- Samuel schrieb die Namen all der schwulen Ahnen, die für ihn von Bedeutung waren, auf bunte Bänder. Diese knotete er an die Äste eines Baumes an einem besonderen Ort. Er weiß, dass der Wind ihre Stimmen zu ihm trägt, wenn er sie braucht.

- Jeffrey rief den Stammesrat zusammen und las alle Namen laut vor und dankte jedem einzelnen, indem er ein Glöckchen erklingen ließ.

- William pflanzte einen Kirschbaum zu Ehren seiner schwulen Vorfahren. Er düngte, wässerte und pflegte ihn als sein Weg, das Gedenken an die Ahnen zu ehren.

- Mark zeigte seine Dankbarkeit gegenüber einem etwas albernen Totem – einer afrikanischen Puppe mit einem silbernen Ohrring, die ihm ein verstorbener Freund geschenkt hatte. Er nahm die Puppe mit an einen besonderen Ort und hinterließ sie dort als Dankesgabe.

- Harry sprach ein Gebet über jedes Stück Holz, das er verwendete, um ein rituelles Feuer zu machen. Als das Feuer brannte, setzte er sich davor und gedachte all jener, die ihm vorangegangen waren.

Das Ahnen-Ritual gibt dir Kraft. Du bist nicht allein und wirst es niemals sein. Deine Vorfahren sind nun Teil deines Stammeskreises, wo sie stets ihre kollektive Weisheit und Unterstützung mit dir teilen werden.

Wie auch immer du dein Ritual gestalten willst – das Ende ist besonders wichtig. Würdige die Tatsache, dass deine Vorfahren, wie sehr du sie auch geliebt hast, nunmehr Teil der Spirituellen Kraft sind. Obwohl du vielleicht in deinem Herzen die Erinnerung an sie bewahren wirst, ist es jetzt Zeit, die Vorfahren loszulassen.

Um das Ritual zu beenden, segne die Vorfahren, die du gerufen hast, und lass sie los. Obwohl du dich von Zeit zu Zeit mit ihnen verbunden fühlen wirst, lass sie jetzt alle zurück zur Spirituellen Kraft gehen. Lege dann deine Hände auf die Erde und leite die Energien, die du erweckt hast, in den Boden ab. Entlasse den Stamm, entlasse den geweihten Ratskreis, und lass die Energie los. Du hast das Ritual beendet, wenn du fühlst, dass du wieder in deiner Mitte angekommen bist.

Übung • Die Nachfolger ehren

5. Die Stammeskontinuität geht in zwei Richtungen. Du bist ein werdender Vorfahr. Die Entscheidungen, die du heute triffst und die wir als Gruppe treffen, legen den Grundstein für kommende Generationen. Was werden wir ihnen hinterlassen? Was kannst du tun? Kannst du angesichts der AIDS-Krise die Hoffnung aufrecht erhalten? Kannst du den Mut aufbringen, offen schwul zu leben, so dass es der kommenden Generation leichter fällt, das auch zu tun? Kannst du deine spirituellen Übungen machen und dabei an die nachfolgende Generation denken? Hast du die Kraft und Voraussicht, sie zu würdigen, indem du *jetzt* all das bist, was du sein kannst? Jeder positive Schritt, den du machst, hilft.

Die folgenden Übungen werden dir helfen, in diese Lebensform hineinzuwachsen. Such dir mindestens eine aus, die dir zusagt.

a) **Das Erbe**
Denk darüber nach, was du weitergeben wirst. Stell dir zukünftige Generationen schwuler Jungen und Männer vor. Welche Probleme, denen wir heute gegenüberstehen, werden sie am stärksten betreffen? Was könnte man heute tun, um ihre Voraussetzungen zu verbessern? Was sind die wichtigsten Dinge, die du persönlich tun kannst, um ihre Welt ein wenig besser zu machen?
Führe fünf konkrete Dinge auf, die zukünftigen Generationen helfen könnten.

- Sich für den Schutz schwuler Eltern einsetzen
- Etwas tun, um die Wälder vor der Zerstörung zu retten
- Eine Hotline für Teenager einrichten
- Eine Kampagne gegen die Diskriminierung am Arbeitsplatz ins Leben rufen
- Was ist dir wichtig?

b) **Die Geschichte**
Du bist ein lebendiger Teil der Geschichte der Zukunft. Wie können die künftigen Generationen die Wahrheit über ihre Vergangenheit kennen, wenn wir nicht unsere Geschichten erzählen? Schreib eine Geschichte aus deiner persönlichen Erfahrung, von der du glaubst, dass es gut wäre, wenn sie sie kennen würden.

- Wie war es zu deiner Zeit, als Schwuler aufzuwachsen?
- Wie war dein *Coming Out*?
- Wie war es in diesem Jahrzehnt, einen Liebhaber zu haben?
- Was war deine erste Reaktion, als du von AIDS hörtest?
- Was ist deine Geschichte?

c) **Ein Brief**
Schreib einen Brief an einen imaginären schwulen Jugendlichen. Erzähle ihm, was du gelernt hast, das ihm helfen könnte. Du bist hier der Alte Weise. Teile deine Weisheit mit ihm.

- »Es ist in Ordnung du selbst zu sein, egal was andere sagen.«
- »Verschwende keine Zeit damit darauf, zu warten, dass alle anderen dich anerkennen. Manche werden das nie tun. Lebe dein Leben.«

Übung ◆ Die Nachfolger ehren

- »Folge deinen Träumen, bevor es zu spät ist.«

d) **Einen Baum pflanzen**
Als abschließende Geste tue etwas wirklich Bleibendes, um sowohl deine Vorfahren als auch die künftigen Generationen zu ehren. Pflanze einen Baum und pflege ihn, bis er sich selbst erhalten kann. Lass seine Wurzeln dich an deine eigenen Wurzeln, deine Stammesvorfahren erinnern. Lass die Blätter, Blüten und Früchte dich an die kommenden Generationen gemahnen.

Pflanze dieses Jahr einen Baum. Besser noch: Pflanze jedes Jahr einen.

Der *Alte Weise* in Ausbildung

Ein Älterer werden ist etwas ganz anderes, als nur älter zu werden. Das Altern geschieht einfach. Ganz gleich, wie sehr du dich abstrampelst und schreist, um es zu leugnen, ob du dir dein Haar färbst oder dir auf deinen noch vollkommenen Waschbrettbauch klopfst – du wirst altern. Ein Älterer werden ist etwas anderes. Es beinhaltet die Vertiefung der Bewusstheit, die nur aus Erfahrung entstehen kann. Es beinhaltet die Übernahme von Verantwortung für das Leben, ein Erkennen von Prioritäten und die Anerkennung des Selbst. Ein Älterer zu werden ist das Lohnenswerte am Altwerden.

Wir wollen realistisch bleiben. Wie jede andere Lebensphase stellt uns auch das Alter vor Herausforderungen. Der Körper verändert sich. Freunde und Liebhaber sterben oder ziehen weiter. Krankheit, Sterblichkeit und Einsamkeit sind sehr reale Themen. Ich kann mich an einen Vortrag von James Broughton erinnern, den er vor ein paar Jahren hielt. Dieser Mann sprüht geradezu vor Begeisterung, wenn er den Freuden der körperlichen Liebe zwischen Männern ein Loblied singt. Als ich ihn hörte, war er schon 80 Jahre alt. »Das Alter sollte man nicht romantisieren«, meinte er. »Es hat überhaupt nichts Wunderbares an sich. Ich wache morgens auf und meine Gelenke tun weh und mein Körper ist nicht das, was er einmal war.«

Die Weisheit des Alters hat ihren Preis. Einige der Lektionen, die uns das Leben erteilt, tun weh. Einige der Paradoxa des Lebens können nicht aufgelöst werden. Es gibt keine Möglichkeit, zurückzugehen und noch einmal von vorn anzufangen. Wenn wir diesen Herausforderungen gegenüberstehen, lernen wir jedoch irgendwie uns auszudehnen und zu entdecken, was wichtig ist und was nicht. Es gibt keine Abkürzung. Die Lektionen des Lebens lehrt nur das Leben.

Es gibt ein paar Dinge, die du tun kannst und die ein wenig helfen. Zunächst einmal kannst du deinen eigenen Weg würdigen. Jede Herausforderung, der du gegenübergestanden bist, hat dich etwas gelehrt – als Schwuler aufzuwachsen, dein *Coming Out*, das Ende der Beziehung mit deinem ersten Liebhaber, an deinem Arbeitsplatz offen schwul zu sein oder die Konfrontation mit AIDS. Wie alt du auch an Jahren sein magst – du hast Weisheit in dir. Das stimmt besonders heute, da HIV uns dazu gezwungen hat, uns mit Themen wie Sterblichkeit zu befassen, die sonst erst viel später im Leben auftauchten. Jede Situation bringt Lernerfahrungen mit sich. Würdige die Lektionen, die du bereits erhalten hast.

Zum zweiten kannst du das Leben auch als einen fortlaufenden Prozess der Vertiefung und des Weiserwerdens annehmen. Es ist nicht etwa so, dass du eines schönen Tages aufwachst und plötzlich ein Älterer bist. Die Entwicklung beginnt am Tag deiner Geburt. Ich bin über 40 Jahre alt, während ich dies schreibe, und ich wünschte, ich hätte den schlanken, muskulösen Körper, den ich mit 20 hatte. Und doch würde ich ihn niemals gegen das Selbstbewusstsein und die Bewusstheit eintauschen, die ich seitdem gewonnen habe. Ich vermute, dass es den meisten von uns ähnlich geht. Trotz aller Nachteile: die Dinge, die das Leben wirklich lebenswert machen – Selbstwertgefühl, emotionale Stabilität, wertvolle Beziehungen – werden meist besser. Das ist eine gesunde Erwartungshaltung für die Zukunft.

Andrew Ramer betont gerne, dass wir alle »Ältere in Ausbildung« sind. Wer du bist, wenn du alt wirst, hängt davon ab, wer du im Laufe deines Lebens bist. Welche Art Älterer du wirst, hängt von den Entscheidungen ab, die du heute triffst. Denk darüber nach. Was würdest du heute tun, wenn du gerne ein exzentrischer, weiser, interessanter und zufriedener Älterer werden und diese Qualitäten kultivieren willst?

Dein *Alter Weiser* ist niemand, der in der fernen Zukunft lebt. Er lebt in dir, in diesem Augenblick. Seine Weisheit, Stärke und Einsicht stehen dir zur Verfügung, wenn du nur darum bittest. Was du aus ihm machst, liegt ganz an dir. Umarme ihn jetzt, solange du es kannst. Man sagt, es ist nie zu spät, eine glückliche Kindheit zu haben. Ich sage, es ist nie zu früh, ein glücklicher Älterer zu werden.

Übung — Den *Alten Weisen* willkommen heißen

Führe mindestens zwei der folgenden Übungen durch.

6. *Nenne zehn positive Eigenschaften, die nichts mit dem chronologischen Alter zu tun haben und die du an anderen Menschen bewunderst. Welche sind das? Wie viele dieser Qualitäten kannst du in dir selbst erkennen?*

7. *Nenne fünf Dinge, die du jetzt besser kannst als vor fünf Jahren. Nenne fünf Dinge, die du jetzt über dich selbst weißt und die du vor fünf Jahren noch nicht wusstest. Nenne fünf Dinge, die du jetzt mit anderen teilen kannst, vor fünf Jahren aber noch nicht.*

8. *Schenke deinem* Alten Weisen *eine Stunde – oder einen Nachmittag – deiner Zeit. Führe eine Bewegungsmeditation durch, bei der du ihn in deinen Körper rufst. Dann betrachte, solange er da ist, die Welt aus seiner Perspektive.*

   Geh hin, wo er gerne hinginge. Tue das, was er gern täte. Geh spazieren. Setz dich an den See und beobachte die Enten. Mach den Babysitter für ein kleines Kind. Bewundere den Sonnenuntergang. Triff dich mit deinen Kumpeln. Was auch immer du tust, lass dich von ihm führen. Du wirst dich wundern, was du alles lernst.

9. **Prioritäten**
   Ein Teil der Weisheit, die das Alter mit sich bringt, ist ein Sinn für die richtigen Prioritäten. Du kannst dieses Gefühl bekommen, wenn du die folgende Übung durchführst.

   Schließ die Augen und geh nach innen. Stell dir im Schutz des Inneren Rates die folgende Frage: »Wenn ich noch ein Jahr zu leben hätte, was wäre dann das Wichtigste, was ich tun könnte, bevor ich gehe?« Hör genau hin, was hochkommt und schreib deine Antworten auf.

   Wiederhole die Frage mit einer kleinen Änderung: »Wenn ich nur noch einen Monat zu leben hätte, was wäre dann das Wichtigste?« Ändern sich die Antworten?

Stell ein drittes Mal die Frage: »Wenn ich nur noch einen Tag zu leben hätte, was wäre dann das Wichtigste?«

Stell noch eine weitere Frage: »Welche der Dinge, die ich jetzt tue, würden, wenn meine Zeit begrenzt wäre, weniger wichtig scheinen?«

Zeit ist etwas Wertvolles. Die Wahrheit ist, dass du niemals weißt, wie viel dir noch bleibt. Schau dir an, was du gerade aufgeschrieben hast. Denk darüber nach, wie es wäre, nach den Prioritäten zu leben, die du aufgelistet hast.

10. *Kultiviere eine Beziehung mit einem älteren Menschen. Ganz bestimmt gibt es in deiner Gemeinde viele ältere Männer und Frauen (ob homosexuell oder nicht), die sehr dankbar für deine Hilfe wären. Die Sorgen von Senioren sind in der Regel sehr praktisch, konkret und bodenständig. Ein kleines bisschen Hilfe kann viel bewirken.*

Kennst du jemanden, der Hilfe beim Einkaufen, Kochen, Rasenmähen oder Aufräumen des Speichers brauchen könnte? Gibt es jemanden, den du dann und wann besuchen könntest, nur um mit ihm zu reden? Kennst du vielleicht einen älteren Mann, der Freude daran hätte, dir seine Geschichten zu erzählen? Wenn du bereit bist, Ausschau zu halten, werden sich schnell Gelegenheiten ergeben.
Du wirst feststellen, dass Teilen in der Regel keine Einbahnstraße ist. Die Mühe, die du für einen anderen auf dich nimmst, zahlt sich vielfach aus – zunächst in Form der Befriedigung, geholfen zu haben, dann stärker als Vertiefung deiner Erfahrung. Du wirst die Chance bekommen, die Entscheidungen zu beobachten, die andere Menschen treffen, wenn sie den Herausforderungen des Alterns gegenüberstehen. Deine eigenen Ängste werden sich verringern, wenn das Unbekannte vertrauter wird. Auch deine Prioritäten werden sich möglicherweise verändern, wenn du siehst, was von Dauer ist und was nicht.

11. *Führe drei Möglichkeiten auf, wie du jüngeren Männern helfen kannst, mit dem Schwulsein klar zu kommen.*

Gibt es Hilfsprogramme bei lokalen Schwulengruppen? Gibt es eine Hotline, die Freiwillige benötigt? Könntest du mithelfen, eine Selbsthilfegruppe für schwule Jugendliche zu gründen? Könntest du über deine Erfahrungen schreiben oder eine Kolumne in der Lokalzeitung übernehmen? Selbst wenn du keine Möglichkeiten findest, direkt zu helfen, setzt du ein starkes, hilfreiches Beispiel, wenn du dein eigenes Leben offen und positiv lebst.

12. *Lege einen Gegenstand auf deinen Altar, der den* Alten Weisen *repräsentiert.*

11 Der Schamane und Heiler

Die Macht der Intuition

Eine Freundin, Dominique, erzählte mir, wie sie mit Eingeborenen in Tahiti lebte. Manchmal begleitete sie sie auf langen Wanderungen durch den Dschungel. Obwohl das dichte Laub oft über mehrere Meilen des Weges den Blick auf jegliche Anhaltspunkte der Umgebung verwehrte, schienen ihre Begleiter stets den Weg nach Hause zu kennen. Als sie fragte, wie sie das machten, lautete ihre Antwort: »Unsere Füße kennen den Weg.« Die Eingeborenen zeigten ihr, wie sie von Zeit zu Zeit innehielten und ihren Füßen »zuhörten«, um dann zielstrebig ihren Weg weiter zu verfolgen.

Es gibt Berichte von diesem und anderen Orten der Welt, die von mächtigen Heilern erzählen, die sich in Trance um die Gesundheit ihrer Patienten kümmern – oft, ohne sie auch nur zu berühren. Von anderen weiß man, dass sie Steine, »Geister« oder ihre Träume um Hilfe bitten, die dann erstaunlich detailliert ausfällt. Obwohl viele westliche Menschen diese Geschichten schnell als absurden Aberglauben oder Wunschdenken abqualifizieren, kennt beinahe jede Kultur solche Phänomene in der ein oder anderen Form.

Wie geht es dir damit? Wie oft hast du dir gewünscht, dass deine Füße dir den Weg durch den Dschungel des Lebens weisen könnten? Wie oft hast du dir einen weisen Ratgeber gewünscht, der dir sagt, welcher Beruf zu dir passt, welcher Arzt dir helfen könnte oder ob du in *Ingas Schwedenbar* einen Farmersalat oder Original Norwegerhäppchen nehmen sollst? Tatsächlich hast du bereits einen solchen Ratgeber, ein angeborenes Leitsystem, das man *Intuition* nennt. Selbst dann, wenn dein Verstand völlig überfordert ist, zeigt dir deine Intuition jedes Mal, wenn du sie fragst, den richtigen Weg. Der Trick besteht darin zu hören, was sie dir zu sagen hat.

Beinahe jedes Mal, wenn ich die Intuition erwähne, kann jemand mit einer Geschichte aufwarten, in der sie ihm geholfen hat. Steve berichtete, dass er vor ein paar Jahren einen Kerl traf, der »Mr. Perfect« zu sein schien. Nach ein paar Verabredungen fragte dieser Mann, ob er in das Gästezimmer in Steves Haus einziehen könne. Obwohl Steve nach einem Mitbewohner suchte, um sich mit ihm die Kosten zu teilen, und obwohl dieser Typ wirklich zu gut schien, um wahr zu sein, fühlte es sich tief im Inneren nicht richtig an. Steve erzählte weiter: »Ausnahmsweise habe ich einmal auf meine innere Stimme gehört. Obwohl mir mein Verstand sagte, dass ich verrückt sei, sagte ich ›Nein‹. Zwei Monate später fand ich heraus, dass eben dieser Typ mit den Kreditkarten seines letzten Mitbewohners für Tausende von Dollars eingekauft und sich dann, ohne einen Cent zu zahlen, aus dem Staub gemacht hat. Mann, bin ich froh, dass ich auf meine innere Stimme gehört habe!«

Gary erzählte mir von den widersprüchlichen Ratschlägen, die ihm seine Freunde gaben, als er unzufrieden mit seinem Job war. Einer sagte ihm, er solle kündigen, ein anderer riet ihm durchzuhalten. Ein dritter gab den Rat, sich weiter zubilden und ein vierter meinte, dass Weiterbildung jetzt, wo er in seinem Beruf schon so weit gekommen sei, das denkbar Schlechteste wäre. Garys Mutter sagte ihm, er solle sich einfach noch mehr in seinen Job hineinknien. »Denk an deine Rente!«, warnte sie. Gary selbst konnte das potenziell Gute – oder die potenzielle Katastrophe – in jeder Wahl, die er treffen konnte, sehen. Schließlich meldete sich seine Intuition. »Ich träumte, ich wäre in einer Schule in Kalifornien. In meinem Traum ging ich gerade im Hörsaal nach vorne. Alle applaudierten mir. Als ich aufwachte, fühlte ich mich so gut, dass ich wusste, dass ich meine Wahl getroffen hatte.« Garys Intuition zahlte sich aus. In den zwei Jahren, die er an der Management-Akademie verbrachte, begegnete er einer Frau mit ähnlichen Interessen. Die beiden zogen später gemeinsam eine erfolgreiche Consulting-Firma auf.

Die Intuition überbrückt die Schlucht, die den Verstand vom Körper trennt. Sie sammelt Informationen aus vielen verschiedenen Quellen und übermittelt uns ihre Erkenntnisse nonverbal durch Gefühle, Träume und plötzliche Geistesblitze. Manchmal betrifft unsere Intuition ganz alltägliche Dinge, beispielsweise wenn man das Gefühl hat, man sollte einen Regenschirm mitnehmen, obwohl der Himmel blau ist. Dann wiederum greift sie auf die Quellen kosmischer Weisheit zurück und überrascht uns mit Erkenntnissen, die so überwältigend sind, dass sie unser ganzes Leben verändern.

Da die Signale der Intuition sehr subtil sind, sind sie leicht zu ignorieren. Unsere mediengesteuerte Gesellschaft überflutet uns Tag für Tag mit so vielen Informationen und Analysen, dass uns der Sinn für die Bedeutung unserer individuellen Wahrnehmungen leicht verloren geht. Die meisten Menschen bleiben in ihrem Verstand gefangen, getrennt von dem tieferem Wissen und werden deshalb hierhin und dorthin getrieben – je nachdem, wie es die vorherrschende Meinung gerade will. Das einzige Gegenmittel besteht darin zu lernen, sich auf sein eingebautes Navigationssystem zu verlassen. Die Intuition ist wie Radar – sie hilft dir, deinen Weg zu finden, auch wenn der Pfad vernebelt oder dunkel ist. Wenn du daran gewöhnt bist, dich ausschließlich auf deinen rationalen Verstand zu verlassen, wird es natürlich eine Weile dauern, bis du gelernt hast, intuitivem Wissen zu vertrauen. Diese Zeit ist jedoch gut genutzt, denn sie gibt dir eine beständige, verlässliche Führung durch dein Leben.

Glücklicherweise bist du nicht allein. Tief in dir wartet der *Schamane und Heiler* darauf, dir den Weg zu zeigen. Dieser Archetyp trägt vielerlei Namen. Außer *Schamane und Heiler* könnten wir ihn auch *Priester, Wahrsager, Spirituellen Mittler* nennen oder ihm hundert andere Namen geben. Die Begriffe, die wir verwenden, haben ganz besondere kulturelle Konnotationen. Traditionelle Schamanen arbeiten in einem veränderten Bewusstseinszustand, in dem sie nach verborgenem praktischen Wissen suchen. In ihrem Volk wirken sie als Mittler zwischen menschlicher und geistiger Welt. Heiler greifen auf eine innere Blaupause, eine Vorstellung der Ganzheit, zurück, die sie nutzen, um Gesundheit und ein Gleichgewicht der Kräfte wiederherzustellen. Für unsere Zwecke verwende ich den Begriff des *Schamanen und Heilers* normalerweise, um jene Kraft zu bezeichnen, die *auf die innere Weisheit zugreift, um der Welt Heilung und Transformation zu bringen.*

In der Regel sind schwule Männer ziemlich gut darin, mit diesem Archetyp Kontakt aufzunehmen. Tatsächlich gehören die Weisheit und Kraft, die er uns gibt, zu den stärksten Talenten unseres Stammes. Auf individueller Ebene gibt dir der *Schamane und Heiler* direkten Zugang zu deinem inneren Wissen. Indem du deinen persönlichen Weg entdeckst, auf deine Intuition zurückzugreifen, sie zu interpretieren und sie zu nutzen, wirst du Vertrauen in dein eigenes Urteil gewinnen. Du wirst das Gefühl der Selbstbestimmtheit entwickeln und in der Lage sein, wichtige Entscheidungen mit innerer Gewissheit zu fällen. Dies sind wichtige Fähigkeiten eines spirituellen Kriegers. Ein klarer Weg ist unabdingbar, wenn du kraftvoll und effektiv handeln willst. Die innere Führung, die du gewinnst, indem du dich mit dem *Schamanen und Heiler* verbindest, versetzt dich in die Lage, sinnvoll und entschieden in der Welt zu handeln.

Mit seiner Intuition arbeiten zu lernen, ist in Wirklichkeit ein lebenslanger Prozess. Jeder tut es auf seine Art und Weise. In diesem Kapitel wirst du die Möglichkeit bekommen, verschiedene Wege zu erforschen. Manche werden dir mehr liegen, andere weniger. Um dir zu helfen, deinen eigenen Weg zu entwickeln, habe ich wahrscheinlich mehr Übungen aufgenommen als du jetzt machen willst. Arbeite mit jenen, die dich am stärksten ansprechen. Lass die anderen vorerst beiseite. Halte dir einfach die Möglichkeit offen, dass du später auf sie zurückkommen kannst, wenn du deine Erfahrungen vertiefen möchtest. Du kannst auch experimentieren. Die Übungen sind schließlich nur Werkzeuge. Wenn du erst einmal den Dreh raus hast und ein Gefühl für dein »Radar« bekommst, wirst du ohnehin über sie hinausgehen, um dich direkt und unmittelbar an die Führung deiner Intuition zu wenden.

Übung ⇢ Einstimmung

1. a) Halte genau dort, wo du gerade bist, inne und nimm dir einen Moment Zeit, um dir, so intensiv es nur geht, gewahr zu werden, wie es ist, hier zu sein. Wie ist gerade deine Haltung? Was stützt dich – ein Stuhl? Deine Füße? Dein Rücken? Welche Teile deines Körpers fühlen sich gut an? Welche nicht? Wie ist die Temperatur der Luft? Wie ist die Temperatur deiner Haut? Kannst du deine Kleidung spüren? Hörst du irgendwelche Geräusche? Was riechst du? Wie ist das Licht beschaffen? Erregt etwas anderes deine Aufmerksamkeit?

   b) *Wenn du ein Gefühl für dein Selbst im Verhältnis zu deiner Umgebung bekommen hast, wende deine Aufmerksamkeit nach innen. Achte auf deinen Herzschlag. Achte auf den Rhythmus deines Atems. Bemerkst du irgendwelche anderen inneren Geräusche? Spricht ein bestimmter Teil deines Körpers zu dir?*

   c) *Achte nun auf den Fluss deiner Gedanken. Was nimmst du direkt an der Oberfläche wahr? Worauf richtet sich deine unmittelbare Aufmerksamkeit? Höre nun genauer hin und achte darauf, was unterhalb der Oberfläche liegt. Gibt es da Gedanken darüber, wen du nächstes Wochenende treffen wirst? Oder eine Einkaufsliste? Versuche jetzt nicht, irgendetwas zu verändern oder irgendwie einzugreifen. Dein Verstand soll tun, was er eben tut. Nimm es einfach wahr. Stell dir innerlich die Frage: »Gibt es noch irgendwelche anderen Gedanken, denen ich jetzt zuhören sollte?« Hör dann einfach zu.*

d) *Mach nun dasselbe mit deinen Gefühlen. Was sind die großen Gefühle direkt an der Oberfläche? Haben sie einen speziellen Platz in deinem Körper? Was ist mit den Gefühlen unter der Oberfläche? Gibt es da irgendwelche nachwirkenden Ängste? Gibt es Erregung? Furcht? Traurigkeit? Auch hier solltest du nur atmen und beobachten, ganz gleich, was du wahrnimmst. Stell deinem Körper die Frage: »Gibt es noch weitere Gefühle, die zurzeit wichtig für mich sind?« Nimm dir die Zeit, aufmerksam hinzuhören.*

In der Einstimmung geht es darum, Informationen zu sammeln. Obwohl die Übung vielleicht nur ein paar Sekunden in Anspruch nimmt, ist das, was du spürst, von größter Bedeutung. In jedem Moment empfängt und verarbeitet dein Körper Tausende von Informationen. Notwendigerweise filtert er den größten Teil davon heraus und lässt nur jene Bruchstücke zum Bewusstsein vordringen, die lebenswichtig sind oder die unmittelbar von dir abgefragt werden. Dieser unterbewusste Informationsstrom ist stets vorhanden und verfügbar. Wenn du dir Zeit nimmst, ihn zu Rate zu ziehen, ist er ein ergiebiger Quell intuitiver Führung.

Mache Gebrauch davon! Achte auf die Gefühle, Ahnungen, »Synchronizitäten« und die verschwommenen Visionen in den Randbereichen deines Bewusstseins. Mit der Zeit wird dir das immer leichter fallen. Was zunächst unglaublich subtil scheint, wird sehr schnell stärker und klarer werden. Im Laufe dieses Prozesses wirst du lernen, das Wahrgenommene richtig einzuordnen und echte Intuition von Herumraten oder Tagträumen zu unterscheiden. Mit etwas Übung wird dir das Einstimmen zur zweiten Natur werden. Du wirst dich daran gewöhnen, mit deinem Unterbewusstsein in Verbindung zu bleiben und deine Einsicht in praktisch jede Lebenslage wird dadurch tiefer werden.

Durchlässige Grenzen

Wenn du die Einstimmung durchführst, machst du dir zunächst die Informationen bewusst, die deine fünf Sinne sammeln. Doch obschon der sensorische Input äußerst wichtig ist, stellt er dennoch nur einen Bruchteil deines gesamten intuitiven Wissens dar. Wir wollen nun einen Schritt tiefer vordringen und uns mit dem *energetischen Bereich* beschäftigen.

Jedes Lebewesen hat einen feinstofflichen Körper, der aus Energie besteht, die innerhalb jeder und um jede Zelle fließt. Obgleich du ihn normalerweise nicht sehen kannst, ist dein Energiekörper ebenso Teil von dir wie dein physischer Körper. Die Gelehrten, die die uralten Heilmethoden der Traditionellen Chinesischen Medizin oder des Ayurveda entwickelten, haben die Anatomie des Energiekörpers detailliert beschrieben. Diese Heiler lehrten, dass der Zustand unseres Energiekörpers für unsere Gesundheit entscheidend ist. Wenn die Energie stark und harmonisch fließt, bist du gesund. Wenn sie dagegen blockiert oder unharmonisch ist, entstehen Probleme. Es ist verlockend, sich hier tiefer mit der Lehre der feinstofflichen Energien zu befassen, doch das würde den Rahmen dieses Buches sprengen. Wir wollen uns daher nur das Wesentliche ansehen, um festzustellen, in welchem Maß diese Energien unsere Gesundheit und unsere Interaktionen mit anderen Menschen beeinflussen.

Dein Körper nimmt Energie intuitiv wahr. Sicher hast du schon die Erfahrung gemacht, dass du stark auf jemanden reagiert hast, dem du zum ersten Mal begegnet bist. Obwohl du überhaupt nichts über diesen Menschen wusstest, spürtest du intuitiv eine starke Anziehung oder Abneigung. Da dein Körper Energie wahrnimmt, weiß er Dinge, die dein Verstand nicht weiß. Überleg doch mal, wie oft du Auto gefahren bist und einen attraktiven Menschen im Wagen neben dir gesehen hast und derjenige sich dir plötzlich zuwandte, als hätte er deinen Blick »gespürt«.

Energetische Verbindungen sind greifbar und real. Du kannst ganz einfach lernen, sie bewusst wahrzunehmen. Alles, was du dazu brauchst, ist Aufmerksamkeit. Die folgenden Übungen werden dir etwas praktische Erfahrung vermitteln. Du solltest zumindest den ersten Teil durchführen; dann such dir die Übungen heraus, die dir besonders zusagen.

Übung ⊷ Energie spüren

2. a) *Reibe deine Handflächen leicht gegeneinander. Wenn sie sich warm anfühlen, halte sie mit ein paar Zentimetern Abstand voneinander entfernt, so dass sich die Handflächen gegenüberstehen. Achte darauf, dass deine Schultern und Arme entspannt bleiben. Atme ein paarmal ruhig durch und achte darauf, was du in deinen Händen spürst. Jeder Mensch nimmt Energie anders wahr. Vielleicht fühlst du ein Kribbeln, Wärme, Kälte oder überhaupt nichts. Bleib entspannt und beobachte.*

Probiere nun aus, wie es ist, wenn du deine Hände bewegst – langsam und ruhig, ein Stückchen weiter auseinander und wieder näher zusammen. Kannst du Veränderungen spüren? Fühlst du eine Art Widerstand bei der Bewegung? Manche Menschen berichten, dass sich ihre Hände wie Magnete anfühlen; sie ziehen einander an oder stoßen einander ab. Andere sagen, dass die Wärme oder das Kribbeln zu- oder abnehmen, wenn sie die Hände bewegen.

Was du spürst, ist sehr subtil. Es kann einige Zeit dauern, bis du daran gewöhnt bist. Falls du gar nichts spürst, entspanne dich und bleib geduldig. Normalerweise braucht es nur ein wenig Übung. Achte darauf, dass dein Körper entspannt ist, dass du ruhig atmest und deine Hände nicht zu weit voneinander entfernt sind. Schon bald wirst du feststellen, dass diese Übung wirklich leicht ist.

b) *Wenn du erst einmal geübt darin bist, Energie mit deinen Händen wahrzunehmen, vertiefe deine Erfahrung, indem du versuchst, sie in Worte zu fassen. Auch wenn die folgenden Begriffe vielleicht nicht wortwörtlich passen, können sie dir doch dabei helfen, deine Sensibilität für Energien zu schärfen. Wenn du versuchst die Energie eines bestimmten Gegenstandes zu spüren, stell dir folgende Fragen:*

- *Wenn ich die Energie sehen könnte, welche Farbe hätte sie?*
- *Welche »Textur« hat die Energie?*
- *Ist sie heiß, warm, kalt, kühl?*
- *Verhält sie sich statisch oder pulsiert sie?*
- *Bewegt sie sich in eine bestimmte Richtung?*
- *Was kann ich sonst noch wahrnehmen?*

c) *Experimentiere mit verschiedenen Gegenständen in deiner Umgebung und versuche, ihre Energie zu spüren. Eine der einfachsten Möglichkeiten ist, es mit einem Baum zu versuchen. Reibe deine Handflächen aneinander und nähere sie dann langsam dem Stamm. Wahrscheinlich wirst du einige Zentimeter von der Rinde entfernt eine größere »Dichte« spüren. Halte deine Hände dort und geh die Fragen von Teil b durch. Nähere dann deine Hände dem Stamm und lege sie sanft auf die Rinde. Achte auf alle Veränderungen, während du das tust.*

Übung • Energie spüren

d) *Versuche nun dasselbe mit anderen Dingen:*

- *einem Stein oder Felsen*
- *einem Tisch, Stuhl oder anderen Möbelstücken*
- *Zimmerpflanzen*
- *einem Apfel, einer Banane oder anderen Nahrungsmitteln*
- *einer Katze, einem Hund oder einem anderen Haustier*
- *was auch immer dich ruft ...*

Wenn dies eine neue Erfahrung für dich ist, wirst du erstaunt sein, was du entdeckst. Versuche, deinen Geist frei von Bewertungen oder Erklärungsversuchen zu halten. Nimm deine Eindrücke einfach zur Kenntnis und lass deine Erfahrungen für sich selbst sprechen.

Wenn du erst einmal erkannt hast, dass jeder Mensch und jeder Gegenstand einen Energiekörper hat, wird das weitreichende Folgen haben. Denk einmal darüber nach, wie sich die folgenden Aussagen auf deine Erfahrungen anwenden lassen:

Erstens, *wir sind alle miteinander verbunden.* Da deine Energie über die Grenze deiner Haut hinausreicht, stehst du ständig mit allen Dingen und Lebewesen um dich herum in Verbindung. Deine Umwelt beeinflusst dich. Die Menschen um dich herum beeinflussen dich und du beeinflusst sie, ob du sie nun beiläufig, persönlich oder gar nicht kennst. Natürlich ist der Energieaustausch noch weitaus größer, wenn du mit jemandem persönlich oder sexuell in Verbindung stehst.

Zweitens, *Gefühle wirken sich auf deine Energie aus.* Wir erkennen das instinktiv, wie unsere Sprache zeigt, wenn wir über Gefühle sprechen und dabei Begriffe verwenden, die mit Energie zu tun haben wie »unter Strom stehen« oder »abgespannt sein«. Blockierte Gefühle können zu energetischen Disharmonien führen, die sich unmittelbar auf deine Gesundheit auswirken.

Gefühle wirken sich nicht nur auf deinen Energiezustand aus, sie beeinflussen auch die Energien, die du mit anderen teilst. Mein Freund James meinte einmal, dass kein Treffen mit seinem ehemaligen Chef ohne Streit über die Bühne ging. Selbst dann, wenn er die besten Vorsätze hatte, lief immer irgendetwas schief. Nachdem er seine Motive einmal gründlich erforscht hatte, erkannte James, dass er in Wirklichkeit wütend darüber war, überhaupt arbeiten zu müssen. Ganz gleich, wie freundlich er seine Gedanken auch ausdrückte – sein Chef reagierte auf die unterschwellige Wut. Als James diesen Punkt erst einmal für sich geklärt hatte (indem er sich klar machte, dass es seine eigene Entscheidung war zu arbeiten und nichts, das ihm aufgezwungen wurde), verlagerte sich seine Energie. Wenig später wechselte er seinen Arbeitsplatz, doch das geschah ohne jeden Streit und in Würde.

Das Teilen von Energie ist keine Einbahnstraße. Ebenso, wie deine Energie andere berührt, wirst auch du stark von deiner Umgebung beeinflusst. Hast du schon einmal bemerkt, wie ausgelaugt du warst, nachdem du bei einem Arzt, in einem Krankenhaus, einem Gericht oder einem anderen Ort warst, wo Menschen in aller Regel gestresst sind? Auch wenn du gar nicht selbst betroffen bist, kannst du die negative Energie, die Angst und den Stress der Menschen um dich herum spüren. Das kann ziemlich dramatisch sein, wenn du viel Zeit mit Menschen in Krisensituationen verbringst. Ich habe das selbst erlebt, als ich damit begann, als Physiotherapeut zu arbeiten. Da ich so wild darauf war, meinen Klienten zu helfen und gleichzeitig verhältnismäßig wenig Ahnung hatte, wie ich mich selbst frei von negativen Energien halten könnte, nahm ich ständig negative Energie auf. Das war keine Kleinigkeit, glaube mir! Ich erkannte, dass etwas Seltsames im Gange war, als ich eine Stunde lang den verspannten Nacken eines Patienten behandelt hatte und zwei Stunden später die gleichen Verspannungen entwickelte. Ich behandelte die Schmerzen in dem steifen rechten Knie eines Patienten und verbrachte die Nacht mit einem quälenden Schmerz in *meinem* rechten Knie. Offensichtlich musste ich lernen, mich zu erden und mich von negativen Energien zu befreien, um weiterarbeiten zu können.

Ein dritter Punkt hängt mit unseren *Absichten* zusammen. Immer wenn du jemanden berührst, färbt deine Absicht die Energie, die du mit ihm teilst. Wenn du mit einem kranken Freund zusammen bist, kann eine einfache Berührung oft besser als Worte dein Interesse, deine Unterstützung und deine Liebe vermitteln. Wenn du deine Zeit mit jemandem verbringst, mit dem du ein ungelöstes Problem hast, kannst du spüren, wie diese Energie euren Austausch durchdringt, ganz gleich, was ihr sagt oder tut. Und auch wenn du mit jemandem Sex hast, beeinflussen die unterschwelligen Absichten ganz direkt die Qualität eurer Begegnung. Die folgenden Übungen werden dir dabei helfen, genauer zu spüren, wie Energien deine Interaktion mit anderen Menschen und deiner Umwelt färben. Ich empfehle dir auch hier, die erste Übung ganz durchzuführen und dir dann aus den anderen jene herauszusuchen, die dich besonders ansprechen.

Übung ~ Verbindungen

3. **Den Energiekörper reinigen**
   Immer, wenn du mit jemandem zusammen bist, stellt ihr eine energetische Verbindung her. Wenn du lernst, dich von negativen Energien zu reinigen, hilft dir das, eine stärkere Verbindung zu deiner Intuition herzustellen. Die Notwendigkeit zur Reinigung unseres Energiefeldes hat nicht zu bedeuten, dass die Energie anderer Menschen schlecht wäre. Es ist eben nur so, dass die Energie, die du aufnimmst, nicht deine eigene ist und dich daher aus dem Gleichgewicht bringen kann.

   Die folgende Visualisierung ist sehr kraftvoll. Nimm dir genug Zeit, um sie in Ruhe auszuprobieren. Später wirst du in der Lage sein, sie unbemerkt und rasch, an jedem Ort und in jeder Situation durchzuführen.

   a) *Stell dir vor, du stehst in der freien Natur mit nackten Füßen auf der Erde. Während du atmest, spürst du, wie gewaltige Wurzeln wie die einer großen Eiche, von der Basis deiner Wirbelsäule durch deine Füße tief in die Erde eindringen. Gleichzeitig spürst du, wie vom Scheitelpunkt deines Kopfes ein strahlend weißes Licht ausgeht, das sanft und ruhig nach unten fließt und dein Inneres wie ein Strom kristallklaren Wassers durchspült. Dieses Licht nimmt alle negativen Energien, Blockaden und Sorgen, die in dir sind, mit sich und leitet sie durch deine Wurzeln in die Erde.*

   Lass diesen reinigenden Fluss warm und widerstandslos durch dich hindurchströmen. Wenn es in deiner unmittelbaren Umgebung einen Menschen oder eine Situation gibt, die dir besondere Sorgen bereiten, stell dir vor, wie das Licht auch dorthin fließt, alle negativen Verbindungen löst und dich reinigt und befreit. Du wirst dich leichter und heller fühlen, so als ob all die Verunreinigungen in deinem Inneren fortgespült worden seien. Alles, was du an die Erde abgibst, wird transformiert, »kompostiert« und alle Energien werden in eine Form verwandelt, die neues Leben hervorbringt.

   b) *Wenn du dich nun rein und klar fühlst, stell dir ein tiefes grünes Licht vor, das von der Erde aus nach oben fließt und deinen Körper unter-*

stützt, heilt und mit neuer Energie erfüllt. Versuche zu spüren, wie eine starke, pulsierende Lebensenergie durch deine Füße, Beine und Wirbelsäule nach oben strömt. Lass sie nach oben dringen und aus deinem Kopf und deinen Händen quellen. Erwecke in dir das Gefühl, dass du Äste treibst, die sich weit in den Himmel strecken, Äste, die dich stützen und dich stark und licht werden lassen.

c) *Während der Strom grünen Lichtes dir Stärke und Kraft gibt, stell dir ein weiteres Licht vor, das tief violett ist und von deinem Wesenskern nach außen strömt. Spüre, wie dich dieses violette Licht umspült und dich einhüllt, bis es eine kraftgeladene, schützende Hülle um dich bildet.*

Während du ruhig weiteratmest, spürst du, wie dich die drei Lichter unvermindert stark durchströmen. Das weiße Licht fließt von deinem Scheitel durch deine Wurzeln in die Erde. Das grüne Licht pulsiert aufwärts, von der Erde durch deine Äste in den Himmel. Das violette Licht strahlt nach außen und schützt dich. Du weißt, dass diese Lichter stets bei dir sind. Genieße dieses Gefühl und kehre dann allmählich ins Wachbewusstsein zurück.

Diese Visualisierung zur Reinigung deines Energiekörpers kann dir in beinahe jeder Situation hilfreich sein. Wenn du sie übst, wirst du allmählich deutliche körperliche Veränderungen wahrnehmen, die dir zeigen, dass du erfolgreich bist. Du kannst diese Visualisierung auch jedes Mal einsetzen, wenn du in eine stressgeladene Situation kommst. Wenn du beispielsweise jemanden im Krankenhaus besuchst, stell dir vor, wie deine Wurzeln und Zweige dir Energie von oben und unten zuführen. Dann wirst du stärker und unbelasteter sein, als wenn du ausschließlich die Energien im Krankenhaus aufnimmst.

Wenn du sehr rational denkst, musst du das alles erst einmal vertrauensvoll annehmen. Versuche zu verstehen, dass dein Körper ganz genau weiß, wie er klar und geerdet bleiben kann. Bei der Visualisierung setzt du Symbole ein, um dem Unterbewusstsein deine Absicht mitzuteilen. Versuche, offen zu bleiben. Wenn du erst einmal erkannt hast, dass Visualisierungen funktionieren, wird dein Verstand nicht mehr so vieler Erklärungen bedürfen.

Übung ◆ Verbindungen

Übung ⬥ Verbindungen

4. **Die Umgebung prüfen**
Um herauszufinden, wie deine Umwelt auf dich einwirkt, kannst du ein kleines Experiment machen. Suche zwei oder drei der folgenden Umweltsituationen auf:

- *eine überfüllte Bar oder Party mit viel Licht, Lärm, Musik, Zigarettenqualm usw.*
- *einen stillen Ort in der freien Natur – einen Strand, einen Park, einen Wald oder einfach einen ruhigen Garten in deiner Nähe mit ein paar alten Bäumen*
- *eine Straße in der Stadt, wo viele Menschen, viel Verkehr und Beton sind*
- *ein Kaufhaus*
- *ein Krankenhaus oder ein Wartezimmer bei einem Arzt*

Führe in jeder Umgebung, die du aufsuchst, die Einstimmungs-Übung durch. Wie wohl fühlst du dich dort? Wie fühlt sich dein Körper an? Was denkst und fühlst du? Wie offen und entspannt bist du? Wie verbunden fühlst du dich mit deinem Selbst?

Vergleiche deine Reaktionen auf die verschiedenen Orte, ohne sie zu bewerten. Es gibt für jeden dieser Orte Zeiten, in denen es angemessen ist, sie aufzusuchen; doch wenn du erkennst, wie ihre Energie mit deiner Energie interagiert, wird es dir leichter fallen, bewusste Entscheidungen zu treffen und du wirst in der Lage sein, besser auf dich Acht zu geben.

5. **Energie miteinander teilen**
Für die nächsten drei Übungen brauchst du einen Partner. Suche dir jemanden, der offen und experimentierfreudig ist, da es schwierig für dich wird, wenn du dabei gegen die Zweifel des anderen arbeiten musst.

a) *Reibe deine Hände aneinander, bis sie sich warm und sensibel anfühlen. Nähere dann deine Handflächen der Brust deines Partners, so wie du es bei dem Baum gemacht hast. Was spürst du? Ab wo kannst du den Energiekörper deines Partners fühlen? Wie fühlt er sich an? Kannst du ihn beschreiben (Farbe, Textur usw.)? Kann er/sie deine Hände spüren, wenn sie sich nähern? Bring deine Hände näher an den Körper des Partners, bis sie die Kleidung leicht berühren. Was nimmst du wahr?*

b) *Dein Partner sollte nun bequem sitzen oder liegen. Führe deine Hände langsam über verschiedene Teile seines/ihres Körpers. Registriere alle Veränderungen deiner Wahrnehmung, wenn du die Hände von einer Stelle zu einer anderen bewegst. Kannst du die Veränderungen quantifizieren? Wird die Energie stärker oder schwächer, fließt sie nach außen oder nach innen, wird sie wärmer oder kälter, bewegt sie sich oder bleibt sie statisch? Was bemerkst du sonst noch? Spürt dein Partner irgendetwas von deinen Händen?*

Dieses Abtasten des Energiekörpers ist ein wichtiger Bestandteil energetischen Heilens. Vorerst dient das, was du spürst, nur der Information. Versuche nicht, etwas zu interpretieren oder zu verändern. Mach dir deine Absicht völlig bewusst, während du die Übung durchführst. Dass du den Energiekörper deines Partners mit Respekt und Achtsamkeit berührst, ist bereits sehr heilsam. Oft wirst du bemerken, wie der Energiefluss ruhiger wird, wenn du den Energiekörper abtastest. Dein Partner wird sich möglicherweise gut entspannen können. Wenn du die Übung machst, denk immer daran, deine Wurzeln nicht zu verlieren, folge deinem Atem und beobachte.

c) *Massiere nun sanft die Hand deines Partners mit deinen Händen. Wenn du willst, kannst du dabei etwas Creme verwenden. Kümmere dich nicht um die Technik. Vertraue deinen Händen – sie wissen, was gut tut. Und bitte deinen Partner auch, es dir zu sagen, wenn sich etwas einmal nicht gut anfühlt.*

Mach mit der Massage weiter, während du ein kleines Experiment durchführst. Sage deinem Partner, dass du jetzt an ein bestimmtes Gefühl denken wirst – aber sag nicht, an welches. Denk dann an etwas, was dich sehr wütend, traurig, froh oder glücklich macht, dich erregt oder langweilt, und versuche dabei, nichts an dem zu verändern, was deine Hände tun. Damit dein Gesichtsausdruck dich nicht verrät, richte es so ein, dass dein Partner dein Gesicht nicht sehen kann. Geh so weit wie möglich in das Gefühl hinein, aber verändere dabei nicht die Bewegungen deiner Hände.

11 Der Schamane und Heiler

Übung • Verbindungen

Bleib einige Minuten bei jedem Gefühl. Wähle die Reihenfolge beliebig. Frage deinen Partner, was er/sie spürt, ob er/sie überhaupt etwas spürt und wie sich die Massage anfühlt. Steigen irgendwelche Gefühle auf? Was spürst du selbst? Wie fühlst du dich dabei? Was sagt dir dieses Experiment über Absichten?

Vielleicht spürst du sofort eine ganze Menge, vielleicht spürst du aber auch kaum etwas. Erzwinge nichts. Übe einfach weiter. Versuch dasselbe ein paar Wochen später und beobachte, was sich verändert hat.

Beende die Übung in jedem Fall mit einigen Minuten ganz bewusst beruhigender Massage der Hände deines Partners, damit sich alles gut anfühlt, wenn du aufhörst. Wasch dir danach die Hände.

Bewusstes Träumen

Wenn du dich selbst kennen lernen willst, lerne deine Träume kennen. Der wache Verstand, so wichtig er auch sein mag, ist nicht mehr als der matte Schimmer einer Taschenlampe, der einen kleinen Winkel deines ganzen Selbst erhellt. Das Hauptgeschehen findet unter der Oberfläche statt. Dein unterbewusster Geist speichert Gefühle, verarbeitet Erfahrungen und durchforstet dein alltägliches Leben nach Bedeutungen. Normalerweise kannst du nur flüchtige Blicke auf diese Prozesse werfen, kleine Momente der Einsicht und Intuition, die auf geheimnisvolle Art und Weise aus dem Nichts aufzutauchen scheinen. Eine Möglichkeit, einen direkten Zugang zu diesen inneren Vorgängen zu bekommen, besteht darin, dass du anfängst, mit deinen Träumen zu arbeiten.

Wie andere Möglichkeiten, Zugriff auf die Intuition zu bekommen, ist auch die Traumarbeit ein langfristiger Prozess, der im Laufe der Jahre mal wichtiger und mal weniger wichtig ist. Jeder der folgenden Abschnitte dieses Kapitels behandelt eine andere Interaktionsebene. Du solltest nur mit den Abschnitten arbeiten, die deinen Erfahrungen entsprechen. Wenn du dich gar nicht an deine Träume erinnern kannst, arbeite mit dem ersten Abschnitt. Wenn du deine erinnerten Träume interpretieren möchtest, gehe einen Schritt weiter. Um eine aktivere Rolle zu spielen, arbeite mit den Abschnitten, in denen es um Traum-Induktion und aktive Imagination geht.

Träume erinnern

Um mit Träumen zu arbeiten, musst du dich erst einmal an sie erinnern. Jeder Mensch hat Träume, aber nicht jeder ist daran gewöhnt, sich detailliert an sie zu erinnern. Träume haben etwas sehr Flüchtiges. Wie Tautropfen überleben sie den Anbruch des Tages nur kurze Zeit. So lange du nicht konkrete Maßnahmen ergreifst, sie zu bewahren, werden die Bilder schnell verblassen und den alltäglichen Gedanken weichen.

Schreibe deine Träume auf, um dich an sie zu erinnern. Leg einen Stift, einen Notizblock und eine Taschenlampe in Reichweite neben dein Bett. Schreibe alle Träume auf, an die du dich erinnerst, sobald du aufwachst. Selbst wenn dir nur ein paar Bilder in Erinnerung geblieben sind, schreib sie auf. Sehr oft spornt der Prozess des Schreibens dein Gedächtnis an und es kommen weitere Bilder zum Vorschein.

Bring deine Träume so schnell und so genau wie möglich zu Papier. Kümmere dich nicht darum, sie zu analysieren oder zu verstehen. Das kommt später. Im Augenblick sammelst du nur Rohmaterial. Wie bei allem, was du tust, wird sich auch das Traumgedächtnis mit zunehmender Übung verbessern. Je häufiger du deine Träume aufschreibst, desto besser wirst du dich an sie erinnern. Und je besser du dich erinnerst, desto eher wird dein Unterbewusstsein diesen Kanal nutzen, um mit dir zu kommunizieren.

Träume interpretieren

Wenn du deine Träume erst einmal vor dem Vergessen bewahrt hast, wie entschlüsselst du dann ihre Bedeutung? Träume artikulieren sich in Symbolen und oft gleichzeitig auf verschiedenen Ebenen. Was du auf den ersten Blick erkennst, ist selten die gesamte Botschaft. Auch wenn viele Bücher und psychologische Schulen sich mit der Interpretation von Träumen befassen – und manchmal sogar so weit gehen, ausführliche Lexika mit der »wahren« Bedeutung verschiedenster Symbole anzubieten – so ist die Interpretation der Träume schließlich doch eine sehr individuelle Angelegenheit. Obwohl Bücher hilfreich sein können, enthalten sie ganz unterschiedliche Aussagen. Letztlich sind deine Träume das Produkt *deines* Unterbewusstseins. Wenn du aufmerksam bist, wirst du ein praktikables Vokabular deiner eigenen Traumsymbole entwickeln und einen inneren Dialog in Gang setzen, der sich im Laufe der Zeit entwickelt und vertieft. Die Bedeutung deiner Träume liegt darin, was sie für *dich* bedeuten.

Wir wollen uns nun ein paar Techniken ansehen, die dir bei der Interpretation helfen können. Stelle zunächst ein paar direkte Fragen, sofort nachdem du deinen Traum aufgeschrieben hast. Ich mache gern ein schriftliches Interview mit einem imaginären Teil meines Unterbewusstseins, das ich »Traum-Führer« nenne. Und das geht so:

Nehmen wir an, du hast den folgenden Traum aufgeschrieben.

> *»Ich bin in meinem Wohnzimmer und es klingelt an der Tür. Dort sind drei Leute, die ich zwar kenne, aber deren Namen mir nicht einfallen wollen. Sie sagen, ich hätte sie eingeladen. Sie sitzen auf dem Sofa, während ich in der Küche Kaffee koche, aber sie werden sauer, als ich ihnen welchen anbiete. Verzweifelt hole ich Milch aus dem Kühlschrank und biete ihnen dazu Kekse an. In diesem Augenblick werden sie zu Kindern, die ich im Kindergarten kannte, und sie fangen an Verkleiden und Fangen zu spielen.«*

Dein Interview könnte dann so aussehen:

Frage: Lieber Traum-Führer, wer sind diese Leute?
Antwort: Alte Freunde, die du vergessen hast.
Frage: Menschen, die es wirklich gibt?
Antwort: Kannst du dich daran erinnern, dass du dir auf dem College selbst Versprechen gegeben hast? Dass du kreativ arbeiten willst?
Frage: Als ich mir versprach, ich würde Tänzer werden, ganz gleich, was sonst geschähe, selbst wenn ich damit kein Geld verdienen könnte?
Antwort: Ja.
Frage: Was wollen sie?
Antwort: Dich besuchen.
Frage: Was bedeutet der Kaffee?
Antwort: Unterhaltung mit Erwachsenen. Schau, so funktioniert das nicht. Du musst sie wie Kinder behandeln.
Frage: Was wollen sie mir sagen?
Antwort: Dass du spielen sollst. Hör auf dich selbst und deine alten Träume.

Diese Übung kann dir helfen, die Oberfläche eines Traumes zu durchdringen und einen Teil seiner tieferen Bedeutung zu verstehen. Denk jedoch daran, dass Träume vielschichtig sein können. Ihr Inhalt stammt aus vielen verschiedenen Quellen. Manche sind so unwichtig wie die Wiederholung der Tagesereignisse oder die Bilder eines Films, den du am Abend gesehen hast. Andere können so bedeutsame Dinge enthalten wie intuitive Weisungen, Vorhersagen künftiger Ereignisse, Heilung auf seelischer Ebene oder kollektive Mythologie. Die Schwierigkeit liegt darin, dass du niemals genau weißt, mit welcher Ebene du es zu tun hast.

In Träumen sind die Dinge selten das, was sie zu sein scheinen. Dein Unterbewusstsein verzerrt, übertreibt und verändert Bilder schamlos. So kann beispielsweise eine harmlose Meinungsverschiedenheit mit einem Mitarbeiter während des Tages als blutrünstige Mordgeschichte in der folgenden Nacht auftauchen. Ein kleiner Flirt mit einer flüchtigen Bekanntschaft kann zu heißem Traumsex mit einem ganz anderen Menschen führen. Der heiße Sex kann etwas ganz anderes bedeuten, zum Beispiel, dass es an der Zeit ist, einmal wieder den Rasen zu düngen oder dass du dich in deinem Alltagsleben langweilst und wenigstens in deinen Träumen etwas Spannendes brauchst. Eine Hochzeit könnte einen Todesfall ankündigen, ein umgekippter Laster könnte dir etwas über deinen Körper sagen wollen, ein Gottesdienst könnte Frieden, Ruhe oder Krieg bedeuten. Bleib geduldig. Im Laufe der Zeit wirst du immer mehr Symbole deiner Träume verstehen und deine Träume werden zu einem aktiven Bestandteil deiner intuitiven Führung werden.

Manchmal hilft es, jede Person, die in einem Traum auftaucht, als Symbol für einen Teil deiner Persönlichkeit zu betrachten, selbst wenn es sich um Menschen handelt, die du aus deinem täglichen Leben kennst. So gesehen sind Träume ein lebendiger Spiegel der Dynamik deines Innenlebens. Ich träume zum Beispiel öfters von meiner Schwester oder meiner ersten Freundin aus der Schulzeit. Wenn diese Frauen in einem Traum auftauchen, will mir mein Unterbewusstsein in der Regel sagen, dass ich meinem weiblichen Pol mehr Aufmerksamkeit schenken sollte.

Achte auf die Gefühle, die in deinen Träumen auftreten. Sie sind oft ein wichtiger Hinweis auf tiefere Bedeutungen. Achte auch auf den exakten Wortlaut, mit denen du sie beschreibst. Träume drücken sich nicht selten in Wortspielen aus. Ein Traum, in dem du einen »Wagen« kaufst, will dir möglicherweise sagen, dass es an der Zeit ist etwas zu *wagen*. Ein Sack »Kohle«, den du aus dem Keller schleppst, bezieht sich vielleicht auf verdrängte *Geld*sorgen. Sei kreativ. Wie »zutreffend« deine Interpretationen sind, misst sich nur daran, welchen Nutzen sie für dich haben.

Traum-Induktion

Mit ein wenig Übung kannst du deine Träume bei bestimmten Themen um Hilfe bitten. Die Methode der *Traum-Induktion* bündelt die kreative Energie deiner Imagination, deiner bildlichen Vorstellungskraft. Bevor du schlafen gehst, nimm dir etwas Zeit, über das betreffende Thema nachzudenken. Versetze dich in die Situation hinein. Stell dir so viele Einzelheiten wie möglich bildlich vor und formuliere deine Fragen klar und unmissverständlich. Bleibe bei den Bildern, bis du einschläfst und schreibe dann, sobald du aufwachst, alle Träume nieder, an die du dich erinnerst. Oft geben dir deine Träume Antworten auf die Fragen, die du gestellt hast. Wenn nicht, bleibe weiterhin achtsam. Die Antworten können später auftauchen oder sich auf überraschende Weise artikulieren. Egal, welche Fragen du stellst – dein Unterbewusstsein wird immer auf die Punkte eingehen, die dich wirklich beschäftigen.

Wo wir gerade über Induktion sprechen: Beobachte einmal, inwieweit das, was du unmittelbar vor dem Schlafen tust, deine Träume beeinflusst. Du kannst ganz leicht bestimmte Arten von Träumen induzieren, ohne dass du es willst. Schläfst du ein, während du die Nachrichten siehst oder die Zeitung liest? Fällst du direkt nach einem anstrengenden Arbeitstag ins Bett? Ich kann dir von beidem nur abraten, da du dadurch wahrscheinlich die ganze Nacht über angespannt sein wirst. Versuche stattdessen, deinen Tag mit einem ruhigen Spaziergang um den Block, mit ein paar Dehnungsübungen oder mit einer anderen Tätigkeit, die entspannend ist und dich geistig nicht fordert, zu beenden. Deine Träume werden die Entspannung widerspiegeln, indem sie Pfaden folgen, die wesentlich angenehmer und nutzbringender sind.

Aktive Imagination

Der Zustand zwischen Wachen und Schlafen ist ein äußerst kreativer Bereich des Bewusstseins. Träume lassen dir Raum, in diesem Zustand zu arbeiten, indem sie eine Brücke zu deiner Kreativität bauen, wo du greifbare und praktische Ergebnisse erzielen kannst. Der Prozess der *Aktiven Imagination* verwendet Traumbilder als Rohmaterial für kreative Visualisierungen. Indem du bewusst mit Symbolen spielst, kannst du oft kraftvolle Lösungen für Probleme finden, die dich plagen. Wir wollen uns einmal ansehen, wie das funktioniert.

Kehre noch einmal zu dem Traum zurück, den wir vorhin besprochen haben. Um aktiv mit ihm zu arbeiten, schließe deine Augen und versetze dich in deiner Vorstellung in das Traumgeschehen. Wenn du dort bist, frag deinen inneren Ratgeber, für was jede Person und jeder größere Gegenstand steht. Das ist wichtig. Wenn Personen deines Traums Menschen sind, die du aus deinem täglichen Leben kennst, arbeite mit ihnen nur als Symbole für Teile deiner Persönlichkeit. Da wir die Bedeutung der Hauptpersonen des Traumes ja bereits geklärt haben, können wir mit dem nächsten Schritt fortfahren.

Mach dir die Dynamik des Traumes klar. In diesem Fall kam dein alter Wunsch, Tänzer zu werden, in Gestalt dreier Leute zu dir zurück, um deine Aufmerksamkeit auf sich zu lenken. Du versuchtest mit ihnen wie mit Erwachsenen umzugehen, ihnen auf rationaler Ebene zu begegnen, doch das funktionierte nicht. Als du ihnen dann Milch angeboten hast – ein ziemlich universelles Symbol für liebevolle Pflege – wurden sie zu spielenden Kindern. Deine aktive Imagination könnte so aussehen:

Du fragst die Kinder, ob du mitspielen darfst. Sie sagen ja, doch eines von ihnen sagt auch, dass es glaubt, du kannst es vielleicht nicht richtig. Also bittest du es, dir zu zeigen, wie es geht.

Sofort fangen alle damit an, eine Szene aufzuführen. Einer wird ganz ernst und steif, wie ein Erwachsener, während die anderen schreiend und lachend um ihn herum tollen. Nun stellst du dir vor, wie du dich selbst in ihr Spiel einbringst. Du nimmst den »Erwachsenen« bei den Händen und drehst dich mit ihm im Kreis, bis ihr euch alle lachend auf dem Boden wälzt. Dann geben dir die Kinder ein Kostüm und ihr tanzt gemeinsam.

Nach diesem Prozess wirst du dich höchstwahrscheinlich sehr wohl fühlen. Du kannst das mit jedem Traum machen. Wenn schreckliche oder schwierige Charaktere vorkommen, frag sie, für was sie stehen. Wenn Monster vorkommen, frag sie, was sie wollen. In aller Regel sind diese Figuren Teile deiner Persönlichkeit, die furchterregend geworden sind, weil sie deine Aufmerksamkeit auf sich ziehen wollen. Wenn du ihnen erst einmal zuhörst, wirst du überrascht sein, wie viel sie dir über dich selbst und deine innersten Gefühle sagen können.

Manchmal kann eine aktive Imagination der Anfang eines fortlaufenden Dialoges sein. Du hast dann vielleicht weitere Träume mit demselben Thema. Du stellst möglicherweise fest, dass sich dein Verhalten in einem bestimmten Bereich deines Lebens ändert. Im obigen Fall könnte es dir, da du dich selbst weniger ernst genommen hast, leichter fallen, dich zu einem Tanzkurs anzumelden oder dich in anderen Bereichen weniger wichtig zu nehmen.

Traumarbeit ist ein fortwährendes Abenteuer mit offenem Ende. Sie kann in der Kindheit beginnen und bis ins hohe Alter fortgeführt und dabei immer reicher werden. Wenn du es zulässt, werden deine Träume ein zutiefst bedeutsamer Teil deiner Erfahrungswelt sein. Du wirst deine Träume als Freunde, Ratgeber und Begleiter auf deinem Weg schätzen lernen.

Übung ⇌ Bewusstes Träumen

6. Suche dir aus den folgenden Übungen diejenigen aus, die der Ebene der Traumarbeit entsprechen, auf der du dich momentan am wohlsten fühlst.

   a) *Nimm deine Träume als das wertvolle Geschenk und Hilfsmittel an, das sie tatsächlich sind. Besorge dir ein Traumtagebuch und fang an, alles, an das du dich erinnerst, aufzuschreiben. Versuche mit den Träumen zu arbeiten, die am vollständigsten scheinen, oder mit jenen, die am stärksten mit Gefühlen oder Energie geladen sind.*

   b) *An welche Träume, die du früher einmal geträumt hast, kannst du dich noch erinnern? Hattest du in deiner Kindheit sich wiederholende Albträume? Gibt es Bilder, an die du dich besonders gut erinnern kannst? Sind dir in deinen Träumen Themen oder Situationen aufgefallen, die stets wiederkehren? Hattest du jemals Träume, die etwas vorhersagten oder die dir halfen, etwas zu verstehen, was vor sich ging?*

   c) *Experimentiere mit Interpretationen, indem du den Dialog mit dem Traum-Führer und die Aktive Imagination einsetzt. Such dir Träume aus, die dein Interesse fesseln oder die sich besonders kraftvoll anfühlen. Schreibe deine ersten Schlussfolgerungen auf und stell fest, was deine Träume dir möglicherweise sagen wollen. Wenn du willst, kannst du auch anfangen, ein Lexikon deiner eigenen Traumsymbole zusammenzustellen.*

d) *Experimentiere mit der Traum-Induktion. Denk an ein Thema, das dich besonders beschäftigt. Bitte um Rat und Information zu diesem Thema, bevor du einschläfst. Sei dabei so spezifisch wie möglich und versetze dich in die Situation hinein, während du allmählich einschläfst. Schreibe, sobald du erwachst, alle Träume auf, die du gehabt hast. Wenn du dich am Morgen an überhaupt keinen Traum erinnern kannst, stell dir den Wecker und lass dich irgendwann in der Nacht wecken oder trink abends viel Wasser, damit dich deine Blase weckt. In der Regel wird jedoch deine Absicht, dich zu erinnern, den Prozess von selbst in Gang setzen.*

e) *Such dir einen Traum heraus, der verwirrend oder besonders interessant ist. Experimentiere mit Aktiver Imagination, indem du in den Traum hineingehst und ihm eine positive und kraftvolle Richtung gibst. Lass dich von deiner Intuition leiten, schreib deine Erfahrungen auf und beobachte, wohin sie dich führen.*

f) *Wenn es jemanden in deinem Leben gibt, der ebenfalls an Träumen interessiert ist, versucht, über dasselbe Thema zu träumen. Entscheidet, auf was ihr euch konzentrieren wollt, geht dann durch den Induktions-Prozess und bleibt eine Weile dabei. Wenn ihr euch wieder trefft, vergleicht eure Aufzeichnungen über die Träume, die ihr hattet. Möglicherweise werdet ihr über die Ähnlichkeiten und Parallelen erstaunt sein. Dies ist eine gute Einführung in eine Methode, die du später in Kapitel 16 erkunden wirst: die »Tempel-der-Träume«-Visualisierung.*

Die richtigen Fragen stellen

Durch deine Intuition hast du Zugriff auf unterschiedliche Quellen innerer Führung. Einige hast du bereits kennen gelernt, beispielsweise das Körperbewusstsein, die Weisheit des *Alten Weisen* oder die spontanen Gefühle des *Magischen Jünglings*. Außer diesen Möglichkeiten gibt es noch eine ganze

Reihe von Wegen, Glaubensvorstellungen und Traditionen, die dir beistehen können. Manche Männer verbinden sich mit der Kraft ihrer Intuition, indem sie eine Verbindung zu den großen Lehrern der Menschheit herstellen – zu Buddha, Mohammed, Jesus und anderen. Einige wenden sich an ihre Ahnen, an das »Höhere Selbst«, die Erde oder die Kräfte der Natur. Was auch immer dein Weg sein mag, ob du nun einer bestimmten Tradition folgst oder nicht – der *Schamane und Heiler* kann dir Hilfestellung leisten.

Ein Teil seiner Aufgabe ist es, dir Rat zu geben. In jedem Augenblick deines Lebens hast du Zugriff auf einen gewaltigen Vorrat an potenziell interessanten Empfindungen und Informationen. Obwohl alles davon theoretisch hilfreich sein kann, sind manche Dinge in einer bestimmten Situation wichtiger als andere. Der *Schamane und Heiler* kann dir diese Dinge bewusst machen, indem er deine unterbewusste Suche anleitet. Er tut das, indem er dir hilft, die richtigen Fragen zu stellen. Immer wenn du nach einer Antwort suchst – ob beim inneren *Schamanen und Heiler* oder bei der Bibliothekarin deiner Bücherei –, wirst du nur das bekommen, wonach du gefragt hast. Wenn du in deinem Leben nicht die Antworten bekommst, die du haben willst, stell einfach andere Fragen. Schauen wir uns einmal an, wie das funktioniert.

In jeder Frage stecken einige Annahmen. Diese sind Einstellungen oder Glaubenssätze, die in der Art und Weise deiner Fragestellung enthalten sind. Versuche, die Annahmen in den folgenden Fragen zu bestimmen:

»Warum mögen mich die Menschen nicht?«

»Warum kann ich nicht glücklich sein?«

»Warum kann ich keinen Partner finden?«

Hast du die Annahmen entdeckt? Jede der Fragen impliziert, dass mit der Person, die fragt, etwas nicht in Ordnung ist. Vielleicht ist es leichter zu erkennen, wenn wir die Fragen umformulieren.

»Die Menschen mögen mich nicht. Warum?«

»Ich kann nicht glücklich sein. Warum?«

»Ich kann keinen Partner finden. Warum?«

Jede Behauptung, auch wenn sie als Frage formuliert wird, ist eine Affirmation. Affirmationen – negative wie positive – versuchen, sich zu verwirklichen. Die Fragen, die wir uns gerade angesehen haben, verstärken also die Probleme, die sie eigentlich lösen sollten. Dein Unterbewusstsein gibt dir als Antwort auf diese Fragen eine Liste mit Fakten, die die negativen Behauptungen unterstützen. Es sagt dir beispielsweise, dass die Menschen dich nicht mögen, weil du schlechte Haut hast, egozentrisch bist oder nicht in das richtige Fitness-Studio gehst. Du wirst nie glücklich sein, weil du dich nie an Witze erinnern oder keinen Fox tanzen kannst. Du kannst keinen Partner finden, weil du Mundgeruch hast. Diese Liste könnte endlos weitergehen und du würdest nie auf die Antworten stoßen, die du wirklich brauchst. Um die Antworten und Ergebnisse zu verändern, ändere deine Fragen. Schau dir die Fragen noch einmal an. Wie könntest du sie umformulieren, so dass sie für dich statt gegen dich arbeiten? Versuch es einmal so:

»Wie kann ich den Umgang mit Menschen genießen und sie für mich einnehmen?«

»Was kann ich tun, um glücklich zu sein?«

»Wie kann ich eine gute Beziehung herstellen?«

Schau dir die Annahmen in diesen Fragen an. Jede einzelne ist positiv. Du *kannst* den Umgang mit Menschen genießen. Du *kannst* sie für dich einnehmen. Du *kannst* glücklich sein und du *kannst* gute Beziehungen herstellen. Durch diese Art, Fragen zu stellen, bestätigst du deine positiven Qualitäten und öffnest dir die Tür zu konstruktiven Antworten. Die Art zu verändern, wie du die Probleme in deinem Leben betrachtest, ist der wichtigste Schritt zu ihrer Lösung.

Übung • Fragen

7. a) *Schreibe fünf bis zehn Fragen auf, die du zurzeit an dein Leben hast. Schreibe dann für jede einzelne Frage die Annahmen auf, die darin stecken. Beispielsweise enthält die Frage »Warum bin ich krank?« die Vorannahme »Ich bin krank«.*

Übung • Fragen

Damit du die Voraussetzungen schaffst, die Antworten zu bekommen, die du wirklich willst, vergewissere dich, dass jede Frage so positiv wie möglich formuliert ist. Die Frage, die wir gerade gestellt haben, könnte also lauten: »Was kann ich tun, damit es mir besser geht?« oder »Wie kann ich meine Gesundheit am besten unterstützen?«.

b) *Schau dir noch einmal die Ziele an, die du dir im zweiten Kapitel gesetzt hast. Formuliere so viele wie möglich als positive und konstruktive Fragen. Verändert sich dein Blickwinkel, wenn du das tust? Haben sich deine Gefühle bezüglich deiner Ziele geändert?*

Alles zusammenfügen

Da ein spiritueller Krieger eine starke Führung braucht, wird deine Arbeit mit dem *Schamanen und Heiler* eine hervorragende Grundlage für positive Veränderungen in deinem Leben sein. Um dorthin zu gelangen, wo du hin willst, solltest du so oft wie möglich mit deiner Intuition arbeiten. Zunächst solltest du dir einen gewissen Zeitraum für Visualisierungen und Meditation reservieren. Nach einer Weile wirst du jedoch gelernt haben, den Schamanen und Heiler schnell und unkompliziert zu aktivieren. Natürlich kannst du immer wieder längere Sitzungen nutzen, um in die Tiefe zu gehen, doch für die meisten Situationen wirst du Abkürzungen entdecken. Wenn du das Gefühl hast, stecken zu bleiben, mach dir die folgenden drei Punkte nochmals bewusst.

Erstens, *die Intuition funktioniert am besten, wenn dein Geist still ist.* Wenn du eine starke Erwartungshaltung hast oder eine feste Meinung darüber, was deine Intuition sagen *sollte*, wirst du wahrscheinlich die leiseren Stimmen in dir übertönen. »Klar kann ich das extra-scharfe Thai-Curry nehmen; es sieht so lecker aus.« Wenn der Verstand deine Intuition überwältigt, merkst du das normalerweise – zunächst durch ein schlechtes Gewissen und das Gefühl, ein Wagnis einzugehen und am nächsten Morgen dadurch, dass du es bereust. »Warum habe ich nicht auf meine Intuition gehört? Oh je, ich hätte wohl doch besser die Vegetarische Platte genommen.«

Zweitens, *die Intuition hat ihren eigenen Fahrplan.* Auch wenn manche Antworten sofort kommen, brauchen andere etwas länger. Wenn du versuchst, etwas zu erzwingen, behinderst du dich nur. Wenn du die Frage stellst: »Ist er der richtige Mann für mich?« und nicht sofort eine Antwort auftaucht, solltest du weiterhin aufmerksam bleiben. Es kann einfach noch zu früh für eine Antwort sein. Möglicherweise benötigst du noch Zeit zum Nachdenken, musst noch mehr Informationen sammeln oder still genug werden, um die Antwort hören zu können. Die Einsicht, die du suchst, kann ganz plötzlich in deinem Bewusstsein auftauchen, während du gerade Auto fährst, dich Tagträumen hingibst oder im Wohnzimmer staubsaugst. Sie kann dich in einem Traum überraschen oder aus einer anderen, unerwarteten Richtung kommen. Auch wenn Geduld manchmal die schwierigste Sache auf der Welt ist – sie hilft.

Drittens, *stell die richtigen Fragen.* Du solltest dir vollkommen sicher sein, dass du um das bittest, was du haben willst, denn du wirst nur das bekommen, um was du gebeten hast. Behalte diese Dinge im Kopf, während du lernst, dem *Schamanen und Heiler* Gestalt zu verleihen.

Übung ⋈ Dem *Schamanen und Heiler* Gestalt verleihen

8. Nimm dir für die folgende Visualisierung 10 bis 15 Minuten, in denen du ungestört sein kannst. Arbeite entweder in Stille, mit ruhiger Musik oder monotonem Trommeln im Hintergrund.

   Bevor du anfängst, denk an eine Frage, die du deiner Intuition gerne stellen würdest. Formuliere die Frage so handfest wie möglich und so positiv es geht.

   a) *Wenn du bereit bist, schließ die Augen und folge deinem Atem in den heiligen Raum. Spüre, wie du dort verwurzelt bist und rufe die Mitglieder deines Inneren Rates und deines Stammes. Wenn du ihren Schutz spürst, bitte um eine Unterredung mit deinem inneren* Schamanen und Heiler.

   Sieh ihn dir zunächst genau an. Wen siehst du? Ist er dir vertraut? Welche Kleidung trägt er? Welche Haltung hat er? Wenn du spürst, dass er ganz da ist, bitte ihn darum, dich mit deiner Intuition zu verbinden. Wenn er dir sagt, dass er bereit ist, mach dich fertig für eine kurze Reise.

Übung • Dem Schamanen und Heiler Gestalt verleihen

b) *Folge dem* Schamanen und Heiler, *der dich zu dem Ort führt, wo er sich mit der Intuition berät. Beobachte, was geschieht. Vielleicht führt er dich durch einen Tunnel in eine dunkle Höhle. Vielleicht führt er dich auf einem gewundenen Pfad auf den Gipfel eines Berges oder sogar durch die Luft an einen ganz anderen Ort. Da er dein Führer ist, wird er dich auf einen guten Weg führen. Du kannst dich sicher fühlen, wenn du ihm folgst, wohin auch immer er dich führt.*

Wenn ihr euer Ziel erreicht habt, beobachte genau, was er tut, um die Antworten aufzurufen. Vielleicht sitzt er am Ufer eines kleinen Sees und liest die Antworten aus den Spiegelungen des Wassers. Vielleicht liest er die Antwort aus den Sternen oder versenkt seinen Blick tief in einen Stein oder Kristall. Vielleicht zieht er ein besonderes Buch, eine Pflanze, ein Tier, einen Engel oder einen weisen Lehrer zu Rate. Beobachte, was er dir zeigt.

c) *Wenn du gesehen hast, wie man fragt, wiederhole das Gesehene selbst. Stell deine Frage in der angemessenen Form und bitte um Führung. Warte dann still auf die Antwort. Da sie in unvorhersehbarer Art und Weise kommen kann, bleibe gegenüber allem, was geschieht, offen. Achte auf Gefühle oder Empfindungen in deinem Körper. Lausche auf Worte, die in deinem Geist auftauchen. Halte Ausschau nach Bildern. Vielleicht trittst du eine weitere Reise an oder es kommen unerwartete Hinweise. Manchmal wird deine Antwort sehr schnell und deutlich kommen. Manchmal bedarf sie auch ein wenig der Interpretation. Bewahre Geduld.*

Wenn du sofort eine klare Antwort erhältst, merke sie dir gut. Wenn sie nicht klar ist, bitte um Klärung. Wenn erst einmal gar nichts kommt, mach dir keine Sorgen. Die Antwort hat ihre eigene Zeitvorstellung. Allein schon die Tatsache, dass du an diesem Ort die Frage gestellt hast, wird dafür sorgen, dass du die Antwort erkennst, wann und wie auch immer sie dir begegnet.

d) *Wenn du bereit bist, folge dem* Schamanen und Heiler *zurück zu deinem Inneren Rat. Verabschiede dann den* Schamanen und Heiler *und den Inneren Rat und folge deinem Atem zurück ins Wachbewusstsein. Wenn du dort angelangt bist, schreibe deine Eindrücke auf.*

9. Wenn du willst, kannst du eine Bewegungsmeditation durchführen, in der du den *Schamanen und Heiler* verkörperst, so wie du es schon mit den anderen Archetypen getan hast.

   a) *Lege eine passende Musik auf und gehe in den heiligen Raum. Ruf deinen Inneren Rat und den Schutz des Stammes an. Bitte dann den* Schamanen und Heiler, *in deinen Körper einzutreten. Lade ihn ein, dein Gesicht und deine Glieder zu bewegen. Lass dir von deinem Körper durch seine Bewegungen zeigen, wie es sich anfühlt, diesen Archetyp zu verkörpern. Spüre sein Selbstvertrauen und seine Geduld. Spüre die Kraft, die ihm zuströmt, wenn er tief in sich hineinlauscht.*

   b) *Bitte ihn, dir die Antwort auf die Frage, die dich beschäftigte durch Bewegungen zu zeigen. Bitte darum, zunächst die Situation in der Bewegung zu sehen und dann die Einsichten, die er mit dir teilen möchte. Nimm dir so viel Zeit wie du brauchst, um zu experimentieren. Achte darauf, dass du deinen Körper und nicht den Verstand die Bewegungen kontrollieren lässt.*

   c) *Wenn du spürst, dass du fertig bist, aber noch bevor du ins Wachbewusstsein zurückkehrst, bitte den* Schamanen und Heiler *um eine Geste, mit der du ihn in jeder Situation herbeirufen kannst. Dein Körper wird sie dir zeigen. Was auch kommen mag: Behalte es im Gedächtnis. Wenn du dich später einmal an den* Schamanen und Heiler *wenden willst, kannst das mit dieser Geste schnell erreichen.*

   d) *Danke dem* Schamanen und Heiler *für seine Hilfe und gestatte ihm dann, zu seinem Platz im Inneren Rat zurückzukehren. Verabschiede ihn und den Stammesrat und folge deinem Atem zurück ins Wachbewusstsein. Wenn du dort angelangt bist, leite alle überschüssige Energie in die Erde ab und schreibe deine Eindrücke auf.*

10. *Lege einen Gegenstand auf deinen Altar, der dich an die transformative Kraft des* Schamanen und Heilers *in dir erinnert.*

11. **Zusätzliche Übungen**
    Wenn du erst einmal gelernt hast, dich an deinen *Schamanen und Heiler* zu wenden, kannst du in vielerlei Art und Weise mit ihm

arbeiten. Die folgenden Techniken werden dir noch mehr Übung darin geben, seine Führung anzurufen.

Wie immer, solltest du auch hier offen bleiben. Dein Verstand, der gerne möchte, dass alles ordentlich und verständlich – d.h. seiner Kontrolle unterworfen – ist, könnte versuchen, rebellisch zu werden. »Das ist doch Blödsinn. Steine können nicht sprechen!« Auf gewisse Weise hat dein Verstand ja recht. Gleichzeitig aber liegt er völlig daneben. Das Bewusstsein kann sich in vielerlei Formen manifestieren. Lass vorerst einmal deine Ratio schweigen und betrachte diese Übungen als einen Weg, dich mit den nicht-linearen Teilen deines Bewusstseins in Einklang zu bringen. Wenn du das tust, bringst du deinem Verstand etwas Neues und Wunderbares bei.

a) *Rat einholen*
Überleg dir ein paar Fragen. Nimm jede einzelne an den Ort mit, den dir dein Schamane und Heiler *in Übung 8 gezeigt hat, und vollführe das Ritual, das er dir gezeigt hat, um Antworten zu erhalten. Du kannst die Übung entweder als Visualisierung oder aber als Bewegungsmeditation durchführen. Achte darauf, was passiert.*

b) *Schamanische Wanderung*
Um eine »schamanische Wanderung« als Methode zu nutzen, Hilfestellung zu einem bestimmten Thema zu bekommen, begib dich an einen Ort in der freien Natur, beispielsweise einen Strand, einen Park oder einen Wald. Wenn du dort angelangt bist, wende dich an die Weisheit deiner inneren Führung und die Weisheit der Natur.

Formuliere deine Frage so klar wie möglich und bitte dann den Schamanen und Heiler, *deine Schritte zu lenken, wenn du dich nun auf eine Wanderung begibst. Folge dem Weg, den dir deine Füße zeigen, und beobachte, wohin sie dich führen. Achte auf alles Außergewöhnliche. Lausche dem Wasser, dem Wind in den Bäumen, dem Gesang der Vögel. Beobachte die Tiere, denen du begegnest. Lausche mit deinem gesamten Sein. Auch wenn die Antworten nicht in Worten gegeben werden, wirst du wahrscheinlich überrascht sein, wie viel sich am Ende deiner Wanderung geklärt hat. Bevor du nach Hause zurückkehrst, danke jedem, der dir geholfen hat – einschließlich deiner inneren*

Führung, den Vögeln, Bäumen, dem Himmel und was du sonst noch bemerkt hast.

c) *Führer der Natur*
Ein weiteres Experiment kannst du durchführen, indem du mit einem Stein, einer Blume oder einem Baum meditierst. Diese Methode wurde in vielen Kulturen verwendet. Wenn du es zulässt, wird sie auch dir eine gute Hilfe sein.

Halte Ausschau nach einem Gegenstand in der Natur, der dich ruft, während du eine Frage in deinem Geist formulierst. Nähere dich dem erwählten Gegenstand mit Respekt, so als ob er lebendig und bewusst wäre. Berühre ihn oder halte ihn in deiner Hand, während du dein Bewusstsein ganz auf die folgende, kurze Meditation richtest.

Schließ die Augen. Folge eine Weile deinem Atem und lass Ruhe in dich einkehren. Stell dir vor, dass du so ruhig wirst wie der Gegenstand in deiner Hand. Wende deinen Blick nach innen und achte darauf, welcher Teil deines Körpers am meisten auf diesen Gegenstand anspricht. Mit Sicherheit wird sich irgendein Teil von dir ein wenig ruhiger, ein wenig stiller anfühlen. Stell dir vor, wie du den Gegenstand betrachtest und die Farben in seinem Inneren wahrnimmst. Lausche auf die Klänge oder Geräusche, die er von sich gibt.

Konzentriere dich auf deine Frage und frage den Teil deines Bewusstseins, der mit dem Gegenstand verbunden ist, ob er dir irgendetwas mitteilen möchte. Wenn er sprechen könnte, welche Worte würde er dann verwenden? Achte auf Bilder oder Gefühle, die in dir aufsteigen. Lass ihn deine Intuition klären, während du dir der Antwort bewusst wirst.

Wenn du fertig bist, danke deiner inneren Führung, dass sie zu dir gesprochen hat und lege den Gegenstand dorthin zurück, wo du ihn gefunden hast. Schreib alle Eindrücke auf.

Mit der Zeit wirst du immer besser darin werden, diese Art von Wahrnehmung einzuordnen. Wenn dir diese Übung gefallen hat, probiere sie noch einmal mit einem anderen Gegenstand aus und stell fest, ob du irgendwelche Unterschiede bemerken kannst. Du kannst diese Übung auch so abändern, dass du sie mit einem Berg, dem Meer, einem Stern oder dem Bewusstsein der Natur durchführen kannst. Lass dich von deiner Kreativität leiten.

d) *Gesundheitsfragen*
Dein innerer *Schamane und Heiler* ist auch ein mächtiger Verbündeter bei Gesundheitsfragen. Wenn du dein Inneres befragst, wird dir dein Körper sagen, was du zu jedem Zeitpunkt am besten für deine Gesundheit tun kannst.

Wenn du dich auf gesundheitliche Themen konzentrierst, solltest du deine Fragen besonders vorsichtig formulieren. »Was kann ich in der augenblicklichen Situation für mich tun?«, »Welcher Arzt kann mir am besten helfen?«, »Tut mir diese Behandlung gut?« Setz die Methoden ein, die du bisher gelernt hast, um dich mit deiner inneren Führung zu verbinden. Was sagt dir dein Körper? Welche Bilder oder Gefühle steigen auf?

Noch ein paar Worte der Warnung. Wenn du es mit schwerwiegenden medizinischen Problemen zu tun hast, *können diese Methoden den Arzt nicht ersetzen.* Wenn du gesundheitlichen Herausforderungen gegenüberstehst, ist es oft schwer zu erkennen, ob die innere Führung klar ist oder nicht. Du solltest stets auf die Meinung deines Arztes hören.

Gleichzeitig solltest du aber auch wissen, dass die Meinung eines Arztes eben nur das ist – eine Meinung. Du solltest das, was dir gesagt wird, stets durch deine Intuition prüfen. Wenn sich etwas für dich nicht richtig anfühlt, solltest du Fragen stellen. Lass Verstand und Intuition zusammenarbeiten. Übernimm Verantwortung. Mach deine Hausaufgaben. Lies über das Problem nach. Hole eine zweite oder auch eine dritte Meinung ein. Tue, was auch immer nötig ist, damit du dich mit der Behandlung, die du erfährst, wohl fühlst.

12 Der Krieger

> **Gestalte dein Leben**

Im Vergleich mit den übleren Missverständnissen, die uns im Namen der Religion aufgezwungen wurden, scheint die biblische Schöpfungsgeschichte ziemlich harmlos. Wahrscheinlich kennst du die übliche Version – Gott schuf die Welt in sechs Tagen und am siebenten Tage ruhte er. Im Großen und Ganzen ist das nicht so übel. Es ist sogar irgendwie süß. Aber kaum jemand nimmt das wirklich wörtlich. Doch die Geschichte hat ein paar Haken. Erstens stellt sie die Schöpfung als eine abgeschlossene Sache dar, ein einmaliges Ereignis in ferner Vergangenheit. Zweitens gibt sie jemand anderem – in diesem Falle Gott – die ganze Verantwortung.

Doch die Schöpfung ist ein Prozess, kein Ereignis. Sie ist ein Teil des Lebens, der immer im Fluss ist und jeden Menschen mit einbezieht. Auch indem du diese Worte liest, erschaffst *du* durch deine Entscheidungen, deine Einstellungen und Handlungen die Welt, gemeinsam mit uns allen. Du erschaffst dir *deine* Welt jedes Mal, wenn du dich entscheidest, nach links statt nach rechts zu gehen, die Wahrheit zu sagen statt zu schweigen oder den Farmersalat und nicht das Schnitzel zu bestellen. Du erschaffst dir deine Welt, indem du »Ja« zu dem Beruf sagst, den du gewählt hast, indem du »Nein« zu dem Vertreter sagst, der dir eine Lebensversicherung aufdrängen will, indem du »Ja, das will ich« oder »Ich habe Angst davor« zu dem Mann sagst, der dich lieben will. Ob du nun ein höheres Wesen als letzte Ursache betrachtest oder nicht – die Kraft der Schöpfung liegt ganz in deinen Händen. Du wurdest geboren, um diese Kraft zu gebrauchen.

Um das Leben zu erschaffen, das du dir wünscht, musst du lernen, im Einklang mit der Welt zu handeln. Bisher hast du dich bei deiner spirituellen Reise nahezu ausschließlich auf dein Inneres konzentriert. Alle Übungen sollten dir helfen, mit dir selbst ins Reine zu kommen. Jetzt hast du den Punkt erreicht, wo es wichtig ist, das alles zusammenzufügen. Du bist bereit, deine Aufmerksamkeit auf die äußere Welt zu richten und die ersten Schritte zu unternehmen, um deine Träume wahr werden zu lassen. Dein Verbündeter in diesem Prozess ist der *Krieger*.

In unserer Gesellschaft ist der *Krieger* wohl der Archetyp, der am ehesten missverstanden wird. Für die meisten von uns beschwört das Wort Bilder von Rambos in Tarnanzügen oder harten Cowboys mit Schießeisen herauf. In Wirklichkeit sagen diese Bilder mehr über die verzerrten Werte unserer Gesellschaft aus als über die wahre Energie des Kriegers.

Die Kriegerschaft ist ihrem Wesen nach ein hoch entwickelter Seinszustand. Auf der Ebene des täglichen Handelns befähigt dich der *Krieger*, im Einklang mit deinen Überzeugungen zu handeln. Wenn du dich an ihn wendest, hilft er dir konkrete, zielgerichtete Schritte zu unternehmen, die dich den Zielen, die dir wichtig sind, näher bringen. Seine Stärke und Aufrichtigkeit unterstützen dich dabei, unmittelbare und kraftvolle Veränderungen in der Art, mit der du mit anderen Menschen und der Welt umgehst, vorzunehmen.

Die tiefste Bedeutung der Kriegerschaft reicht noch viel weiter. Der *Krieger* ist ein spiritueller Meister, der auf dem festen Boden seiner Harmonie, seiner Überzeugungen und Kraft steht. Seine Lehrzeit ist lang. Seine Konzentration ist mehr nach innen als nach außen gerichtet, da ein guter *Krieger* erkannt hat, dass er die wichtigsten Kämpfe meist mit sich selbst austragen muss. Seine Taten in der Welt sind das Ergebnis absoluter Klarheit, Geduld, Zurückhaltung und einer kraftvollen Vision der Ziele, die er anstrebt. Idealerweise wird die Kriegerschaft zu einem Weg, auf dem man in jedem Augenblick im Einklang mit den höchsten spirituellen Grundsätzen lebt.

Als Ideal hat der *Krieger* universelle Bedeutung. *Krieger* streben in ihrer Ausbildung in den unterschiedlichsten Kulturen – von den japanischen Samurai bis zu den Lakota Clans – nach Idealen, die sich verblüffend ähneln. Doch wie sieht der *Krieger* in *deinem* Leben aus? Ich kann schon hören, wie es in deinem Verstand arbeitet. Stell dir nur vor, ein schwuler *Krieger*! Klingt das nicht wie die ultimative Phantasie oder der perfekte Aufhänger für einen Porno? Stell dir vor, du arbeitest wieder mal in diesem heruntergekommenen Restaurant, jonglierst mit den vier Tellern in deiner Linken und den zwei Kaffeetassen in deiner Rechten und musst dir dabei auch noch das Gequengel eines unzufriedenen Gastes anhören, der glaubt, dass sein bisschen Trinkgeld ihn zum Herrn über dich macht. Plötzlich springt die Tür auf und ein strahlender Ritter in Lederkluft – der zufällig so aussieht wie der Neue aus dem Fitness-Studio – tritt ein, nimmt dich in seine starken Arme und setzt dich auf seine riesige Harley, während Salat, Kaffee und ein paar Gäste durch die Luft fliegen. Ohne einen Blick zurück nimmt er dich mit in die Berge, wo ihr ein wundervoll sinnliches Wochenende verbringt. Das wäre doch wirklich ein schwuler *Krieger*!

Ich will deine Phantasie nicht abwürgen, aber der wirkliche schwule *Krieger* sieht sogar noch besser aus. Schau in einen Spiegel. Schau dir die Männer in deiner Umgebung an. Der *Krieger* ist hier, jeden Tag. Seine Taten müssen nicht heroisch sein. Er ist da, wann immer du zu deiner Meinung stehst oder einen Schritt in Richtung deiner Ziele machst. Du hast den *Krieger* zum ersten Mal gespürt, als du sagtest »Ich bin schwul« oder einem Mann bekanntest »Ich liebe dich«. Du begegnest ihm jetzt, wenn du dich für die Gesangsklasse anmeldest, die du schon vor Jahren besuchen wolltest, oder später, wenn du den Mut hast, dich dem Vorsingen für den Männerchor zu stellen. Der *Krieger* hilft dir, den Mann, den du letzten Mittwoch getroffen hast, anzurufen, obwohl du höllische Angst hast, dass er »Nein« sagt. Der *Krieger* ist zur Stelle, um dir beizustehen, wenn du eine Beförderung verlangst oder anrufst, um ein Bewerbungsgespräch auszumachen. Was auch immer deine Ziele sein mögen, der *Krieger* hilft dir dabei, sie in deinem Leben zu verwirklichen.

In der schwulen Gemeinde ist der *Krieger* lebendig und wohlauf. Du kannst ihn in den Stimmen der Männer hören, die auf Gay-Parades singen und lachen. Du kannst ihn in den Gesichtern jener Männer erkennen, die sich gegen Vorurteile im Militärdienst wehren. Er erscheint in dem Brief, den du einem Abgeordneten schreibst, um gegen Kürzungen im Sozialbereich zu protestieren. Du erkennst ihn in jedem, der seine Zeit dafür opfert, Geld für die AIDS-Stiftung zu sammeln oder zwei Stunden in der Woche der Pflege Kranker widmet. Der schwule *Krieger* hat hart dafür gekämpft, dass wir so weit gekommen sind. Er bietet uns seine Stärke an, damit wir dorthin gelangen, wohin wir wollen.

Dieses Kapitel dreht sich darum, wie du ihn ganz in dein Leben einbringen kannst.

Übung ⋅⋅ Veränderungen

1. **Skizziere deine Ziele**
   Der *Krieger* ist am effektivsten, wenn du ihm ein Ziel setzt. Seine Kraft kannst du am besten nutzen, wenn du seine Hilfe für Ziele in Anspruch nimmst, die dir persönliche Befriedigung und Erfüllung versprechen. Wenn du dich an ihn wenden willst, denk einen Augenblick daran, wo genau du seine Hilfe benötigst. Welcher Teil deines Lebens läuft nicht so, wie du es dir vorstellst? Wo spürst du die größten

Übung • Veränderungen

Hindernisse, Einschränkungen, Ängste oder Schmerzen? Was sind die Themen, die dich wirklich berühren, bei denen du sagst »Mein Leben könnte wunderbar sein, wenn nicht …«?

a) *Stelle eine Liste mit fünf bis zehn Veränderungen zusammen, die du in deinem Leben vornehmen willst. Das können große, langfristige Ziele sein oder aber aktuelle Probleme, die du gerne sofort lösen möchtest. Du kannst die Ziele verwenden, die du in Kapitel 2 genannt hast, oder andere wählen, die dir im Moment wichtiger scheinen. Führe Ziele auf, die dir wirklich etwas bedeuten.*

b) *Achte auf die Gefühle, die diese Ziele in dir auslösen. Machen sie dich hoffnungsvoll? Traurig? Niedergeschlagen? Aufgeregt? Ängstlich? Frustriert? Betroffen? Was auch immer du fühlen magst, versuch es nicht zu verändern. Beobachte nur. Jede Reaktion hat ihre Berechtigung.*

c) *Wenn du deine Liste fertiggestellt hast, setze Prioritäten. Welchen Punkt würdest du gerne zuerst klären? Scheint ein Ziel die Grundlage für andere zu sein oder gibt es ein Ziel, das emotional stärker besetzt ist als alle anderen? Suche dir ein Thema aus, um dich für den Rest des Kapitels darauf zu konzentrieren. Wenn du erst einmal die Prinzipien kennst, kannst du auf die anderen Punkte deiner Liste wieder zurückkommen und das Gelernte darauf anwenden.*

Nun solltest du konkreter werden. Dein *Krieger* wird dir nur das geben, worum du ihn bittest. Die Klarheit, mit der du deinen ursprünglichen Wunsch formulierst, bestimmt, wie sicher du ihn dir erfüllen kannst. Das bedeutet, dass du dein Ziel in handfeste, messbare Ergebnisse übersetzen musst. Wenn dein ursprünglicher Wunsch nebulös und undeutlich ist, wirst du Schwierigkeiten haben, ihn zu erfüllen. Du wirst vielleicht nicht einmal wissen, ob du dein Ziel erreicht hast oder nicht.

Wir wollen das an einem Beispiel verdeutlichen. Nehmen wir an, dein Ziel sei das selbe wie Rogers – »Ich will eine neue Beziehung«. Auch wenn du vielleicht glaubst, dass du genau weißt, was du damit meinst, lässt die Art und Weise, wie der Wunsch formuliert wurde, ziemlich viel offen. Um ihn zu erfüllen, hat dein *Krieger* einen großen Spielraum. Er könnte dir einen neuen Mitarbeiter bringen, der dein Büro mit dir teilt, neugierige neue Nachbarn, die nebenan einziehen oder einen Schönling, der die ganze Zeit mit dir streitet. Er könnte dir sogar ein Hündchen bringen oder einen aufdringlichen Spendensammler, der dich zweimal täglich anruft, um dich um eine Spende für gefährdete Nashörner zu bitten. Theoretisch würden alle diese Möglichkeiten deinen Wunsch nach einer neuen Beziehung erfüllen. Und ich liege sicher nicht falsch damit, dass nicht eine einzige dieser Möglichkeiten das ist, was du oder Roger im Sinn hatten.

Um die Beziehung zu bekommen, die du dir wünschst, musst du um sie bitten. Je deutlicher du deine Bitte formulierst, desto deutlicher werden die Ergebnisse sein.

- »Ich möchte gern einen Mann kennen lernen, mit dem ich mein Leben teilen kann, der mit mir lebt und mich liebt.«
- »Ich wünsche mir einen liebevollen Partner, der mir hilft, meinen Sohn großzuziehen.«
- »Ich wünsche mir eine befriedigende, liebevolle, sexuelle Beziehung mit einem Mann, der unabhängig genug ist, sein eigenes Leben zu führen.«

Ja – das sind Ziele, mit denen dein *Krieger* arbeiten kann!

Übung • Das Ziel eingrenzen

2. a) *Sieh dir noch einmal das Ziel an, das du in Übung 1 gewählt hast. Formuliere es um, damit es so klar, konkret und handfest wie möglich wird. Was wirst du sehen und wie wird es sich anfühlen, wenn du dein Ziel erreichst? Woran wirst du erkennen, dass du dein Ziel erreicht hast? Selbst wenn du jetzt noch nicht alle Einzelheiten kennst, versuche ihm so nahe wie möglich zu kommen, insbesondere was die Qualitäten angeht, die du suchst. Wenn es vielleicht auch egal ist, ob dein Partner blond oder glatzköpfig ist, so ist es doch wichtig, dass er offen, liebevoll und verspielt ist. Das sollte dann auch auf deiner Liste stehen.*

b) *Prüf es noch einmal nach. Stell sicher, dass du dein Ziel mit deinem ganzen Sein verfolgst. Gibt es da noch irgendeinen Teil, der sich verkehrt oder »komisch« anfühlt? Ist in deiner Motivation irgendetwas unterschwellig Negatives? Wünschst du dir wirklich ein glückliches Leben mit einem neuen Partner oder versuchst du, einen neuen Liebhaber zu finden, um deinen Ex eifersüchtig zu machen? Hättest du*

Schuldgefühle, einen neuen Job anzunehmen, weil es bedeuten würde, dass du wegziehen und deine kranken Eltern im Stich lassen müsstest? Ist dein Ziel wirklich für alle Betroffenen von Vorteil?
Wenn irgendetwas fehlt, definiere dein Ziel so lange neu, bis du dich vollkommen wohl damit fühlst. Das wird dir dabei helfen, die Schritte zu seiner Verwirklichung weitaus klarer und effektiver zu gestalten.

Der Schatten: Der gefangene Krieger

Wäre dein innerer *Krieger* im vollen Besitz seiner Macht, würdest du ohne zu zögern und mit Leichtigkeit deine Ziele anstreben. Leider ist er jedoch in den meisten von uns auf die eine oder andere Weise blockiert. Angst kann ihn still machen und lähmen. Negativ besetzte innere Personen wie das *Opfer,* der *Saboteur* oder der *Harte Kerl* können ihn als Geisel nehmen. Alte Glaubenssätze, ein negatives Selbstwertgefühl oder eine unterschwellige Angst vor dem Schwulsein können dich davon überzeugen, dass es völlig sinnlos ist zu versuchen, dich auf den Weg zu deinem Ziel zu machen. Damit du deine Schöpferkraft in Anspruch nehmen kannst, musst du zunächst einmal die Ketten sprengen, die deinen inneren *Krieger* gefangen halten. Du bist dazu in der Lage, vor allem dann, wenn du eine Blockade nach der anderen in Angriff nimmst.

Wir wollen mit der Angst beginnen. Angst tritt in vielerlei Gestalten und Verkleidungen auf. Erkennst du sie?

Die Angst, zu handeln oder aufzufallen –
- »Was werden die Leute sagen?«
- »Es würde meine Mutter umbringen, wenn sie das erführe!«

Die Angst vor Rückschlägen oder Widerständen –
- »Was ist, wenn ich gefeuert werde, wenn ich eine Gehaltserhöhung fordere?«
- »Vielleicht werde ich verprügelt, wenn ich mich oute?«

Die Angst, zu versagen –
- »Bestimmt werde ich etwas falsch machen.«
- »Das hat keinen Sinn. Ich werde nie gut genug sein.«

Die Angst, abgelehnt zu werden –
- »Er wird mich niemals lieben.«
- »Ich versinke vor Scham in den Boden, wenn er Nein sagt.«

Die Angst vor dem Unbekannten oder Fremdartigen –
- »Wo soll ich wohnen, wenn ich ihn verlasse?«
- »Ich hasse meinen Job, aber immerhin bekomme ich Geld dafür.«

Die Angst vor dem Erfolg –
- »Was ist, wenn ich den Job bekomme und mich dann jeder dafür hasst?«
- »Das wird nicht von Dauer sein. Sobald ich mich verliebe, wird er mich verlassen.«

Angst *per se* ist nichts Schlechtes. Sie ist eine natürliche und gesunde Reaktion auf neue Situationen. Sie vermittelt eine flexible Botschaft des Körpers – »Achtung! Pass auf! Da ist irgendetwas!« In stressgeladenen oder gefährlichen Situationen ist die Angst ein wichtiger Verbündeter. Ist es etwa schlecht, Angst vor einem Laster zu haben, der direkt vor dir außer Kontrolle gerät? Ist es dumm, Angst vor einem gewalttätigen Partner oder einer Bande Skins zu haben, die Schwule jagt? Wohl kaum. Ganz im Gegenteil, es wäre sehr dumm, keine Angst zu haben. In diesen Fällen signalisiert die Angst, dass angemessene Maßnahmen getroffen werden müssen.

In anderen Fällen wirkt Angst jedoch nur hinderlich. Unbegründete oder übersteigerte Ängste können dich daran hindern, überhaupt zu handeln. Solange du deine Kraft zurücknimmst, werden solche Ängste ständig deine Energien aufzehren. Sie verstecken sich knapp unterhalb der Oberfläche deines Bewusstseins und tun ihr Bestes, dich mit vagen Ahnungen und schwer zu definierenden Befürchtungen zu lähmen. Denk daran, dass Ängste, so wie alle anderen Gedankenformen, äußerst kreativ sind. Ob groß oder klein, vernünftig oder irrational, bewusst oder verdrängt – dein Unterbewusstsein behandelt sie alle gleich. Die einzige Möglichkeit, dich zu befreien, besteht darin, in dein Inneres zu blicken, nachzuschauen, was du dort vorfindest und es dann ans Tageslicht zu befördern, wo du ihm direkt begegnen kannst. Dann wirst du damit anfangen, dein Leben in die eigenen Hände zu nehmen. Schauen wir uns einmal an, wie das geht.

Übung — Mit Ängsten umgehen

3. **Ängste demaskieren und bewerten**

   a) *Schreib dein Ziel oben auf eine leere Seite. Darunter machst du dann drei Spalten. In die Spalte ganz links kommen alle Ängste, die du bezüglich deines Zieles hast. Zensiere nichts. Schreib alles auf, ganz egal wie unwichtig oder dumm es scheint. Hier ein Beispiel:*

ZIEL: EIN JOB, IN DEM ICH OFFEN ZEIGEN KANN, WER ICH BIN		
Ängste		
• Es wird mir dort nicht gefallen		
• Die Bezahlung wird schlecht sein		
• Mein Lebenslauf ist veraltet		
• Wegen der Rezession wird sowieso niemand eingestellt		
• Ich werden meinen jetzigen Job verlieren, wenn man herausfindet, dass ich einen neuen suche		
• Der Chef wird herausbekommen, dass ich tätowiert bin		

Hast du alles aufgeschrieben? Geh noch mal zurück und füge alle unbedeutenderen Befürchtungen auf, die du hast, ganz gleich, wie dumm oder nebensächlich sie auch sind.

b) *In der zweiten Spalte klassifizierst du nun deine Befürchtungen nach folgenden Kategorien:*

- *begründet – du kannst etwas dagegen tun und musst sie nicht weiter in Betracht ziehen*

- *unbegründet – du kannst nichts dagegen tun oder sie basieren auf Ängsten aus deiner Vergangenheit, die hier fehl am Platze sind*

- *lächerlich – Hirngespinste, wie der Schwarze Mann unterm Bett*

c) *In der dritten Spalte führst du die Ergebnisse deiner Überlegungen auf.*

- *Bei begründeten Ängsten schreibst du ein oder zwei Maßnahmen auf, die du ergreifen kannst, um die Situation in den Griff zu bekommen.*

- *Unbegründete Ängste formulierst du als positive Affirmationen um, die du anstelle deiner negativen Glaubenssätze setzt.*

- *Über lächerliche Ängste solltest du lachen.*

Fortsetzung des Beispiels:

Übung ◆ Mit Ängsten umgehen

ZIEL: EIN JOB, IN DEM ICH OFFEN ZEIGEN KANN, WER ICH BIN		
Ängste	Kategorie	Folgerung
Es wird mir dort nicht gefallen	unbegründet	Ich werde nur einen Job annehmen, der mir zusagt
Die Bezahlung wird schlecht sein	unbegründet	Ich werde nur einen Job annehmen, der mir zusagt
Mein Lebenslauf ist veraltet	begründet	Ich schreibe einen neuen Lebenslauf
Wegen der Rezession wird sowieso niemand eingestellt	unbegründet	Es gibt immer Jobs und ich werde mein Bestes geben
Ich werde meinen jetzigen Job verlieren, wenn man herausfindet, dass ich einen neuen suche	begründet	Ich werde vorsichtig sein und niemandem etwas davon erzählen
Der Chef wird herausfinden, dass ich tätowiert bin	lächerlich	Vielleicht mag er es und geht sogar mit mir aus

Du kannst diese Übung auf jeden Bereich deines Lebens anwenden. Sie ist eine hervorragende Möglichkeit, verborgene Ängste ans Licht zu bringen, wo du sie bearbeiten und dann deinen Weg weiter verfolgen kannst.

4. **Bewegungsübung: Ausflippen**
Ängste rational zu analysieren ist wichtig und hilfreich. Mitunter, insbesondere dann, wenn Ängste unbegründet, albern oder lähmend sind, ist es jedoch notwendig, mehr aus dem Bauch heraus zu handeln. Tanz deine Ängste aus dir raus!

Besorg dir CDs mit schneller, ekstatischer Musik. Bevor du sie auflegst, nimm dir einen Augenblick Zeit, um tief durchzuatmen und dich auf deinen Körper einzustimmen. Wenn du bereit bist, bitte deinen Körper, alle Ängste, die bezüglich der betreffenden Situation auf ihm lasten, loszulassen. Dreh dann die Musik auf und schüttle deine Ängste aus dir heraus. Fang damit an, deine Hände zu schütteln, so als ob du Wassertropfen abschütteln wolltest. Lass die Bewegungen allmählich größer werden, so wie es dein Körper will. Bald wirst du spüren, wie sie ein Eigenleben entwickeln. Hol alle Ängste aus dir heraus und schüttle sie aus deinem Körper.

Lass dich gehen! Übertreibe! Schreie, stöhne, heule! Mach so lange weiter, bis du die Angst erschöpft hast. Dein Herz wird wie wild schlagen. Dein Atem wird tief und schnell gehen. Du wirst dich leichter fühlen. Wenn du so weit bist, bring die Bewegung langsam zur Ruhe.

Ich empfehle das ausgeflippte Tanzen immer dann, wenn die Angst überhand zu nehmen beginnt. Die Demaskierungs-Übung ist besser, um kreative Lösungen zu finden, diese Übung hilft dir eher, deinen Körper von Ängsten zu reinigen. Du wirst dich nun energiegeladen und unternehmungslustig statt gelähmt fühlen. Deine Beziehung zu deinen Ängsten wird sich verändern. Du kannst sie nun aus einem anderen Blickwinkel sehen. Vielleicht sehen sie nun eher komisch, unbedeutend oder zumindest nicht mehr so bedrohlich aus wie zuvor.

Negative innere Personen

Archetypische Energien finden *immer* einen Weg, sich zu artikulieren. Wenn dein innerer *Krieger* keine positive Ausdrucksform finden kann, wird er sich in seiner dunkleren Form als Schatten bemerkbar machen. Wenn das geschieht, wird dein innerer Krieger dich nicht in die Lage versetzen können, deine Ziele zu erreichen und seine Energie wird verzerrt, blockiert oder begrenzt deine Kräfte.

Wie sieht ein gefangener *Krieger* aus? Wahrscheinlich kannst du es dir vorstellen. Jeder von uns kennt Mittel und Wege, um zu vermeiden, handeln zu müssen, sich vor schwierigen Themen zu drücken oder sich von einer starken Position fernzuhalten. Wir wollen uns hier drei Formen des dunklen *Kriegers* ansehen – das *Opfer,* den *Saboteur* und den *Harten Kerl.* Obwohl diese Gestalten aus mehreren Persönlichkeitsteilen zusammengesetzt sind, findet zumindest einer oder mehrere in den meisten Menschen Widerhall. Während du weiterliest, achte darauf, ob du eigene Verhaltens- und Denkmuster wiedererkennst.

Ein Wort zur Warnung: Nimm dies nicht zur Gelegenheit, dich selbst niederzumachen. Negative Muster zu erkennen ist notwendig, um sie zu heilen. Versuche dein Möglichstes, dich von Bewertungen frei zu halten, sei ehrlich zu dir selbst und öffne dich für die Heilung, die das Erkennen mit sich bringt.

Andererseits ist es wirklich leicht, solche Muster bei anderen zu erkennen – aber das sind billige Einsichten. »Oh, schau dir nur Blanche an, wie sie wieder das Opfer herauskehrt. Hat sie immer noch nicht kapiert, dass das Spiel so nicht läuft?« Auch wenn es einem ein boshaftes Lächeln einbringt, ist nichts damit gewonnen, andere zu bewerten – es bringt nur etwas, dieselben Muster im eigenen Verhalten wiederzuerkennen. Du kannst den negativen inneren Persönlichkeiten mit mehr Mitleid begegnen, wenn du dir klar machst, dass alle drei nur Symptome der Verletzungen sind, mit denen wir uns schon die ganze Zeit beschäftigt haben. Wirf einen Blick unter die Oberfläche. Setz die Methoden ein, die du gelernt hast, um die zugrunde liegenden Wunden zu heilen. Dann kannst du dem gesunden *Krieger* Raum geben.

Das Opfer

Das *Opfer* hat die Verantwortung für sein Leben abgegeben. »Ich bin, wie ich bin, weil die Gesellschaft schwule Männer nicht akzeptiert«, sagt das *Opfer*. »Sie (die Eltern, Lehrer, Kirche oder wer auch immer) haben mir das angetan und ich werde immer unglücklich sein.« Das *Opfer* macht stets andere für die Teile seines Lebens verantwortlich, mit denen etwas nicht stimmt. Es sagt gern »ich bin ein Unglücksrabe« oder »ein Unglück kommt selten allein«. Da es sich in der Rolle des Leidenden wohl fühlt, ist das *Opfer* in der Regel gegen jede Veränderung. Sein Unglück und die Ungerechtigkeit, die es hervorgerufen hat, sind zu einem festen Bestandteil seiner Identität geworden. Wenn du es wagst, Vorschläge zu machen, wie das *Opfer* sein Los verbessern könnte, ist es schnell mit Gründen bei der Hand, wieso das nie funktionieren würde.

Es besteht ein gewichtiger Unterschied, ob man die Wahrheit über schwierige Situationen sagt oder ob man sich zum *Opfer* macht. In der Tat sind Missbrauch, Unterdrückung, Homophobie, Vorurteile und eine ganze Reihe anderer Übel ein Teil des Lebens. Jeder von uns hat Verletzungen erfahren. Wie du schon gesehen hast, besteht ein wichtiger Schritt zur Heilung darin, realistisch anzuerkennen, wo du verletzt wurdest. Damit haben wir uns ja auch in nahezu jedem Kapitel dieses Buches beschäftigt. Das Problem des *Opfers* liegt darin, dass es sich in seinen alten Verletzungen verliert und nicht weiß, wie es sie überwinden kann. Letztlich werden seine Verletzungen zu einer Ausrede dafür, jegliche Verantwortung für sein eigenes Leben abzulehnen.

Schwule Männer müssen, wie Mitglieder jeder anderer stigmatisierten Gruppe, diesem Punkt besondere Aufmerksamkeit widmen. Es ist etwas kompliziert. Ein Vorurteil anzusprechen ist notwendig, um Verständnis bei der breiten Masse zu wecken. Wenn jedoch die Unterdrückung zu einem wichtigen Teil unseres Selbstverständnisses wird, riskieren wir die Kraft aufzugeben, bedeutsame Veränderungen zu bewirken. Letztlich müssen wir, um das *Opfer* zu heilen, unsere Verletzungen als Ausgangspunkt für ein weitergehendes Handeln betrachten.

Wie kannst du das erreichen? Zunächst solltest du erkennen, dass *jeder Mensch auf dieser Welt*, ob schwul oder nicht, Schmerz und Leid erlebt hat. In welcher Form sie auch erscheinen mögen – Verletzungen sind ein Teil des Menschseins. Jeder von uns muss lernen, damit umzugehen. Weiterhin solltest du erkennen, dass es, obwohl es nicht deine Schuld war, dass du verletzt wurdest, in deiner Verantwortung liegt, was du daraus machst. Du kannst entweder stehen bleiben und zulassen, dass das, was geschehen ist, dein gesamtes Leben zerstört, oder du kannst etwas unternehmen, um die Verletzungen zu heilen und vorwärts gehen.

Ein erster Schritt besteht darin, sich an den *Schamanen und Heiler* zu wenden. Bitte ihn, dir dabei zu helfen, neue Wege zu finden, um deine alten Verletzungen zu betrachten. Wenn du erst einmal die Vorarbeit geleistet hast, die Verletzungen anzuerkennen und die mit ihnen verbundenen Gefühle zu bearbeiten, wird er dir helfen, einen neuen Blickwinkel zu finden. Du kannst ihm dazu verschiedene Fragen stellen. Statt auf der Stelle zu treten und zu fragen »Wie konnten diese Menschen mein Leben zerstören?«, solltest du produktivere Fragestellungen wählen – »Was habe ich aus dieser Situation gelernt? Wie half sie mir, zu wachsen? Was kann ich tun, um mich weiterzuentwickeln?«

Wie beim Vergeben bedeutet es keineswegs, dass du die Handlungen billigst, die zu deinen Verletzungen geführt haben, wenn du der Art und Weise, wie du sie betrachtest, einen neuen Rahmen gibst. Das mindert nicht den Kummer und den Schmerz, den du erleiden musstest. Es bietet dir jedoch eine Art Erlösung an, da es dir hilft, die Kontrolle über dein Leben wiederzugewinnen. Es hilft dir auch dabei, die Zügel deiner Kreativität zu ergreifen. Warum solltest du die Lektionen deines Lebens nicht annehmen und von ihnen profitieren, wenn du das, was in der Vergangenheit geschehen ist, ohnehin nicht ändern kannst?

Ich habe immer wieder festgestellt, wie gut das funktioniert. Die schwulen und bisexuellen Männer, die ich durch diesen Prozess geführt habe, haben kaum Probleme damit, die vielfältigen Verletzungen, die sie erfuhren, zu benennen. Die meisten von ihnen haben eine ellenlange Liste mit den Dingen, an denen sie zu erkennen glaubten, das etwas mit ihnen nicht stimmt. »Ich warf den Ball wie ein Mädchen«, sagt einer und die anderen stimmen ein: »Ich war zu schüchtern, zu strebsam, zu ordentlich, zu verliebt in Bücher, hatte Angst vor anderen Jungs und hasste mich.« Das überraschte mich nicht. Es ist auch wenig überraschend, woher die Verletzungen stammen. »Von meinem Vater. Den Lehrern. Meinen Eltern. Den anderen Jungs. Meinem Großvater. Unserem Pfarrer. Von jedermann auf diesem verdammten Planeten.« Du hast sicher schon selbst solche Listen geschrieben.

Überraschungen tauchen auf, wenn wir die Fragestellungen ändern. »Ich habe gelernt, wie ich auf mich allein gestellt überleben konnte, wenn es sein musste.« »Ich habe Sinn für Humor entwickelt.« »Als ich darüber nachdachte, habe ich alles, was mir gesagt wurde, in Frage gestellt. Ich lernte, mir selbst Gedanken zu machen.« »Ich wurde stärker, weil ich lernte, mit den wenigen Freunden, die ich hatte, auszukommen.« »Ich wurde gut darin, andere Menschen zu verstehen, da ich so oft über mich selbst nachdenken musste.« So gut wie immer werden diese Feststellungen mit erstaunter Stimme vorgetragen. Die meisten von uns haben über ihr Leben noch nie auf diese Art und Weise nachgedacht.

Du wirst die Chance bekommen, das im nächsten Übungsblock selbst zu machen. Bleibe vorerst einmal gelassen, wenn du Aspekte des *Opfers* in dir selbst wiedererkennst. Akzeptiere das, was du siehst – denn es bedeutet bereits 90% der Heilung –, und gestatte dir dann, mit anderen Sichtweisen zu experimentieren. Im Laufe der Zeit wirst du vielleicht deine Sichtweise nur ein kleines bisschen verschieben – doch dieses kleine bisschen hat bereits die Macht, die Art und Weise, wie du an dein Leben herangehst, zu verändern.

Der Saboteur

Wie auch das *Opfer* scheint es der *Saboteur* nie ganz zu schaffen. Oberflächlich betrachtet sind seine Absichten gut und er tut sein Bestes. Er widmet viele Stunden seiner Karriere, besucht die richtigen Kurse, arbeitet an seinen Einstellungen und ist sehr gut gekleidet – und doch kommt er in seinem Leben nicht wirklich voran. Immer kommt in letzter Minute irgendetwas dazwischen, was alles über den Haufen wirft. Der Job ist schon vergeben, das Appartement ist bereits an jemand anderen vermietet oder es stellt sich heraus, dass der neue Liebhaber verheiratet ist. Der *Saboteur* tritt auf der Stelle, ist immer einen Tag zu spät und um einen Dollar zu arm und alle Ziele, die er anstrebt, liegen gerade außerhalb seiner Reichweite.

Der *Saboteur* ist ein Heimlichtuer. Trotz des freundlichen Gesichts, dass er – sogar sich selbst gegenüber – aufsetzt, steckt er in der Falle, die er sich selbst gestellt hat. Er kokettiert mit dem Versagen. Was sich auch ergibt, er hat zu viel Angst davor, den *Status quo* zu ändern. Wenn sich eine neue Beziehung anbahnt, überkommt ihn plötzlich die Panik und er zieht sich zurück. Kurz bevor er ein langfristiges Projekt zum Abschluss bringt, verliert er plötzlich das Interesse oder findet eine Begründung dafür, weshalb es von Anfang an uninteressant war. Wenn ihm ein neuer Job angeboten wird, verkrampft er plötzlich und schmeißt das Bewerbungsgespräch.

Sieh tief in dich hinein. Wenn du Teile des *Saboteurs* in dir wiedererkennst, solltest du begreifen, dass der Schlüssel zur Lösung deiner Probleme in dir liegt, auch wenn sie von außen zu kommen scheinen. Das bedeutet nicht etwa, dass du in irgendeiner Weise schlecht oder unzureichend wärst. Der *Saboteur* entwickelt sich aus alten Glaubensmustern, die dir wahrscheinlich überhaupt nicht bewusst sind. Das Verhalten des *Saboteurs* ist, wie das des *Opfers*, eine Reaktion auf Verletzungen. Bei schwulen Männern rührt es oft daher, dass sie sich unbewusst mit dem falschen Stereotyp identifiziert haben, demzufolge wir Schwächlinge sind, die in »der Männerwelt« nicht bestehen können. Selbst wenn wir hoch qualifiziert sind, fürchten wir, als Aufschneider enttarnt zu werden, glauben wir, den Erfolg nicht zu verdienen, oder haben Angst davor, dass man uns mit Aggression begegnet, wenn wir unsere Ziele erreichen.

Sei auch hier nachsichtig mit dir selbst. Du kannst damit beginnen, den *Saboteur* mit den Methoden zu heilen, die du in Kapitel 3 kennen gelernt hast. Wiederhole eine Aussage, die deine Fähigkeit bestätigt, die Ziele, die du dir gesteckt hast, zu erreichen, und beobachte, welche negativen Reaktionen in dir hochsteigen. Führe ein Ritual durch, um diese negativen Reaktionen loszulassen, und programmiere dann dein Unterbewusstsein mit positiven Affirmationen um. Du hast die Kraft, jedes Glaubensmuster zu ändern, das du ändern willst.

Der Harte Kerl

Der *Harte Kerl* will über Verletzungen erst gar nichts hören. Er steht der Welt mit einer Art defensiven Feindseligkeit gegenüber. Er greift die Welt mit geballten Fäusten und scharfer Zunge an. Du kennst diesen Typ, der sich immer sofort angegriffen fühlt und Streit sucht. Der *Harte Kerl* scheint zu glauben, dass immer der Recht hat, der am lautesten brüllt oder am sarkastischsten ist – und er tut alles, um so oft wie möglich Recht zu bekommen.

Der *Harte Kerl* ist eine Karikatur. Er trägt viele Masken. Du kannst ihn in dem trotzigen Angeber und in der übertriebenen Kampflust des zu klein geratenen Möchtegern-Elitesoldaten erkennen. Du kannst ihn in der knallharten Drag Queen sehen, die sich an Demütigungen ergötzt und nie die Chance verpasst, jemand anderem eins auszuwischen. Obwohl der *Harte Kerl* keine Probleme damit hat, zu handeln, scheint er doch kaum jemals etwas Lohnenswertes zu erreichen. Da Voraussicht für ihn ein Fremdwort ist, verfolgt er keine eigenen Ziele. Meist reagiert er nur auf jemand anderen, doch allein schon, weil er so nervtötend ist, stößt alles, was er sagt, auf Widerstand. Selbst dann, wenn er mal in einem Punkt absolut recht hat, hört niemand, was er sagt, wegen der Art, wie er es sagt. Letztlich fällt er nur negativ auf und geht allen auf den Wecker.

Natürlich blufft er nur. Der *Harte Kerl* leidet, wie wir alle, unter Verletzungen und dass er sich so aufplustert, ist nichts weiter als Überkompensation. Das alles ist eine Nebelmaschine, der verzweifelte Versuch eines verängstigten kleinen Jungen, der sich absolut hilflos fühlt. Tief in seinem Inneren versucht der *Harte Kerl* lediglich, sich selbst zu beeindrucken. Er muss sich selbst überzeugen, dass er stark ist und ihm das Alleinsein nichts ausmacht. Trotz all seiner Aktivität trägt der *Harte Kerl* – wie das *Opfer* und der *Saboteur* – dazu bei, den *Status quo* zu festigen. Selbst wenn er darüber lästert, fühlt er sich sicherer, wenn die Dinge so bleiben, wie sie sind.

Es ist schwer, den *Harten Kerl* in sich selbst zu erkennen. Und es ist vielleicht sogar noch schwerer, ihm die Zuwendung zu geben, die er braucht. Wenn du Verhaltensmuster des *Harten Kerls* in dir wiedererkennst, solltest du deine inneren Verletzungen anerkennen. Wenn du die Schmerzen und die Einsamkeit, die du erfahren hast, wiedererkennst, hast du den Kampf gegen sie schon halb gewonnen. Du solltest begreifen, dass du nicht schwach bist, wenn du zugibst, verletzt worden zu sein. Ganz im Gegenteil – das ist ein Zeichen großer Stärke. Wenn du Hilfe dabei benötigst, dir selbst Zuwendung zu geben, hol sie dir. Wenn du diese Phase durchläufst, wirst du Ausdrucksmöglichkeiten für deinen inneren Krieger finden, die wesentlich effektiver und befriedigender sind als die alten Überkompensierungen.

Der Gewinn des Stillstandes

Du bist auf der Welt, um kreativ und kraftvoll zu leben. Du bist auf der Welt, um deine Ziele zu erreichen, deine Träume zu erfüllen und der Welt etwas Wichtiges zu geben. Du weißt das mit jeder Zelle deines Körpers. Wenn negative innere Personen und alte Glaubensmuster dich davon abhalten, dein Potenzial zu erfüllen, wirst du Schmerz empfinden. Du kannst versuchen, ein glückliches Gesicht aufzusetzen oder dir selbst zu sagen, dass es egal ist – doch wenn du nicht zu deiner inneren Kraft findest, wirst du dir verloren, entmutigt und als Versager vorkommen. Obwohl jeder Einzelne von uns die Macht zur Veränderung in sich trägt, bleiben viele lange Jahre an dem gleichen, schmerzbeladenen Platz stehen. Warum? Weil der Gewinn des Stillstandes größer scheint als die Vorteile, die eine Veränderung mit sich brächte.

Es ist eine einfache Kosten/Nutzen-Rechnung. Obwohl der Schmerz sich auf der Soll-Seite deutlich bemerkbar macht, ist irgendetwas auf der Haben-Seite noch größer. Aber was könnte es nur wert sein, mit so viel unterdrücktem Schmerz zu leben? Jeder Mann hat darauf eine andere Antwort, doch die meisten Antworten lassen sich auf zwei Grundbegriffe reduzieren – *Sicherheit* und *Bequemlichkeit*.

Die meisten Menschen fühlen sich mit dem, was sie kennen – selbst wenn es unangenehm ist –, unendlich viel sicherer und wohler als mit dem Unbekannten. Der blockierte *Krieger* fühlt sich sicher, da er weiß, wo er steht. Sein Platz im Leben ist gesichert – auch wenn er ganz unten ist. Die Angst vor dem Unbekannten stärkt die negativen inneren Persönlichkeiten so lange, bis sie völlig starr sind und sich im Kreis drehen. Der *Krieger* setzt seine ganze Kraft ein, damit alles beim Alten bleibt, selbst wenn er dich und all deine Mitmenschen davon überzeugen muss, dass du im Grunde genommen hilflos bist.

Es gibt noch einen weiteren Gewinn, auf den du wahrscheinlich nicht gleich kommst. In alten Verletzungen gefangen zu bleiben kann einem neben dem falschen Gefühl der Sicherheit auch die Möglichkeit verschaffen, auf Umwegen ein Gefühl des Geliebt-Werdens zu erreichen. Trotz der vielen Worte, die über die Liebe gemacht werden, gibt uns die Gesellschaft in Wirklichkeit kaum Modelle für echte Liebe. Es geht immer nur um Sex, der mit dem Teilen wirklicher Gefühle nicht immer etwas zu tun hat. Das ist nicht nur ein Thema, das Schwule betrifft, obwohl wir es natürlich besonders zu spüren bekommen. Überall um uns herum suchen Menschen verzweifelt nach Möglichkeiten, die unerträgliche Einsamkeit des Individuums zu überwinden. Eine der wenigen Antworten, die wir gefunden haben, lautet, sich gegenseitig zu erzählen, wo wir verletzt worden sind.

Verstehst du, was ich meine? Wie viele Talkshows hast du schon gesehen, in denen Menschen ihre tiefsten Geheimnisse ausbreiten? Wie viele Menschen kennst du, deren Hauptquelle an Zuwendung eine Selbsthilfegruppe ist, die ihre Verletzungen thematisiert? Wie viele Leute kennst du, die sich voll und ganz mit ihren alten Verletzungen identifizieren? »Ich bin ein Missbrauchs-Opfer. Ich bin Alkoholiker. Ich habe Angst davor, mich auf Menschen einzulassen, weil mein Vater nicht liebevoll war.« Wenn wir keine andere Möglichkeit kennen, Menschen an uns heran zu lassen, werden unsere Verletzungen sehr wertvoll. Wir würden fast alles tun, um zu vermeiden, sie aufgeben zu müssen.

Versteh mich nicht falsch. Ich habe nichts gegen Selbsthilfegruppen und ich möchte niemanden dazu auffordern, seine Verletzungen zu verleugnen. Doch den Weg zur inneren Kraft zu gehen bedeutet, die Verletzungen als Mittel zur Heilung zu verwenden und dann weiter voranzugehen. Es bedeutet, sein Drehbuch zu verändern und sich zu weigern, sich weiterhin »ein Unglück kommt selten allein« vorzubeten. Es bedeutet, den Mut zu finden, sich auf die Hinterbeine zu stellen und nach anderen Möglichkeiten zu suchen, auf Menschen zuzugehen.

Um den Würgegriff negativer innerer Persönlichkeiten zu lösen, musst du erst einmal ehrlich zu dir selbst sein. Stell fest, ohne es zu bewerten, wo du deine Energien blockierst. Was bringt dir das ein?

»Wenn ich mich nicht um einen neuen Job bemühe, kann ich mich in meinem jetzigen Job, der mir gut vertraut ist, gemächlich treiben lassen. Ich kann das Risiko zu versagen vermeiden, weil ich meine jetzige Tätigkeit schon beherrsche. Ich muss mich nicht bemühen, neue Fertigkeiten zu lernen.«

»Wenn ich allein bleibe – was ich eigentlich lieber nicht täte –, bekomme ich viel Mitleid für meine Einsamkeit. Ich gehe nicht das Risiko ein, wieder verletzt zu werden. Ich muss mein Bett mit niemandem teilen und nicht mit der Morgenroutine von jemand anderem zurechtkommen.«

Anstatt dich abzustumpfen solltest du dir über alle Gefühle klar werden, die du über das Blockiert-Sein hast. *Spüre* die Angst davor, dass du dich niemals ändern wirst. *Spüre* den Schmerz darüber, dass du nicht das bekommst, was du dir wünschst. *Spüre* die Frustration, in einem Job oder einer Partnerschaft festzustecken, die deinen Bedürfnissen nicht gerecht wird.

Mache dir dann klar, dass die Vorteile der Veränderung den Gewinn des Stillstandes übertreffen. Das tun sie nämlich. Du wirst Selbstvertrauen gewinnen und stolz auf die Bemühungen sein, die du unternimmst. Du wirst feststellen, dass es sich besser anfühlt, durch den Strom des Lebens zu schwimmen, als sich treiben zu lassen. Selbst wenn du Fehler machst, wirst du aus ihnen lernen, wie du deine Ziele besser erreichen kannst. Du wirst das

Mehr an Vitalität und Lebensfreude begrüßen, wenn du den Menschen aus einer Position der Kraft und Stärke entgegentrittst. Was hast du zu verlieren? Nur deinen Schmerz.

Möchtest du es versuchen? Es braucht nicht viel Zeit, sich die negativen inneren Persönlichkeiten anzusehen und den Gewinn zu erkennen, den es mit sich bringt, auf der Stelle zu treten. Dennoch ist es ein unverzichtbarer Schritt auf dem Weg zur Kraft deines inneren *Kriegers*. Konzentriere dich bei der folgenden Übung auf dein Ziel. Die Art und Weise, wie du an es herangehst, wird höchstwahrscheinlich die Art und Weise sein, wie du an alle anderen Dinge herangehst, die in deinem Leben wichtig sind.

Hüte dich auch hier vor dem *Inneren Kritiker*. Es ist jetzt leicht für ihn, sich der Kontrolle zu entziehen. Lass das nicht zu. Du betrachtest Verhaltensmuster, die allen Menschen eigen sind. Akzeptiere, was kommt, und bleib in Bewegung. Sich in Selbstbeurteilungen zu verlieren ist lediglich eine andere Möglichkeit stehen zu bleiben.

Übung •• Den *Krieger* befreien

5. Schreib das Ziel auf, auf das du dich jetzt konzentrieren willst – dasselbe, das du in den Übungen 1 bis 4 verwendet hast.

   a) *Formuliere das Ziel so, dass es in das folgende Schema passt – »Ich kann (das Ziel) _____ jetzt sofort erreichen.« Bei dem Beispiel, das wir oben verwendet haben, würdest du also schreiben »Ich kann einen Job, in dem ich offen zeigen kann, wer ich bin, jetzt sofort erreichen.«*

   Wiederhole diesen neuen Satz immer wieder laut. Das ist eine Möglichkeit, deine gewohnten Abwehrmechanismen in Gang zu setzen. Während du das tust, stell dir bildlich vor, dass du dein Ziel tatsächlich verwirklichst, und lass das Gefühl in dir aufsteigen, dass du deine gegenwärtige Situation hinter dir lässt.

   Mach weiter und lausche den Stimmen in deinem Kopf. Welche Einwände tauchen auf? Kannst du die Stimme des Inneren Kritikers vernehmen? Kannst du hören, wie die Liste mit Gründen, warum du es nicht schaffen kannst, abgespult wird? Schreib diese Gründe auf und fahr noch ein paar Minuten damit fort, deinen Satz zu wiederholen. Notiere jedes Gefühl, das auftaucht, ganz gleich, wie unwichtig es dir vorkommt.

Vielleicht hast du das Gefühl gehabt, dass gar nichts Negatives auftauchte. Vielleicht gibt es gar nichts zu entdecken. Mach dir jedoch klar, dass es ja irgendeinen Grund dafür geben muss, dass du dein Ziel noch nicht erreicht hast. Wenn nichts hochkommt, wenn du es eine Weile probiert hast, mach dennoch mit dem Rest der Übung weiter. Mal sehen, was der nächste Teil bringt.

b) *Nimm das, was du gerade aufgeschrieben hast, und liste alle Gewinne auf, die dir deine gegenwärtige Lage einträgt. Welche Vorteile bringt es dir, dass du dein Ziel NICHT erreichst?*

c) *Erinnert dich eines der Gefühle oder einer der Einwände, die auftauchten, an eine oder mehrere der negativen inneren Persönlichkeiten? (Achtung: keine Bewertungen!) Falls ja, mach dir eine Notiz, inwiefern das Muster übereinstimmt. Erinnert es dich an Ereignisse in deinem Leben oder an eine Zeit in der Vergangenheit, in der du verletzt wurdest oder das Gefühl hattest zu versagen?*

d) *Werfen wir nun einen Blick auf die andere Seite der Kosten/Nutzen-Rechnung. Führe die Vorteile auf, die es dir bringen könnte, das gewählte Ziel zu erreichen. Wie würdest du dich fühlen? Wie würde sich dein Leben ändern? Wie würdest du dich und deinen Platz in der Welt zu sehen beginnen?*

Bevor du die Übung beendest, führe die Vorteile auf, die du hättest, selbst wenn deine Bemühungen nicht zum erhofften Ergebnis führen. Selbst wenn du nur die halbe Wegstrecke geschafft hast, wie würde es sich anfühlen, dass du damit angefangen hast, dein Leben in die eigenen Hände zu nehmen? Wie würde es sich anfühlen, wenn du wüsstest, dass du dir selbst genug Kraft geben kannst, um zu erreichen, was zu willst?

Überwiegen die alten Gewinne des Stillstandes auf deiner mentalen Kosten/Nutzen-Rechnung immer noch die Vorteile des Neubeginns?

Den *Krieger* in Anspruch nehmen

Die Kraft des *Kriegers* ist bereits in dir. Die ganze Zeit hast du, immer dann wenn du blockiert warst, auf seine Energie zurückgegriffen, um dir selbst ein Bein zu stellen. Das lag daran, dass die Energie des *Kriegers* vom alten Glaubenssatz geleitet wurde, dass Sicherheit bedeutet, sich nicht zu ändern. Du wirst nun seiner Energie eine andere Richtung geben. Indem du den *Krieger* einlädst, in deinem Leben eine aktive Rolle zu spielen, entscheidest du dich für Wachstum statt Stillstand und für Heilung statt Verletztsein.

Es ist relativ einfach, sich an den *Krieger* zu wenden. Du hast bereits die Vorarbeit geleistet. Jetzt musst du ihn nur noch in deinen Körper bringen. Die folgende Übung wird dich dazu in die Lage versetzen. Da sie aus mehreren Schritten besteht, solltest du sie zunächst vollständig durchlesen und dir dann für jeden Schritt so viel Zeit nehmen, wie du brauchst. Wenn du erst einmal das Wesen der Energie, an die du dich wendest, begreifst – insbesondere in Schritt b) –, wirst du nicht mehr die gesamte Beschreibung lesen müssen, um den Krieger in deinen Körper zu rufen.

Tue dein Bestes, jeden Teil der Übung *körperlich* zu spüren. Da der *Krieger* handeln will, wirst du nicht an dein Ziel kommen, wenn du die einzelnen Schritte nur durchliest oder dir die Antworten von deinem Verstand diktieren lässt. Der Prozess muss körperlich ablaufen. Auch wenn es anfangs dauert, so wirst du mit ein wenig Übung schon bald in der Lage sein, den Prozess mühelos zu durchlaufen, wann immer du in eine Situation kommst, in der Handlungsbedarf besteht.

Übung •• Der *Krieger*

6. a) *Sorge für die richtige Atmosphäre. Nimm dir etwa 15 Minuten Zeit, in der du ungestört sein kannst. Schaffe dir genug Platz, um dich frei bewegen zu können, und halte eine passende Musik bereit. Die Musik sollte einen guten Rhythmus haben, aber nicht so hektisch sein wie die, die du für das »Ausflippen« gewählt hast.*

   Wenn du bereit bist, schließ die Augen, rufe deinen Inneren Rat und den Kreis des Stammes zusammen. Wenn du spürst, dass sie dich umgeben, achte auf deinen Atem. Folge ihm tief in dein Inneres. Wenn du dich sicher, im Einklang mit dir selbst und zentriert fühlst, schalte die Musik ein und beginne mit der Übung.

b) *Wenn du anfängst, dich zu bewegen, bitte deinen Körper, dir jenen Teil deines Selbst zu zeigen, der dir alle wichtigen Schritte in deinem Leben ermöglicht hat. Wiederhole die Bitte immer wieder in deinem Geist – »Zeig ihn mir. Zeig ihn mir.« Lass deinen Körper, nicht deinen Verstand die Bewegungen führen.*

Dies ist der Teil deines Wesens, der dich von der dunklen Sicherheit des Mutterschoßes in die helle, unbekannte Welt geführt hat. Seit diesem ersten Schritt in dein Leben hat dich dieser Teil immer unterstützt, wenn du einen weiteren wichtigen Schritt unternommen hast. Lass diese Schritte sich in deinen Bewegungen widerspiegeln. Denk daran, dass du, trotz aller Ängste und Zweifel, dennoch bei jedem dieser Schritte die Kraft hattest zu handeln. Dieser Teil war stärker als alles, was dir im Weg stand. Er hat dich vorangebracht! Spüre seine Kraft, wenn er sich jetzt in deinem Körper bewegt.

Dieser Teil deines Selbst stand dir in deinen ersten Schultagen zur Seite, das erste Mal, als du irgendwo allein hingingst, das erste Mal, als du allein zu Hause warst. Dieser Teil stand dir bei, als du im Fußballtor standest, als du für die Aufnahme ins Orchester vorspielen musstest und bei unzähligen anderen Herausforderungen. Dieser Teil heilte deine Zellen, als du darum kämpftest, dich von einer Krankheit oder einem Unfall zu erholen. Er hat dich alle Verletzungen überstehen lassen, die mit dem Erwachsenwerden einhergingen. Er versetzt dich in die Lage, deinen Platz im Leben zu beanspruchen. Dieser Teil hat dich durch die gesamte spirituelle Reise geleitet, bis zum jetzigen Augenblick. Dieser Teil ist stärker als alles, was dir die Welt in den Weg gestellt hat. Du bist immer noch hier!

Beweg dich weiter. Bitte weiter darum, die Stärke des Kriegers in dir zu spüren. Genieße seine Kraft. Gib ihm deinen Atem. Gib ihm deine Füße und Beine, deine Arme und Hände. Gib ihm dein Herz, deinen Rücken, deine Organe, dein Gesicht, ja, sogar deinen Verstand. Verleihe seiner Energie mit deinem ganzen Wesen Ausdruck.

Übung • Der Krieger

Wenn du spürst, dass sie voll und ganz gegenwärtig ist, bitte deinen Körper, dir eine einzelne Geste zu zeigen – eine einzige, kleine Bewegung –, die diese Energie für dich symbolisiert. Bitte einfach darum und schau, was auftaucht. Wenn das geschieht, wiederhole diese Bewegung einige Male, bis du sicher bist, dass du dich an sie erinnern wirst. Nenn diese Bewegung »kraftgeladen«. Sie repräsentiert die Energie deines inneren Kriegers.

Schüttle dich dann noch einmal aus und begib dich an einen stillen Ruheplatz. Atme noch ein paarmal tief durch, bis du dich völlig zentriert fühlst. Mach dann den nächsten Schritt.

c) *Konzentriere dich auf das Ziel, das du am Anfang dieses Kapitels gewählt hast. Bitte deinen Körper, dir – durch Bewegung – zu zeigen, wie es sich anfühlt, daran gehindert zu werden, dein Ziel zu erreichen. Wiederhole die Bitte immer wieder in deinem Geist und beobachte, wie sich dein Körper bewegt. Lass dir von ihm die Angst, den Schmerz, die Verletzung, die Trauer oder andere Gefühle zeigen, die damit verbunden sind, dass du dein Ziel nicht erreichst. Lass die Bewegungen etwas größer werden. Übertreibe ein wenig. Fahre damit fort zu atmen, dich zu bewegen und zu beobachten, bis sich die Gefühle in jedem Teil deines Körpers ausdrücken.*

Bitte dann um eine einzelne Haltung, die das ganze Blockiert-Sein symbolisiert. Bleibe ein paar Augenblicke in dieser Haltung und spüre, wie sie sich anfühlt. Nenn diese Haltung »blockiert«. Merk sie dir. Lass sie dann los und entspanne dich. Atme noch ein paarmal tief durch, bis du dich zentriert fühlst.

d) *Nimm nochmals etwa eine Minute lang deine blockierte Haltung ein. Geh ganz in das Gefühl hinein. Stell dir all die Ängste und Zweifel vor, die dich in Bezug auf dein Ziel geplagt haben, stell dir vor, dass sie sich als Mauer direkt vor dir materialisieren. Spüre angesichts dieses Widerstandes, wie es sich anfühlt, blockiert zu sein.*

Setze jetzt, angesichts aller Ängste und Zweifel, die kraftgeladene Geste ein, um dich an deine innere Kraft zu wenden. Spüre, was geschieht, wenn die Kraft in deinen Körper eintritt. Spüre, wie sie dir

Macht verleiht, obwohl all die Ängste und Zweifel immer noch hier, direkt vor dir präsent sind. Bitte deinen Körper, wenn du die kraftgeladene Geste verwendest, hier, in der blockierten Situation, die ganze Kraft auszudrücken, die du zuvor gespürt hast. Spüre, wie du jetzt atmest! Spüre, wie du dich bewegst!

Wenn du bereit bist, mach ein paar kleine Schritte und bewege dich geradewegs durch die Mauer aus Angst und Zweifel. Lass dich von der Kraft durch die Mauer auf die andere Seite bringen, wie lange es auch dauert. Spüre, wie es sich anfühlt voranzuschreiten, selbst wenn Zweifel und Angst vorhanden sind. Spüre, wie es ist, dich deinen Herausforderungen geradewegs zu stellen.

Wenn du die andere Seite der Mauer erreicht hast, bitte deinen Körper, dir den Teil deines Selbst zu zeigen, der dich hindurchgeführt hat. Du hast gehandelt! Du warst stärker als alle Ängste und Zweifel! Bewege deine Kraft. Bewege deine Stärke. Dies ist dein innerer Krieger!

e) *Bewege dich noch ein paar Minuten, um den* Krieger *zu ehren. Spüre ihn in jeder Zelle deines Körpers. Achte darauf, was er dir zeigt. Achte darauf, wie du dich fühlst.*

Dann, wenn du ihn voll und ganz erfahren hast, danke dem Krieger *für seine Hilfe, lass ihn nun gehen und atme dich in dein Zentrum zurück. Lass deine Bewegungen ruhig werden. Bring dich in den normalen Bewusstseinszustand zurück, lass die Energie in die Erde zurückfließen und entspanne dich.*

f) *Du hast gerade ein sehr machtvolles Stück Arbeit geleistet. Du kannst dich beglückwünschen! Trink einen Schluck Wasser. Schreib alle Einsichten, die du festhalten willst, in dein Tagebuch. Dann, wenn du magst, ruh dich ein wenig aus.*

Effektives Handeln

Jetzt, da du ihn in den Vollbesitz seiner Kraft gebracht hast, ist es die Aufgabe des *Kriegers* zu handeln. Ganz gleich, wieviel du auch nachdenkst und verarbeitest – die einzige Möglichkeit, Herausforderungen anzugehen und deine Ziele zu erreichen, besteht darin zu handeln. In jeder gegebenen Situation gibt es einige Handlungsmöglichkeiten, die angemessener sind als andere. Damit dein *Krieger* wirklich effektiv sein kann, muss er im Einklang mit den übrigen Teilen deines Wesens stehen. *Du* musst derjenige sein, der den Kurs bestimmt. Jetzt ist ein guter Zeitpunkt, noch einmal die Punkte zu wiederholen, die dir zeigen, wie du dein Handeln möglichst effektiv machen kannst. Denk über die folgenden Fragen nach:

- Besteht Klarheit? Bin ich mit meiner inneren Führung verbunden?
- Was sind meine Wahlmöglichkeiten?
- Wie sieht das erwünschte Ergebnis aus?
- Stimmt mein Zeitplan?
- Wie kann ich einen Handlungsplan entwickeln?
- Übernehme ich eine Verpflichtung?

Wir wollen diesen Fragen nun genauer nachgehen.

Besteht Klarheit?
Bin ich mit meiner inneren Führung verbunden?

Als effektiver *Krieger* wirst du in der Regel nicht handeln, ohne die Weisheit und Einsicht deines Inneren Rates zu konsultieren. Nur sehr wenige Situationen machen eine unmittelbare und gedankenlose Reaktion notwendig. In den wenigen Situationen, wo das doch der Fall ist, vertraue zunächst deinem Instinkt und analysiere später. In den meisten Fällen wirst du jedoch zumindest einen Augenblick Zeit haben, um tief durchzuatmen, ruhig zu werden und deine Intuition zu befragen »Was soll ich jetzt tun?«. *Lausche dann auf die Antwort.*

Wenn du etwas mehr Zeit hast, kannst du mit den Übungen arbeiten, die du bereits gelernt hast. Ziehe den *Alten Weisen* zu Rate. Bitte den *Schamanen und Heiler*, dich mit deinem inneren Wissen zu verbinden. Führe eine Bewegungsmeditation durch, um deinen Körper um Rat zu fragen. Frage den *Magischen Jüngling* nach seinen Gefühlen. Deine Intuition wird dir, ganz gleich, wie du Kontakt mit ihr aufnimmst, effektive Hilfestellung geben, selbst wenn dein Verstand verwirrt oder überwältigt sein mag. Wenn du aus innerer Harmonie heraus handelst, wirst du eine weitaus größere Chance haben, die Ergebnisse zu erzielen, die du dir wünschst.

Was sind meine Wahlmöglichkeiten?

Du hast so gut wie immer mehrere Möglichkeiten, an eine Situation heranzugehen, ganz gleich wie festgefahren oder gefangen du dich in ihr fühlst. Betrachte all deine Möglichkeiten. Manchmal ist der erste Impuls die beste Wahl. Manchmal auch nicht. Spiele mit deinen Gedanken. Schreib alle Handlungsalternativen auf, die dir einfallen. Nehmen wir beispielsweise mal an, du wirst von deinem Chef angebrüllt, weil du einen Fehler gemacht hast. Dein erster Impuls ist vielleicht, wütend aus dem Büro zu stürmen und die Tür hinter dir zuzuknallen. Das könnte sich gut anfühlen. Vielleicht wäre es sogar die beste Reaktion. Doch bevor du alle Brücken hinter dir abbrichst, solltest du dir ein paar Alternativen ansehen. Du könntest ...

- deinem Chef eins auf die Nase geben,

- bis zum Ende des Arbeitstages warten, bis ihr euch beide beruhigt habt, und ihm dann sagen, wie du dich fühlst,

- *seinen* Vorgesetzten anrufen und dich über ihn beschweren,

- es vorerst auf sich beruhen lassen, aber dir von nun an jeden Tag etwas Zeit dafür nehmen, nach einem besseren Job Ausschau zu halten,

- deinen Chef um 4 Uhr morgens zu Hause anrufen und dann jedes Mal, wenn er abhebt, auflegen,

- die ganze Angelegenheit einfach vergessen.

Ganz offensichtlich sind einige Reaktionen effektiver als andere. Für welche du dich entscheidest, hängt davon ab, was du eigentlich erreichen willst.

Wie sieht das gewünschte Ergebnis aus?

In der Regel ist es nicht allzu schwierig, sich die Folgen einer bestimmten Handlungsweise auszumalen. Stell dir immer die Frage, ob die Handlungsweise, die du planst, dich dem Ziel näher bringt, das du tatsächlich erreichen willst. Wenn nicht, solltest du noch einmal darüber nachdenken.

Überprüfe deine Motivation. In schwierigen Situationen kommen oft Gefühle wie Frustration, Wut und Verletztsein hoch. Akzeptiere deine Gefühle. Sprich mit anderen darüber, wenn es angemessen scheint. Lass sie jedoch nicht deine Handlungsweise bestimmen. Auch wenn es sich vielleicht gut anfühlen würde, deinem Chef eins auf die Nase zu geben, würde dir das wahrscheinlich nicht das bringen, was du dir auf längere Sicht gesehen wünschst.

Nimm dir ein wenig Zeit zu reflektieren. Was willst du wirklich? Willst du einen neuen Job? Eine Gehaltserhöhung? Rache? Wenn du dir erst einmal im Klaren darüber bist, wohin dich dein Handeln bringen soll, kannst du entscheiden, wie du mit deinen Gefühlen umgehst. Wenn es nicht angemessen ist, mit anderen über deine Gefühle zu sprechen, bearbeite sie für dich. Du kannst beispielsweise das »Ausflippen« dazu verwenden, die Wut körperlich loszuwerden, oder einen Brief schreiben, in dem du Luft ablässt wie in Kapitel 7. Gefühle sind Träger von Energie. Verschwende deine Energie nicht in einer einzigen großen Explosion, die dich nirgendwohin bringt. Mach dir stattdessen klar, was deine wirklichen Ziele sind, und nutze deine emotionale Energie, um dich ihnen schneller zu nähern. Das wird dir auf Dauer weitaus mehr Befriedigung verschaffen.

Stimmt mein Zeitplan?

Die Entscheidung darüber, *wann* man handelt, ist oft ebenso wichtig wie das Handeln selbst. Wenn du zu früh aktiv wirst, kann das genauso schädlich sein wie wenn du etwas so lange aufschiebst, bis die Gelegenheit vorbei ist. Wenn du beispielsweise deinem Chef sagst, du hättest bereits einen anderen Job, obwohl du in Wirklichkeit nur ein Bewerbungsgespräch hast, könnte der Schuss nach hinten losgehen. Wenn du deiner Familie sagst, dass du ausziehst, bevor du einen Platz hast, wo du bleiben kannst, könnte das fatale Folgen haben. Immer wenn du dich für eine Handlungsmöglichkeit entscheidest, solltest du dir die Frage stellen: »Wann ist der beste Zeitpunkt, mein Vorhaben in die Tat umzusetzen?« Handle sofort, wenn das die beste

Möglichkeit ist. Wenn das nicht der Fall ist, mach dir klar, dass die Kraft, *nicht* zu handeln, bis die Zeit dafür reif ist, die Stärke des *Kriegers* ist. Du wirst viel effektiver dein Ziel erreichen.

Wie kann ich einen Handlungsplan entwickeln?

Wenn du es mit großen oder langfristigen Zielen zu tun hast, solltest du sie in kleinere Schritte aufteilen. Eine der einfachsten Möglichkeiten, sich selbst zu blockieren, besteht darin, sich überwältigend große Ziele zu setzen oder große, dramatische Taten zu planen, für die du noch nicht bereit bist.

Mach dir einen regelrechten Plan für deine Strategie. Was wäre ein guter, erster Schritt auf dein Ziel hin? Welche Schritte könnten auf diesen folgen und dich ganz bis ans Ziel bringen? Sei realistisch. Achte darauf, dass deine Schritte konkret und leicht durchführbar sind. Bleib flexibel. Denk daran, dass sich dein Plan möglicherweise ändern kann, wenn unvorhergesehene Ereignisse eintreten. Verändere ihn, wenn es nötig ist. Selbst wenn es lange zu dauern scheint, einen Plan zu verfolgen, so wirst du doch viel schneller an dein Ziel gelangen, als wenn du vor Ehrfurcht erstarrst, weil die Aufgabe, die du dir gestellt hast, zu gewaltig ist.

Vielleicht benötigst du auch weitere Informationen. Weißt du, wo du suchen musst, wenn du dich nach einem Job umsiehst? Weißt du, was alles auf dich wartet? Brauchst du eine Zusatzausbildung? Diese Fragen zu beantworten muss Teil deiner Strategie sein. Wenn du die Stufen, die dich zu deinem Ziel führen sollen, planst, solltest du das Sammeln von Informationen als eine dieser Stufen mit einbeziehen. »Die Bücherei aufsuchen. Jeden Samstag die Stellenanzeigen lesen. An Institute schreiben, die Fortbildungsprogramme anbieten.«

Immer dann, wenn du einen Schritt vollzogen hast, solltest du *deiner Kraft, zu handeln, Anerkennung zollen.* Ganz gleich, wie klein und unbedeutend eine Handlung scheinen mag – sie ist ein wichtiger Teil deines Weges zur inneren Kraft. Finde Worte, um dir zu gratulieren. »Ich habe mit ... gesprochen und das war gut so.« »Ich habe meinen Lebenslauf aktualisiert und fühle mich besser vorbereitet.«

Ich persönlich mag Anerkennung lieber, die noch mehr aus dem Bauch kommt. Ich habe mir eine Liste über meinen Schreibtisch gehängt, wo ich jede Aufgabe, die ich erfüllt habe, notiere. Neben jede von ihnen klebe ich einen kleinen goldenen Stern. Mein erwachsenes Selbst findet diese Liste ein wenig albern, aber sie ist immer noch die beste Reaktion auf die kritische innere Stimme, die mir sagt: »Du kannst das nicht, du wirst das nie schaffen!« Jetzt kann ich antworten: »Da liegst du falsch. Schau dir doch mal die vielen goldenen Sternchen auf der Liste an! Ich kann meine Ziele durchaus erreichen!«

Übernehme ich eine Verpflichtung?

Dies ist dein letzter Schritt. Alles Reden ist keinen Pfifferling wert, wenn du nicht tatsächlich das tust, zu was du dich entschlossen hast. Wenn du eine Verpflichtung eingehst, hilft dir das dabei, deine Brieftasche und nicht nur deinen Mund zu öffnen. Wenn du deinen Handlungsablauf festgelegt hast, solltest du dich verpflichten, ihn wirklich durchzuführen. Setze einen Termin fest. Stell sicher, dass die geplanten Schritte und der Zeitrahmen realistisch sind. Dann kannst du loslegen!

Verpflichtungen einzugehen und zu handeln, selbst wenn die einzelnen Handlungen sehr unbedeutend scheinen, kann radikale Veränderungen bewirken. Das Ausmaß der notwendigen Veränderungen, sowohl in deinem Leben als auch in der Welt außerhalb deines Selbst, kann dich leicht in Depressionen und Frustration stürzen. Denk jedoch immer daran – *Handeln überwindet Verzweiflung*. Deine Handlungen müssen keineswegs groß oder aufsehenerregend sein. Kleine Taten sind prima, denn sie addieren sich. Probier es aus. Wenn du das nächste Mal in deinem Leben festzustecken scheinst, unternimm irgendeinen kleinen Schritt zur Veränderung. Mach einen Anruf, um dich nach einem neuen Job zu erkundigen. Ruf einen Freund an, der einen Kurs besucht hat, der vielleicht auch für dich in Frage kommt. Geh mit jemandem essen, mit dem du dich unterhalten kannst. Genauso kannst du auch vorgehen, wenn dich Probleme in der Welt bewegen. Wenn du dich das nächste Mal über die Rechtsextremisten ärgerst, schreib einen Brief an die Zeitung. Wenn du dich mal wieder darüber aufregst, wie schnell die Regenwälder abgeholzt werden, pflanze einen Baum in deiner Nachbarschaft. Nerven dich die Vorurteile gegenüber AIDS-Kranken? Besuch jemanden, der krank ist. Und schau mal, wie du dich dann fühlst.

Auch wenn ein kleiner Schritt nicht die Welt verändert – er verändert dich. Du wirst deine eigene Kraft spüren. Du wirst feststellen, dass der nächste Schritt schon ein klein wenig leichter fällt. Wenn du so weitermachst und einen Schritt nach dem anderen machst, *wirst* du etwas verändern. Handlungen addieren sich. Sie helfen dir nicht nur, direkt deine Probleme zu lösen, sondern sie wirken auch indirekt, da andere sich an dir ein Beispiel nehmen. Einige davon werden sich deinen Bemühungen anschließen. Andere werden andere Wege einschlagen und ihre eigenen Schritte machen. Wie auch immer – dein Handeln zählt.

Jede Reise beginnt mit einem kleinen Schritt. Lege deinen Kurs fest, rufe deinen *Krieger* und mach diesen Schritt. Jetzt!

Übung •• Handeln

7. a) *Rufe deinen Inneren Rat zusammen. Verwende die »kraftgeladene« Geste, die du in Übung 6 entdeckt hast, um den* Krieger *in deinen Körper zu rufen.*

   b) *Stelle mit Hilfe des* Kriegers *und des Inneren Rates einen Handlungsplan auf, um das Ziel, auf das du dich konzentrierst, zu erreichen. Frage sie, entweder durch Visualisierung oder durch Bewegung, was ein guter erster Schritt zu deinem Ziel wäre. Wie würdest du anfangen? Was würdest du als nächstes tun?*

   Schreibe einen Handlungsplan, einen Schritt nach dem anderen. Mach jeden Schritt klein. Setz dir einen realistischen Zeitrahmen für die Erfüllung. Denk daran, flexibel zu bleiben.

   c) *Wenn du deinen Plan hast, schreibe dir auf, zu was du dich dir selbst gegenüber verpflichtest.*

   »Ich, _____, verpflichte mich, bis zum (Datum)_____. _____ (1. Schritt) _____. Ich verpflichte mich, diesen Schritt zu unternehmen und dann weiterzumachen und jeden weiteren Schritt termingerecht zu unternehmen, bis ich mein Ziel erreicht habe. Ich werde dabei flexibel sein und mich selbst motivieren.«

   Unterschreibe diese Verpflichtungserklärung.

   d) *Hänge den Handlungsplan und deine Verpflichtungserklärung irgendwohin, wo du sie siehst. Wenn du magst, kauf dir eine Schachtel*

Übung • Handeln

mit Goldsternchen, um auf deinem Plan jeden Schritt zu markieren, den du vollzogen hast. Ansonsten kannst du die Markierungen auch mit einem Textmarker machen. Dann mach deinen ersten Schritt.

8. *Stell einen Gegenstand auf deinen Altar, der die Kraft, Stärke und Integrität des Kriegers repräsentiert.*

9. *Gehe irgendwann in dieser Woche nochmals durch den gesamten Prozess, aber konzentriere dich auf ein anderes Ziel. Entscheide dich für ein Ziel. Kläre die Einzelheiten und versichere dich, dass du dich verpflichten kannst es zu erreichen. Arbeite mit deinen Ängsten. Untersuche, welche Gewinne mit dem Stillstand verbunden sind. Wende dich an deinen Krieger und stelle einen Handlungsplan auf. Jedes Mal, wenn du mit deinem Krieger arbeitest, wird es leichter.*

Übe dich darin, mit deinem *Krieger* Kontakt aufzunehmen. Übe, zu handeln. Übe dich darin, deine innere Kraft zu spüren. Geh voran. Wage es, dein Leben zu ändern!

13 Der Forscher

> Leidenschaft = Leben

Wenn mein Freund Bobby tanzt, wird die Welt ein wenig heller. Sein Körper, der eigentlich recht klein ist, scheint zu wachsen, bis er die Kleidung zu sprengen droht. Seine Bewegungen nehmen eine geschmeidige Wildheit an, die mich an Dschungel und windumtoste Berggipfel denken lässt. Wenn er sich ganz dem Tanz hingibt, beginnt Bobbys ganzes Wesen zu leuchten. Sein Atem klingt heiß, als ob er direkt aus der Erde herausbräche. Seine Augen blicken empor und sein Blick scheint Zeuge überirdischer Wunder zu sein. Seine Begeisterung ist ansteckend. Wenn er tanzt, stiehlt sich unwillkürlich ein Lächeln auf die Gesichter der Menschen, die ihm zusehen.

Bobby war nicht immer ein Tänzer. Als ich ihm zum ersten Mal begegnete, bewegte er sich wie ein Stock. »Ich bin ein Tollpatsch«, seufzte er. »Ich kann nicht tanzen und ich will es auch gar nicht.« Zu diesem Zeitpunkt arbeitete Bobby in einem Buchladen. Wenn er sprach, war seine Stimme flach und ausdruckslos. Er schien für nichts Energie zu haben. Vor ein paar Jahren besuchte Bobby dann einen Volkstanzkurs, nur um einem Mann, den er mochte, einen Gefallen zu tun. Zu seinem Erstaunen machte es ihm Spaß. Er kam jede Woche mit seinem Freund wieder. Als der Freund wegblieb, machte Bobby allein weiter. Sein Stil gewann eine einzigartige Individualität. Auch in anderen Bereichen seines Lebens veränderte sich Bobby auf erstaunliche Weise. Mit einem Mal erwachte er zum Leben. Er wirkt heute größer und seine Stimme vibriert vor Begeisterung. Das Tanzen war Bobbys Tor zur *Leidenschaft*.

Leidenschaft ist die Spezialität des *Forschers*. Der *Forscher* ist ein glänzender, leuchtender Teil deines Selbst, der das Leben lebenswert macht. Jeder folgt seinem eigenen Weg, um seine Leidenschaft aufzuspüren. Bobby fand sie im Tanz. Steve fand sie in Wanderungen durch die Wildnis, mit keiner weiteren Ausrüstung als einem Rucksack und einer Kamera. Jim schreibt Kriminalromane. Chester erforscht erotische Massagen. Joe sagt, seine Leidenschaft seien alte Filme. Ich glaube ihm das – man kann es an der Begeisterung in seiner Stimme hören, wenn er darüber spricht.

Wo liegt deine Leidenschaft? Wann fandest du dein Leben das letzte Mal wirklich aufregend? Kannst du dein tägliches Leben als spannendes, interessantes Abenteuer beschreiben? Springst du jeden Morgen aus dem Bett, voller Lust darauf, all die faszinierenden Herausforderungen des kommenden Tages zu entdecken?

Wenn du antwortest: »Hier! Jetzt! Klar! Aber sicher!«, dann brauchst du dieses Kapitel vielleicht nicht. Dein *Forscher*-Selbst ist lebendig und aktiv. Die meisten von uns würden allerdings etwa so reagieren: »Na ja, manchmal kann ich mich schon für etwas begeistern, aber ich muss ja arbeiten und meinen Lebensunterhalt verdienen. Und das Leben besteht nun einmal nicht nur aus Spaß und Spiel.«

Das kann aber so sein. Jetzt, da du die Kraft des *Kriegers* in Anspruch nehmen kannst, kannst du dich an ihn wenden, um dir das Leben zu schaffen, das du haben willst. Warum sich nicht für Spannung, Leidenschaft und Lebensfreude entscheiden? Warum seine Energie nicht in die Dinge stecken, die deine Abenteuerlust befriedigen? Indem du deinen *Krieger* mit der Leidenschaft des *Forschers* in Einklang bringst, kannst du aus der Konformität ausbrechen und damit beginnen, deine eigenen Vorstellungen zu verwirklichen. Du kannst deine Träume wahr werden lassen, sinnerfüllt leben und die strahlenden Farben deiner Seele im hellen Sonnenlicht leuchten lassen.

Das ist natürlich eine ganze Menge. Doch wie fängst du an? Die meisten von uns mögen die Leidenschaft als *Idee,* aber nur die wenigsten haben eine klare Vorstellung davon, wo sie sie in sich selbst finden können. Irgendwie wurde sie in grauer Vorzeit unter dringlicheren Aufgaben wie überleben, sich anpassen und es in der Welt zu etwas bringen begraben. Obwohl die Leidenschaft sicher tief in uns lebendig und wohlauf ist, ist in der Regel etwas Nachbohren notwendig, um sie an die Oberfläche zu befördern. Da wirst du also anfangen. Mit der Hilfe des *Kriegers* wollen wir nun ein wenig Detektivarbeit leisten und in eine Zeit in deinem Leben zurückkehren, wo deine Träume und deine Leidenschaft unmittelbar präsent waren.

Das Gefühl der Aufregung bergen

Als du auf die Welt kamst, warst du mit ganzem Herzen ein *Forscher*. Deine ersten Lebensjahre, in denen du die Welt und deinen Platz in ihr kennen lerntest, waren ein ständiges Abenteuer. Du hast all die Wunder mit staunenden, glänzenden Augen begierig aufgesogen. Aus dir sprudelte ein endloser Quell an Fragen:

- »Welche Farbe hat der Himmel?«
- »Warum kommt der Strom aus der Wand?«
- »Schau dir meinen Penis an – er wird manchmal länger! Warum?«
- »Warum mögen Kaninchen Karotten?«
- »Wohin ist der Schnee gegangen?«
- »Warum tragen Jungs Hosen und Mädchen Röcke?«

Kannst du dich an die Begeisterung erinnern, die damit einher ging, dass du ein Junge bist? Bitte in dieser ersten Übung den Magischen Jüngling, *dich daran zu erinnern.*

Übung •• Der *Magische Jüngling*

1. a) *Wenn du mit der folgenden Bewegungsmeditation beginnst, nimm dir ein paar Augenblicke, um dich in deinem Körper zu zentrieren. Schaff dir, während ruhige Musik erklingt, einen heiligen Raum, rufe deinen Inneren Rat zusammen und fühle die Gegenwart des Stammes um dich. Atme in deinen Körper hinein, bis du dich sicher und im Einklang mit dir selbst fühlst.*

    Wenn du bereit bist, ruf den Magischen Jüngling *zu dir in den Kreis. Sieh dir an, wie er jetzt aussieht. Lass ihn wissen, dass du froh bist, ihn wiederzusehen. Lass ihn an deiner Seite im Kreis stehen und lade ihn ein, in deinem Körper zu tanzen.*

    Bewege dich ein paar Minuten lang so frei wie der Magische Jüngling. *Lass ihn dich daran erinnern, wie er fühlt, wie er sich bewegt und wie es ist, er zu sein. Beobachte, ob es sich jetzt anders als die ersten Male in*

Kapitel 7 anfühlt, wenn du ihn zu dir rufst. Ist er jetzt leichter erreichbar? Bist du entspannter, als du es damals warst?

b) *Bitte den* Magischen Jüngling, *dir bei der Suche nach der Antwort auf ein paar Fragen zu helfen. Wenn er zustimmt, bring deinen Körper zur Ruhe und hol dein Tagebuch heraus. Lass ihn deine Reaktionen führen, wenn du nun mindestens drei der folgenden Übungen durchspielst. Antworte schnell, bevor dein erwachsener Verstand die Möglichkeit hat, zu zensieren.*

- *Was hast du als Kind am liebsten getan? Schreib eine Liste mit mindestens zehn Dingen auf, die du gemocht hast.*

- *Bei welcher Aktivität konntest du als Kind stundenlang bleiben, weil du darüber völlig die Zeit vergessen hast? Was hättest du am liebsten den ganzen Tag getan, wenn du die Möglichkeit dazu gehabt hättest? Gab es eine bestimmte Aktivität? Oder mehrere? Befrage dein Inneres.*

- *Was solltest du als Kind nicht tun, das du so sehr gemocht hast, dass du es dennoch getan hast? Wenn möglich, führe fünf Dinge auf.*

- *Was waren deine Lieblingsgeschichten, -fernsehsendungen und -filme? Um welche Dinge ging es dort? Was waren deine Lieblingsfiguren?*

- *Was wolltest du werden, wenn du erwachsen sein würdest?*

Danke dem Magischen Jüngling *dafür, dass er bei dir war. Lass ihn jetzt erst einmal wieder gehen, aber denk daran, dass er jederzeit bei dir sein kann, wenn du ihn rufst. Vielleicht macht es dir Spaß, jetzt die Antworten, die du gerade gegeben hast, mit denen zu vergleichen, die dir in Kapitel 7 eingefallen sind.*

Als kleiner Junge konntest du endlos Fragen stellen. Irgendwann später stumpfte deine Neugier jedoch ab. Einige Antworten waren nicht besonders angenehm.

»Jungs spielen nicht mit Puppen.«

»Fass dich da nicht an, das ist Pfui!«

»Sei nicht so empfindlich. Große Jungs weinen nicht.«

»Die Leute lachen über dich, wenn du so komisch redest.«

»Wenn du dich nicht richtig benimmst, wirst du verletzt werden.«

Du warst nicht der Einzige. Der Druck von Altersgenossen, Eltern, Religion und unser Wunsch, akzeptiert zu werden, haben dazu geführt, dass die meisten von uns zugemacht haben. Wir lernten, manchmal auf die harte Tour, wie man sich anpasst und keine großen Wellen schlägt. Wir lernten, Kompromisse einzugehen, uns zu verstellen und unsere Andersartigkeit zu verbergen. Obwohl das eigentlich für jedes Kind zutrifft, ist das für schwule Jungs eine fundamentale Tatsache ihres Lebens.

Wenn du deinen angeborenen Sinn für Abenteuer und Wunder abschaltest, wird dir das die Freude am Leben nehmen. Jedes Mal, wenn du glaubst, dass ein Teil von dir inakzeptabel ist, schließt du ihn weg. Wenn du dir die Kompromisse einzeln betrachtest, scheinen sie gar nicht so schlimm zu sein. Nun gut, du spielst nicht mehr Gitarre, weil du nicht so gut wie Jimi Hendrix warst. Damit kannst du leben. Du nimmst auch keine streunenden jungen Hunde auf, weil sie das Haus in Unordnung bringen. Auch damit kannst du leben. Und du kletterst auch nicht mehr auf Bäume, bastelst Drachen oder machst Hüpfspiele, weil das Erwachsene nun einmal nicht tun. Ich nehme an, du kannst auch damit leben, aber sei vorsichtig. Jedes Mal, wenn du auch nur einen kleinen Teil von dir wegschließt, verlierst du ein wenig von deinem Strahlen.

Dieses Wegschließen ist ein Weg, der dich letztlich zur Langeweile, Abgestumpftheit, Depression oder Verbitterung führt. Du kannst diesen Weg gehen, aber du musst es nicht. Wenn du willst, kannst du sofort umkehren und dich dafür entscheiden, Türen zu öffnen, statt sie zu schließen, und dich entschließen, deinem Herzen zu folgen, statt vorzugeben, dass du keins hast. Die beste Möglichkeit damit anzufangen, besteht darin herauszufinden, wo du etwas weggeschlossen hast. Wenn du die verborgenen Glaubensmuster und Einstellungen aufdeckst, durch die du deine Leidenschaft verloren hast, bist du bereits auf dem besten Wege, sie wiederzufinden.

Übung • Die Ketten sprengen

2. a) **Einstellungen**
Du weißt ja bereits, wie du dem unbewussten Geplapper lauschen kannst. Hier wirst du die gelernten Methoden einsetzen, um Einstellungen auszugraben, die dich von deiner Leidenschaft fernhalten.

Zieh einen senkrechten Strich auf einer Seite in deinem Tagebuch. Auf der rechten Seite schreibst du so schnell wie möglich zwanzigmal den folgenden Satz: »Es ist sicher und heilsam, alles was mir gefällt zu erforschen.«

Lausche auf alle Einwände, die in dir aufsteigen, wenn du das schreibst. Hör jedes Mal genau hin, wenn du Worte wie »außer« oder »nicht« hörst. Schreib alles, was hochkommt, auf die linke Seite des Blattes. Denk nicht, schreib nur.

b) *Führe mindestens eine der Übungen in jeder der folgenden Kategorien durch:*

• **Erwartungen**

Wer hat dich in deinen ersten Lebensjahren am meisten beeinflusst? Schreibe für den- oder diejenigen, die dich am meisten beeinflussten, folgenden Satz 10- bis 15-mal auf und füll dabei die Leerstelle mit dem aus, was dir gerade in den Sinn kommt. Mach das schnell und ohne es zu überarbeiten.

»Mein(e) (Mutter, Vater, wer auch immer) erwarten von mir, dass _____.«

• **Ängste**

Vervollständige folgenden Satz 10- bis 15-mal.

»Ich würde gerne _____, aber Männer tun das nicht.«

»Weil ich erwachsen bin, kann ich nicht _____.«

- **Urteile**

Vervollständige folgenden Satz 10- bis 15-mal.

»Wenn ich nicht schwul wäre, könnte ich _____.«

»Das Schlimmste am Schwulsein ist _____.«

c) Was kam in dir hoch? Schau dir noch einmal die negativen Sätze an, die du in den Teilen a und b entdeckt hast. Welche sind am meisten mit Spannung geladen? Was tauchte immer wieder auf? Welche würdest du gern jetzt sofort ein für alle Mal loswerden?

Lass all die negativen Sätze mit einer rituellen Geste los, so wie du es gelernt hast – indem du sie verbrennst, im Klo herunterspülst oder was auch immer für dich funktioniert.

Formuliere dann die negativen Sätze, die du entdeckt hast, zu positiven Affirmationen um.

»Die Leute würden mich nicht mehr mögen« wird zu *»Ich kann mich selbst besser leiden, wenn ich mich ganz verwirklichen kann«.*

Der Satz »Mein Vater erwartet von mir, dass ich heirate« verändert sich auf dramatische Art und Weise, wenn du hinzufügst »Aber ich kann tun, was ich will.«

»Ich würde gerne Nähen lernen, aber Männer tun das nicht« wird zu *»Ich bereichere mein Leben durch alles Neue, das ich lerne«.*

Genieße die Übung. Je mehr Spaß du dabei hast, desto eher wirst du die Energie wecken, die du hervorholen möchtest.

Übung • Die Ketten sprengen

Geschichten erzählen

Welche besonderen Glaubensmuster du auch aufgebaut hast, um deinen *Forscher* zu blockieren: Ihnen allen lag eine negative Kernaussage zu Grunde – du glaubtest, dass irgendetwas in dir inakzeptabel sei. War es, dass du dich zu Männern hingezogen fühlst? War es die Tatsache, dass du lieber in der Küche als beim Fußballtraining warst? Oder vielleicht, dass du lieber nackt Fußball gespielt hättest und deshalb mit dem Kochen anfingst, damit das niemand herausfindet? Die genauen Details sind weniger wichtig als die Tatsache, dass die negative Kernaussage – »Dieser Teil von mir ist etwas Schlechtes« – einigen Möglichkeiten, deinen Forschertrieb auszuleben, Grenzen setzte. Deine Welt wurde kleiner, begrenzter und weniger interessant.

Um deinen Horizont wieder zu erweitern, solltest du die Details deines Lebens wieder einfordern. Das kannst du leicht machen, indem du die bedeutsamen Situationen in ganz persönliche Geschichten umwandelst. Indem du deine Geschichten erzählst, bestätigst du dich selbst. Wenn du den Weg würdigst, den du gegangen bist, wirst du überrascht über den Reichtum an Gefühlen, Humor und Einsicht sein, den du entdecken wirst. Du wirst über die Ironie der Situationen, die dich erschreckten, lachen können. Du wirst die Berechtigung alter Bedürfnisse erkennen, die du einst mit der Grausamkeit eines Großinquisitors in den Boden gestampft hast. Wenn du den Weg kartierst, den du bis hierher gegangen bist, wird dir das helfen anzuerkennen, wie weit du gekommen bist. Im Laufe dieses Prozesses wirst du eine Reise machen, um die Neugier und die Begeisterung wiederzufinden, die du entlang des Weges aufgegeben hast. Wenn du erst einmal in die Gänge gekommen bist, wirst du feststellen, dass es Spaß macht und leicht ist, deine eigenen Geschichten zu schreiben. Du wirst dahin gelangen, all die geheimen Freuden und Ängste, die du jahrelang versteckt hast, wieder zurückzufordern:

> »Ich habe schon immer gern die Unterarme von Männern angesehen. Irgendetwas an der Art und Weise, wie sich die Adern unter der Haut abzeichnen, finde ich wirklich sexy.«

Du wirst Gelegenheit haben, die Dinge zu akzeptieren, auf die du stolz warst und die zunächst nicht anerkannt wurden:

»Als ich zehn Jahre alt war, kletterte ich auf den Berg hinter der Farm meiner Großeltern. Er war über 1000 Meter hoch und ich habe es an einem Vormittag geschafft. Auf dem Gipfel sah ich einen Adler! Als ich zurückkam, war mein Vater so wütend darüber, dass ich, ohne etwas zu sagen, weggegangen war, dass er mir Hausarrest gab. Ich kam niemals dazu, ihm von dem Adler zu erzählen.«

Du wirst schwierigen Situationen eine andere Perspektive geben können:

»Ich dachte, ich müsse sterben, als mein Vater mich und Jerry in den Büschen beim Doktorspielen erwischte. Ich machte gerade eine ›Untersuchung‹, als Papa uns fand. Er wirkte gefasst, aber an der Art und Weise, wie er sagte, dass wir unsere Klamotten wieder anziehen sollten, konnte ich erkennen, dass er wirklich geschockt war.«

Du kannst die Geheimnisse loswerden, die du schon zu lang mit dir herumgetragen hast:

»Als ich sieben war, lugte ich durchs Schlüsselloch der Badezimmertür und beobachtete, wie sich meine Mutter auszog. Ich lief weg, bevor mich irgendjemand sah, aber ich fühlte mich lange Zeit wirklich schuldig.«

Natalie Goldberg, eine wunderbare, inspirierende Lehrerin, hält Seminare über Schreibmeditation ab. Sie schlägt vor, eine Eieruhr auf eine bestimmte Zeit einzustellen, beispielsweise 20 Minuten, und über ein gewähltes Thema zu schreiben, bis sie klingelt. Dein Ziel dabei ist, ohne zu interpretieren oder zu redigieren, zum Kern deiner Erfahrung zu kommen – Natalie nennt das »Erste Gedanken«. Lass den Stift nicht stillstehen. Lass deinen Geist hingehen, wo er will. Streich nichts durch. Sei genau – verwende Namen, Details und Beschreibungen. Setz alles auf eine Karte – schreib das nieder, was die meiste Energie enthält und erforsche es bis ins Letzte.

Eine Erinnerung wird andere auslösen. Führe am Ende deines Tagebuches eine Liste mit den Themen, denen du später noch nachgehen willst. Um dein Gedächtnis auf Touren zu bringen, probier doch einmal Natalies Vorschlag aus, eine Meditation mit den Worten »Ich erinnere mich ...« anzufangen. Wenn du stecken bleibst, kehre zu »Ich erinnere mich ...« zurück und versuche eine andere Richtung einzuschlagen. Dieselbe Übung funktioniert auch sehr gut mit »Ich erinnere mich nicht«. Du wirst verblüfft sein, was auftaucht.

Deine Geschichten aufzuschreiben stellt dir einen guten Rahmen für die weitere Selbstentdeckung zur Verfügung. Zunächst und an allererster Stelle solltest du für dich selbst schreiben. Indem du dir die Freiheit nimmst, ohne Publikum zu schreiben, wirst du tiefer gehen und der Versuchung widerstehen, die Dinge so darzustellen, dass sie mehr hermachen. Experimentiere. Spiele. Wenn du deine Geschichten liest, wird dir das Befriedigung, eine Perspektive und ein erneuertes Selbstwertgefühl geben. Wenn du irgendwann später einmal beschließen solltest, das, was du geschrieben hast, mit anderen zu teilen, ist das in Ordnung. Jetzt solltest du jedoch einfach die Übung genießen und alles, was durchkommt, als besonderes Geschenk annehmen.

Übung •• Geschichten

3. a) *Nimm entweder dein Tagebuch oder besorge dir ein gesondertes Heft für die Geschichten. Fang an, wo du ein besonderes Bedürfnis verspürst. Schreib über Menschen, die wichtig für dich waren, über Aktivitäten, denen du gern nachgegangen bist, über Abenteuer, die du immer schon erleben wolltest.*

- *Wer war deine erste »Flamme«?*
- *Wann hattest du das erste Mal mit einem Mann Sex?*
- *Wann merktest du zum ersten Mal, dass du schwul bist?*
- *Wie waren deine Eltern und deine Großeltern?*
- *Was war das Lustigste, das du je erlebt hast?*
- *Wann starb das erste Mal jemand, den du liebtest?*

Lass den Geschichten ihren Lauf. Ändere nichts. Versuch nicht, etwas zu beschönigen oder dramatischer zu gestalten, politisch korrekter oder lustiger zu machen, als es war. Erzähl es einfach.

b) *Frage dich selbst nach jeder Geschichte, ob sie etwas zutage gefördert hat, was du genauer erforschen möchtest. Erinnert sie dich an irgendeine Sache, die du gerne wieder haben willst? Erinnert sie dich an irgendwelche Aktivitäten, die du gern getan hast und mit denen du aufgehört hast? Kannst du einen Weg finden, derselben Art von Aktivität heute nachzugehen?*

Ein Blick in den Spiegel

Eine weitere Möglichkeit, verborgene Teile deines Selbst wiederzuentdecken, besteht darin zu beobachten, wo du sie in der Welt widergespiegelt siehst. Erinnerst du dich an die Projektion? Wenn dir immer wieder etwas an den Menschen um dich herum auffällt, ist das, was du siehst, wahrscheinlich in Wirklichkeit ein Teil *deiner selbst*. Wir haben uns das Prinzip der Projektion schon ein paarmal angesehen. Lass uns jetzt noch einmal damit spielen, um sie als eine Möglichkeit zu verwenden, deine Kreativität und Abenteuerlust wiederzuentdecken.

Wer zieht dich an? Wen bringst du in dein Leben? Zählst du, obwohl du sicher bist, keine drei Schritte machen zu können, ohne ins Stolpern zu geraten, 25 Tänzer zu deinen besten Freunden? Hast du dich schon mal gefragt, warum das so ist? Wirkst du anziehend auf gutaussehende Männer in schwarzer Lederkleidung, obwohl dich schon der Gedanke daran, mit ihnen zusammenzusein, nervös macht? Verbringst du eine Menge Zeit damit, dir Kochsendungen im Fernsehen anzusehen, obwohl du dich nie getraut hast, mehr als Spiegeleier zuzubereiten? Du kannst viel über dich selbst lernen, wenn du beobachtest, was deine Aufmerksamkeit auf sich zieht.

Ebenso kannst du eine Menge lernen, wenn du beobachtest, was dich aufregt. Wen beneidest du? Wessen Erfolg macht dich eifersüchtig? Ist es dein Freund, der Schriftsteller, der gerade seinen dritten Roman veröffentlicht hat? Der schwule Arzt, dessen Praxis immer voll ist? Dein Nachbar, der gerade einem FKK-Klub beigetreten ist? Dein Freund, der als Flugbegleiter arbeitet und die ganze Zeit in der Welt umherreist? Vielleicht wäre deine erste Reaktion, wenn ich dich fragen würde, eine Verteidigung: »Was? Ich und eifersüchtig? Das ist doch lächerlich. Ich wollte noch nie Arzt werden.« Aber schau doch mal etwas tiefer. Wenn diese Menschen nicht irgendetwas in dir zum Klingen brächten, würden dich ihre Leistungen überhaupt nicht berühren.

Wende die Situation zu deinem Vorteil. Anstatt die Begabung und den Erfolg der Menschen in deiner Umgebung zu beneiden, kannst du dich von ihnen zu deinem eigenen Erfolg lenken lassen. Wo erinnern sie dich an Träume, die du aufgegeben hast? Traust du dich, dir vorzustellen, dass du auch ein Arzt, ein erfolgreicher Schriftsteller oder jemand, der sein Geld mit Herumreisen verdient, bist? Der erste Schritt dazu, deine Träume wiederzuentdecken, besteht darin, dir selbst gegenüber einzugestehen, dass du sie immer noch hast.

Wenn du die folgende Übung durchführst, wirst du vielleicht auf ein paar alte Gefühle stoßen, die nicht sehr angenehm sind. Es schmerzt, seine Träume aufzugeben. Es schmerzt, seine ehrgeizigen Pläne fallen zu lassen. Bleib dabei, wenn solche Gefühle auftauchen. Sie zeigen dir wahrscheinlich, dass du auf der richtigen Fährte bist. Du tust genau das Richtige, um sie zu heilen. Wenn du dir gestattest, sie zu würdigen, werden sie dich zu neuen Entdeckungsreisen anspornen. Wenn du erst einmal damit beginnst, etwas zu unternehmen, um deine Träume wieder einzufordern, werden die Freude und die Befriedigung, die du dabei erfährst, alles andere in den Schatten stellen.

Übung ⇨ Spiegel

4. a) *Schreib eine Liste mit den Menschen, die du am meisten bewunderst. Was gefällt dir an ihnen? Ist es das, was sie tun? Wie sie es tun? Führe alle Eigenschaften auf, die diese Menschen gemein haben.*

   b) *Schreib eine Liste mit Menschen, die du beneidest oder auf die du eifersüchtig bist. Sei ehrlich. Diese Liste ist für dich selbst – du musst sie niemandem zeigen. Was an diesen Leuten zieht wirklich deine Aufmerksamkeit auf sich? Was stört dich wirklich an ihnen? Haben sie irgendetwas gemeinsam?*

   c) *Halte dir den Spiegel vor. Wo siehst du Teile deines Selbst in den Menschen widergespiegelt, die du oben aufgelistet hast? Schreib auf, was du siehst.*

   Sei nachsichtig mit dir. Hier geht es nicht darum zu beurteilen. Wenn Menschen in deiner Umgebung bereits etwas erreicht haben, was du auch gerne erreichen willst, bedeutet das nicht, dass sie besser sind. Es heißt lediglich, dass sie einen anderen Zeitplan haben. Auch wenn du

Eifersucht oder Neid fühlst, solltest du das für dich einsetzen. Wenn du es dir selbst eingestehst, bist du auf dem besten Weg, das, was du dir wünschst, zu verwirklichen, und dann wird die Eifersucht keinen Grund mehr haben, dich zu behelligen.

d) *Akzeptiere deine Gefühle. Wie fühlt es sich an zuzugeben, dass du etwas willst, von dem du dachtest, du könntest es nicht haben? Wie fühlt es sich an, wenn du jetzt anfängst darüber nachzudenken, wie du es erreichen kannst?*

Folge deinem Glück

Der bekannte Mythologe und Lehrer Joseph Campbell riet immer wieder: »Folge deinem Glück!« Er war der Ansicht, dass der Weg der Suche nach der größtmöglichen persönlichen Zufriedenheit dich stets zu deiner Seele führen wird. »Ein toller Tipp«, dachte ich, als ich ihn das erste Mal hörte, »doch wie kann ich etwas folgen, von dem ich noch nicht einmal sicher bin, dass es überhaupt existiert? Was ist, wenn die Hölle mein ›Glück‹ ist?«

Wenn du so lange schon mit Kompromissen gelebt hast, ist es manchmal schwierig zu erkennen, was du wirklich willst. Hoffentlich wirst du mittlerweile schon eine leise Ahnung davon bekommen haben. Jetzt ist es an der Zeit, einen ganzen Schritt weiter zu gehen. Du wirst nun Möglichkeiten wiederentdecken, die du einst aufgegeben hast und du wirst den *Forscher* in seiner ganzen Größe kennen lernen. Diese Übungen solltest du mit großer Leichtigkeit angehen. Folge einfach dem Prozess und genieße, was du entdeckst!

Übung • Der *Forscher*

5. **Möglichkeiten wiederentdecken.** *Beantworte mindestens drei der folgenden Fragen so spontan wie möglich. Schreib zuerst. Analysiere später.*

   a) Wenn Geld überhaupt keine Rolle spielte, was würdest du dann tun? Um die Welt fliegen? Eine Farm kaufen? Einen Ausflug nach Rio machen? Eigentümer einer Eiskrem-Firma werden? Fallschirmspringen lernen? In einem Film auftreten?

   Schreib zehn Dinge auf, die du liebend gern tun würdest, wenn du dich nicht um das Geld kümmern müsstest.

   b) Wenn du noch einmal auf die Schule oder in die Uni gehen müsstest, hättest ein Stipendium und könntest jeden beliebigen Kurs belegen – für was würdest du dich dann entscheiden? Freie Konversation in Suaheli? Architektur? Japanische Kunst und Kultur? Sport?

   Nenne mindestens fünf Kurse, die du gern belegen würdest.

   c) Wo fühlst du dich in deinem Leben am ehesten kreativ? Was kannst du stundenlang tun? Deinen Job? Kochen? Malen? Liebe machen? Den Rasen mähen?

   Nenne deine fünf liebsten Beschäftigungen.

   d) Was machst du gern an Wochenenden, an denen nichts Besonderes auf dem Plan steht? Wenn du sechs Wochen frei nehmen könntest, was würdest du dann tun? Was wäre, wenn du ein ganzes Jahr zum Spielen frei hättest?

   Genieße es, deine Gedanken nach Abenteuern und Aktivitäten zu durchstöbern.

   e) Wo hättest du das Gefühl, es unbedingt noch tun zu müssen, wenn du nur noch sechs Monate zu leben hättest?

f) *Was willst du werden, wenn du erwachsen bist?*

6. **Bewegungsmeditation**
   a) *Diese Übung wird, wie die Bewegung des Kriegers, ein wenig Zeit in Anspruch nehmen. Nimm dir genug Zeit, damit du dich nicht beeilen musst. Mach zwischen den Teilen der Übung Pausen, wenn irgendetwas auftaucht, das du gerne in deinem Tagebuch festhalten möchtest, ohne dabei den Fluss der Energie zu unterbrechen. Je vertrauter du mit der Energie des Forschers wirst, desto leichter wird es dir fallen, ihn schnell herbeizurufen.*

   Zentriere dich, indem du deinem Atem in das Zentrum deines Seins folgst. Schaff dir deinen heiligen Raum und rufe, wenn du bereit bist, deinen Inneren Rat und den Stammeskreis zu dir. Wenn du dich in ihrem Schutz und ihrer Führung geborgen fühlst, lass deine Musik laufen und rufe den Forscher *in die Mitte des Ratskreises.*

   Sieh ihn dir zunächst einmal an. Nimm seine Gestalt wahr. Wie sieht er aus? Wie steht er? Welche Kleidung trägt er? Wie bewegt er sich? Was siehst du, wenn du in seine Augen blickst?

   Bitte den Forscher, *dir zu helfen und lade ihn dann ein, deinen Körper zu betreten. Wiederhole immer wieder »Zeige mir meinen* Forscher.*« Lass Bewegungen zu. Spüre, was davon durchdringt, wie es ist, der* Forscher *zu sein. Bewege dich einige Minuten lang und gewöhne dich an ihn.*

   b) *Bitte den* Forscher, *dir zu zeigen, in welchen Bereichen du bereits seiner Energie Ausdruck verleihst. Wo in deinem Leben kannst du ihn jetzt schon leicht verkörpern? Behalte im Gedächtnis, was er dir zeigt.*

   c) *Bitte den* Forscher, *dich auf eine kurze Reise mitzunehmen. Stell dir vor, wie du mit ihm den Gipfel eines hohen Berges erklimmst. Die Luft dort ist kühl und die Sonne scheint warm. Weit unter dir erstrecken sich Täler in verschiedene Richtungen. Jedes Tal repräsentiert einen der vielen Träume, die zu erforschen du jetzt die Gelegenheit hast. Lass deinen Körper sich sanft bewegen, während du dir vorstellst, die verschiedenen Täler zu betrachten und zu spüren, welche Gefühle sie mit sich bringen. Bei einigen Tälern wirst du sofort wissen, was sie repräsentieren. Andere übermitteln dir vielleicht Gefühle oder Bilder, die nicht so genau sind. Kümmere dich vorerst nicht um Einzelheiten, sondern beobachte nur.*

Von deinem Standpunkt auf dem Gipfel des Berges hast du die Freiheit, jedes einzelne oder auch alle Täler zu erkunden. Wie fühlt es sich an, das ganze Potenzial, das in dir ist, zu umarmen? Bitte deinen Körper: »Zeig mir, wie es sich anfühlt, mich meinem ganzen Potenzial zu öffnen!« und bewege dich dann ein paar Minuten lang, um die Antwort zu erhalten. Wenn du das Gefühl ganz in dir trägst, lass die Bewegung langsam zur Ruhe kommen und gehe zum nächsten Schritt.

d) *Bitte den* Forscher, *jetzt, da dein ganzes Potenzial gegenwärtig ist, dir durch Bewegung zu zeigen, welchen der Träume du jetzt am besten erkunden solltest. Während du dich bewegst, stell dir vor, dass du immer noch auf dem Berggipfel bist und auf all die Träume hinunter blickst. Achte darauf, welcher davon besonders deine Aufmerksamkeit auf sich zieht. Arbeite für den Rest der Übung mit diesem Traum, selbst wenn du noch nicht alle Details kennst.*

Während du dich weiterhin bewegst, bitte darum, diesen Traum zu sehen und zu fühlen, wie es wäre, ihn zu erkunden. Wie würden die Einzelheiten aussehen? Um was würde es gehen? Wo wäre der beste Ort, anzufangen?

Möglicherweise bekommst du gleich genaue Bilder. Falls nicht, bitte um mehr Klarheit.

e) *Bitte den* Forscher *zum Schluss, dir den allerersten Schritt bei dieser Erkundung zu zeigen. Achte darauf, eine konkrete Handlungsanweisung zu bekommen, so wie du es gemacht hast, als du den* Krieger *befragtest. Schau gut zu und merk dir, was er dir zeigt.*

f) *Wenn du bereit bist, lass dich vom* Forscher *wieder den Berg hinab und in die Mitte des Ratskreises führen. Danke ihm für seine Hilfe, entlasse ihn aus deinem Körper und lass ihn zu seinem Platz im Rat zurückkehren.*

Leite die Energie ab, indem du beide Hände auf die Erde legst. Kehre zu deinem normalen Bewusstseinszustand zurück und schreib deine Eindrücke in dein Tagebuch. Unterstreiche den ersten Schritt, den dir der Forscher *für deine Erkundung gezeigt hat.*

Den *Forscher* leben

Im ersten Teil dieses Kapitels hast du dich damit beschäftigt, wie du deine Träume in der Vergangenheit aufgegeben und Kompromisse geschlossen hast. Doch das ist nicht das Ende der Geschichte. Dieselben Kräfte, die dich damals bewegt haben, sind heute noch aktiv. Es gibt *immer* einen Anpassungsdruck. Jeder von uns möchte von den Menschen, die uns wichtig sind, akzeptiert werden und deshalb sind wir versucht, das zu sein, was *sie* wollen, und nicht das, was uns unser Inneres nahelegt. Wir werden immer der Versuchung ausgesetzt sein, uns das kleinste Stück vom Kuchen zu nehmen. Wir öffnen uns ein wenig – gerade so weit, dass wir etwas von unserem inneren Druck loswerden und uns selbst überzeugen können, dass wir tatsächlich etwas tun – und ignorieren dann wieder unsere innere Stimme, als ob sie in unserem ganzen Leben nur eine einzige Sache zu sagen hätte.

So wie es ein lebenslanger Prozess ist, sein Schwulsein zu offenbaren, ist auch das Sich-Öffnen gegenüber dem *Forscher* ein fortwährendes Abenteuer. Manchmal kann es unbedeutend sein und manchmal dramatisch. Wie kannst du die Leidenschaft voll annehmen? Indem du sie jeden Tag würdigst. Indem du Grenzen überschreitest. Indem du Gewohnheiten ein gesundes Misstrauen entgegenbringst. Indem du ausgefahrene Gleise verlässt und dich weigerst, etwas auf eine bestimmte Art und Weise zu tun, nur weil es immer schon so gemacht wurde. Indem du aller Neugier nachgehst und das Beste aus ihr herausholst. Indem du deine Fragen ernst nimmst und es dir gestattest, sie täglich anders zu stellen. Indem du auf deine Bedürfnisse achtest, denn sie repräsentieren die Stimme deiner Seele, die dich nach Hause, zu dir selbst ruft. Hör gut zu. Folge ihrem Ruf.

Wenn der *Forscher* sich auf ein neues Abenteuer begibt, kannst du nie völlig sicher sein, wohin er dich führt. Es gibt einen Punkt, an dem du alle Ziele fahren lassen und der reinen Freude an der Entdeckung vertrauen musst. Einige Pfade führen dich an keinen besonders aufregenden Ort. Bei manchen stößt du auf unerwartete Goldadern. Du kannst es nie vorher sagen, du musst sie ausprobieren. Ich möchte dir als Beispiel die Geschichte meines Freundes Jack erzählen.

Jack lebte zwölf Jahre lang in einer sehr engen Beziehung. Als ehemaliger Alkoholiker genoss er die Sicherheit, von seinem Partner in nahezu jeder Hinsicht abhängig zu sein. In der Regel fuhr er nicht einmal selbst mit dem Auto. Obwohl die beiden einigermaßen glücklich miteinander waren, konnte keiner in dieser Beziehung wachsen. Vor vier Jahren erkannten sie, dass die Beziehung keine Perspektive mehr bot. Jack fing an, Dinge allein zu unternehmen, auch wenn es ihm mitunter große Angst bereitete. Er meisterte seine Angst vor Menschen, indem er wieder ausging, auch wenn er beim ersten Mal nach nur zwei Minuten die Flucht ergriff. Er lernte zu tanzen – etwas, an das er früher nicht einmal zu denken gewagt hatte. Dann hatte er sogar den Mut, an einem Schwulen-Rodeo teilzunehmen – zuerst gemeinsam mit Freunden und dann allein. Dann und wann hatte er Verabredungen. Er widerstand der Versuchung, sich in seinem neuen Kreis von »Cowboy«-Freunden allzu geborgen zu fühlen, und hörte auf seine innere Stimme, die ihm riet, in Bewegung zu bleiben. Er überwand seine Angst und begann, sich mit den spirituellen Aspekten der SM-Sexualität zu befassen und fand dabei eine neue Beziehung. Jetzt entdecken Jack und sein neuer Partner neue Wege, Intimität auszudrücken und Befriedigung zu erfahren.

Jack lernte seinen *Forscher* zu würdigen und ihm zu einer starken, gesunden Beziehung mit dem *Krieger* zu verhelfen. Indem er einen Schritt nach dem anderen unternahm – und mancher Schritt machte ihm große Angst, konnte er seine Grenzen immer mehr erweitern und sich selbst eine Freiheit geben, die er nie für möglich gehalten hatte. Als er aufbrach, hatte er keine Ahnung, wohin ihn dieser Pfad führen würde. Er folgte lediglich dem Ruf seiner inneren Bedürfnisse. Gewiss ist der Pfad, dem er folgte, nicht für jeden – denn jeder muss seinen eigenen entdecken –, doch die Lebensfreude und Vitalität, die er erreichte, sind wahrlich inspirierend.

Wie kannst du den *Forscher* zu einem stetigen Teil deines Lebens machen? Lass uns dem einmal nachgehen.

Übung – Das Abenteuer als Lebensweg

7. Es gibt Tausende von Möglichkeiten, den *Forscher* in deinem täglichen Leben zu würdigen. Im Folgenden findest du ein paar Vorschläge. Experimentiere mit so vielen du willst und erinnere dich daran, wo du sie zu finden sind, wenn du sie später einmal brauchen kannst. Diese Übungen sind Werkzeuge, die du verwenden kannst, wenn du Veränderungen in deinem Leben anregen willst.

a) *Durchbrich in dieser Woche Routinen. Suche nach neuen Wegen, wenn du zur Arbeit, zum Einkaufen oder in den Fitness-Club fährst. Fahr kurze Strecken mit dem Rad oder geh zu Fuß, statt das Auto zu nehmen.*

b) *Dreh das Bett um.*

c) *Stell die Möbel um. Suche nach neuen Plätzen für Dinge. Räum deinen Kleiderschrank aus. Ordne deine Unterlagen neu und wirf alles raus, was du nicht mehr brauchst.*

d) *Such dir drei Musikstücke aus, bei denen du nie daran gedacht hast, darauf zu tanzen. Klassische Musik? Country und Western? Jazz? Volksmusik? Bitte deinen Körper, sich zu dieser Musik zu bewegen. Beurteile es nicht – genieße es nur!*

e) *Fang mit einer neuen Aktivität an, die so aussieht, als könnte sie dir Spaß machen, die du jedoch nie zuvor ausprobiert hast. Lass deine Erwartungen los und genieße es.*

f) *Tue so, als ob du ein Tourist in deiner eigenen Stadt wärst. Welche Sehenswürdigkeiten gibt es? Was gibt es zu sehen? Wohin könntest du gehen, wo du noch nie zuvor warst?*

g) *Besuche ein neues Restaurant. Suche nach einem ausländischen Lebensmittelladen. Probiere eine Speise aus, die du noch nie gegessen hast.*

h) *Melde dich als Freiwilliger bei einer Organisation, die dir zusagt. Triff neue Leute. Schließ dich einem Verein an. Geh in ein Fitness-Studio. Besuche das Museum oder den Zoo.*

Übung • Das Abenteuer als Lebensweg

8. Es gehört dazu, dass du deine Energie aus alten Aktivitäten, die dir nicht mehr das geben, was du brauchst, zurückziehst, wenn du dir gestattest, neue Aktivitäten auszuloten. Jetzt zeige ich dir, wie du damit anfangen kannst.

   a) *Stell eine Liste mit Aktivitäten auf, die du häufiger unternimmst – mit Freunden an der Bar sitzen und feiern, fünfmal die Woche zum Essen gehen, jeden Film ansehen, der in die Kinos kommt, und so weiter.*

   b) *Schreib nun neben jede dieser Aktivitäten die Gründe dafür, dass du sie unternimmst. Beispielsweise kann dein Grund für die häufigen Barbesuche sein, dass du gerne Leute triffst und dich entspannst.*

   c) *Bewerte auf einer Skala von 1 bis 10, wie sehr jede Aktivität deinen Zielen entgegenkommt (10 bedeutet dabei sehr gut). Vielleicht ist dein Grund für das häufige Essen in Restaurants, dass du gern gute Mahlzeiten genießt und du stellst fest, dass das etwa bei der Hälfte deiner Restaurantbesuche zutrifft. Gib dieser Aktivität eine 5.*

   d) *Denk über all die Dinge nach, denen du weniger als 10 Punkte gegeben hast. Wie könntest du die betreffende Aktivität so verändern, dass sie deine Ziele besser erfüllt? Weniger ausgehen und stattdessen selbst kochen? Freunde zu dir nach Hause einladen? Dich einem Filmklub anschließen, um Menschen mit den gleichen Interessen zu treffen?*

   Spiel ein wenig herum und schau, was dir einfällt. Denk daran, dass du keine Verpflichtung hast außer der, bessere Wege zu finden.

9. *Lies in deinem Tagebuch den ersten Schritt nach, den dir dein* Forscher *in der Bewegungsmeditation gezeigt hat. Mach diesen Schritt.*

10. **Das Künstler-Treffen**
    Ich bin Julia Cameron sehr dankbar dafür, dass sie die folgende Übung in »Der Weg des Künstlers« beschrieben hat. Sie funktioniert!

    Verabrede dich einmal in der Woche mit dir selbst, um zwei Stunden etwas zu machen, das Spaß verspricht. Das kann etwas sein, das dir gerade einfällt oder etwas, das du schon lange machen wolltest.

Ein Künstler-Treffen ist ein Geschenk an deinen *Forscher*, eine Chance, deiner Kreativität Nahrung zu geben und deine Seele mit kleinen, alltäglichen Dingen zu streicheln. Ich habe dafür immer sehr gern in indischen, südamerikanischen und chinesischen Läden in der Stadt herumgestöbert. Einmal entdeckte ich ein Geschäft für indische Saris und habe eine Stunde damit verbracht, die Stoffe und Farben zu bewundern. Versuch einmal, die neuesten Blüten im Botanischen Garten zu finden, die jüngsten Erwerbungen der Bücherei anzusehen oder neue Magnete für die Kühlschranktür einzukaufen. Was auch immer du tust, genieß es!

Künstler-Treffen sagt man leicht ab. Da sie nicht unmittelbar »produktiv« sind, setzen sie die meisten Menschen so weit unten auf ihre Prioritätenliste, dass sie niemals dazu kommen. Da sie jedoch deine Seele streicheln, machen sie die »produktiven« Zeiten effektiver. Es ist auch recht leicht, das Künstlertreffen zu sabotieren, indem man nicht allein loszieht. »Macht es nicht viel mehr Spaß, wenn jemand dabei ist?« Klar, es ist schön, etwas mit anderen Leuten zu unternehmen. Ich möchte dich sogar dazu ermutigen. Doch dein Künstler-Treffen ist nur für dich allein, damit du keine Kompromisse eingehen musst, weil du jemand anderem gefallen willst. Du hast deine uneingeschränkte Aufmerksamkeit verdient!

Verpflichte dich, im nächsten Monat jede Woche ein Künstler-Treffen abzuhalten. Schau, was dir einfällt. Und dann tue es!

11. *Würdige dich selbst als* Forscher, *indem du etwas auf deinem Altar legst, um all seine Spontaneität, Lebensfreude und Lust am Abenteuer zu ehren.*

Der Forscher als Pfadfinder des Bewusstseins

Der *Forscher* ist nicht nur ein wichtiger Teil deines Weges zur inneren Kraft, sondern er bringt auch dem ganzen Stamm ein wichtiges Stück Heilung. Die Bedeutung deines Handelns reicht weit über das Persönliche hinaus, wenn du deine neue Lust an Abenteuern und Entdeckungen auslebst. In vielerlei

Hinsicht hält der *Forscher* den Schlüssel zu einem gesunden Platz unseres Stammes innerhalb der Gesellschaft als Ganzes in der Hand. Ich möchte mit dir eine Vision teilen, in der schwule Männer *Forscher* für die Menschheit sind.

Die Masse eines Volkes kommt immer nur langsam voran. Stell dir einen Nomadenstamm vor, der über die Berge und Täler der Zeit zieht. Vorne und hinten gehen starke Krieger, die den Stamm schützen. In der Mitte marschiert die große Masse der Menschheit – die ruhigen Alten, Mütter mit Babys, verspielte Kinder, Handwerker, Arbeiter und andere. Sie tragen all die Güter mit sich, die für das Überleben und den Fortbestand der Kultur notwendig sind. Sie folgen einem breiten Pfad, der mit Bedacht für die größtmögliche Sicherheit und Leichtigkeit gewählt wurde.

An den Rändern, weit voraus und in alle Richtungen, schwärmen die Pfadfinder aus. Einzeln und paarweise dienen diese Menschen der sich langsam fortbewegenden Schar als Augen und Ohren. Da sie nicht aufgehalten werden, können sie sich schnell bewegen, ein weites Terrain erkunden und im Wind die Zeichen für Veränderungen lesen. Ihre Berichte sind lebenswichtig für das Wohlergehen des gesamten Volkes. »*Drei Täler in Richtung Westen gibt es Wasser und Nahrung für alle.*« »*Zwei Tagesreisen nach Osten gibt es eine Siedlung mit Menschen, die freundlich sind und gerne handeln wollen.*« »*Schlagt die Zelte auf, denn hinter dem Horizont zieht ein Schneesturm auf.*«

In unserer Kultur dienten Schwule immer schon als Pfadfinder anderer Art. Andrew Ramer nennt uns »Pfadfinder des Bewusstseins«. Anstelle des geographischen Terrains erkunden wir den Bereich der Kreativität und entdecken neue Ideen und Perspektiven, die das soziale Bewusstsein der Gesellschaft bereichern. Als Künstler, Schriftsteller, Designer, Komponisten und Menschen »im Grenzbereich« erforschen wir das Unbekannte, erweitern wir die Grenzen des Bewusstseins. Indem wir das tun, leisten wir dem Ganzen einen einzigartigen und unschätzbaren Dienst.

In schwulen Kreisen ist es beinahe ein Klischee zu sagen, dass wir Trends setzen. Von der Mode bis zum Verhalten – was wir unter uns tun, ist oft das, was alle anderen ein paar Jahre später nachmachen. Als Trendsetter gehen wir immer ein oder zwei Schritte voraus – bunter und weniger angepasst als der Durchschnitt. Unsere Beobachtungen berühren die unterschiedlichsten Bereiche der Gesellschaft:

»Schau, man kann sich seine Familie auch selbst wählen und sie auf Liebe und nicht nur auf Blutsbanden gründen.«

»Eins ist doch klar: Sex kann heilsam und befreiend sein!«

»Ihr Männer würdet glücklicher sein, wenn ihr das alberne Posieren aufgeben und stattdessen eure wahren Gefühle zeigen würdet.«

»Hör mal, du musst dich nicht in die alten Formen pressen lassen. Sei glücklich, wer auch immer du bist!«

»Weißt du, Schätzchen, dein Haar würde viel besser aussehen, wenn du es hochgesteckt trägst.«

Schwule Männer sind, gemeinsam mit anderen Außenseitern, die kulturelle Hefe, die dafür sorgt, dass die Dinge sich bewegen und entwickeln. Wir sind nicht allein, doch das, was wir teilen, ist einmalig und bedeutend.

Wir brauchen beides. Der Großteil jeder Gesellschaft ist in seinem Kern konservativ, da er der Notwendigkeit gegenübersteht, dem heranwachsenden Nachwuchs Sicherheit zu bieten. Um Stabilität zu gewährleisten, fördern die meisten sozialen Institutionen die traditionellen Werte und wahren den *Status quo*. Der Konservativismus kann jedoch (und wir alle wissen das nur zu gut!) auch zu weit gehen. Der Widerstand gegen Veränderungen fördert die Stabilität, doch wenn er jegliche Neuerung unterdrückt, wird er tödlich. Da sich die äußeren Bedingungen ständig verändern, lautet die fundamentale Regel des Lebens: »Pass dich an oder stirb.«

In einer gesunden Gesellschaft halten sich konservative und erneuernde Kräfte die Waage. Viele Kulturen haben das erkannt und würdigten daher die Gaben der Individuen, die anders sind. Unglücklicherweise scheinen jedoch viele Menschen unserer Gesellschaft gerade die Elemente, die uns lebendig und vital halten, zu fürchten. In Zeiten wie diesen, wo die alten Strukturen zusammenbrechen, versagt der Konservativismus. Es ist an der Zeit, Alternativen zu suchen. Neue Ideen zu entwickeln ist Aufgabe der Pfadfinder.

Jeder von uns muss seine eigenen Entscheidungen treffen. Wir sind Individuen und marschieren in unterschiedlichen Teilen innerhalb des Stammes. Einige von uns sind recht konservativ. Andere erforschen neues Terrain. Wo auch immer wir als Individuen stehen – Schwule als gesellschaftliche Gruppe werden als »anders« wahrgenommen. Ob man will oder nicht: wir sind kein Teil der gesellschaftlichen Hauptströmung. Wir wurden in die Wildnis jenseits des vorherrschenden Paradigmas gestoßen und nichts hat diese Tatsache geändert, wie sehr wir auch versucht haben mögen, uns anzupassen. Wir können wählen. Auf der einen Seite können wir uns gegen die Gesellschaft auflehnen, uns weiter isolieren und unser Image als Opfer sozialer Ungerechtigkeit pflegen. Auf der anderen Seite können wir aber auch den Tisch herumdrehen, diese Welt für uns beanspruchen und die Freiheit und Kraft, die das mit sich bringt, genießen.

Was ist zu tun? *Nimm dein Anderssein an!* Deine Aufgabe, wenn du dich für sie entscheidest, besteht darin, den *Forscher* zu einem Mittelpunkt deines Lebens zu machen. Du bist hier, um die Gesellschaft aus einem anderen Blickwinkel zu sehen und dann dem Ganzen darüber Bericht zu erstatten. Deine Visionen, Träume und deine Sensibilität sind ein Geschenk des Schöpfers. Wenn du dich selbst verleugnest, indem du versuchst, den Erwartungen anderer gerecht zu werden, lehnst du gerade die Gaben ab, mit denen du geboren wurdest, um sie zu teilen. Du hast die Rolle des *Forschers* und Pfadfinders. Nimm sie mit Begeisterung und Freude an!

Teil 3
Nimm deinen Platz ein!

14 Sich in der Welt behaupten

Willkommen zur letzten Phase deiner Reise! Seit dem Zeitpunkt, wo du dich in Kapitel 2 deinem Inneren zugewendet hast, hast du die wichtigsten Schritte unternommen, um in den Vollbesitz deiner inneren Kräfte zu gelangen. Du hast dich mit Ängsten konfrontiert, hast negativen Glaubenssätzen einen neuen Rahmen gegeben und gelernt, auf deine mächtigen inneren Verbündeten zurückzugreifen. Du hast bereits den schwierigsten Teil der Strecke geschafft und nur noch ein kleines Stück des Weges vor dir.

Der Kreis schließt sich. Du bist bis jetzt einen sicheren Weg gegangen, da du innerhalb der Grenzen deines Inneren Rates geblieben bist. Du hast deine Übungen für dich gemacht und dich hauptsächlich auf dich selbst konzentriert. Beim letzten Schritt deiner Suche geht es nun darum, wieder in die Welt einzutreten. Deine neuen Herangehensweisen und deine Erkenntnisse können dir nun auf einer größeren Bühne beistehen. Du bist jetzt bereit, nach außen zu treten und all die Stärken deiner machtvollen Verbündeten – vom *Magischen Jüngling* bis zum *Forscher* – in der Welt zu erproben.

Du hast die Archetypen aufgesucht, um sie kennen zu lernen. Doch in Wirklichkeit sind sie keine voneinander getrennten, isolierten Wesen. Die einzige Möglichkeit für sie, in die Welt einzutreten, bist *du*. Und ganz gleich, wie sehr du auch die Kraft jedes einzelnen weckst, können sie sich immer nur im Kontext *deiner* Persönlichkeit, Perspektive und Identität ausdrücken. Du bist ein einmaliges und ganz besonderes Individuum. Die letzten Kapitel sollen dir Hilfestellung dabei leisten, mit der größtmöglichen Zufriedenheit und Erfüllung in der Welt zu leben.

Zunächst wirst du untersuchen, wie du dich selbst unterstützen kannst, indem du deine persönliche Verbindung zur Spiritualität wieder einforderst. Wenn diese Unterstützung steht, wirst du weitergehen und entdecken, was dich in die Welt ruft, und eine eigene Vision der Zukunft entwickeln. Beide Schritte sind wichtig. Wenn du sie vollzogen hast, wirst du an einen Punkt kommen, von dem aus du deine Reise selbständig fortsetzen kannst. Dieser Teil deines Weges zur inneren Kraft wird vollendet sein und deine Fähigkeiten werden in vollem Maß zum Ausdruck kommen.

Die eigene Spiritualität entdecken

Der Sonntagmorgen ist oft der spirituelle Höhepunkt meiner Woche. Kirche? Wohl kaum – Inline Skating! Wann immer ich kann, stehe ich früh auf, strecke mich und lege die Skates an. Ein paar Stunden lang, während alle entweder zuhause die Sonntagszeitung lesen oder in der Kirche sind, gehört die Straße mir. Ich genieße die Sonne auf meiner Haut, die frische Luft in meinen Lungen. Ich mag die Art, wie meine Muskeln tanzen – kraftvoll pumpend, wenn es den Hügel hinaufgeht, und dann entspannt und locker, wenn ich wieder hinunterfahre. Wenn ich so über das Pflaster zische, fühle ich mich wie ein Falke, eins mit der Welt und voller Leben.

Inline Skating ist eine tolle Sportart, aber das ist nur einer der Gründe, warum ich so versessen darauf bin. Ich schätze es noch mehr wegen dem, was es im Inneren bewegt. Das Skaten befreit mich von den Anspannungen der Woche. Mein Verstand vergisst sein gewohntes Geplapper und ich spüre, wie ich klar und ruhig werde. Einsichten springen mich aus dem Nichts heraus an und tauchen plötzlich in aller Klarheit in meinen Verstand auf. Mir fällt mit einem Mal die perfekte Lösung für ein Problem ein, wegen dem mich tags zuvor jemand anrief, oder ich finde einen neuen Blickwinkel für eine Situation, die mich schon wochenlang belastet hat. Nach ein paar Kilometern fühle ich mich mit allen Dingen verbunden – nicht nur mit meinem Körper, sondern auch mit den Menschen, denen ich begegne, den Alleebäumen, streunenden Hunden, dem Himmel, der Erde. Wenn ich wieder nach Hause komme, bin ich voller Energie und fühle mich der nächsten Runde im Lebenskampf gewachsen.

Besonders gerne skate ich an Kirchen vorbei. Wenn ich die vielen Autos auf dem Parkplatz sehe oder vielleicht sogar ein Fetzen der Predigt durch ein geöffnetes Fenster an mein Ohr dringt, fällt es mir schwer, nicht ein wenig selbstgefällig zu werden. Mir fällt dann ein, wie ich mich als Kind fühlte, wenn ich pflichtgetreu die Messe besuchte. Damals wusste ich, dass die Kirche etwas ganz Besonderes sein sollte. Doch ich fühlte ganz anders. Meistens langweilte ich mich. Nichts in der Kirche schien mit Leben erfüllt. Mitunter fühlte ich mich auch schuldig. Schuld schien mir ein Teil der christlichen Lehre zu sein. Mein Schuldgefühl rührte daher, dass Gott alle anderen liebte, »selbst die Lerchen auf dem Felde«, mich aber nicht, da ich sündig war und nicht seinem Willen entsprach. Manchmal juckte es mich auch nur. Ich glaube, meine Mutter hatte wohl irgendwo gelesen, dass kleine

Jungs dicke Wollstrumpfhosen brauchen, um in den Himmel zu kommen. Wenn ich dies alles mit der Lebensfreude und dem Gefühl des Eins-Seins beim Skaten vergleiche, muss ich einfach lächeln. Wie sehr hat sich meine Auffassung von Spiritualität doch seit damals verändert!

Für schwule Männer ist »Spiritualität« meist ein Reizwort. Viele von uns winden sich – oder schalten ganz ab –, sobald der Begriff auftaucht. Im Namen »Gottes« und der Religion wurden uns so viele Verletzungen zugefügt, dass wir aus einer Abwehrhaltung heraus dazu neigen, Spiritualität insgesamt abzulehnen. Diese Reaktion ist verständlich, doch sie beruht auf dem grundlegenden Missverständnis, dass Religion und Spiritualität identisch seien. Doch das sind sie gerade nicht. Die Religion wird von außen, durch andere Menschen, an uns herangetragen. Die Spiritualität kommt hingegen von innen. Sie ist ein Teil unseres Wesens und ist so grundlegend wie die Fähigkeit zu essen oder zu atmen. Dein spirituelles Wesen, aus welchen Gründen auch immer, abzulehnen heißt, dass du dich deiner Ganzheit beraubst.

Spiritualität als solche hat nichts mit einem bestimmten Glauben oder Dogma zu tun. Vielmehr ist sie Ausdruck deiner angeborenen Fähigkeit, verbunden und im Einklang mit der Welt zu leben. Spirituell zu leben bedeutet, seinen Platz innerhalb des Kreises allen Lebens zu finden. Es bedeutet, ohne Zweifel zu wissen, dass deine Existenz wertvoll ist, einen Sinn und ein Ziel hat. Es bedeutet, im Einklang mit deinen Überzeugungen zu leben und dein ganzes Potenzial liebevoll anzunehmen. Ganz gleich, wer dir etwas anderes erzählt – Spiritualität ist dein Geburtsrecht.

In unserer westlichen, von Schubladendenken geprägten Denkweise unterscheiden wir für gewöhnlich zwischen »spirituellen« Handlungen, und solchen, die es nicht sind. *Von 10 bis 11 Uhr 30 am Sonntag und fünfzehn Minuten jeden Abend, wenn ich meditiere, bin ich spirituell.* Von diesem Standpunkt aus sind manche Teile des Lebens »spiritueller« als andere. Die Teilnahme an religiösen Veranstaltungen, Meditation, der Dienst an anderen und freiwillige Hilfe bekommen in der Regel bessere Noten. Weniger edle Tätigkeiten wie Hausarbeit, Sex oder Spaß haben werden niedrig bewertet. Doch das Schubladendenken trifft nicht den Kern der Sache. Spiritualität ist eine Lebensart, die jeden Teil des Lebens einschließt. *Was* du tust, ist viel weniger wichtig, als *wie* du es tust. Wo du auch bist, was du auch tust – du kannst dein Leben als einen Weg zu einer höheren Bewusstseinsstufe betrachten.

Durch die Situationen und Ereignisse, die du täglich erlebst, stellt dir das Leben, ob du willst oder nicht, das Rohmaterial zur Verfügung. Wie du davon Gebrauch machst, liegt ganz in deiner Hand. Wenn du es willst, kann jede Aktivität oder Lebenslage zu einem Weg zu mehr spirituellem Bewusstsein werden. Unterdrückung kann so ein Weg sein, ebenso wie Macht. Armut ebenso wie Reichtum. Oder Sex, ein zölibatäres Leben, das Leben als Drag Queen, SM-Rituale, das Großziehen von Kindern, eine Beziehung, Einsamkeit, das Leben mit HIV, das Leben ohne HIV, offenes Schwulsein, ein Leben im Verborgenen, das Leben und das Sterben. Wenn es dein Wille ist, im Einklang mit der Welt zu leben, können selbst die einfachsten Tätigkeiten ein gewaltiges Maß an Erfüllung bringen. Andererseits können selbst die großartigsten Taten sinnleer und bedeutungslos sein, wenn das Herz nicht dabei ist.

Wenn ich anderen Männern gegenüber von Spiritualität spreche, reagieren einige mit »Was soll's? Ist dieses ganze Geschwätz über Spiritualität nicht nur eine sinnlose Übung, die sich ein paar Spinner ausgedacht haben, die nur ihren eigenen Nabel betrachten und nichts mit sich anzufangen wissen?« Hab ein wenig Geduld mit mir. Deine spirituelle Verbindung zum Leben zu würdigen wird tatsächlich einer der heilsamsten, wichtigsten und sinnvollsten Schritte sein, die du jemals tun wirst. Letztlich wird sie dich in die Lage versetzen, deine Unternehmungen in jedem Bereich deines Lebens mit mehr Willenskraft und Klarheit zu verfolgen. Sie wird deine Beziehungen beglückender machen, deinem Leben Sinn verleihen und dir dabei helfen, bei allem was du tust greifbare Resultate zu erzielen. Wir müssen nur einen Weg finden, der zu dir passt.

Deine Verbindung zur Spiritualität

Schon in einer einzigen Sprache kann das Spirituelle viele verschiedene Namen tragen – Höhere Macht, Gott, Göttin, All-Sein, Schöpfer, Urquell, das Unendliche, Universelles Licht und hundert andere. Tatsächlich ist Spiritualität wohl das meistdiskutierte Thema auf unserem Planeten, wenn man einmal von Sex und Geld absieht. Menschen werden ganz ernst, wenn es darum geht. Zahllose Kriege wurden ausgefochten und unzählbare Menschenleben wurden ausgelöscht, weil verschiedene Gruppen versuchten, ihre Definition gegen alle anderen durchzusetzen. Die Ironie und Tragik liegt darin, dass alle wahrscheinlich über dasselbe geredet haben –

und letztlich geht es um etwas, das wir ohnehin nie wirklich definieren können.

Spiritualität entzieht sich jeder Form oder Definition. Das menschliche Verstehen ist fest in der materiellen Wirklichkeit verwurzelt und daher sind unseren Fähigkeiten, wahrzunehmen, was jenseits dieser Ebene liegt, begrenzt. All unsere Versuche, die Spiritualität festzunageln, sind daher ebenso zum Scheitern verurteilt wie der Versuch, den Wind mit einem Netz zu fangen. Spiritualität IST. Alles andere sind nur Worte.

Ich erinnere mich an meine eigenen Definitionen im Laufe der Jahre. Als ich noch sehr jung war, war Gott ein weißhaariger Patriarch auf einem gewaltigen marmornen Thron, der dem Denkmal von Lincoln ähnelte. Er kannte mich persönlich und beurteilte jeden meiner Gedanken und jede meiner Taten. »*John*«, sagte er stirnrunzelnd, »*wenn du deiner Mutter gehorchst, deine Bohnen aufisst und dir jeden Tag die Zähne putzt, bist du gut. Wenn aber nicht, wenn du deine Schwester schlägst oder dich da unten anfasst, werde ich dich mit Pickeln strafen.*«
Als ich älter wurde, überlagerten neue Definitionen die älteren. In der zehnten Klasse war Gott für mich ein rassistischer Super-Kapitalist. Noch später, als ich Wissenschaftler und »Existentialist« wurde, gab es ihn eine Weile überhaupt nicht mehr. Als ich die Göttin entdeckte, wurde »Er« zur »Sie« und lebte wie Bambi in der freien Natur. Eine Weile später glaubte ich, ich könne Gott niemals ohne die Hilfe eines Guru finden. Und so ist es ständig weitergegangen; eine Entdeckungsreise jagte die nächste.

Ich bin mir sicher, dass einige Leute mich nun für oberflächlich, sündig oder noch schlimmer halten, weil ich die Frage zu stellen wage, wer oder was Gott ist. Doch meine tastende, umherstolpernde Suche hat mich einiges gelehrt. Zunächst einmal weiß ich, dass das Spirituelle existiert und weiterexistieren wird, egal was ich glaube. Ich habe gelernt, dass wir uns das Unvorstellbare auf nahezu unendlich viele Weisen vorstellen können. Keine davon schließt die andere aus und keine hat mehr »Recht« als eine andere. Tatsächlich funktionierte zu ihrer Zeit jede einzelne meiner Definitionen. Jede gab mir etwas, das ich heute noch brauchen kann. Und ich meine, dass dieses Prinzip auch für unterschiedliche Völker und Glaubensvorstellungen in der Welt gilt.

Ich schlage dir vor, dass du deine eigenen Definitionen der Spiritualität als Arbeitshypothesen betrachtest. Gib ihnen Raum, sich zu entwickeln und zu wachsen, so wie sich deine Einsicht entwickelt und wächst. Bleib flexibel genug, um deine Glaubensvorstellungen zu ändern, wenn du feststellst, dass andere besser für dich sind. Anstatt das, was andere Menschen dir erzählen, blindgläubig anzunehmen, solltest du versuchen, deine Vorstellungen an praktikableren Kriterien zu messen: »Hilft mir diese Vorstellung? Trägt sie dazu bei, dass ich zufriedener und kraftvoller leben kann?« Wenn du darauf mit »Ja« antworten kannst, behalte sie bei, wenn nicht, verwirf sie und bleib auf der Suche.

Übung ⇒ Spirituelle Evolution

1. *Nimm dein Tagebuch und schreib eine kurze Definition von Gott/Spiritualität/Höhere Macht, so wie du den Begriff verstehst. Wie würdest du es definieren? Mit welcher Formulierung fühlst du dich am wohlsten? Wie würdest du Spiritualität jemandem beschreiben, der noch nie davon gehört hat (eine sehr unwahrscheinliche Vorstellung, da fast jeder ziemlich feste Ansichten zu diesem Thema hat!)?*

2. *Nimm dir ein paar Minuten Zeit, deine eigene spirituelle Entwicklung nachzuvollziehen. Was lehrte man dich als Kind über Gott? Haben sich deine Einstellungen und Vorstellungen über die Jahre verändert? Wie? Was sagen deine Glaubensvorstellungen über dich selbst aus? Wenn du nun noch einmal deine Definition aus der ersten Übung betrachtest, wie fühlt sie sich jetzt für dich an? Bist du noch damit einverstanden?*

Spiritualität und Religion

Du stehst mit dem Spirituellen in direkter Verbindung. Das gilt für jeden Menschen. Wenn du es zulässt, wird dir diese Verbindung in jedem Augenblick deines Lebens Kraft geben. Sie gibt dir inneren Frieden und die Macht zu heilen. Sie gibt dir eine innere Führung, die Erkenntnis deiner Einheit mit allem Sein und die Fähigkeit, ekstatische Bewusstseinszustände zu erreichen. Diese Fähigkeiten stecken in jedem Menschen. Hast du das verstanden? In *jedem* Menschen. Wir haben *alle* Teil am Spirituellen.

Idealerweise ist es das Ziel eines jeden spirituellen Weges, dir dabei zu helfen, die Spiritualität zu einem lohnenswerten, funktionalen Teil deines

Lebens zu machen. Jede Religion auf diesem Planeten wurde um einen Kern von Glaubenssätzen und Handlungsanleitungen errichtet, die dazu dienten, dieses Ziel zu erreichen. Unglücklicherweise ist jedoch bei vielen Religionen dieser Kern zerstört, überinterpretiert und verdunkelt worden, bis nur sehr wenig von dem Ursprünglichen übrig blieb. Viel zu viele Religionen sind zu Instrumenten der Ausgrenzung, Verwirrung und Unterdrückung geworden.

Für Schwule ist der Glaube daran, dass uns der Schöpfer abgelehnt hat, die heimtückischste und schädlichste Manifestation religiöser Unterdrückung. Es ist beinahe so, als wären wir in eine Art Vorhölle außerhalb der übrigen Menschheit geworfen worden. Unter schwulen Männern ist dieser Glaube weit verbreitet, auch wenn er tief im Unterbewusstsein vergraben sein mag. Seine Auswirkungen sind heimtückisch: Er lässt uns daran zweifeln, dass wir das Recht haben, glücklich zu sein, dass wir das Recht haben, in irgendeiner Weise am Spirituellen teilhaben zu können, und sogar, dass wir das Recht haben zu leben.

Logisch betrachtet ist dieser Glaube natürlich lächerlich. Wieso sollte uns der Schöpfer überhaupt geschaffen haben – und es auch weiterhin tun –, wenn nicht mit Absicht? Wie könnte überhaupt jemand außerhalb der Schöpfung stehen? Solange du dir das jedoch nicht wirklich bewusst machst, wird dieser heimtückische Dämon an deiner Gesundheit zehren und dich in einem Zustand ewiger Unterdrückung gefangen halten. Es ist an der Zeit, dass du dein Recht dazuzugehören – zur Familie, zu deinem Stamm, deiner Nation und der Menschheit – einforderst, indem du erkennst, dass die Urteile, die du als Kind hörtest, nicht von Gott, sondern von Menschen stammen.

Religionen werden von Menschen verwaltet. Selbst religiöse Führer mit den besten Absichten machen Fehler und andere, die über weniger Integrität verfügen, lügen, betrügen und ziehen alle Macht an sich – auch die Macht, die nur dir zusteht – und widersprechen ständig dem, was sie selbst lehren. Wie alles andere, was Menschen tun, ist auch die Religion ein zweischneidiges Schwert. Religion wurde benutzt, um zu heilen und zu verletzen, zu helfen und zu foltern, zu retten und um Millionen von Menschen zu ermorden. Religion tendiert dazu, schwer verständlich zu sein, da über allem, was sie sagt, in gewaltigen Lettern geschrieben steht: »DAS WORT GOTTES«. Religiöse Eiferer meinen gewöhnlich, dass ihre Verkündigungen über jegliche kritische Untersuchung erhaben seien. Doch das ist nicht wahr.

Das Spirituelle hat keine Gestalt. Jeder, der Erleuchtung erfährt, muss sich durch seine eigenen Glaubenssätze, Hoffnungen und seine Sprache (glaubst du etwa, dass Gott nur deutsch gesprochen hat?) durcharbeiten. Jedes Wort, das von Gott kommt, geht durch einen menschlichen Filter und ist daher Interpretationen unterworfen. Wenn jemand behauptet, für Gott zu sprechen, solltest du das nicht kritiklos hinnehmen. Es gibt viele Wahrheiten. Wenn es gut klingt, dann gut. Wenn nicht, such dir eine andere Wahrheit.

Das soll gewiss nicht heißen, dass alle religiösen Traditionen schlecht sind. Viele sind ein Quell bedeutender Lehren. Du musst nur deine eigene Entscheidung treffen. Du kamst mit einer natürlichen und lebendigen Verbindung zur Quelle zur Welt. Wenn eine bestimmte Lehre oder Tradition dir hilft, dich mit der Quelle wieder zu verbinden, dann folge ihr. Dennoch solltest du nicht aufhören, Fragen zu stellen. Hüte dich vor allem vor jedem System, das von dir verlangt, einen Teil deines Selbst abzuschneiden (beispielsweise deine Art zu lieben) um dazuzugehören, oder das deine ursprüngliche Freude unterdrückt. Das ist nichts für dich.

Es erfordert Mut, seinen eigenen Weg zu gehen. Es erfordert Mut, sich direkt mit dem Spirituellen zu verbinden und im Licht der eigenen Wahrheit zu leben. Bist du dir das nicht wert? Überwinde deinen Widerstand und fordere deine Spiritualität von jenen zurück, die sie dir absprechen wollen. Dann bist du auf dem besten Weg zu deiner inneren Kraft.

Übung ◆◆ Seine Spiritualität beanspruchen

3. Wähle eine der folgenden drei Übungen, um deine negativen Glaubenssätze an die Oberfläche zu fördern. Verwende für das Spirituelle den Namen, der für dich die meiste Energie beinhaltet.

   a) **Affirmationen**
   Welcher der folgenden Sätze berührt dich am tiefsten?

   - *Ich bin eins mit allem Sein.*
   - *Gott liebt mich so, wie ich bin.*
   - *Es gibt einen Grund für meine Existenz.*
   - *Ich gehöre hierher.*
   - *Ich bin es wert, von Gott geliebt zu werden.*
   - *Ich bin ein sehr spiritueller Mensch.*

Verwende den Satz, der dich als Affirmation am meisten anspricht. Schreib ihn zwanzigmal hin und notiere daneben alles Negative, was dir in den Sinn kommt. Wenn du nicht genug Material bekommst, um damit zu arbeiten, wiederhole die Übung mit dem nächsten Satz auf deiner Liste.

Formuliere nun alle negativen Aussagen in positive Affirmationen um. Arbeite in den nächsten Wochen mit diesen Affirmationen, damit sie ein fester Bestandteil deines Bewusstseins werden. Lass die negativen Aussagen mit einem Ritual, wie du es in Kapitel 3 gelernt hast, los.

b) **Religiöse Biographie**
Skizziere deinen religiösen Lebenslauf. Bist du in einer bestimmten Religion erzogen worden? Hat sich im Laufe der Jahre etwas geändert? Was haben religiöse Lehren zur Entwicklung deiner eigenen Spiritualität beigetragen? Wo stehst du jetzt? Beantworte die folgenden Fragen für jede Stufe deiner religiösen Biographie:

- *Was sagte dieses Glaubenssystem über dich als schwuler Mann?*

- *Was sagte dieses Glaubenssystem über dich in Bezug auf andere Menschen und was sagte es über die Schöpfung im Allgemeinen?*

- *Wie sehr hat es dir geholfen, deine spirituellen Bedürfnisse zu erfüllen?*

- *Hat es dich gelehrt, dich zu akzeptieren, wie du bist, oder hat es von dir verlangt, dich zu ändern, um annehmbar zu sein?*

c) **Eine Geschichte schreiben**
Schreib eine kurze Geschichte, in der Gott und ein kleiner Junge die Hauptrollen spielen. Fang damit an zu erzählen, was Gott dem kleinen Jungen über ihn sagte (d.h. was man dir sagte). Führe dann die Geschichte so weiter, dass der Junge schließlich von Gott in der Schöpfung, im Garten Eden, im Kreis der Familie usw. willkommen geheißen wird. Wähle ein Szenario, in dem du dich vollkommen wohl, geborgen, wertvoll und stark fühlst. Genieße diese Übung. Verwende sie, um dich wirklich gut zu fühlen.

Das Spirituelle lebt in dir

Wo ist nun Spiritualität zu finden? Meistens sprechen wir so, als müssten wir irgendwo anders hingehen, um das Spirituelle zu finden. Spiritualität gibt es nur in der Kirche oder in der Synagoge. Sie ist im Himmel, auf dem Gipfel eines heiligen Berges oder irgendwo in der Natur. In der Tat neigen wir dazu, das Spirituelle überall zu suchen, nur nicht dort, wo es wirklich lebendig ist. Der Weg zum Spirituellen bedeutet, den Blick nicht auf das, was außerhalb deiner selbst liegt, zu wenden, sondern ruhig zu werden, tiefer nach innen zu gehen und die Konzentration nach innen zu verlagern.

Das Spirituelle lebt jetzt und dein Leben lang in dir, denn es ist der unzerstörbare Kern deines Seins. Wie das meiste in diesem Bereich trägt die innere Gottheit viele Namen – »Höheres Selbst«, »Seele«, »Geist«, »die innere Stimme«. Du hast sie auf deiner Reise bereits als »Das Wissende Selbst« kennen gelernt, als du das erste Mal deinen Inneren Rat zusammengerufen hast. Aber welchen Namen du auch verwendest: Das ist der Teil, der alles zusammenhält.

Die gute Neuigkeit ist, dass du tatsächlich gar nichts tun musst, um diesen Teil zu aktivieren. Er ist bereits vollendet und wirkt in dir. Meist werden wir jedoch so sehr von der Hektik der Welt abgelenkt, dass wir vergessen, dass dieser Teil überhaupt existiert. Unsere Aufgabe besteht daher darin, den Verstand ruhig genug werden zu lassen, dass unser Göttliches Selbst durchdringt. Der größte Teil dieses Kapitels wird sich damit befassen, wie wir innere Stille kultivieren können. Doch nimm dir zunächst einen Augenblick Zeit, dein Göttliches Selbst genauer kennen zu lernen.

Übung •• Das Wissende Selbst

4. Lies dir die folgende Visualisierung ein- oder zweimal durch. Wenn du den ungefähren Ablauf kennst, schließ deine Augen und lass dich auf deine innere Reise führen.

   a) *Folge einige Minuten lang deinem Atem. Konzentriere dich auf das Einatmen ... Ausatmen ... Einatmen ... Ausatmen ... bis du dich innerlich einigermaßen zentriert fühlst.*
   Wenn du bereit bist, rufe deinen Inneren Rat zusammen. Stell dir vor,

wie all die Teile deines Selbst diesen sicheren, heiligen Raum umgeben und ihm Kraft verleihen. Dort wirst du dein innerstes Selbst kennen lernen.

b) *Bitte diesen Teil deines Selbst, vorzutreten. Nenne ihn »Wissendes Selbst«, wenn du magst, oder gibt ihm irgendeinen anderen Namen, der sich gut anfühlt. Sitze nun einfach ruhig in der Mitte des Ratskreises und beobachte, welche Gefühle oder Bilder auf dich zukommen.*

Auf den ersten Blick scheint die Öffnung gegenüber dem Wissenden Selbst *ziemlich ähnlich zu sein wie das Einstimmen auf deine Intuition. Wenn du es zulässt, wird die Erfahrung nun jedoch viel tiefer werden.*

Das Wissende Selbst *ist wie ein Ton im Zentrum deines Wesens. Dieser Ton trägt dein Ichgefühl durch alle Veränderungen und Transformationen deines Lebens. Es war bereits in dir, als du geboren wurdest – und auch schon davor. Es ist das, was* dich *als Baby, als Kind oder als Jugendlicher ausmachte. Es ist das Selbst, dass dich auch jetzt als dieses unverwechselbare Wesen kennt, das du bist, obwohl du jetzt anders aussiehst und anders fühlst als in der Zeit als Baby, Kind oder Jugendlicher. Dieses Selbst bewahrt Tag für Tag deine Integrität, während du wächst und sich dein Geist, dein Körper und dein Herz verändern. Dieses Selbst wird dich begleiten, während du älter wirst, dich dem Tode näherst und sogar, wenn du in die andere Welt hinübergehst. Es lebt jenseits der physischen Erscheinungen, Veränderungen, Beziehungen und Ereignisse. Es lebt in deinem Wesenskern, in jedem Augenblick deines Lebens.*

Natürlich kannst du mit diesem Selbst sehr vertraut sein. Schließlich kennst du es besser als irgendjemand anderen in deinem Leben. Heiße es willkommen. Lass zu, dass es dich mit einem Gefühl für dein wahres Wesen erfüllt. Vielleicht erscheinen Worte, Bilder, Gefühle, vielleicht überhaupt nichts wirklich Greifbares.

Was auch immer kommt, es ist gut so.

b) *Wann immer du willst, kannst du die Erfahrung vertiefen, indem du die Bitte wiederholst: »Zeig mir mein wahres Wesen. Zeig mir mein*

Übung • Das Wissende Selbst

Wissendes Selbst.« Lass dich von deinem Atem noch tiefer ins Innere führen.

Dies ist das Selbst, dass sich mit dem All-Sein verbindet, mit dem Einen, nach dem du dich immer sehntest, wenn du außerhalb deiner Selbst nach Frieden gesucht hast. Es ist der eigentliche Kern und das Ziel all deines spirituellen Strebens. Lass es dasein und dich fortan unterstützen.

Wenn du willst, kannst du deinem wahren Selbst konkrete Fragen stellen. Wenn du willst, kannst du mit ihm deine Dankbarkeit, Freude und andere Gefühle teilen. Wenn du willst, kannst du dich von der Energie deines wahren Selbst mit einem Gefühl des Geborgen-Seins und Wohlbefindens aufladen lassen. Du bist wirklich nie allein. Du stehst in deinem Innersten in ständiger Verbindung mit dem All-Sein.

c) *Bleib bei der Übung, so lange es sich gut für dich anfühlt, und kehre dann langsam in dein Wachbewusstsein zurück. Erde die Energie, die du aktiviert hast, und schreib alle Beobachtungen in dein Tagebuch.*

Spirituelle Praxis

»*Vor der Erleuchtung: Holz hacken und Wasser holen.
Nach der Erleuchtung: Holz hacken und Wasser holen.*«
– Buddhistische Redensart –

Wäre es nicht wunderbar, die warme Unterstützung des Wissenden Selbst die ganze Zeit über zu spüren! Meist sind wir uns nicht einmal bewusst, dass es überhaupt existiert. Anstatt zentriert und ruhig zu sein, verbringen wir unsere Zeit damit, uns auf die ein oder andere Weise abzulenken. Denk nur an die vielen Probleme und Dramen, die *deine* Aufmerksamkeit erfordern. Wirst du genug verdienen, um die Rechnungen bezahlen zu können? Wirst du mit dem neuen Typen im Geschäft zurechtkommen? Werden deine Eltern deinen Freund mit einladen, wenn du sie in den Ferien besuchst, oder erwarten sie, dass du wieder allein kommst? So geht das ständig weiter, bis du in einer Flut streitender Stimmen, Wünsche und Forderungen ertrinkst.

In einer Gesellschaft, die süchtig nach Geschäftigkeit ist, scheint die Stimme der Spiritualität sehr leise und schwer verständlich zu sein. Um das Gefühl der Verbundenheit mit dem inneren Selbst aufrechterhalten zu können, benötigst du eine Methode, die inneren Stimmen zur Ruhe kommen zu lassen und dich mit deinem Zentrum verbinden zu können. Wie machst du das? Der Schlüssel liegt darin, die Gewohnheit zu kultivieren, sich regelmäßig einzustimmen, ganz gleich, was um einen herum vorgeht. Das ist die Grundlage *spiritueller Praxis*.

Spirituelle Praxis ist etwas, das du selbst entwickeln musst, auch wenn das verhältnismäßig einfach sein kann. Es wäre schön, wenn ich es dir noch einfacher machen könnte, indem ich dir einen Satz Übungen an die Hand gebe, mit denen du dein Leben ändern kannst – am besten im Kochbuch-Stil, mit einem einfachen, unfehlbaren Rezept für ewige Glückseligkeit:

> »Atme zwanzigmal tief ein und aus. Füge vier Yoga-Stellungen, sechs Wiedergeburten und eine halbe Stunde Tantra hinzu. Gib eine Prise Mitleid, zwei Teelöffel Freude, eine Tasse Demut, drei Ave Maria und ein bis zwei Affirmationen hinein. Nicht umrühren. Drei Tage ziehen lassen und dann in einem Meditationsofen backen, bis es durch ist.«

Ich glaubte früher, dass es ungefähr so funktionieren müsse. Als ich mich auf diese Reise machte, waren meine Erwartungen naiv überhöht. »Super!«, dachte ich. »Das ist es. ... wird mein Leben ändern! Von jetzt an werde ich alles haben, was ich brauche; kein Leiden mehr, keine Probleme. Ich werde mich selbst lieben, werde jeden Tag tollen Sex haben und im Lotto gewinnen.« An die Leerstelle setzte ich meinen neuesten Kurs oder meine jüngste Entdeckung – Yoga, Meditation, Philosophie, Religion usw.

Natürlich funktionierte es nicht. Auch wenn jeder Schritt mir wichtige Einsichten oder wirksame Techniken brachte, wollte sich die ewige Glückseligkeit nicht einstellen. Immer noch musste ich jeden Tag aufstehen und arbeiten, um meine Rechnungen zu bezahlen. Das Geschirr wusch sich immer noch nicht selbst ab. Menschen um mich herum wurden immer noch krank. Manche starben. Die Welt veränderte sich nicht, nur weil ich jetzt meditierte, positiv dachte oder was auch immer. Mit der Zeit erkannte ich, dass der Sinn eines Lebens im Einklang nicht darin liegt, das Leben verschwinden zu lassen. Die spirituelle Praxis wird dich nicht gegen Schmerzen immun machen oder dich von allen Ängsten und Problemen befreien. Wenn, dann macht sie die Erfahrungen tiefer und bewusster. Doch die spirituelle Praxis fördert eine Veränderung des Blickwinkels und das ermöglicht es dir, mit Problemen effektiver und sinnvoller umzugehen.

Niemand kann dir sagen, welche Form der Übung für dich am besten ist. Jeder Mann fühlt sich von einer anderen spirituellen Methode angezogen. Alan fand heraus, dass regelmäßiges Meditieren ihm bei seinem Job als Anwalt zugute kommt. Martin zeichnet dreimal in der Woche und schwört, dass sich dadurch alles andere wie von selbst ergibt. Joe praktiziert Laufmeditation, um sich zentriert und gelassen zu fühlen. Jimmy übt Yoga, um mit dem Stress als Pfleger auf einer Intensivstation klarzukommen. Andy findet seine Inspiration bei seinen sonntäglichen Kirchenbesuchen. Es hängt von deinen Voraussetzungen ab, was für dich funktioniert.

Die Grundlage jeder spirituellen Praxis besteht darin, den Geist ruhig werden zu lassen. Lass uns noch einmal zu der einfachen Einstimmungs-Übung zurückkehren, die du ja bereits verwendet hast, nur um dir in Erinnerung zu rufen, wie sich das angefühlt hat.

Übung ••• Den Augenblick leben

5. *Setz dich bequem hin. Konzentriere dich die nächsten paar Minuten ganz auf deinen Atem. Stell dir einen Wecker oder setze dich so hin, dass du eine Uhr sehen kannst. Atme ein, atme aus. Während du einatmest, sagst du im Geist »ein …«, während du ausatmest »aus …«. Ein. Aus. Ein. Aus. »Langweilig«, sagst du? Natürlich. Das soll es auch sein. Mach einfach weiter. Wenn es deinem logischen, linearen Verstand langweilig genug ist, hört er auf zu versuchen, die Dinge zu kontrollieren und du kannst allmählich sehen, was unter der Oberfläche los ist.*

Was bemerkst du? Lenkt dich dein Verstand immer noch ab? Tut der Rücken weh? Fällt dir plötzlich ein, dass du noch etwas dringend zu erledigen hast? Dein Verstand wird alle Hebel in Bewegung versetzen, um Stille zu vermeiden. Was auch immer in dir hochsteigt, kehre mit deiner Konzentration immer wieder zu deinem Atem zurück. Auch wenn du das »Ein … Aus …« vergisst, kehre wieder dazu zurück, sobald es dir einfällt.

Wie fühlst du dich nach fünf Minuten?

Spiritualität durchdringt die alltäglichsten Dinge. Das bewusste Atmen bringt dich ins Jetzt, wo sie lebendig sind. Versuche deinen Atem zu beobachten, wenn du das nächste Mal beim Abendessen sitzt, um den Block joggst oder im Wohnzimmer Staub saugst. Komm aus deinem Kopf heraus. Achte auf die Textur der Dinge. Rieche die Luft. Fühle die Wärme der Sonne auf der Haut, den kühlen Regen, die Frische des Windes. Versuche das, wenn du das nächste Mal einen kranken Freund besuchst. Wenn Schmerzen auftauchen, bleib bewusst dabei. Wenn du dich unangenehm fühlst, atme ein und aus. Das nächste Mal, wenn du Liebe machst, tanzt oder kochst, vergiss alle Theorien darüber, wie das Leben sein *sollte,* und achte darauf, wie es wirklich *ist*. Warte nicht darauf, dass dir der Himmel erlaubt zu leben. Lebe jetzt. Dann wird dir das Spirituelle begegnen.

Im Jetzt zu leben bringt dir Einsichten und Freuden, die du bislang übersehen hast. Du spürst den sanften Wind auf deinem Gesicht, wenn du zu deinem Auto gehst oder hörst einen Vogel sein Lied in der Hecke singen. Du hörst den Schmerz hinter der fröhlichen Stimme deines Freundes und kannst innehalten, um deinem Freund eine ermutigende Umarmung zu schenken. Du erinnerst dich an Bruchstücke von Träumen aus der letzten Nacht oder nimmst dir einen Augenblick Zeit, um schnell ein Gedicht aufzuschreiben, das dir gerade durch den Kopf ging. Du spürst, dass dein Ego nicht wirklich alles kontrolliert und begreifst, dass, welche dramatischen Situationen dich auch in diesem Augenblick beschäftigen, sie nicht ewig dauern werden. Langsam und unbemerkt wird dein Leben reicher an Textur und Details. Auch ohne dramatische Transformation fühlst du dich allmählich immer zufriedener und lebendiger.

Wie man seine spirituelle Praxis wählt

Es gibt nur eine Möglichkeit zu wissen, ob eine bestimmte Methode oder spirituelle Tradition deinen Bedürfnissen gerecht wird: Du musst sie ausprobieren. Glücklicherweise ist die Chance, dass du etwas für dich Passendes findest, sehr groß, wenn du es mit der Suche ernst meinst. Es gibt Tausende von Methoden, aus denen du wählen kannst – und du kannst jede einzelne davon deinen besonderen Neigungen anpassen. Ich möchte dir ein paar Anhaltspunkte geben, die dir helfen werden, dich klarer zu entscheiden.

Würdige deinen eigenen Pfad, wenn du dir eine spirituelle Praxis auswählst. Methoden, die bei einem anderen sehr wirksam sind, sind nicht unbedingt dein Ding. Bewahre dir ein gesundes Misstrauen, wenn zu viel Aufhebens um eine bestimmte spirituelle Gruppe, einen Guru oder ein Seminar gemacht wird und als *die* Antwort für jedermann propagiert wird. Schau auch genau hin, wenn die spirituelle Lehre mit horrenden Preisen bezahlt werden muss. Obwohl ein fairer Austausch von Energie, einschließlich Geld, auch bei spirituellem Unterricht angemessen ist, muss es doch Fragen über die Integrität und die Motive aufwerfen, wenn es sehr teuer wird. Wie sehr dir auch jemand einen spirituellen Weg aufschwatzen will – vertraue auf dich selbst, was die letzte Entscheidung angeht.

Vertraue dir auch, was den *Zeitplan* betrifft. Dein spiritueller Weg entwickelt sich ständig. Was an einem Zeitpunkt deiner Reise absolut sinnvoll ist, funktioniert etwas später möglicherweise überhaupt nicht. Hab keine Angst davor, in Bewegung zu bleiben. Lass jede Übung los, die sich überlebt zu haben scheint, und suche dir dafür etwas anderes, das besser zu deinen gegenwärtigen Bedürfnissen passt.

Praxis bekommst du in etwas, das du regelmäßig tust. So wie Zähne zu putzen, gesund zu essen oder zu trainieren, hebt auch die spirituelle Praxis nur dann deine Lebensqualität, wenn du dich zu Beständigkeit verpflichtest. Wenn du einmal ins Fitnesstraining gehst, fühlt sich das vielleicht ganz gut an, doch es verändert sehr wenig, wenn du es nicht zu einem Teil eines regelmäßigen Programms machst. Auch mit der spirituellen Praxis ist es so: Einmal eine spirituelle Übung durchführen kann ganz befriedigend sein, doch der wahre Wert liegt darin, sie immer und immer wieder zu machen. Zunächst bedarf es ein wenig Anstrengung, um dabeizubleiben. Doch wenn du dich erst einmal daran gewöhnt hast, wird die spirituelle Praxis eine Art inneres Schwungrad, das dich bei allen Hochs und Tiefs, Kehrtwendungen und Sprüngen, die das Leben in der Welt mit sich bringt, im Gleichgewicht hält. Mit der Zeit wird sie für dich so selbstverständlich sein, dass du gar nicht auf den Gedanken kommst, ohne sie zu leben.

Es braucht ein wenig Zeit, bis sich die Auswirkungen bemerkbar machen. Wenn du dich von einer bestimmten Methode oder einem bestimmten spirituellen Weg angezogen fühlst, gib dir die Chance, echte Erfahrungen damit zu machen. Immer, wenn du etwas Neues lernst, kann es sich anfangs dramatisch und kraftvoll anfühlen oder aber zu schwierig, zu einfach, zu langweilig. Vertraue deiner Intuition. Solange du nicht den Eindruck hast, dass es dir schadet – wenn das der Fall ist, solltest du sofort damit aufhören – halt eine Weile durch, bevor du es beurteilst. Es kann einige Wochen oder sogar Monate dauern, bis du entscheiden kannst, ob dieser Weg für dich gut ist. Bleib geduldig.

Zusammenfassend kann man sagen: Spirituelle Übung wirkt. Wenn du dich täglich darin übst, die »innere Stille« zu kultivieren, schaffst du in deinem Leben Raum für Spiritualität. Das Spirituelle wird sich bemerkbar machen. Du wirst von ihm Unterstützung erfahren. Der Haken an der Sache ist nur, dass du nicht weißt, wie oder wann. Das Spirituelle folgt seinem eigenen Rhythmus. Anstatt das, was du willst, erzwingen zu wollen – was ohnehin unmöglich ist –, öffne dich den großen Belohnungen, die das beständige Streben nach einem Leben im Einklang mit der Welt mit sich bringt.

Im Rest dieses Kapitels möchte ich dir einen Überblick über einfache Methoden, sich zu zentrieren, verschaffen. Offensichtlich sind es zu viele, als dass du sie alle sofort ausprobieren könntest. Überflieg sie erst einmal, damit du eine Vorstellung von den Möglichkeiten bekommst. Wenn dich eine der Techniken ganz besonders anspricht, experimentiere ein wenig damit. Lass dich von meinen Vorschlägen dazu inspirieren, deine eigene Methode spiritueller Unterstützung zu entwickeln.

Körperzentrierte Übung

Sitzende Meditation

In vielen Traditionen ist dies eine bewährte Praxis. Du hast sie schon ein paarmal geübt, als du deinen Atem verwendet hast, um dich auf höhere Bewusstseinsebenen einzustimmen. Es gibt viele Schulen der Meditation, von denen einige sehr präzise und durchdachte Anleitung vermitteln. Wenn dich sitzende Meditation anspricht, kann die formelle Ausbildung in einer dieser Traditionen sehr wertvoll sein. Du kannst jedoch nichts verlieren, wenn du es einfach auf eigene Faust probierst.

Sitzende Meditation verwendet viele der Techniken, die du schon kennen gelernt hast. Du kannst deine Augen schließen, oder leicht öffnen und deinen Blick auf eine Kerzenflamme, eine Blume oder ein Bild fixieren oder ins Leere blicken. Folge deinem Atem. Um deinen Verstand still werden zu lassen, kannst du »Ein … Aus …« wiederholen, eine Affirmation wiederholt sprechen oder immer wieder bis zehn zählen.

Eine Möglichkeit, deinen Geist auf eine sinnvolle Bahn zu lenken, besteht darin, mit einer kleinen Inspiration einen Impuls zu geben. Es gibt viele Bücher mit inspirierenden Gebeten, Aphorismen und Meditationen. Such dir eins aus, das dich anspricht, und lies jeden Tag einen kurzen Abschnitt, um dich auf deine Reflexionen einzustimmen.

Damit die sitzende Meditation auch zu einer kontinuierlichen Praxis wird, solltest du dich verpflichten, jeden Tag eine gewisse Zeit zu meditieren. Manchmal wird es sich herrlich anfühlen. Manchmal nicht. Es kommt nur darauf an, dass du weitermachst. Verabrede dich mit dir selbst und halte die Verabredung ein, ganz gleich, wie du dich fühlst. Zunächst wird dein Verstand mit allen Tricks, die er kennt, Widerstand leisten. Gerade dann, wenn die Zeit zum Meditieren kommt, verspürst du plötzlich das unstillbare Verlangen, dir die Fingernägel zu schneiden, die alten Illustrierten endlich wegzuräumen, deinen Ex-Freund anzurufen oder die Badewanne zu putzen. Gib dem nicht nach. Mit der Zeit wirst du das Gefühl, gelassen und zentriert zu sein, genießen und deine spirituelle Praxis wird dir leichter fallen.

Meditation im Gehen

Als ich einmal im *Golden Gate Park* spazieren ging, beobachtete ich einen alten Asiaten, der sehr langsam und bedacht ging. Jeder Schritt war ein perfekter Bogen. Der Fuß schien sich wie von selbst zu heben, einen Augenblick zu schweben und dann vor dem anderen Fuß zur Erde zurückzukehren. Der Kopf blieb ruhig und seine Augen waren offen, jedoch auf das Innere konzentriert. Einige Minuten später schlossen sich ein paar andere Männer dem Alten an. Nach zehn Minuten hatte sich eine Reihe mit zwanzig Menschen gebildet, die langsam über den Rasen schritten. Als der erste Mann stehen blieb, sich verbeugte und die Reihe verließ, gingen die anderen weiter. Ich war wie verzaubert. Obwohl ich keinen Schimmer hatte, was da eigentlich vor sich ging, war dieser Tag friedvoll und heiter geworden. Später erfuhr ich, dass diese Leute Meditation im Gehen praktizierten.

In der buddhistischen Tradition dient Meditation im Gehen dazu, den Einklang mit dem Selbst und der Erde zu fördern. Die Prinzipien sind die gleichen wie bei der sitzenden Meditation, mit dem Unterschied, dass du eben gehst – langsam, still und bedacht. Jeder Schritt dauert einen vollständigen Atemzug. Die Langsamkeit kann sich wunderbar anfühlen – oder entnervend –, da sie dich dazu zwingt, die Vorstellung davon, wohin du gehst, aufzugeben und ganz dort anzukommen, wo du bist. Ein Mantra – ein kurzer, inspirierender Satz – bei jedem Schritt zu wiederholen, kann noch mehr Ruhe in den Geist bringen. Eins meiner Lieblings-Mantras hat mich Joan Halifax gelehrt: »Für die grüne Erde.« Weitere Mantras sind: »Genau hier, genau jetzt«, »Wir sind alle Eins« oder »Ich bin eins mit allem Leben«. Du kannst dir aber auch selbst ein Mantra ausdenken.

Bewegungsmeditation

Die Bewegungsmeditationen, die du auf dieser Reise erkundet hast, können die Grundlage einer sehr befriedigenden spirituellen Praxis sein. Sieh dir noch einmal die Methoden an, die du in Kapitel 4 gelernt hast, oder ändere irgendeine andere Übung so ab, dass sie deinen Bedürfnissen gerecht wird. Nimm eine Musik, die dich anspricht, und nimm dir so viel Zeit, wie du magst. Wenn du jeden Tag eine Bewegungsmeditation machst, lädst du deinen Körper ein, dich als gleichberechtigter Partner auf deiner spirituellen Reise zu begleiten. Die folgende Anleitung kannst du als guten Einstieg verwenden.

> *Begib dich an einen ruhigen Ort, spiele Musik, die du magst, schließ deine Augen und konzentriere dich auf deinen Atem. Lass dich von ihm nach innen führen – vom Kopf hinab zum Hals, von dort über die Schultern, die Wirbelsäule und so weiter, bis du deinen ganzen Körper als Einheit spürst. Lass dein Bewusstsein ganz hinuntersinken, durch die Füße und in die Erde hinein. Spüre, wie du mit deinem ganzen Körper atmest.*
>
> *Wenn du bereit bist, bitte deinen Körper: »Zeig mir jetzt meine Gefühle.« Wiederhole die Bitte in Gedanken, während du zulässt, dass sich dein Körper bewegt. Fang mit kleinen Bewegungen an und folge der Bewegung mit deinem Atem. Lass dich von ihr führen, wohin auch immer sie mag. Das könnte schon die ganze Meditation sein.*
>
> *Wenn du noch konkrete Fragen hast oder dich mit bestimmten Situationen oder Problemen befassen willst, geh so vor wie bei den Übungen, die du bereits gemacht hast. Wiederhole immer wieder die Bitte »Zeig mir ...« und lass deinen Körper antworten.*

Um mehr Klarheit zu gewinnen, kannst du dich an deine Archetypen wenden. Rufe den Magischen Jüngling, den Alten Weisen, den Liebhaber oder den Schamanen zu dir. Wende dich an den Krieger, den Forscher oder das Wissende Selbst. Sie helfen dir, deine Fragen zu klären und deine Probleme zu lösen. Bleib geduldig und mach Gebrauch von deiner Vorstellungskraft. Genieße es.

Wenn du das Gefühl hast, fertig zu sein, bring deinen Körper langsam wieder zur Ruhe. Folge deinem Atem durch jeden Teil deines Körpers. Achte darauf, wie sich deine Gefühle verändert haben. Wenn du bereit bist, öffne die Augen.

Sport als spirituelle Übung

Mit der richtigen Einstellung kann *jede* körperliche Aktivität zur spirituellen Übung werden. Jeder, der einmal ernsthaft für eine bestimmte Sportart trainiert hat, weiß, dass der »innere Wettkampf« in der Regel wichtiger ist als der äußere. Dieselbe Einstellung, die dir hilft, eine körperliche Fähigkeit zu entwickeln, hilft dir auch, deinen Geist zu meistern.

Wenn du regelmäßig körperlich trainierst, hast du bereits die Grundlage für die spirituelle Praxis. Am besten eignen sich körperliche Aktivitäten, die gleichmäßig wiederholte Bewegungen beinhalten, bei denen die Konzentration eher nach innen als auf andere Menschen gerichtet wird. Walking, Joggen, Radfahren, Schwimmen, Gewichttraining und Tanzen sind hervorragende »Meditations-Sportarten«.

Setze die Methoden ein, die du gelernt hast, um den Geist still werden zu lassen. Konzentriere dich auf deinen Atem und den Rhythmus der Bewegung. Gib deinem Verstand etwas zu tun, indem du beispielsweise Affirmationen wiederholst oder zählst. Wenn ich Übungen mit Wiederholungen mache, nehme ich lieber Affirmationen anstatt zu zählen. Ich nehme etwas Einfaches wie »Ich - bin - stark - und - ich - bin - gut - ich - mag - mich - selbst - wie - gut - das - tut (Pause)«. Da ich weiß, dass dieser Satz musikalisch gesehen 16 Schläge hat, kann ich ihn verwenden, um meine Wiederholungen zu zählen. Wenn du dich auf deinen Körper konzentrierst statt auf den Streit mit deinem Liebhaber letzte Nacht, wird es dir leichter fallen, klar, zentriert und im Einklang zu sein.

Kreativität als spirituelle Übung

Tagebuch der Freude

Das Tagebuchschreiben bereichert dein Leben mit Einsicht und Stabilität. Du musst dich nur noch verpflichten, regelmäßig darin zu schreiben, damit es zu einer spirituellen Übung wird. Nimm dir jeden Morgen zwanzig Minuten oder drei bis vier Seiten vor, um deinen Verstand zu klären und dir deine Tagesziele zu setzen. Wenn es dir lieber ist, kannst du dir auch Zeit nehmen, bevor du schlafen gehst, um die Erkenntnisse und Zuckerstücke aus den Erfahrungen des Tages aufzuzeichnen.

Vor ein paar Jahren hatte ich das Vergnügen, an einem Tagebuch-Seminar mit dem wundervollen Künstler Paulus Berensohn teilzunehmen. Immer wieder brachte er die Teilnehmer mit kurzen Gedichten und unglaublichen Geschichten zum Lachen und legte uns nahe, ein, wie er es nannte, »Tagebuch der Freude« zu führen. »Es gibt genug Leid und Schmerz in der Welt. Tut euch selbst einen Gefallen: Genießt jedes kleine Stück Freude und kostet es aus! Das ist es, was euch am Leben erhält.«

Paulus führte uns seine tägliche Meditationsroutine vor. Jeden Morgen schlägt er eine neue, leere Doppelseite in seinem Tagebuch auf. Er öffnet sich dem Spirituellen und füllt die Seiten mit dem, was ihm Spaß macht. Er zeigte uns Gedichte, Bilder, Anekdoten und kleine Weisheiten, mit denen er die Seiten füllte. Die Freude, die sich in den Lachfältchen in seinem Gesicht widerspiegelte, und die Vitalität seines Körpers reichten völlig aus, um mich davon zu überzeugen, dass dieser Mann wusste, wovon er sprach.

Probier es aus. Du kannst mit der Zeichnung des ersten Gänseblümchens nach dem Winter anfangen oder mit dem Foto von den dicken Wolken, die vom Sonnenuntergang letzten Dienstag so unglaublich golden beleuchtet wurden. Es könnte auch das Bild des Mannes sein, der das erste Mal zärtlich zu dir war, oder ein Rezept für den fabelhaften Himbeer-Pfirsich-Kuchen, den dein Freund Brian neulich mitgebracht hat. Oder vielleicht drei Schnurrhaare der Katze, die bei dir im Bett schläft, oder ein Bild, das dir deine Nichte geschenkt hat. Du kannst ein Goldsternchen auf eine Seite kleben und daneben eine Notiz machen, die dich an ein erfolgreich abgeschlossenes Projekt erinnert. Was du auch tust: Wenn du dich auf die positiven Aspekte deines Lebens konzentrierst, hält sie das lebendig und öffnet außerdem die Tür für weitere positive Ereignisse.

Kreative Praxis

Meine Großmutter konnte stundenlang stricken. Ein anscheinend endloser Strom von Deckchen, Mützen, Schals und Pullovern ging von ihrem Sofa aus. Sie widmete dem Stricken aber nie besonders viel Aufmerksamkeit. Ihre Nadeln schienen ihren eigenen Willen zu haben. Als ich sie einmal fragte, warum sie nicht mal eine Pause einlegte, da wir es uns ja offensichtlich auch leisten könnten, unsere Wollsachen zu kaufen, sah sie mich an, als hätte sie die Frage nicht verstanden. Dann lachte sie nur und sagte: »Das Stricken macht meine Hände glücklich.« Obwohl sie selbst es nie so genannt hätte, kannte meine Großmutter das Geheimnis der kreativen spirituellen Praxis.

Du kannst jeden Künstler fragen. Kreativität ist ein mächtiges Werkzeug, um den Geist zu zentrieren. Wenn du kreative Aktivitäten als Angelpunkt deiner Spiritualität nimmst, wirst du dir eher die damit einhergehende geistige Ruhe als das fertige Produkt oder Kunstwerk als Ziel setzen. Du benötigst dazu weder künstlerische Fertigkeiten noch irgendeine besondere Begabung. Du musst dir lediglich gestatten, dich voll und ganz auf den Prozess einzulassen.

Such dir irgendeine künstlerische Tätigkeit aus, die dir Spaß macht – Tanzen, Töpfern, Weben, Schreiben, Malen, Bildhauern, Ikebana oder was auch immer. Wenn du anfängst, zentriere deinen Geist mit Hilfe der Methoden, die wir besprochen haben. Später brauchst du das nicht mehr. Der kreative Prozess hat seine eigene Art, dich hineinzuziehen und deine Aufmerksamkeit gefangen zu halten, bis du voll und ganz im Augenblick lebst.

Kreative Arbeit funktioniert als spirituelle Übung, wenn du bereit bist, dich nicht darum zu kümmern, wohin sie dich führt. Halte deine Aufmerksamkeit beim Prozess und lass dich von ihm führen. Manchmal kommt vielleicht ein fertiges Werk dabei heraus, das dich entzückt. Manchmal wirst du Ideen für weitere kreative Aktivitäten haben. Manchmal kommt auch überhaupt nichts Brauchbares dabei heraus. All das ist nebensächlich. Bleib einfach bei der Übung.

Schreibmeditation

Wir haben in Kapitel 13 über Schreibmeditation gesprochen. Um sie zur spirituellen Übung zu machen, verpflichte dich, jeden Tag oder wenigstens einige Male die Woche für eine bestimmte Zeit zu schreiben. Wenn du das Thema wählst und dann ununterbrochen schreibst, bis die Zeit, die du dir gesetzt hast, vorbei ist, wirst du tief in den weiten Raum der Kreativität eintauchen. Wenn du dich vom Schreiben führen lässt, wirst du das Gefühl bekommen, du würdest in einem Bergwerk deines Unterbewusstseins arbeiten. Du musst viel graben, ein Wort, einen Atemzug nach dem anderen. Hin und wieder funkelt plötzlich in dem gewaltigen Haufen Dreck ein echter Edelstein der Erkenntnis im Licht deines Bewusstseins auf. Diese Gelegenheiten sind eine besondere Belohnung. Meist wirst du durch ruhige, gelassene Zufriedenheit belohnt werden.

Spiritueller Rückzug

Hast du manchmal den Eindruck, dass dein Leben zu schnell vorbeizieht, dass es manchmal nur ein endloses Laufrad der Rechnungen, Forderungen und sinnlosen Aufgaben ist? Hast du manchmal das Gefühl, nicht einmal genug Zeit zum Denken zu haben? Wenn das so ist, bist du reif für einen spirituellen Rückzug.

Sich zurückzuziehen ist eine uralte Methode, aus der Alltagsroutine auszusteigen und wieder mit der Ganzheit in Verbindung zu treten. Du kannst deinen spirituellen Rückzug ganz deinen Bedürfnissen anpassen; eine fünfminütige Tanzpause zwischen zwei Klienten, ein zügiger Spaziergang um den Block, ein Wochenende in einem Ferienhaus am See oder drei Monate Schweigen im Kloster. Einige Momente »Auszeit«, in denen du deine Gedanken ordnest, dich sammelst und dir Überblick verschaffst, werden deine »Produktivzeit« viel befriedigender und erfolgreicher machen.

Nutze deine Kreativität. Mach spontane Pausen von der Routine. Mach dir selbst ein Geschenk wie etwa ein freies Wochenende am See oder zehn Minuten im Schaukelstuhl auf der Terrasse. Setz dich nachts auf eine Wiese und beobachte, wie die Sterne über den Himmel ziehen oder beobachte, wie dein Atem in der kalten Luft dampft, wenn du auf dem Weg zur Arbeit bist. Das Gefühl neuer Energie, großer Klarheit und tiefer Verbundenheit wird der Lohn deiner spirituellen Rückzüge sein.

Sich in die freie Natur zurückzuziehen ist ganz besonders wirksam. Unsere gesamte Lebenskraft kommt von der Erde. Wenn wir lernen, unserem Körper zu misstrauen, wenn wir in künstlichen Lebenswelten und nach künstlichen Zeitplänen leben, gerät unsere Verbundenheit mit dem Planeten in ernste Gefahr. Jeder Schritt, den du unternimmst, mag er auch noch so klein sein, um diese Verbundenheit wieder einzufordern, wird dir ein erstaunliches Maß an Lebendigkeit zurückgeben. Geh raus an die frische Luft. Beobachte einen Sonnenaufgang. Tauche ins Meer ein. Sieh die Bäume, die selbst im Herzen der größten Städte wachsen. Erkunde das Leben um dich herum. Dein eigenes Leben hängt davon ab.

Eigene Rituale entwickeln

Das Leben ist eine Abfolge von Momenten. Einige davon sind etwas Besonderes, aber die meisten sind ziemlich banal. In der gesamten Geschichte hat praktisch jedes Volk besondere Momente durch Zeremonien und Feiern gewürdigt. Du kannst genau dasselbe machen, wenn du lernst, einfache Rituale zu entwickeln und durchzuführen.

Ein Ritual muss kein herausragendes Ereignis sein. Schon eine einzelne Handlung kann deinem Leben mehr Tiefe und Sinn verleihen. Du kannst zum Beispiel:

- die alte Asche aus dem Kamin kehren und ein paar Kräuter verbrennen, um das erste Kaminfeuer des Jahres zu feiern.
- den Wechsel der Jahreszeiten mit einem Spaziergang in der freien Natur feiern.
- kurz die Hand deines Partners halten, bevor ihr mit einer Mahlzeit beginnt. Blickt euch in die Augen und erinnert euch daran, weshalb ihr zusammen seid.
- für einen Kranken oder Sterbenden eine Kerze anzünden, nur um ein kleines, unterstützendes Gebet zu schicken.
- ein paar Freunde in deinen Garten einladen, um die erste Blume des Frühlings zu ehren.
- jeden Neumond ein kleines Reinigungsritual durchführen, nur um dich daran zu erinnern, dass du jederzeit etwas Neues beginnen kannst.
- jeden Vollmond zum Tanzen gehen oder ein paar Freunde zum Essen einladen, nur um ihnen zu zeigen, dass du sie magst.

Spiele mit deiner Kreativität. Es bereichert dein Leben und macht dir deinen Platz in den großen Zyklen allen Seins bewusst, wenn du die kleinen und großen Ereignisse in deinem Leben mit Ritualen ehrst.

Übung ⟞ Probier es aus!

6. **Übung**
Wenn du die Übungen dieser Selbstentdeckungsreise regelmäßig mitgemacht hast, hast du bereits eine Art spiritueller Praxis geübt. Du kannst dies weiterhin tun, bis du dieses Buch durchgearbeitet hast.

Wenn du andere spirituelle Übungen als die hier vorgestellten ausprobieren möchtest, hast du eine große Auswahl. Wenn du dir eine spirituelle Aktivität ausgewählt hast, schreib eine Verpflichtungserklärung, dass du diese in den nächsten drei Wochen täglich praktizieren wirst. Du brauchst nicht sehr viel Zeit aufzuwenden – 10 bis 20 Minuten täglich sind auf jeden Fall ausreichend. Es ist sogar besser, das Ziel nicht zu hoch zu stecken und wirklich zu tun, was man sich vorgenommen hat, anstatt sich ein großartiges Ziel zu setzen und dann aufzugeben.

Mach dir absolut klar, was du brauchst, um anfangen zu können – kauf einen Notizblock, organisiere deinen Zeitplan neu, hol deine Turnschuhe raus, such dir ein Sitzkissen ... Mach das am ersten Tag.

Zeichne in deinem Tagebuch einen Kalender für die nächsten drei Wochen. Jeden Tag, nachdem du deine spirituelle Übung gemacht hast, hakst du das Datum im Kalender ab. Wenn du dich auf diese Weise selbst ermutigst, bei der Sache zu bleiben, wirst du eine bessere Vorstellung davon bekommen, wie gut dieser Weg für dich funktioniert. Wenn du mal einen Tag auslässt, rauf dir nicht gleich die Haare. Mach einfach am nächsten Tag weiter.

Wenn die drei Wochen vorbei sind, solltest du Bilanz ziehen. Wie fühlst du dich? Hast du jeden Tag geübt? Kannst du Veränderungen in deinem Fühlen oder in deiner Herangehensweise an das Leben feststellen? Hast du Erkenntnisse gewonnen? Würdest du diese spirituelle Praxis gern noch einen weiteren Monat ausüben? Fallen dir irgendwelche Veränderungen ein, die du daran vornehmen könntest, damit sie noch besser deinen Bedürfnissen gerecht wird? Gibt es noch etwas anderes, das du gerne ausprobieren möchtest?

Übung • Probier es aus!

7. **Freude**

Was verschafft dir Freude? Für mich liegt Freude in einer Wanderung zu einem Wasserfall, in der Gartenarbeit, wenn ich ein neues Beet anlege, im Aufhängen der Wäsche an einem windigen Sommernachmittag. Mein Freund Jim renoviert begeistert Häuser. Er ist am glücklichsten, wenn er einen Hammer in der Hand hat, vor Ideen und Projekten übersprudelt und mit seinen Farbtafeln spielt. Monty fährt völlig darauf ab, Perücken und Kostüme für das Theater zu entwerfen. Rob macht es einen Heidenspaß, Comedy-Dialoge zu schreiben. Bob liebt das Arbeiten mit Holz. Maguerite malt. John tanzt.

Jede Aktivität, die dich mit Freude erfüllt, ist ein spirituelles Tonikum. Schreibe fünf Aktivitäten für dich auf. Dann nenne zehn weitere. Die Freude im Leben aufzuspüren ist eine der besten spirituellen Übungen, die es gibt. Also los, genieß dein Leben!

15 In der Welt leben

Die Rückkehr nach Hause

Du hast eine Reise durch die Wildnis unternommen, eine Reise, die begann, lange bevor du dieses Buch in die Hand nahmst. Sie fing vor vielen Jahren an, als du merktest, dass du anders bist, dass du nicht in die »normale« Gesellschaft passt. Ein Teil von dir ging damals ins Exil, in ein ödes Land, so dunkel und furchterregend wie das Land, das jeder mythologische junge Held durchwandern muss. Du hast fremde Länder durchquert und bist auf einem Pfad gegangen, der voller Schmerz, Gefahr und Einsamkeit war. Du hättest diese Reise wohl nie bewusst angetreten und vielleicht sogar alles getan, sie zu vermeiden – und doch hat sie sich alles in allem durchaus gelohnt.

Du hast überlebt. Du bist nicht mehr der junge Held, der sich auf den Weg gemacht hat. Du bist gewachsen. Du hast die Tiefen deiner Seele ausgelotet und dabei neue Einsichten, Perspektiven und Erkenntnisse gewonnen. Du hast mächtige Verbündete gefunden. Du hast an Selbstsicherheit und Weisheit gewonnen und bist zu einem Mann geworden, der seinen Platz in der Welt ausfüllt. Jetzt, auf dem Höhepunkt deiner Reise, ist es an der Zeit, nach Hause zurückzukehren.

Du stehst an der Schwelle. Deine heldenhafte Reise ist mit diesem letzten Kapitel abgeschlossen, indem du in die Gesellschaft zurückkehrst, die du vor so langer Zeit verlassen hast. Wenn du zurückkehrst, rechtfertigst du die Reise, indem du sie als deinen persönlichen Weg anerkennst. Du kannst Leid und Schmerz überwinden, indem du die damit verbundenen Lektionen annimmst. Wenn du nun zurückkehrst, trittst du vor und forderst deinen rechtmäßigen Platz als aktives und fähiges Mitglied der Gesellschaft ein.

Warum solltest du das überhaupt tun wollen? Nun, zum einen fühlt es sich großartig an! Die Talente, Begabungen und Kraft in dir manifestieren sich am deutlichsten, wenn du sie mit anderen teilst. Hast du schon einmal einem Kind, einem älteren Menschen oder einem kranken Freund geholfen, der deine Hilfe brauchte? Hast du schon einmal einen Baum gepflanzt und ihn Jahr für Jahr beobachtet, wie er seine grünen Äste immer weiter in den

Himmel streckte? Hast du schon mal jemanden zum Lachen gebracht, einem trauernden Verwandten Trost gespendet oder gemeinsam mit Freunden gesungen? Wenn das so ist, kennst du die einfache, aber tiefe Zufriedenheit, die es bringt, anderen zu helfen. Es fühlt sich einfach gut an zu teilen.

Darüber hinaus werden deine Fähigkeiten dringend benötigt. Du bist nicht allein, nicht unabhängig von allem anderen, wie isoliert du dich auch gefühlt hast. Du bist ein untrennbarer Teil der Gesellschaft, der Menschheit und des planetaren Lebens. Ob du willst oder nicht – wir werden es gemeinsam schaffen oder gemeinsam untergehen. Zurzeit stehen wir am Rande einer globalen Krise. Du kennst die Probleme, auch ohne dass ich sie jetzt alle auflinste. Du hältst einen Teil der Heilung in deinen Händen. Deine Reise durch die Wildnis des Unterbewusstseins hat dich mit Mitteln ausgestattet, die als Heilmittel für das kollektive Leiden der Menschheit eingesetzt werden können. Allein die Tatsache, dass du über solche Mittel verfügst, legt dir die Verantwortung auf, sie auch zu nutzen.

Wo kannst *du* etwas bewirken? Überall. Vielleicht kannst du die Angst vor der Homosexualität bekämpfen, die dir so vertraut ist, indem du anderen Menschen beibringst zu sehen, was jenseits der Unterschiede liegt? Vielleicht kannst du Menschen beistehen, die nicht nur an AIDS, sondern an allen möglichen anderen Krankheiten leiden? Vielleicht kannst du dazu beitragen, die Gleichgültigkeit in der Politik zu bekämpfen oder die Gier und die verzerrten Werte, die zu Hunger, Armut und Umweltzerstörung führen? Wer du auch bist – es gibt Not in der Welt, die nach deiner Aufmerksamkeit verlangt. Irgendwo gibt es eine Nische, die nur du ausfüllen kannst. Und wenn du sie ausfüllst, wird dir das Erfüllung bringen und die Welt ein wenig schöner machen. Wenn du der Welt etwas gibst, gibst du dir selbst etwas.

Vielleicht gibst du ja bereits viel. Vielleicht hast du aber auch keinen Schimmer, wo du anfangen sollst. Wer du auch bist – dieses Kapitel wird dir helfen, deine Verbindung zur Gemeinschaft und zur Welt zu erkennen und zu vertiefen.

Verbindungen

Kannst du dir ein Lebewesen auf der Erde vorstellen, das ganz für sich allein existiert – einen einzelnen Baum, eine Maus, ein Bakterium? Ich bin mir sicher, dass du das nicht kannst, denn nichts auf der Welt kann allein bestehen. Selbst die Menschen, die über 300.000 Kilometer entfernt auf dem Mond herumspazierten, wurden von einigen Tausend anderer Menschen unterstützt. Selbst die winzigen Kreaturen, die in den Tiefseegräben leben, zehn Kilometer vom Sonnenlicht entfernt, bedürfen einander und sind abhängig von all den Lebewesen über ihnen. Alles Leben hängt voneinander ab und ist miteinander verbunden. Jedes einzelne Lebewesen nimmt vom Ganzen und gibt dem Ganzen. Auch du.

Bisher haben wir in diesem Buch von dem Stamm der Männer, die Männer lieben, immer so gesprochen, als wäre das eine klar abgegrenzte, unabhängige Einheit. Das ist nicht ganz richtig. Die Mitgliedschaft in unserem Verein ist nicht exklusiv. Tatsächlich ist es ja sogar eine der Stärken unseres Stammes, dass wir aus jedem Volk und jeder Gesellschaft dieses Planeten kommen. Wir werden in Familien hineingeboren. Wir haben ethnische Wurzeln. Wir gehören religiösen, gesellschaftlichen, sozialen und politischen Gruppierungen an. Wir sind Bürger der Nachbarschaft, der Stadt, der Gemeinde, des Landes, des Staates und des Planeten. Wir sind facettenreiche Wesen in einer sich stets verändernden, vernetzten Welt.

Ganz gleich, wie unabhängig oder anhänglich, wie isoliert oder verbunden du dich fühlst – du bist jeden Tag von anderen Menschen abhängig und reagierst auf sie. Sie wiederum werden von dir beeinflusst. Genau so, wie jede Zelle deines Körpers ein Teil der Gewebe, Organe und Systeme ist, bist auch du ein Teil innerhalb des Netzwerks des Lebens. Wie jede Zelle wurdest du geboren, um bestimmte Aufgaben zu erfüllen, die dem Funktionieren des gesamten Organismus dienen. Deine Gesundheit und dein Wohlbefinden sind untrennbar mit der Gesundheit und dem Wohlbefinden des Ganzen verbunden. Letztlich ist es unmöglich, einen Teil zu betrachten, ohne die anderen zu berücksichtigen.

Verbindungen gibt es in vielerlei Form. Einige sind sehr eng, wie die mit der Familie, den Liebhabern und engen Freunden. Andere sind oberflächlicher, wie die Beziehungen zu den Mitarbeitern, zu anderen Tänzern im Tanzkurs oder den Menschen, die im selben Supermarkt einkaufen. Einige Verbindungen fühlen sich positiv und harmonisch an, andere nicht. Manche sind dir möglicherweise nicht einmal bewusst. Jede Verbindung hat ihre eigenen Parameter. Jede stellt dich vor Herausforderungen, bietet Belohnungen an und bringt Verantwortung mit sich. Jede dieser Verbindungen ist wichtig. Die nächste Übung wird dir helfen zu erkennen, wie komplex dein Netzwerk wirklich ist.

Übung – Deine Verbindungen

1. **Persönliche Verbindungen**
   a) *Liste zehn Gruppierungen auf, mit denen du dich aktiv verbunden fühlst. Lass nach jeder Gruppe ein bis zwei Zeilen für Kommentare frei. Führe familiäre, soziale, berufliche, religiöse, politische und andere Gruppierungen auf, denen du angehörst. Nenne Organisationen, die sich aus deinem Umfeld ergeben – Wohngemeinschaft, Nachbarschaft usw. – und solche, die deinen Status als Bürger betreffen – Stadt, Land, Staat, Planet.*

   Einige deiner Verbindungen werden sich auf tatsächliche Organisationen beziehen. Andere werden weniger formal organisiert sein, wie die Menschen, die sich um die Umwelt Sorgen machen, die sich für Astrologie interessieren, die von HIV betroffen sind und so weiter.

   Beschreibe dich und deine wichtigsten Verbindungen mit einem einzigen Satz: »Ich bin ein 35-jähriger, bisexueller christlicher Buchhalter, der gern kocht und Mitglied eines Fahrradclubs ist.« »Ich bin holländischer Einwanderer in zweiter Generation, der als Drag Queen in New York lebt und Dackel züchtet.«

   b) *Schreibe neben jede Verbindung die wichtigsten Vorteile, die sie dir bringt – Liebe, professionelle Hilfe, angenehme Gesellschaft mit Menschen, die dieselben Interessen haben und so weiter.*

   e) *Schreib auf, was du zu jeder Gruppe beiträgst. Stellst du dich als Sprecher für die Nachbarn bei einer Bürgerversammlung zur Verfügung? Bist du deinen Neffen und Nichten ein guter Onkel und nimmst sie an Wochenenden zu Ausflügen mit? Bist du für die AIDS-Gruppe im Krankenhaus mit deinem Sinn für Humor und deinem*

Mitgefühl eine Bereicherung? Mach dir bewusst, welche deiner Gaben du mit anderen teilst.

d) *Teil einer Gruppe zu sein bedeutet auch, sich bestimmten Herausforderungen und Verantwortungen zu stellen. Worin bestehen diese? Bürger zu sein bringt es beispielsweise mit sich, Steuern zu zahlen, zu wählen und sich über wichtige politische Themen zu informieren. Der Fahrradclub kostet 15 € Mitgliedsbeitrag im Jahr und du musst dem Typ im weinroten Rennanzug manchmal aus dem Weg gehen, der dich immer in Beschlag nehmen will.*

2. **Energetische Verbindungen**
   Einige Verbindungen sind nicht so offensichtlich. Energetisch bist du mit jedem Menschen und jeder Gruppe verbunden, mit dem oder der du nicht völlig im Reinen bist. Diese Art Verbindung kann viele verschiedene Formen annehmen. Michael fand heraus, dass seine Familie immer noch eine zentrale Rolle in seinem Leben spielte, obwohl sie den Kontakt zu ihm schon vor Jahren abgebrochen hatte. Der Schmerz, die Wut und die Vorbehalte, die er ihnen gegenüber fühlte, beeinflussten sein Verhalten immer noch sehr stark. Willie entdeckte ähnliche Gefühl gegenüber der Kirche, die ihn exkommuniziert hatte, weil er schwul war. Er erkannte, dass er diesem Problem noch einige Aufmerksamkeit widmen musste und dass er, solange er das nicht tat, immer noch mit der Kirche verbunden sein würde.

   a) *Wie ist es bei dir? Gibt es Menschen, Gruppierungen oder Organisationen, denen du starke Gefühle entgegenbringst, obwohl du möglicherweise überhaupt keinen physischen Kontakt mit ihnen hast? Der Schlüssel liegt darin, das Energieniveau zu erkennen. Schreib nur die Leute oder Gruppen auf, in die du eine größere Menge Energie (Wut, Ablehnung, Trauer, Verlangen usw.) investierst.*

   b) *Wenn du gerne noch etwas tiefer blicken möchtest, kannst du eine kurze Bewegungsmeditation durchführen, bei der du deinen Körper bittest »Zeig mir, mit wem ich energetisch verbunden bin«.*

   Es geht hier darum, dass du erkennst, wo du überall Verbindungen hast. Versuch jetzt noch nicht, etwas mit ihnen zu machen. Du wirst sie später nutzen, um dich zu Gebieten zu führen, die für dich ein Handlungspotenzial haben.

3. **Die Verbindungen mit der Welt**
Nimm dir einen Moment Zeit, um deine Verbindungen in einem größeren Maßstab zu würdigen.

Denk einmal über die Nahrungsmittel nach, die du heute gegessen hast. Woher kamen sie? Wer war an der Herstellung, Verarbeitung, Verteilung und Zubereitung beteiligt? Wie beeinflusst das die Tatsache, dass du diese Nahrungsmittel gekauft und gegessen hast?

Denk über das Wasser nach, das du trinkst. Wo kommt es her? Was geschieht mit dem Abwasser? Wovon hängt die Qualität deines Wassers ab?

Luft ist das grundlegendste »Lebensmittel«. Wer hat wohl schon die Luft geatmet, die du bei deinem letzten Atemzug aufgenommen hast? Wer wird sie atmen, wenn du sie ausgeatmet hast?

Denk über alle deine Handlungen nach und beobachte, wie sie andere Lebewesen beeinflussen – Menschen, Tiere, Pflanzen usw.

Erinnerst du dich an die »sechs Grade der Trennung«, die Hypothese, nach der zwei beliebige Wesen auf diesem Planeten durch eine Kette aus durchschnittlich nur sechs anderen Wesen verbunden sind? Such dir ein beliebiges Lebewesen aus – ein Bakterium in Saudi-Arabien, einen Buckelwal im Südpazifik, einen frisch gebackenen Vater in Nordaustralien – und versuche, die hypothetische Kette, die dich mit diesem Wesen verbindet, nachzuvollziehen. Das Bakterium lebt beispielsweise in dem Boden, der Pflanzen hervorbringt, die die Menschen essen, die das Öl fördern, das du kaufst, um Auto zu fahren. Spiel mit dieser Idee. Wenn du über ein oder zwei Beispiele nachdenkst, wirst du verstehen, was ich meine.

Jenseits des Ghettos – Sicherheit oder Einsamkeit

Wenn du gerade erst dein *Coming Out* hast, wird einer der wichtigsten Teile der Heilung darin bestehen, die Einsamkeit und Isolation, die du beim Aufwachsen erfahren hast, zu beenden. Es fühlt sich wunderbar an, in eine Gruppe von Männern aufgenommen zu werden, in der du du selbst sein kannst, ohne dich zu zensieren, zu verbergen oder zu lügen. Es ist, als käme man von einem Schwarz-Weiß-Film in einen Farbfilm oder von einem Kriegsschauplatz nach Disneyland. Zuerst ist es schwer, genug davon zu bekommen. Oft ist man versucht, so viel wie möglich mit schwulen Männern zusammenzusein, weil es sich so gut anfühlt und nicht selten lässt man dann jeden los, der nicht in das Geheimnis eingeweiht ist. In einer großen Stadt kannst du dir diesen Luxus leisten und dein Netzwerk kann sich ausdehnen, bis es so gut wie jeden in deinem Leben umfasst. Du gehst zu einem schwulen Zahnarzt, einem schwulen Internisten, einem schwulen Kfz-Mechaniker, isst in Schwulen-Restaurants, kaufst in Schwulen-Geschäften ein und bringst sogar deinen schwulen Hund zu einem schwulen Hundefrisör.

Vermutlich wird keiner von uns je das Bedürfnis nach positivem, schwulen Raum völlig verlieren. Es hilft nicht nur, die alten Wunden zu heilen, sondern ist auch eine ständige Quelle von Bekräftigung und Unterstützung. Gleichzeitig liegt jedoch eine Gefahr darin, sich ausschließlich mit einer Gruppe zu identifizieren. Nach der ersten Phase der Heilung wird dein ausschließlich schwules Netzwerk immer mehr wie ein Ghetto aussehen, das die Trennung fortsetzt und dich im Verborgenen hält, wenn deine bestehenden Verbindungen dich nicht darin bestärken, als vollwertiges Mitglied in die Gesellschaft zurückzukehren.

Ob es dir gefällt oder nicht: schwule Männer gibt es in jedem Teil der Gesellschaft. Ob es dir gefällt oder nicht: Das ist genau der Ort, wo wir hingehören – überallhin. Das Leben im Ghetto – ob nun physisch oder, indem man sich entschließt, mit niemand anderem etwas zu tun zu haben – ist nur einen winzigen Schritt vom Schrank entfernt. Der Schrank wird nur ein wenig größer. Er hat jetzt Fenster, Sterne und eine *herrliche* Aussicht, doch es ist immer noch ein Schrank. Das ist eine Zeitlang sicherer und es ist gewiss auch ein Schritt zur Heilung. Doch es ist nicht die letzte Antwort.

Als ich zum ersten Mal diesem Gedanken begegnete, war ich wütend.

»Was heißt hier ›Ghetto‹?! Was ist falsch daran, sich völlig abzugrenzen? Warum zum Teufel sollte ich überhaupt *denen* helfen wollen, die mich immer wieder verletzt haben? Zur Hölle mit ihnen!« Es dauerte eine Weile, bis ich mich beruhigt hatte und die Dinge ein wenig objektiver beurteilen konnte. Als ich das dann tat, erkannte ich gerade in der Heftigkeit meiner Reaktion ein Zeichen dafür, dass ich noch an einigen Dingen arbeiten musste.

Das Ghetto – wie bequem es auch sein mag – hält dich letztlich in einem Zustand, der weder Fleisch noch Fisch ist. Die totale Trennung von der Gesamtgesellschaft beraubt dich der Möglichkeit, die Bedingungen des Ganzen, das dir Leid zugefügt hat, zu verändern – die Angst vor der Homosexualität, die negativen Stereotype, die gesellschaftliche Ächtung der gleichgeschlechtlichen Liebe. Denk darüber nach. Wenn du nicht zur Wahl gehst, weil sich keine Partei für die Schwulenehe einsetzt, hast du deine Stimme bereits vergeben. Wenn du nicht zur Hausversammlung gehst, »weil dort nur ein Haufen Hetero-Idioten sind«, werden die Hetero-Idioten diejenigen sein, die die Regeln aufstellen, mit denen du dann leben musst. Nur wenn du die Abgrenzung überwindest, kannst du deine volle Freude und Lebenskraft einfordern.

Um die Welt zu verändern, musst du ein Teil von ihr sein. Ja, Menschen haben uns verletzt, aber die Verletzungen sind nur ein Symptom einer größeren Krankheit. Homophobie ist eine Krankheit, die letztlich jedem schadet. Wie Rassismus, Gier, Armut und Umweltzerstörung ist es eine Krankheit der Menschheit. Du kannst sie als eine Art Autoimmunkrankheit der Gesellschaft betrachten. So wie HIV, Lupus und andere Krankheiten gewisse Körperzellen dazu veranlassen, andere anzugreifen, hetzen auch die gesellschaftlichen Krankheiten gewisse Gruppen von Menschen auf und schaden damit dem gesamten Organismus. Um das Problem zu lösen, solltest du die Krankheit bekämpfen, nicht die Menschen.

Die Welt verändert sich dramatisch und in einem rasanten Tempo. Themen, die noch vor zwanzig Jahren unvorstellbar waren – schwule Hochzeiten, schwule Eltern, schwule Priester, Soldaten und Abgeordnete – findet man heute auf der ersten Seite der Zeitung. Das Ghetto wird zunehmend unzeitgemäß, je offener und vollständiger wir uns in die Gesamtgesellschaft einfügen. Alte Modelle unterliegen der Veränderung; vielleicht ist es an der Zeit, uns selbst neu zu definieren. Sollten wir uns immer noch an erster Stelle als »schwul« oder »bi« betrachten, egal was wir sonst noch sind oder tun? Oder sollten wir unsere Sexualität in den größeren Kontext unseres ganzen Selbst stellen? Natürlich wird unsere Art zu lieben stets ein wichtiger Teil unserer Identität sein, doch warum können wir diesen Teil nicht würdigen und dennoch unseren Horizont ausdehnen, bis er unser ganzes Wesen umfasst? Können wir nicht überall auf der Welt offen und mit voller Lebenskraft handeln? Natürlich wird es etwas dauern, doch auf lange Sicht müssen wir unser Recht einfordern, in der Welt nach unseren eigenen Vorstellungen zu leben.

Übung • Schwule und andere

4. *Es ist nur natürlich, sich in vielen verschiedenen Kontexten zu bewegen. Keine Gruppe und kein Mensch kann allein deinen verschiedenen Bedürfnissen, Interessen und Seinsweisen gerecht werden. Sieh dir noch mal die Liste der Verbindungen an, die du in Übung 1 bis 3 notiert hast. Kennzeichne jede Gruppe, die ausschließlich aus Schwulen besteht, mit einem großen »S«.*

   Wie offen bist du in den anderen Gruppe bezüglich deines Schwulseins? Wie viel von dir kannst oder willst du in jede dieser Gruppen einbringen?

   Gibt es weitere Gruppen, denen du dich gerne anschließen würdest, es aber bisher nicht getan hast, weil du schwul bist? Wenn dem so ist, was sind das für Gruppen?

   Diese Übung soll deinen Gedanken Nahrung geben, aber kein Futter für Urteile sein. Jeder von uns muss sein eigenes Gleichgewicht zwischen schwulen und nicht-schwulen Interaktionen finden. Manchmal neigt sich die Waage der einen Seite zu, dann wieder der anderen. Das ist vollkommen natürlich. Stell einfach fest, wo du stehst.

Teile deine Gaben

Deine Gaben gehören nicht nur dir allein. Worin auch immer sie bestehen – Schönheit, Talente, Einsichten, materieller Überfluss, besondere Fähigkeiten auf irgendeinem Gebiet – sie gewinnen an Wert, wenn du sie mit anderen teilst. Wenn du deine Gaben verborgen hältst oder dich weigerst, sie in ihrer Gänze auszuloten, verkümmern sie und verschwinden schließlich. Stell dir einen Maler vor, der niemandem sein Meisterwerk zeigen will, oder einen begnadeten Sänger, der nur unter der Dusche singt. Jede Gabe, die du hast, ist eine spirituelle Gabe. Die einzige Möglichkeit für sie, in die Welt einzutreten, besteht darin, es *durch dich* zu tun. Wenn du deine Gaben mit anderen teilst, bist du die Hand des Schöpfers, die die gesamte Schöpfung nährt und bereichert.

Praktisch jede spirituelle Tradition betont, wie wichtig es ist, einen Teil seines Selbst höheren Zielen zu widmen. *»Stell dein Licht nicht unter den Scheffel.« »Teile die Visionen, die dir der Große Geist sandte, um dem Volk zu helfen.«* Darin liegt eine Weisheit, der du Aufmerksamkeit schenken solltest. Das Leben ist kurz. Wenn du nur für dich selbst lebst, fühlt sich das vielleicht eine Zeitlang gut an, doch auf Dauer gesehen wird es dir keine Erfüllung geben. Wenn du dich öffnest und einen Beitrag zum Ganzen oder Dienst an der Gemeinschaft leistest, gibt das deinem Leben Sinn und Tiefe.

Wahrer Dienst an der Gemeinschaft ist nicht etwa das ungesunde, selbstaufopfernde Martyrium, an das zu glauben vielen von uns beigebracht wurde. Tatsächlich geht es überhaupt nicht darum, dich selbst aufzugeben, sondern darum, deine Bedürfnisse und Wünsche so zu erfüllen, dass es auch anderen hilft. Dienen bedeutet, all das zu sein, was du sein kannst, dein volles Potenzial zu verwirklichen und jedem Teil deines Selbst mit Begeisterung und Kraft Ausdruck zu verleihen.

Wirkliches, gesundes Dienen fühlt sich tatsächlich herrlich an. Jede Gabe trägt den Wunsch in sich, sich auszudrücken. Erinnere dich nur daran, wie sehr du dir vor deinem *Coming Out* Sex mit einem Mann gewünscht hast oder wie stark das Bedürfnis wird, wenn du zu lange ohne Sex auskommen musst. Deine Gabe, sexuelle Nähe zu teilen, will sich verwirklichen. Deine anderen Gaben streben das genauso dringlich an. Wenn du Künstler bist, kannst du richtig geil darauf sein zu malen oder zu zeichnen. Wenn du Tänzer bist, sehnt sich jede Faser deines Körpers nach Ausdruck in der Bewegung. Ob deine Gabe nun Humor ist, Mitleid, Organisationstalent, Kochen oder in Stöckelschuhen zu gehen – sie lebt stets in dir und verlangt nach Ausdruck. Tue dir selbst einen Gefallen. Gib nach und teile deine Gabe mit anderen.

Übung ⚭ Würdige deine Gaben

5. a) *Nenne zehn deiner besonderen Fähigkeiten, am besten jene, die du in deinem Lebenslauf erwähnen würdest – du hast gute kommunikative Fähigkeiten, bist ein hervorragender Sänger, ein fürsorglicher und einfühlsamer Arzt, ein geschickter Automechaniker, ein begeisterter Lehrer. Sei nicht bescheiden, nur ehrlich.*

b) *Führe zehn weitere Fähigkeiten auf. Nenne diesmal Dinge, die vielleicht nicht auf der »offiziellen« Liste stehen würden, sondern kleinere oder ungewöhnlichere Talente, die du vielleicht übersehen hast – du kannst einen phantastischen Karottenkuchen backen, schaffst 200 Punkte beim Bowling, kannst gut mit Kindern umgehen, bist ein guter Witzeerzähler, hast Geduld mit älteren Menschen, bist ein Meister in Französisch oder was auch immer.*

c) *Nenne fünf positive Eigenschaften, die anderen an dir auffallen.*

Lass in deinem Tagebuch nach diesen Listen ein wenig Platz. Wenn dir später noch weitere Talente und Gaben einfallen, die du noch nicht aufgeführt hast, kannst du zurückkehren und sie den Listen hinzufügen.

Der Ruf der Welt

Die Welt braucht deine Talente und zwar jetzt. Sie braucht sie nicht nur ein wenig, sondern dringend. Ich möchte wetten, dir fallen ohne weiteres fünfzig Probleme ein, denen man mehr Aufmerksamkeit widmen müsste – von AIDS, dem Hunger in der Welt und Terrorismus bis zu dem ständigen Stau in deiner Straße oder dem tropfenden Wasserhahn. Tatsächlich stehen wir einer kollektiven, weltweiten Krise gegenüber. Selbst wenn es nicht mehr als nur um Zahlen ginge – und es geht um *viel* mehr – wird allein die Tatsache, dass die menschliche Bevölkerung bis zur Mitte dieses Jahrhunderts die 10-Milliarden-Grenze vermutlich überschreitet, einen nahezu unvorstellbaren Druck auf Institutionen, Regierungen, Rohstoffe und soziale Interaktionen ausüben. Zweifeln und Leugnen hilft nichts; wir stecken in einer

Krise. Jeder Mensch auf diesem Planeten ist aufgerufen, sich an der Suche nach Lösungen zu beteiligen.

Atmest du noch? Schon der Versuch, die Größe der Probleme zu erfassen – ganz davon zu schweigen, sie zu lösen –, reicht aus, um einem den Atem zu verschlagen. Tatsächlich geschieht das bereits in einem Großteil der Gesellschaft, da die Flut von erschreckenden und entmutigenden Informationen viele von uns dazu bringt, sich hinter Verteidigungswälle zurückzuziehen. Wenn wir uns zurückziehen, lassen wir nur die Probleme unausgesprochen und graben unsere Grube immer tiefer.

Doch es ist möglich, aus der Umklammerung des Überwältigtseins auszubrechen. Tatsächlich ist das gar nicht einmal so schwer. Für den Anfang solltest du erst einmal erkennen, dass du nicht allein arbeitest. Das Schicksal der Welt lastet nicht allein auf deinen Schultern. Sicher, du spielst eine Rolle, aber deine Aufgabe ist nicht so groß, dass du sie nicht bewältigen könntest. Du hast Verbündete, die ihre Rolle gut ausfüllen. Der Schlüssel liegt darin, sich nicht nur als Individuum, sondern als Teil des gesamten Organismus zu sehen. Die Probleme, denen du gegenüberstehst, sind Probleme des Ganzen. Wenn du lernst, in Einklang zu kommen, werden deine persönlichen Anstrengungen kraftvoller und effektiver, da sie ihre Energie aus der Stärke des Ganzen beziehen. Veränderungen treten dann ein, wenn wir zusammenarbeiten und einen Schritt um den anderen der Heilung näher kommen.

Du wirst dich unglaublich gut fühlen, wenn du lernst, in der Welt effektiv zu handeln. Du hast eine Menge Zeit damit verbracht, deine Fähigkeiten zu entwickeln. Nun solltest du aufbrechen und wagen, von ihnen Gebrauch zu machen!

Übung • Die Welt ruft dich

6. *Mit Hilfe der folgenden Übungen kannst du dich leichter auf diejenigen Themen konzentrieren, die dich am meisten berühren.*

   a) *Nenne fünf Probleme der Welt, die du für wichtig hältst.*

   b) *Nenne fünf Probleme innerhalb der schwulen Gemeinde, die dich betreffen.*

c) *Wenn du in Übung 2 am Anfang des Kapitels einige Dinge aufgeführt hast, mit denen du noch nicht »im Reinen« bist, schau dir diese Liste noch einmal an. Verwende sie als Hinweis darauf, wo du vielleicht anderen helfen kannst. Nehmen wir einmal an, dass du als Jugendlicher unter der Zurückweisung deiner Familie gelitten hast, die nicht damit klar kam, dass du schwul bist. Vielleicht ist es jetzt an der Zeit, dass du dich wieder mit deiner Familie verbindest. Vielleicht aber auch nicht. In beiden Fällen könnte es dir jedoch viel Befriedigung verschaffen, wenn du schwulen Jugendlichen in einem Jugendzentrum hilfst, mit ähnlich gelagerten Problemen umzugehen.*

d) *Mach doch einmal eine kleine Vorstellungsübung. Wenn du beliebig viel Geld und Zeit hättest, was würdest du dann für die Welt tun? Befrage dein Herz. Frage deinen Körper. Frag deine Seele. Schreib dann ein paar Sätze, in denen du beschreibst, welchen Beitrag du leisten wolltest.*

e) *Grenzen wir das Ganze nun etwas ein. Es führt kein Weg dahin, dass du alle Probleme auf einmal angehst. Schau dir noch einmal die drei Listen an, die du gerade erstellt hast, und male einen dicken Stern neben den Punkt, der dich am stärksten berührt. Natürlich sind alle Punkte wichtig. Doch jetzt wähle erst einmal einen aus.*

7. *Würdige das, bei dem du schon mit deinen Talenten und deiner Energie dazu beigetragen hast, die Welt ein wenig besser zu machen. Schreib auf, was du tust, das sich wichtig, befriedigend, hilfreich, sinnerfüllt und altruistisch anfühlt.*

   - *Ich helfe ehrenamtlich im Gemeindezentrum.*
   - *Ich habe 350 € für die AIDS-Stiftung gesammelt.*
   - *Ich fahre die alte Frau Schmitz jeden Mittwoch zum Einkaufszentrum.*
   - *Ich spende für Naturschutzverbände.*

   Sei nicht schüchtern und unterschätze deine Beiträge nicht. Lobe dich für jeden einzelnen. Wenn du mit deiner Liste fertig bist, mal einen Stern neben jeden Punkt.

Übung ❖ Die Welt ruft dich

Handeln

Du hast bereits all die Kraft, Stärke und Weisheit, die du brauchst, um spürbare, lohnenswerte Beiträge in der Welt zu leisten. Du hast deine Hausaufgaben gemacht. Du hast Wege gefunden, alte Wunden zu heilen und dir stetige Unterstützung zu geben. Du hast dich mit deinem Inneren Rat verbunden und die Macht des *Schamanen*, des *Kriegers* und des *Forschers* in dir geweckt. Du bist bereit zu handeln. Dein letzter Schritt besteht darin, diese Teile deines Selbst in Einklang mit den Zielen zu bringen, die du dir setzt. Nimm dir einen Moment Zeit, dir die Prinzipien kraftvollen Handelns noch einmal anzusehen, um dich auf diesen Schritt vorzubereiten.

Erstens, verschaff dir *so viel individuelle Klarheit wie möglich*. Bevor du handelst, solltest du dir deine Motive genau ansehen. Die Resultate deines Handelns werden beinahe immer von deiner Ausgangsposition abhängen. Energetisch gesehen zieht Gleiches Gleiches an. Handeln, das in Wut und Ärger gründet, neigt dazu, Wut, Ärger und Widerstand hervorzurufen. Handeln, dessen Auslöser Verzweiflung, Vorurteile oder Schuldzuweisungen sind, neigt ebenfalls dazu, dieselben negativen Qualitäten anzuziehen und zu verstärken. Da das effektivste Handeln von spiritueller Klarheit ausgeht, solltest du daran arbeiten, negative Gefühle und Gedanken loszulassen und zentriert zu bleiben. Wenn dir die Energie des spirituellen *Kriegers* zur Verfügung steht, können selbst sehr kleine Handlungen große, positive Ergebnisse zeitigen.

Zweitens, *konzentriere dich auf eine ganz konkrete Situation*. Ein bekannter Slogan fasst das gut zusammen: »Global denken, lokal handeln«. Du willst möglicherweise der Homophobie ein Ende setzen, den Regenwald retten und gleiche Chancen für jedes menschliche Wesen schaffen, doch du kannst das nicht alles auf einmal tun und du schaffst es auch nicht allein. Der kürzeste Weg zum *Burn Out* führt über den Versuch, zu viel auf einmal zu tun. Wähle deine Ziele im Einklang mit deinen höchsten Prinzipien, aber achte darauf, dass die Ziele klein, greifbar und realistisch sind. Wähle Ziele, für die du auch andere Menschen begeistern kannst. Jeder Schritt, den du erfolgreich zu Ende führst, ist ein Schritt in die richtige Richtung. Kleine Schritte summieren sich zu großen Veränderungen.

Such dir Ziele aus, die es dir gestatten, deine Gaben zu teilen. Seinen Beitrag zur Welt zu leisten ist reine Freude, wenn man das Richtige findet. Singst du gern? Gib Kindern Musikunterricht. Arbeitest du gern mit Menschen? Übernimm die Koordination für das Schwule-Hilfe-Telefon. Kochst du gern? Koch zweimal die Woche für einen kranken Freund. Idealerweise ist Teilen ein wichtiger Bestandteil des Ausdruckswillens deines Selbst.

Drittens, *nimm deine Gefühle an.* Wenn wir mit dem ungeheuerlichen Ausmaß an Ungerechtigkeit auf dem Planeten konfrontiert werden, neigen die meisten von uns dazu, sich abzustumpfen. Sonst wird der Schmerz zu gewaltig, um ihn zu ertragen. Wenn wir jedoch einfach zumachen, opfern wir damit unsere Fähigkeit zu handeln. Wenn du lernst, dich innerhalb eines bestimmten Bereiches zu konzentrieren, werden deine Gefühle zu einer wichtigen Kraftquelle. Wenn du die Wut, den Schmerz und die Trauer, die du spürst, annimmst und dann ihre Energien in sinnvolles Handeln transformierst, hast du gewaltige Macht.

Schließlich, *wende dich an die spirituelle Macht.* Wende dich an die Kraft deiner Träume und der der ganzen Menschheit. Wende dich an die Kraft und Klarheit der Archetypen. Beschwöre den Wunsch von Mutter Erde und der Menschheit, Heilung zu erfahren. Diese Mächte sind größer als irgendein Einzelwesen. Deine Klarheit und positive Absicht gestatten es ihnen, durch dich zu wirken.

Übung ⇝ Fang an!

8. Es ist an der Zeit, nun direkt auf die Energie zuzugreifen. Die folgende Bewegungsmeditation ruft dir noch einmal die Prozedur der Kontaktaufnahme mit dem *Krieger* und dem *Forscher* in Erinnerung. Hier wird sie dir helfen, dich auf ein einzelnes Thema zu konzentrieren. Indem du deinen Körper verwendest, um die Ratio zu überschreiten, greifst du auf eine Weisheit und Macht zurück, die dein Handeln deutlich effektiver machen.

a) *Reserviere dir 10 bis 20 Minuten, in denen du ungestört bist. Halte deine Bewegungsmeditationsmusik bereit. Nimm dir ein paar Augenblicke Zeit, um durchzuatmen, dich zu strecken und ruhig zu werden.*

Errichte mit geschlossenen Augen deinen heiligen Raum. Ruf deinen Inneren Rat und den Stammeskreis zusammen. Du stehst in der Mitte des Kreises. Wenn du dich in der unterstützenden Energie zentriert fühlst, kannst du die Musik einschalten und anfangen.

Übung ❖ Fang an!

Gestatte deinem Körper, sich etwa eine Minute lang sanft zu bewegen. Achte darauf, wohin der Atem mühelos fließt. Achte darauf, wie es sich anfühlt, mit der Erde verbunden zu sein. Achte darauf, wie es sich anfühlt, in jedes Gelenk und in jeden anderen Körperteil hinein zu atmen.

b) *Wenn du bereit bist, lass dich von deinem Inneren Rat auf den Gipfel eines hohen Berges führen. Beweg dich sanft weiter, während du dir vorstellst, die ganze Welt unter dir liegen zu sehen. Du blickst hinab und siehst all die Probleme der Menschheit vor dir ausgebreitet. Diese Probleme verlangen nach Lösungen. Jedes einzelne ruft dich.*

Achte auf die Probleme, die mit dem gesamten Planeten zu tun haben, Dinge wie Hunger und Krankheit. Achte auf die Themen, die besonders Schwule betreffen. Achte auf die Probleme, die sich auf dich und deine Situation beziehen. Versuch jetzt noch nicht, in irgendetwas einzugreifen. Beobachte nur und achte darauf, wie du dich fühlst.

c) *Bitte deinen Körper, dir zu zeigen, welches der Themen augenblicklich am dringlichsten ist. »Zeig mir, wo ich jetzt am wirkungsvollsten handeln kann.« Wenn du die Frage ständig monoton wiederholst, tritt ein Thema in den Mittelpunkt deines Bewusstseins, während alle anderen im Hintergrund verschwimmen. Welches Thema ist es? Konzentriere dich für den Rest der Übung auf dieses Thema.*

Bitte deinen Körper, dir die Gefühle zu zeigen, die mit diesem Thema zusammenhängen: »Zeig mir die Gefühle, die dieses Thema betreffen. Zeig mir die Gefühle…« Lass sie in deinen Körper kommen. Was auch immer sie sein mögen, fühle sie. Steigt Ärger über die Situation in dir auf? Spürst du Schmerz? Spürst du Verlangen, Hoffnung, Trauer oder Wut? Lass dich davon erfüllen, während du atmest und dich bewegst. Wenn du so voll bist, wie es nur geht, mach den nächsten Schritt.

d) *Rufe mit Begriffen, mit denen du dich wohl fühlst, die Spirituelle Kraft zu dir, mitten in die Gefühle. Stell dir ein starkes weißes oder blaues Licht vor, dass durch den Scheitel deines Kopfes direkt in deine Mitte strömt. »Körper, lass die Spirituelle Kraft an diesen Ort kommen. Lass die Spirituelle Kraft an diesen Ort kommen.« Beweg dich dann.*

Dein Körper wird dir einen neuen Tanz des Kriegers zeigen. Spüre der Stärke nach, die entsteht, wenn du dich mit all deinen Gefühlen auf die Spirituelle Kraft einlässt. Spüre die Bewegung, die sich daraus ergibt. Tanze noch ein paar Minuten und rufe dabei die Spirituelle Kraft an den Ort, wo deine Gefühle sind.

d) *Bitte deinen Körper, dir den besten Weg zu zeigen, wie du seine Energie nutzen kannst. »Was kann ich tun, um dieses Problem zu lösen?« Wenn du die Bitte wiederholst, wird sich dein Körper anders bewegen. Lass dir von ihm Empfindungen, Bilder, Gesichter, Ideen oder andere Hinweise auf konkrete Handlungen zeigen.*

Bewege dich weiter, bis du spürst, dass du alles erledigt hast. Lass dann die Bewegung langsam enden. Danke deinen Verbündeten und lass die Energie los. Schreibe deine Einsichten in dein Tagebuch.

Vorsätze in die Tat umsetzen

Und was nun? Wie fängst du es an, dich der Welt zu öffnen? Mit ganz kleinen Schritten! Stell dir die Frage: »Was ist der kleinste Schritt, den ich unternehmen kann, um meinem Ziel näher zu kommen?« Damit der erste Schritt auch effektiv ist, solltest du sicherstellen, dass er deine augenblickliche Situation reflektiert. Dein Wunsch, deinen Beitrag zur Welt zu leisten, sollte im Einklang mit deiner persönlichen Entwicklung stehen. Bill, der gerade erst sein *Coming Out* hat, stellte fest, dass sich seine ersten Schritte allesamt auf persönliche Dinge beziehen. Er muss sich erst einmal über sein eigenes Leben klar werden, bevor er offener sein und sich in »der Welt da draußen« behaupten kann. Jack, der sein *Coming Out* schon vor Jahren hatte und sich jetzt mit den Fragen, die das Altern betreffen, befasst, entschloss sich, mit Männern in einem Seniorenheim zu arbeiten. Sam fand heraus, dass sein bester Beitrag darin bestehen würde, sein *Coming Out* in seinem Job zu haben. Jim erkannte, dass er seine Frustration über die Politik transformieren könnte, wenn er in einem Volkshochschulprogramm zur politischen Bildung mitarbeiten würde.

Wenn du dich für eine Richtung entschieden hast, solltest du nicht auf die Zustimmung der Welt warten. Nimm dir das Recht. Gestatte dir zu handeln. Dann tue dein Bestes. Bleib flexibel. Möglicherweise musst du einen bestimmten Handlungsablauf ändern oder völlig umleiten, um das Ergebnis zu erzielen, das du dir wünschst. Lass dich davon nicht beirren oder frustrieren. Die Tatsache, *dass* du handelst, ist schon ein gewaltiger Sieg.

Wenn du erst einmal gelernt hast, auf einem Gebiet zu handeln, dann wirst du auf den Geschmack kommen. Vielleicht hilfst du in der Nachbarschaft. Vielleicht überkommt dich die Inspiration, in der schwulen Gemeinde mitzuarbeiten. Es gibt sicherlich Hunderte von wichtigen Themen, die deine Beteiligung gebrauchen könnten. Versuche ein Gleichgewicht zwischen deinem Wunsch zu handeln und dem Rest deines Lebens zu finden, aber lege dir keine Beschränkungen auf. So wie jeder andere Mensch hast du einen großen Einsatz im Spiel des Lebens gemacht. Wenn du dich von dem Gedanken an die Mitarbeit bei einer Umweltschutzorganisation oder im Schulrat angezogen fühlst, mach es! Was auch immer du tust, sei du selbst. Es hilft der Sache, wenn du als bekennender, schwuler Mann in irgendeinem Gebiet arbeitest. Allein schon die Tatsache, dass du die Menschen sehen lässt, wer du bist – schwul, offen, engagiert, energiegeladen – wirkt stark verändernd. Indem du nur du selbst bist, kämpfst du gegen Unwissenheit und förderst Verständnis. Du wirst dich großartig dabei fühlen.

Übung • Ein Handlungsplan

9. a) *Schreib dein erstes Ziel auf, das deinen Beitrag in der Welt betrifft.*

   Unterteile dieses Ziel in so kleine Schritte, wie du dir nur vorstellen kannst. Selbst wenn ein Ziel auf den ersten Blick überwältigend hoch scheint, wirst du es so leichter erreichbar machen. Wie kannst du anfangen? Benötigst du weitere Informationen? Gibt es Personen oder Gruppen, mit denen du dich verbinden könntest?

   Schreibe fünf sehr kleine, konkrete Schritte auf, die dich in Richtung deines Zieles bewegen.

   Verpflichte dich, den ersten Schritt innerhalb der nächsten Woche zu unternehmen. Ist das möglich? Wenn du den Zeitplan anpassen musst, tue es. Sei dir nur im Klaren darüber, dass du den Schritt machen wirst. Mach ihn und genieße es!

16 Die Reise geht weiter

So weit bist du gekommen!

Gratuliere! Du hast es geschafft. Du hast einen weiten Weg zurückgelegt, seit du die ersten Schritte auf dieser Reise gemacht hast. Würdige den Mut, den es brauchte, in die Tiefen deines Inneren einzutauchen und sich den Ängsten, Verletzungen und der Dunkelheit zu stellen. Würdige die Stärke, die es brauchte, die Ketten zu sprengen und die Verteidigungswälle, die du jetzt nicht mehr benötigst, zu überwinden. Würdige die Weisheit und die Macht, auf die du nun zugreifen kannst. Würdige dich selbst für die gute Arbeit, die du geleistet hast.

Du hast dich stärker verändert und bist mehr gewachsen, als du ahnst. Dir sind bereits neue Einstellungen und Perspektiven bewusst geworden. Doch der größte Teil deiner Transformation hat sich in deinem Unterbewusstsein vollzogen. In deinen Nervenzellen hast du einschränkende Glaubenssätze durch innere Kraft ersetzt. Dein Herz hast du von Ängsten, Sorgen und alten Verletzungen befreit. Deiner Spiritualität haben sich neue Dimensionen eröffnet. Diese Veränderungen sind möglicherweise nicht so leicht zu erkennen, da sie Zeit benötigen, um sich im Äußeren zu manifestieren. Du kannst aber davon ausgehen, dass du in den nächsten paar Monaten einige Überraschungen erleben wirst, wenn du feststellst, dass du auf Menschen und Situationen völlig anders reagierst. Du *wirst* Veränderungen bemerken. Jede Veränderung, die du in deinem Inneren vorgenommen hast, wird sich in der Welt widerspiegeln. Du wirst:

- *Nicht mehr* Situationen und Beziehungen anziehen, die die alten negativen Glaubensmuster reflektieren. Negative Situationen und Menschen werden dir immer seltener begegnen.
- *Nicht mehr* die alten Blockaden in dir und anderen aufrecht erhalten. Angst, Homophobie und Grenzen verlieren an Macht.
- *Jetzt* auf einem höheren, gesünderen Energieniveau schwingen, indem du dich nicht mehr mit Dingen abgibst, die dich herunterziehen. Du ziehst Menschen an, die dich als vollwertiges, bedeutendes menschliches Wesen akzeptieren.

- *Offen sein* und Hilfe aus deinem Inneren, von anderen Menschen und dem Spirituellen erfahren.
- *Energie befreien*, die früher in dem ständigen Kampf mit dir selbst gebunden war. Du wirst mehr Energie für das haben, was du wirklich willst – Songs schreiben, eine Firma gründen, das Liebesspiel genießen, Tanzen und so weiter.
- *Jetzt* einen vielfältigeren positiven Ausblick auf die Welt haben und mehr bewirken können. Du wirst zu einem Teil der Lösung und bist nicht länger Teil des Problems.

Kannst du würdigen, was du alles geschafft hast? Vergessen ist manchmal leicht. Wenn du eine lange Wanderung machst, kann es geschehen, dass du so sehr im Rhythmus der Schritte und der Schönheit der Landschaft aufgehst, dass du jedes Gefühl für Zeit und Raum verlierst. Plötzlich sind keine Bäume mehr um dich und du stehst auf einem felsigen Gipfel, deine ganze Reise vor dir ausgebreitet. Die Hügel und Täler schrumpfen durch die Entfernung. Der Fluss, der dich vor kurzem noch zu verschlingen drohte, ist zu einem schmalen Rinnsal geworden. Die grauen Flecke der Ödnis, in der du voller Angst und Einsamkeit warst, wirken kleiner und ihre Rauheit weniger hart. Die Leistung scheint nun vielleicht geringer: Die Berge waren nicht so hoch, die Täler nicht so dunkel und du könntest vergessen, wie weit du gekommen bist.

Nutze diesen Augenblick, um dir nochmal einen Überblick über die gesamte Reise zu verschaffen und sie als deine Selbstfindungsreise anzunehmen. Jetzt, wo die Erkenntnisse, die Bewusstheit und die Begeisterung noch frisch sind, kannst du den Grundstein für deine *nächsten* Schritte legen. Mach Gebrauch von deinen neuen Werkzeugen, um die Inspiration, Unterstützung und Hingabe zu wecken, die du in deinem nächsten Lebensabschnitt brauchen wirst.

Übung •• Zusammenfassung

1. **Lies dein Tagebuch**
   Eine der besten Möglichkeiten, das, was du gelernt hast, zu verdauen und zu integrieren, besteht darin, dir den ganzen Prozess noch einmal anzusehen. Während du alles zum zweiten Mal durchgehst, wirst du dich daran erinnern, wie weit du gekommen bist, wo du gewachsen

bist und wo du noch genauer nachforschen möchtest. Das dauert vielleicht eine halbe Stunde, vielleicht auch länger. Geh so schnell voran, wie du willst, aber hetze nicht. Gib dir so viel Zeit, wie du brauchst, um das Ganze zu genießen.

a) **Ziele**
Blättere in deinem Tagebuch zurück zu deiner ersten Liste mit deinen Zielen für die Reise. Wie klingen diese Ziele jetzt für dich? Wie viele deiner ursprünglichen Ziele hast du erreicht? Wie viele haben sich im Laufe der Reise verändert?

b) **Einstimmung**
Wiederhole die erste Bewegungsmeditation »Einstimmung«. Wie fühlt sich dein Körper jetzt im Vergleich zum ersten Mal, als du diese Übung gemacht hast? Fällt es dir jetzt leichter, ihn um Rat zu bitten? Kannst du deinen Körper jetzt besser annehmen als damals?

Nimm dein Tagebuch zur Hand und schau dir deine Reise an, von den ersten Schritten bis hierher. Wenn du deine Reaktionen durchliest, solltest du nicht versuchen, dich an jede Einzelheit zu erinnern. Richte dein Bewusstsein auf das Gesamtbild. Achte auf die Höhepunkte und behalte die folgenden Fragen im Hinterkopf:

- *Welche Abschnitte stellten dich vor die größten Herausforderungen?*
- *Wo hast du die tiefsten Einsichten gewonnen?*
- *Was von dem Gelernten wird dir in Zukunft nützlich sein?*
- *Wann hast du schädliche Einstellungen verändert?*
- *Welche Talente hast du in dir entdeckt?*
- *Wo hast du unerwartete Unterstützung erfahren oder konkrete positive Veränderungen in der Welt bewirkt?*
- *Welche Bereiche würdest du gern noch eingehender erforschen?*

Unterstreiche alles, was dir besonders relevant scheint oder was du später bearbeiten willst.

2. **Bewegungsmeditation**
Die folgende Bewegungsmeditation hilft dir, über deinen Körper auf dein Wachstumspotenzial zuzugreifen. Nimm dir Zeit zu genießen.

Übung ⬥ Zusammenfassung

a) *Leg die Musik auf, die du bisher bei Bewegungsmeditationen verwendet hast. Achte auf deinen Atem. Er hilft dir, innerlich ruhig zu werden. Mach dir den Kontakt deiner Füße mit der Erde und den Fluss deines Atems durch deinen Körper bewusst.*

   Schaff dir deinen heiligen Raum. Wenn du bereit bist, rufe den Inneren Rat und den Stamm schwuler Männer zusammen. Stell dich in die Mitte der beiden Kreise. Fühle ihre Präsenz und verbeuge dich tief, um ihnen für ihre Hilfe zu danken.

b) *Bitte nun nacheinander die Mitglieder deines Inneren Rates, sich in deinem Körper zu bewegen. Fang mit dem* Magischen Jüngling *an. Wenn du dich bewegst, bitte ihn, dich daran zu erinnern:*

   - *wo er bereits aktiv in deinem Leben zum Ausdruck kommt,*
   - *wie du dich an ihn wenden kannst, wenn du ihn brauchst,*
   - *welche Fähigkeiten er dir verleiht.*

   Nach etwa einer Minute kannst du den Magischen Jüngling *wieder entlassen und dich nacheinander an die anderen Archetypen wenden – das* Heilige Androgyne, *den* Liebhaber, *den* Schamanen und Heiler, *den* Alten Weisen, *den* Krieger *und den* Forscher. *Lade jeden ein, deinen Körper mit dir zu teilen und sich etwa eine Minute lang in dir zu bewegen.*

c) *Lade auch das* Wissende Selbst *in deinen Körper ein. Spüre, wie es all die anderen Archetypen als Teilaspekte deines einzigartigen Selbst verkörpert. Bitte deinen Körper, seine Ganzheit in der Bewegung auszudrücken. Beobachte und spüre alles, was durchkommt. Beweg dich weiter, so lange du willst. Wenn du dein* Wissendes Selbst *noch etwas fragen willst, tue es jetzt. Beobachte, wie es durch die Bewegung antwortet.*

d) *Wenn du das Gefühl hast, dass du fertig bist, danke deinem Inneren Rat für die Hilfe und Unterstützung. Folge deinem Atem zurück ins Wachbewusstsein und gib die Energien frei, die du geweckt hast. Gib dir eine herzliche Umarmung, um das, was du erreicht hast, zu würdigen.*

   Schreib deine Einsichten und Beobachtungen in dein Tagebuch.

Für stetige Unterstützung sorgen

Du stehst an einer Schwelle. Mit denselben Schritten, die du unternommen hast, um diese Reise zu beenden, hast du eine neue Reise begonnen. Was wirst du auf dieser neuen Entdeckungsreise finden? Wohin wird dich dein Weg führen? Was wirst du erreichen? Eins ist sicher – welche Richtung du auch einschlägst, welche Ziele du dir auch setzt: Du wirst Unterstützung auf deinem neuen Weg brauchen. Du hast bisher schon gelernt, aus vielerlei Quellen Unterstützung zu beziehen. Um nun deine nächste Reise schon etwas vorzubereiten, nimm dir ein wenig Zeit, um noch einmal zu überprüfen, wie du dein Netzwerk verstärken und ausbauen kannst, damit du sicher sein kannst, all die Unterstützung zu bekommen, die du brauchst.

Sich selbst unterstützen

Am Anfang deiner Reise hast du dich verpflichtet, dich auf verschiedenen Ebenen zu unterstützen. Jetzt ist ein guter Zeitpunkt, um sich die Verpflichtungserklärungen noch einmal anzusehen und sie, falls nötig, abzuändern. Wie kannst du dich in den folgenden Bereichen am besten unterstützen?

Körper – Welche körperlichen Übungen willst du machen? Wie oft? Funktioniert dein augenblickliches Programm oder musst du es auf den neuesten Stand bringen? Wie gut sorgst du für gesunde Ernährung und ausreichend Entspannung?

Herz – Wie gut unterstützt du dich emotional? Gehst du sanft mit dir um? Setzt du auch tatsächlich die Methoden ein, die du gelernt hast? Unterstützen dich deine zwischenmenschlichen Beziehungen? Könntest du dich verpflichten, einmal wöchentlich Bestandsaufnahme deines emotionalen Zustandes zu machen?

Kreativität und Spiel – Immer nur arbeiten und nie spielen, das wäre doch ein trauriges und ödes Leben. Was tust du, um dich zu erholen? Was könntest du dir Gutes tun? Was würdest du gern kreativ erkunden? Könntest du mehr Zeit mit Freunden verbringen? Könntest du einmal in der Woche etwas Zeit mit dem *Magischen Jüngling* verbringen?

Spirituelle Praxis – Wie gut gelingt es dir, zentriert und im Einklang zu bleiben? Wie geht es dir mit der spirituellen Praxis, die du gewählt hast? Gibt es etwas, das vielleicht besser funktioniert? Gibt es einen bestimmten Abschnitt der Reise – Tagebuchschreiben, Bewegungsmeditation, Tanzen, Schreibmeditation oder etwas anderes – den du noch eingehender erkunden möchtest?

Dienst an der Welt – Wie gut bist du mit der Welt verbunden? Gibt es etwas, bei dem du anderen gern helfen würdest? Könntest du einmal in der Woche einen Brief schreiben, um einen guten Zweck zu unterstützen? Könntest du einmal im Monat bei der lokalen AIDS-Hilfe oder in einem Obdachlosenheim helfen, einen Baum pflanzen oder einem Kind Nachhilfe in Deutsch oder Englisch geben?

Sich selbst zu unterstützen ist eine Frage des richtigen Gleichgewichts. Versuche, deine Aktivitäten so vielfältig zu gestalten, dass sie deinen Bedürfnissen so gut wie möglich entgegenkommen. Bleib flexibel. Möglicherweise musst du dein Programm von Zeit zu Zeit umstellen oder korrigieren, da sich deine Bedürfnisse ändern.

Eine Selbsthilfegruppe gründen

Wenn du anfängst, dich selbst ganzheitlich zu unterstützen, wirst du andere Menschen anziehen, die dich ebenfalls unterstützen. Freunde, die einen unterstützen, machen es einem leichter, auf dem Weg zu bleiben. Freunde, die die Bedeutung spiritueller Themen anerkennen und dich ermutigen, deine Ziele zu verfolgen, sind eine große Kraftquelle. Verständnisvolle Freunde werden deine Fortschritte widerspiegeln, werden dir helfen, deine Perspektive zu finden und mit dir Erfolge und Meilensteine auf dem Weg feiern.

Wie gründet man eine Selbsthilfegruppe? Fang dort an, wo du gerade stehst. Welcher deiner Freunde hat bereits ähnliche Interessen? Wen könntest du jetzt sofort um Unterstützung bitten? Wer könnte daran interessiert sein, sich dann und wann zu treffen, um über spirituelle Themen zu sprechen? Sorge dafür, dass du Gelegenheiten hast, mitzuteilen, was dich wirklich bewegt. Du könntest eine Gruppe gründen, die sich regelmäßig zu Kaffee und Kuchen und einer Diskussion zusammenfindet. Du könntest an jedem ersten Sonntag im Monat ein Frühstück ausrichten, bei dem ihr euch austauscht. Lass deine Kreativität spielen und genieße die Freundschaft.

Wenn du diesen Teil deiner Selbstfindungsreise vollzogen hast, überleg einmal, ob du nicht vielleicht eine weitere Gruppe von Männern durch diesen Prozess führen möchtest. Wer könnte daran interessiert sein, ein paar Übungen aus diesem Buch auszuprobieren? Kannst du eine Gruppe von Freunden zusammenrufen? Könntest du eine Gruppe initiieren, indem du eine Anzeige in eine Stadtzeitung setzt? Es gibt viele Menschen, die von der Kraft und Einsicht, die du gewonnen hast, profitieren könnten. Außerdem wirst du dich wundern, wie viele neue Einsichten dir zufliegen, wenn du den Prozess ein zweites Mal mit anderen durchgehst. Wenn du eine fortlaufende Selbsthilfegruppe gründest, wird dir das nicht nur dabei helfen, bei der Sache zu bleiben, sondern du wirst überdies einen wertvollen Beitrag zu der Gemeinschaft als Ganzes leisten.

Abgesehen von deinen Freunden kannst du auch Unterstützung in einer bereits existierenden Gruppe oder Gemeinschaft finden. Die Anzahl der Organisationen, die sich mit Themen der schwulen Spiritualität befassen, wächst rasant. Einige sind als Reaktion auf die AIDS-Krise entstanden, andere konzentrieren sich auf andere Themen. Immer mehr Kirchengemeinden heißen bei ihren Gottesdiensten Schwule willkommen. Es gibt auch schwule Gruppen, die den üblichen Glaubensrichtungen verbunden sind, schwule Katholiken, schwule Protestanten, schwule Juden und so weiter. Schau einmal in Zeitschriften, Gemeindezentren und dem Internet nach, um Gruppen in deiner Umgebung zu finden.

Wenn du eine Gruppe gefunden hast, die deinen Bedürfnissen gerecht zu werden scheint, probier sie aus. Denk jedoch daran, *dir selbst treu zu bleiben*. Du bist der einzige Mensch, der deinen spirituellen Pfad bestimmt. Hüte dich davor, deine Bedürfnisse und Einsichten zu verraten, weil dein Wunsch, zu einer Gruppe zu gehören, so stark ist. Wenn sich herausstellt, dass eine Gruppe deine Bedürfnisse *nicht* erfüllt, *geh nicht mehr hin*. Hüte dich vor jeder Art von Fundamentalismus. Hüte dich vor jeder Gruppierung, die sich zu sehr auf Dogmen konzentriert oder verkündet, den »einzig wahren Weg« zu vertreten. Es gibt *viele* Wege zur Spiritualität. Wenn eine Gruppe von dir verlangt, das, was du bist, zu ändern, wenn sie dein Schwulsein nicht hundertprozentig unterstützt, dann ist es einfach *nicht* deine Gruppe.

Ebenso solltest du dir die Freiheit nehmen, aus einer Gruppe, die dir vielleicht in der Vergangenheit viel gebracht hat, herauszuwachsen. Glaubensmuster und Praktiken, die einmal gut für dich waren, müssen nicht unbedingt deinen Bedürfnissen gerecht werden, wenn du wächst und dich veränderst. Glaubensmuster und Praktiken entwickeln sich auf natürliche Art und Weise. Lass sie sich entwickeln. Sorge dich nicht darum, was einmal funktioniert hat oder was funktionieren »sollte«. Kümmere dich nur um die Dinge, die jetzt für dich gut sind.

Die Unterstützung des Stammes

Männer, die Männer lieben, sind gemeinsam auf einer spirituellen Reise. Als Stamm haben wir gemeinsam unser *Coming Out*, erfahren gemeinsam Heilung, fordern gemeinsam vom Rest der Welt Respekt und Anerkennung. Auf energetischer Ebene sind wir alle miteinander verbunden. Wir teilen die Energie unserer Glaubensvorstellungen. Wir teilen die Energie des Selbstwertgefühls, der Selbstwertschätzung und der Liebe.

Deine persönlichen Erfahrungen sind ein Teil unserer gemeinsamen Stammes-Reise. Da deine Entwicklung im ganzen Stamm Widerhall findet, beeinflusst jeder deiner Schritte jeden anderen Mann, der Männer liebt. Kannst du dich noch daran erinnern, dass die Meile in unter vier Minuten zu laufen für lange Zeit als unmöglich angesehen wurde? Die Vier-Minuten-Meile galt als absolute Grenze des menschlichen Leistungsvermögens. Als jedoch Roger Bannister erst einmal diese Grenze durchbrochen hatte, gelang es anderen immer und immer wieder. Jeden Tag kommst du an deine eigenen Grenzen; wenn du dich gegen Diskriminierung wehrst, einem kranken Freund hilfst, einer Missbrauchsbeziehung ein Ende machst, dich von einer Sucht befreist oder aus purer Lebensfreude tanzt. Jeder Schritt, ob klein oder groß, wirkt sich auf unsere kollektive Erfahrung heilsam aus. Jeder Schritt, den du machst, hilft anderen Männern, diesen Schritt ebenfalls zu tun, ob du diese Männer nun kennst oder nicht.

Gleichermaßen gilt, dass du auf deinem Weg ständig unterstützt wirst, da auch andere den Weg zur inneren Kraft, zu Selbstbewusstsein und Zufriedenheit gehen. Selbst wenn du allein im Zimmer bist, kannst du dich auf die Stärken, die Einsichten und die Führung des Stammes verlassen. Mach deine Arbeit und du wirst dem Stamm helfen. Mach deine Arbeit und der Stamm hilft dir.

Übung – Stetige Unterstützung

3. **Selbsthilfe**
   Sieh dir noch einmal an, wie du dich bereits selbst unterstützt. Stell sicher, dass du deine Bedürfnisse auf allen Ebenen ansprichst – Körper, Herz, Verstand, Spirituelle Kraft und Dienst an anderen. Notiere alle Korrekturen, die du in deinem gegenwärtigen Programm gern vornehmen möchtest.

4. **Selbsthilfegruppen**
   Wenn du das Bedürfnis danach hast, mach dir einen Handlungsplan für die Entwicklung eines Hilfs-Netzwerks. Wo wirst du anfangen? An welche Freunde kannst du dich wenden? Worin besteht der erste Schritt, den du unternehmen kannst, um eine Gruppe zusammenzubringen? Gibt es vielleicht eine Gruppe in deiner Nähe, die deinen Bedürfnissen entspricht? Wo kannst du das herausfinden? Wie kannst du in Verbindung treten?

5. **Die Hilfe des Stammes: Der Tempel der Träume**
   Die folgende Visualisierung hilft dir, deine unterbewussten Verbindungen zum Stamm zu stärken. Führe sie vorm Zubettgehen durch, um dich mit anderen Männern auf der gleichen Wellenlänge zu verbinden. Du kannst sie auch als Gruppenexperiment in deiner spirituellen Gruppe machen. Du wirst dich wundern, wie viele Einsichten in deinen Träumen auftauchen und welche Parallelen sich entwickeln, wenn du deine Träume mit anderen teilst.

   Lies dir die Visualisierung erst ein oder zweimal durch, bis du dich sicher genug fühlst, um dich selbst durch die Übung zu führen. Wenn sich die Details leicht verändern, wenn du in deiner eigenen Realität bist, macht das nichts. Du wirst dich mit der Übung sehr wohl fühlen, wenn du sie ein oder zweimal gemacht hast. Genieße sie!

Der Tempel der Träume

Wenn du dich zum Einschlafen bereit machst, schließ deine Augen und stell dir folgende Situation vor:

Übung • Stetige Unterstützung

Du gehst nach innen. Du findest dich vor einem gewaltigen Tempel wieder, einem wunderbaren Ort mit Bäumen, Ranken und Spitztürmchen. Ein Pfad führt geradewegs zu einem anmutigen Torbogen. Folge diesem Pfad. Indem du das tust, wird dir all das bewusst, was du an diesen Ort mitgebracht hast – all die Schwierigkeiten, Lasten, Probleme und Alltagssorgen. Du spürst sie auf deiner Haut und in deiner Kleidung. Es fühlt sich so an, als hättest du eine sehr lange und anstrengende Reise gehabt. Jetzt ist es an der Zeit zu ruhen. Geh mit leichten Schritten den Pfad entlang, der zum Tempel führt.

Am Torbogen treten zwei Männer auf dich zu, um dich mit einem Lächeln und Umarmungen zu begrüßen. »Willkommen zu Hause, Bruder!« Du spürst ihr Willkommen, spürst, wie du dich entspannst und folgst ihnen durch die Tore in eine Eingangshalle. Das Licht ist hier gedämpfter und wirft mehr Schatten, so dass deinen Augen sich erst einmal daran gewöhnen müssen. Du hörst das Geräusch plätschernden Wassers. Du riechst das frische Aroma reinigender Kräuter. Vor dir siehst du nun ein tiefes Wasserbecken. Aus zwei kunstvoll gefertigten Springbrunnen strömt Wasser in das Becken und du bemerkst, dass warmer Dampf von seiner Oberfläche aufsteigt. Einige andere Männer sind bereits im Becken und waschen sich oder ruhen einfach.

Leg deine schmutzige Kleidung ab und steig in das Becken. Spüre das warme Wasser auf deiner Haut und in deinen Haaren. Spüre, wie alle Sorgen, die du mitgebracht hast, sanft und mühelos fortgewaschen werden. Bleibe in dem Becken, bis du dich vollkommen gereinigt fühlst. Wenn du bereit bist, steig aus dem Wasser und folge den anderen durch eine Tür auf der anderen Seite des Beckens.

Wenn du eintrittst, trocknen dich mehrere Männer mit weichen Tüchern ab und hüllen dich in einen schweren, weichen Mantel. Achte auf deine Umgebung. Du befindest dich in einer kleinen Kammer, die sich zum Hauptraum des Tempels hin öffnet. Das Licht ist sehr gedämpft und du siehst die ruhigen Gestalten der Brüder, die bereits schlafen. Die Luft duftet angenehm und die leisen Atemgeräusche geben dir das Gefühl der Geborgenheit.

Am Eingang zum Hauptraum steht ein alter Mann, der dich still grüßt.

Sein Verhalten löst Wärme und Entspannung in dir aus und du spürst, dass er dich sehr gut kennt. Dieser alte Weise ist dein Führer. Er fragt dich, was du heute Nacht in deinen Träumen ansprechen möchtest. Gibt es irgendein aktuelles Problem, über das du dir mehr Klarheit verschaffen willst? Benötigst du Führung, Heilung, Leichtigkeit, Entspannung oder Einsicht? Sag dem alten Weisen, was dir Sorgen macht. Während du sprichst, holt er eine Schriftrolle hervor und du siehst, wie deine Worte auf dem Pergament erscheinen.

Dein Führer bringt dich in den Hauptraum des Tempels, wo schon ein Platz für dich vorbereitet ist. Das Dach des Tempels öffnet sich zu den Sternen und ihr silbernes Licht zeichnet die Silhouetten der schlafenden Brüder um dich herum nach. Du fühlst ihre Gegenwart, wenn du dich nun hinlegst, fühlst dich angenehm, behütet und sicher. Folge deinem Atem, während du langsam wegdöst. Spüre, wie sich deine Gedanken mit den Träumen der anderen verweben. Während du weiter atmest und dich entspannst, hörst du den alten Weisen flüstern, dass du dich an alles Wichtige erinnern wirst, wenn du morgens aufwachst. Es fühlt sich alles richtig und gut an.

Wenn du aufwachst, notiere alle Eindrücke, die du von deinen Träumen noch hast. Verwende die Interpretationsmethoden, die in Kapitel 11 beschrieben sind und lass dich von deinen Träumen zu den Antworten auf die Fragen, die du gestellt hast, führen. Hab keine Angst, dieselbe Frage mehrere Nächte hintereinander zu stellen, so lange bis dir die Antwort völlig klar ist. Wenn du es zulässt, wird der Tempel der Träume zu einem wichtigen und wertvollen Teil deiner inneren Realität.

Bestätige deine Verpflichtungen

Spiritualität ist in gewisser Weise dem Gärtnern ähnlich. Du hast bereits das große Frühjahrs-Programm mit Begeisterung durchgezogen – das Rückenschmerz provozierende Graben, das Säen und Pflanzen, das Düngen und Wässern. Du hast einen ganzen Satz neuer Werkzeuge – Harke, Spaten, Gartenschlauch, Heckenschere – mitsamt einem Schuppen, wo du sie unterstellen kannst. Du hast deinen Kurs bestimmt. Jetzt hast du die Wahl: Du kannst weitergehen – es wird von nun an wahrscheinlich weniger Arbeit machen, auf dem Weg zu bleiben – oder du kannst dich zurücklehnen und dich auf deinen Lorbeeren ausruhen. Du kannst die Werkzeuge im Schuppen rosten lassen oder sie verwenden, um deine zarten, jungen Setzlinge zu wässern und zu pflegen und um das Unkraut in Schranken zu halten.

Die einfachste Möglichkeit, auf dem Weg zu bleiben, besteht darin, dass du dir einen Plan machst, der dich unterstützt. Auf diese Art und Weise musst du den Weg nicht ständig neu erfinden. Du kannst einfach dem folgen, was du entwickelt hast, und dann die Struktur für dich arbeiten lassen. Was den Garten betrifft, so könnte dein Plan beispielsweise sagen, wann du den Pflanzen Wasser geben sollst, wie oft das Unkraut gejätet werden muss, wann die Zeit für die Ernte und Wiederaussaat gekommen ist. Dein Plan zur Entwicklung der inneren Kraft beinhaltet, dass du dir neue Ziele setzt und dir überlegst, wie du sie am besten verfolgen kannst. Mit beiden Plänen bleibt dir die Freiheit, flexibel zu reagieren, dich an unvorhergesehene Umstände anzupassen oder Veränderungen vorzunehmen, wenn es nötig ist.

Übung • Den Kurs bestimmen

6. **Revidierte Ziele**
   Gib einer neuen Seite in deinem Tagebuch den Titel »REVIDIERTE ZIELE«.

   Schreib darunter einige Ziele, die dich die nächsten drei Monate führen werden. Berücksichtige dabei die Ziele, die du dir am Anfang deiner Reise gesetzt hast und jetzt revidieren möchtest. Schließe auch die Ziele mit ein, die du dir gesetzt hast, um dich selbst zu unterstützen und eine Selbsthilfegruppe zu gründen. Füge auch Ziele aus jedem neuen Bereich hinzu, den du erforschen möchtest.

   Denk daran, dass du deine Ziele konkret und greifbar formulierst. Sei so konkret wie möglich. Teile große, langfristige Ziele in kleinere, greifbarere Unterziele auf. Stell schließlich auch sicher, dass die Ziele realistisch sind und wähle nur solche, die du nach bestem Ermessen in drei Monaten erreichen kannst. Fang klein an. Setz dir Ziele, die du erreichen kannst. Stell dich darauf ein, zu siegen.

7. **Verpflichtung**
Schreibe eine formelle Verpflichtungserklärung an dich selbst, dass du die Ziele, die du gewählt hast, mit aller Kraft anstreben wirst. Nachdem du sie erreicht hast, kannst du neu verhandeln, deine Ziele überdenken oder etwas Neues ausprobieren.

Schreibe die folgende Erklärung in dein Tagebuch – wenn du willst, in deinen eigenen Worten – und unterschreibe sie:

»Ich, (dein Name) _____, verpflichte mich, dass ich in den nächsten drei Monaten mein Bestes tun werde, mich auf die folgenden Ziele zu konzentrieren (führe hier deine oben gewählten Ziele auf): _____.

Ich verpflichte mich weiterhin, mich selbst wertzuschätzen und alles zu tun, was ich tun kann, um mich selbst durch eine erfüllte, gesunde und befriedigende Lebensweise zu unterstützen. Ich verpflichte mich, mich selbst durch (führe hier deine Unterstützungsverpflichtungen von oben auf) _____ zu unterstützen.

Ich verpflichte mich, mich selbst und meine Fähigkeit, mich selbst und andere Männer zu lieben, zu ehren und zu schätzen. Ich verpflichte mich, geduldig mit mir zu sein und mich als das einmalige Individuum zu behandeln, das ich bin. Ich verpflichte mich, mich zu ermutigen und negative Gedanken und Beurteilungen in positive Affirmationen zu verwandeln, die meine Ganzheit und meinen Wert widerspiegeln.

Ich verpflichte mich, alle Hilfe, die mir angetragen wird, anzunehmen. Ich bin willens, mich der Möglichkeit, alles zu sein, was ich sein kann, zu öffnen.«

Datum _____ *Unterschrift* _____

Übung ❖ Den Kurs bestimmen

Breite deine Flügel aus

Du bist nicht allein. Deine Bereitschaft zu wachsen und deine Absicht, im Einklang zu leben, eröffnet dir Unterstützung aus unterwarteten Quellen. Die Spirituelle Kraft wird dir auf vielerlei Weise helfen. Dein Inneres und andere Menschen werden dich leiten. Situationen, die unklar schienen, werden sich klären. Du wirst alten und neuen Herausforderungen mit mehr Stärke und Sicherheit begegnen. Einsichten werden dir zuteil, wenn du es am wenigsten erwartest.

Nimm die Hilfe an. Lass zu, dass Wunder geschehen. Akzeptiere die Tatsache, dass du mehr als dein Körper bist, mehr als deine Gedanken, Gefühle und Emotionen. Nimm jede Hilfe von deinen inneren Führern und äußeren Engeln – muskulösen, geilen, männerliebenden Engeln – an. Öffne dich neuen Möglichkeiten jenseits deiner wildesten Träume. Deine Art zu lieben ist ein Teil deines spirituellen Weges. Lass dich von ihr in die Ganzheit deines Selbst führen. Lass dir von ihr helfen, dich dem Stamm anzuschließen und eine neue Wirklichkeit zu schaffen.

Wir sind schon dabei, diese neue Wirklichkeit zu erschaffen. Vor zehn Jahren hatte ich die Vision eines »Rates schwuler Heiler«, einem Kreis von Männern, die zusammenkommen, um Berührung, Liebe, Heilung und Weisheit miteinander zu teilen. Damals stellte ich mir vor, dass dieser Rat irgendwo auf der Ebene der Träume oder Archetypen existiert. Ich schrieb den Gedanken mit einem Gefühl des Verlangens auf. »Wäre das nicht toll?!«

Inzwischen habe ich diesen Rat viele Male in Fleisch und Blut erlebt. Ich war mit vierzig schwulen Männern auf einem Berg und teilte Rat und Heilung mit ihnen. Ich kam Jahr für Jahr mit hundert anderen Männern in einem großen, herzerwärmenden Kreis zusammen. Eine Gruppe trifft sich in Tennessee, eine andere auf einer Insel im Puget Sound, eine andere in New York, andere in Kalifornien, Hawaii, England, Frankreich, Australien. Und jeden Tag entstehen neue. Unsere gemeinsame Vision ist voller Kraft. Wir schaffen Sicherheit, Gesundheit, Unterstützung und Erfüllung für uns. Wir gewinnen die Kraft, den uns zustehenden Platz in der Welt einzunehmen.

Du befindest dich auf diesem Pfad. Du bist in diesen Stamm hineingeboren, wurdest geboren, um bedeutend zu sein. Trau dich, an deiner Vision mit deinem ganzen Sein festzuhalten. Trau dich, gesund zu sein, zu leben, zu träumen, zu erschaffen und dich darüber zu freuen, was du bist. Vor allem aber trau dich, du selbst zu sein.

Anhang

Findhorn Press veröffentlicht seit beinahe dreißig Jahren Bücher, die Spiritualität, Inspiration und Hoffnung vermitteln. Wenn Sie gerne mehr über uns erfahren wollen, besuchen Sie uns auf unserer Website
    http://findhornpress.com
oder fordern Sie unseren Gratis-Katalog bei einer der untenstehenden Adressen an.

In den USA und Kanada:
    Findhorn Press
    PO Box 13939
    Tallahassee, FL 32317
    gebührenfrei 1-877-390-4425
    e-mail: info@findhornpress.com

In Großbritannien und der übrigen Welt:
    Findhorn Press
    The Park
    Findhorn, Forres IV36 3TY
    Schottland, UK
    gebührenfrei 0800-389 9395
    e-mail: books@findhorn.org

Vielleicht möchten Sie auch die Website der Findhorn Stiftung in Schottland besuchen, einer spirituellen Bildungsstätte? Neben vielen anderen Workshops und Seminaren werden dort auch Gay Spirit- und Selbstfindungs-Workshops angeboten.
    http://www.findhorn.org

Bibliographie und weiterführende Literatur

Bass, Ellen u. Kaufman, Kate: *Wir lieben, wen wir wollen. Selbsthilfe für lesbische, schwule und bisexuelle Jugendliche.* Orlanda Frauenverlag, Berlin 1999

Cameron, Julia: *Der Weg des Künstlers.* Droemer Knaur, München 2000

Campbell, Joseph: *Die Kraft der Mythen.* Artemis, Düsseldorf 1994

Dean, Amy E.: *Inneren Frieden finden.* Scherz, München 2001

Feinberg, Leslie: *Träume in den erwachenden Morgen.* Krug und Schadenberg, Berlin 1996

Halifax, Joan: *Die andere Wirklichkeit der Schamanen. Erfahrungsberichte von Magiern, Medizinmännern und Visionären.* H. Nietsch Verlag, Freiburg 1999

Harner, Michael: *Der Weg des Schamanen. Das praktische Grundlagenwerk zum Schamanismus.* Ullstein TB, Berlin 2002

Harvey, Andrew: *Der Pfad ins Herz. Eine spirituelle Reise.* Rowohlt TB, Reinbek 1994

Isensee, Rik: *Männer lieben Männer.* B. Gmünder, Berlin 1992

Monette, Paul: *Coming out: die Geschichte eines halben Lebens.* Krüger, Frankfurt 1994

Moore, Thomas: *Die Seele lieben.* Droemer Knaur, München 1995

Ram Dass; Bush, Mirabai: *Auf dem Weg zum Herzen.* Droemer Knaur, München 1993

Ram Dass, Gorman, Paul: *Wie kann ich helfen?* Sadhana, Berlin 1994

Schneider, David: *In Tau gekleidet.* Theseus, Berlin 1998

Somé, Malidoma Patrice: *Vom Geist Afrikas: das Leben eines afrikanischen Schamanen.* Diederichs, München 1996

Thompson, Mark (Hrsg.): *Lederlust.* Gmünder, Berlin 1997

Andere Publikationen

Spartacus 2001/2002. International Gay Guide. Mehrsprachige Einführung. Gmünder, Berlin 2001

Regenbogen Kompass 2001/2002. Der les-bi-schwule Wegweiser durch Deutschland. G. Risch, Köln 2001

Video

Messages from the Sixth World (Botschaften aus der Sechsten Welt).
In englischer Sprache. Ein Video von Brian Helder und John Williams, mit Andrew Ramer, Franklin Abbott, John Stowe und den anderen Männern von *Gay Spirit Visions*, 1992. Erhältlich über *Rubikon Pictures*, 242 Howard St., Atlanta, GA 30317; Tel.: 001-404-378-0841 oder Fax: 001-404-373-0167.